Proportionnalité, droits fondamentaux et juges
Proportionality, fundamental rights and judges

Le droit aujourd'hui

La collection « Le droit aujourd'hui » regroupe des études juridiques concernant des problèmes d'actualité nationale et internationale, dans divers domaines (éthique, politique, questions de société…).

Déjà parus

Aécio Filipe COELHO FRAGA DE OLIVEIRA, *L'exécution des mesures à titre provisoire rendues par un tribunal arbitral situé à l'étranger*, 2022.
Naivi CHIKOC BARREDA, *Succession internationale et dispositions spéciales de la lex rei sitae. Contribution à l'étude de l'impérativité internationale en matière successorale*, 2022.
Boris BARRAUD, *Éthique de l'intelligence artificielle*, 2022.
Boris BARRAUD, *Dignité, liberté, égalité*, 2022.
Boris BARRAUD, *Humanisme et intelligence artificielle*, 2022.
Michel BOUDJEMAÏ, *La territorialisation de l'aide sociale légale*, 2022.
Carine VAYSSE, *La théorie générale du contrat administratif*, 2022.
Thomas LARDEUX, *La sécurité juridique et le contentieux international des investissements*, 2021.
Coffi Dieudonné ASSOUVI, *L'influence du droit international des changements climatiques sur le droit de l'environnement de l'Union européenne*, 2021.
Zohra Aziadé ZEMIRLI, *Le statut juridique des non-musulmans en Algérie. L'exemple des évangéliques et des ahmadis*, 2020.
Moustapha KAMARA, Jean Baptiste BERTRAND, avec la collaboration de Samba Thiam et Isabel Falconer, *Le contentieux international du transfert des joueurs, Football et autres sports collectifs, Nouvelle édition revue et augmentée,* 2020.
Béatrice Blohorn-Brenneur (dir.), *Médiation, cultures et religions*, 2020.
Marion Brosset Briand, Antonin Crinon, Élodie Delacoure et Émilie Delcher (dir.), *Le nombre et le droit*, 2020.
Mickaël Le Borloch, *L'application du droit d'auteur aux hyperliens, Analyse de droit français et de droit américain*, 2019.
Romain Feydel, *La société de libre partenariat. Régime juridique et fiscal*, 2019.

Sous la direction de
Rahma Bentirou Mathlouthi

Proportionnalité, droits fondamentaux et juges

Proportionality, fundamental rights and judges

Avant-propos d'Emmanuel Decaux
Propos conclusifs de Michel Troper

L'Harmattan

Chaque auteur(e) de cet ouvrage est responsable du contenu de sa contribution et de la portée de ses propos

5-7, rue de l'École-Polytechnique, 75005 Paris

www.editions-harmattan.fr

ISBN : 978-2-14-030255-8
EAN : 9782140302558

Je dédie cet ouvrage à Pascal Mahon ;
une personne exceptionnelle tant sur le plan humain que
sur le plan professionnel.
Je garderai de vous et de notre collaboration
un souvenir ineffaçable.

Sommaire

Remerciements

Cet ouvrage collectif est issu des actes d'un Colloque international sur le thème *Proportionnalité, droits fondamentaux et juges* qui a été organisé à la Faculté de droit de l'Université de Neuchâtel (UniNE) les 20 et 21 novembre 2019 sous la présidence d'honneur du Professeur Dominique Rousseau. Ce colloque réalisé sous notre propre direction scientifique s'est inscrit dans le cadre d'un appel à projets lancé courant l'année 2019 par le Programme doctoral en droit de la Conférence universitaire de Suisse occidentale (CUSO). Le projet a bénéficié du subside de la CUSO pour l'organisation des évènements scientifiques pour l'année 2019, d'une part, et du subside *Scientific Exchanges* du Fonds national suisse (FNS) pour le soutien des chercheurs à organiser leur propre manifestation scientifique, d'autre part.

La réalisation de cet évènement n'aurait pas été possible sans le soutien scientifique, logistique et financier du décanat de la faculté de droit de l'Université de Neuchâtel. Je remercie le professeur Blaise Carron (ancien doyen de la faculté de droit de l'UniNE) d'avoir mobilisé son équipe administrative pour suivre rigoureusement tous les détails d'ordre organisationnel. Je souhaiterais également le remercier d'avoir accepté – avec une grande générosité – de nous accorder un financement destiné à couvrir les frais de déplacements et d'hébergement de nos intervenants invités suisses et étrangers.

Je souhaite également exprimer mes remerciements les plus sincères au Professeur Olivier Hari (doyen actuel de la faculté de droit de l'UniNE) et à toute son équipe décanale d'avoir accordé à ce travail une subvention de publication pour la parution de notre manuscrit chez la maison d'édition L'Harmattan.

Très belle lecture !

Rahma Bentirou Mathlouthi

Liste des auteurs
(par ordre alphabétique)

Aguilera Vaqués Mar, Professor of Constitutional Law, University of Barcelona

Borras Susana, Marie Skłodowska-Curie Fellow (H2020-MSCA-IF-2020), n°101031252 CLIMOVE PROJECT , Associate Professor in International Law and International Relations , Università degli Studi di Macerata (Italy)

Carron Blaise, Professeur ordinaire de droit privé, LL.M. (Harvard), Avocat (spécialiste FSA en droit de la construction et de l'immobilier)

Decaux Emmanuel, Professeur émérite de l'Université Panthéon-Assas Paris II, Président de la Fondation René Cassin, Président de la Cour de conciliation et d'arbitrage au sein de l'OSCE

Defago Valérie, Professeure ordinaire, Chaire de droit administratif général et spécial, Université de Neuchâtel

Dufour Geneviève, professeure titulaire à la Faculté de droit de l'Université de Sherbrooke

Favre Anne-Christine, Professeure de droit public à l'Université de Lausanne

Ferchichi Wahid, Professeur de droit public, Université de Carthage Tunisie

Laperle-Forget Lolita, diplômée de la maîtrise en droit international et politique internationale appliqués de la Faculté de droit de l'Université de Sherbrooke (LLM).

Maroonian Anaïs, Doctorante à la Faculté de droit de l'Université de Genève

Michel Troper, Professeur émérite à l'Université de Paris-Nanterre

Pullano Teresa, Assistant Professor, Institute for European Global Studies, University of Basel

Rizcallah Cecilia, Professeure invitée à l'Université Saint-Louis – Bruxelles et à l'Université libre de Bruxelles et chargée de recherches au Fonds national de la recherche scientifique belge

Sandoz Yves, Directeur du Département du droit international et de la communication, Comité international de la Croix-Rouge

Sassòli Marco, Professeur à la Faculté de droit de l'Université de Genève

Saura Jaume, Professor of International Law, University of Barcelona

Terpan Fabien, Maître de Conférences HDR de droit public, Chaire Jean Monnet, Directeur adjoint du CESICE (Centre d'études de la sécurité internationale et des coopérations européennes), membre d'AMNECYS

Torrione Henri, Professeur de droit et de philosophie du droit, Université de Fribourg

Van Drooghenbroeck Sébastien, Professeur ordinaire à l'Université Saint-Louis – Bruxelles, Professeur invité à l'Université Paris II Panthéon Assas et assesseur au Conseil d'État de Belgique

Avant-propos

Emmanuel Decaux
Professeur émérite de l'Université Panthéon-Assas Paris II,
Président de la Fondation René Cassin,
Président de la Cour de conciliation et d'arbitrage au sein de l'OSCE

Il faut remercier doublement les maîtres d'œuvre du colloque organisé par la faculté de droit de l'Université de Neuchâtel les 20 et 21 novembre 2019 sous le titre « *Proportionnalité, droits fondamentaux et juges* ». Ils ont droit à toute notre gratitude, à commencer par le doyen Blaise Carron pour leur accueil dans un cadre paisible, propice aux débats intellectuels, dans un heureux brassage des générations, des nationalités et des spécialisations. Le colloque a donné lieu à des échanges très stimulants, autour de quatre panels, évoquant aussi bien le droit de l'Union européenne et les relations complexes entre la Suisse et l'Union européenne, que le droit international et les relations internationales, sans oublier le droit constitutionnel suisse et comparé, en hommage au « président d'honneur » du colloque, notre collègue Dominique Rousseau. Mais si les paroles volent, d'autant plus légères qu'elles sont sympathiques, les écrits restent. Il faut avant tout saluer l'énergie et la rigueur scientifique de Rahma Bentirou Mathlouthi pour avoir tiré la quintessence de ce colloque, avec un ouvrage structuré, autour d'une douzaine d'études thématiques.

Les circonstances particulièrement difficiles traversées depuis deux ans se traduisent par une nostalgie certaine pour les libres discussions sur les rives du lac de Neuchâtel, mais elles soulignent aussi l'acuité de la problématique retenue. Un siècle semble d'être écoulé dans la paralysie de la vie universitaire et du travail intellectuel, derrière de nouvelles frontières. Le monde a changé tout à coup, sous le poids d'une pandémie que les générations d'après-guerre avaient oublié, alors que revenait en mémoire la crise mondiale provoquée par la « grippe espagnole » en 1919. Face aux contraintes du confinement puis aux débats sur la vaccination obligatoire et le « passe sanitaire », la question de la proportionnalité est apparue sous un jour très concret. Fallait-il prendre des mesures uniformes, par souci d'efficacité et de simplicité – de lisibilité de la norme générale – ou au contraire adapter les restrictions de liberté aux circonstances de temps et de lieu, dans une stricte proportionnalité ? Fallait-il des mesures adaptées aux conditions locales, au plus près des « territoires », au risque de créer des incohérences, ou des mesures nationales, qui elles-mêmes n'allaient pas sans distorsions, dans la course au chacun pour soi, à défaut d'une véritable coordination européenne, voire d'une coordination internationale autour de l'OMS ?

Les juges, juges constitutionnels, juges administratifs – notamment en France avec le « référé liberté » – et juges judiciaires ont été en première ligne, au moment même où la Garde les Sceaux semblait considérer que le service public de la justice n'était pas une fonction essentielle de l'État, suspendant les procédures pour « protéger les personnels et les usagers ». On n'a jamais autant invoqué les droits fondamentaux, même si la plupart des États européens n'ont pas eu recours aux régimes de crise prévus par l'article 15 de la Convention européenne des droits de l'homme et *mutatis mutandis*, par l'article 4 du Pacte international relatif aux droits civils et politiques, « dans la stricte mesure où la situation l'exige ». C'est assez dire que l'ouvrage aujourd'hui publié offre, avec le recul indispensable d'une approche comparative intégrant le temps long, un éclairage particulièrement utile sur les questions qui sont au cœur de l'actualité. Bien plus, loin des solutions univoques nées de réflexes et de polémiques, les études réunies traduisent une réflexion collective, illustrant l'importance de la recherche juridique et de la philosophie du droit pour comprendre le monde présent, comme en témoignent les propos trop modestes de Michel Troper.

À vrai dire, depuis Aristote et Pythagore, la notion même de proportionnalité se trouve marquée par la confrontation féconde de la justice et de la géométrie. On pourrait même dire de l'esprit de justice et de « l'esprit de géométrie » pour reprendre la formule de Pascal. La justice doit être égale pour tous, mais tout est question de proportion : faut-il privilégier une égalité formelle ou une inégalité compensatrice, une justice distributive ou une justice attributive ? L'interdiction des discriminations va de pair avec la reconnaissance des distinctions. Qu'il s'agisse d'individus, de groupes ou d'États, la proportionnalité relève avant tout de la casuistique. Le droit international, dans ce qu'il garde de rudimentaire, peut nous éclairer sur cette polysémie.

Fondé sur l'égalité souveraine des Etats, le droit international contemporain impose une stricte symétrie entre les parties contractantes, qui trouve son origine dans la reconnaissance mutuelle des Etats et son aboutissement dans la réciprocité des droits et obligations. Mais dès qu'on échappe à ce formalisme initial, les inégalités de fait se multiplient. Le droit de la mer tente de concilier le déterminisme géographique ou géologique et la proportionnalité, avec le principe de l'équidistance, corrigé à la marge par l'équité. Mais rien ne fera qu'un État enclavé ou dépourvu de littoral bénéficie de la même zone économique exclusive qu'une île au milieu de l'océan. Les conventions sur le droit de la mer, de génération en génération, n'ont fait que consacrer l'accaparement des espaces maritimes par les États riverains, Autrement dit la proportionnalité, dans le partage bilatéral des eaux territoriales, de la ZEE ou du plateau continental, ne vaut que dans le cadre d'une disproportionnalité générale.

Avec le droit de la responsabilité internationale, on retrouve les figures classiques de la proportionnalité. La réparation doit effacer l'acte illicite, par le biais de la *restitutio in integrum*. Mais le plus souvent, faute de pouvoir effacer le temps et revenir sur l'irréversible, la proportionnalité prend la forme d'une juste compensation. Comment calculer le prix de dommages matériels et plus encore de « dommages moraux » ? Faut-il s'en tenir à une stricte réparation des dommages ou doit-on intégrer des peines afflictives, comme on l'a vu avec l'arbitrage dans l'affaire du *Rainbow Warrior* ? La question s'est posée dès le départ avec des dommages transfrontières liés à la sauvegarde de l'environnement, comme avec des dommages de guerre, en envisageant réparations et sanctions, comme dans le cadre du traité de Versailles. Une dimension nouvelle a été ajoutée avec le développement de la justice pénale internationale et la définition de « crimes internationaux », tant le crime est hors de proportion au regard du nombre des victimes. La comptabilité faite par les juges internationaux – à commencer par la Cour européenne des droits de l'homme – est sans doute inévitable, mais elle ne peut sembler très réductrice à l'échelle de violations systémiques. Il ne s'agit plus seulement de proportionnalité, mais d'un impératif de justice et de vérité qui peut passer par des formes de réparation collective d'autant plus fortes qu'elles sont symboliques et comportent des garanties de non-répétition ».

En un sens, la mise en œuvre du principe de proportionnalité ne saurait se réduire à une forme de casuistique, un marchandage approximatif, pour trouver le point d'équilibre du curseur. La « stricte nécessité » née de la pesée des avantages et des inconvénients, de la conciliation de l'intérêt général et de l'intérêt particulier. En changeant d'échelle, la proportionnalité peut dépasser la réciprocité négative des représailles, se traduisant par le refus de l'escalade et de la surenchère, la montée aux extrêmes de la « loi du talion », tout comme la réciprocité positive de l'échange primitif du don et du contre-don, du *do ut des*.

C'est sans doute beaucoup demander aux États, plus attachés au droit de la force qu'à l'esprit de conciliation, mais les temps de crise ne doivent-ils pas nous inciter à ne pas se résigner aux « eaux glacées du calcul égoïste ». Face aux défis globaux, les réponses ne peuvent être que solidaires. La proportionnalité peut ne pas être un simple équilibre précaire, mais une recherche d'harmonie, où la justice et la justesse se confondent. L'équité n'est-elle pas cette forme de justice qui va au-delà de la justice ?

Ouverture du Colloque

MOT DU DOYEN BLAISE CARRON
Professeur ordinaire de droit privé LL.M.
(Harvard)Avocat (spécialiste FSA en droit
de la construction et de l'immobilier)

Chère Madame Bentirou-Mathlouthi,
Chères et chers collègues,
Chères et chers participant-e-s,

En tant que Doyen de la Faculté de droit, je suis très heureux de vous accueillir aujourd'hui en ouverture de ce colloque de deux jours sous le titre « Proportionnalité, droits fondamentaux et juges ».

Voilà en effet un thème fondamental. Il est question ici d'un vaste sujet, qui participe aux fondements mêmes de notre société, d'un langage qui imprègne toutes les branches du droit et d'une certaine idée de la Justice.

Il y est question d'équilibre au sein de la communauté, de pesée d'intérêts conflictuels dans un contexte donné, en deux mots, de vivre ensemble.

Et puisque les règles y sont écrites et mises en application par des êtres humains, il y est question de responsabilité dans leur élaboration comme dans leur mise en œuvre. Devant la réalité concrète des faits, on le sait, le rôle et le bon sens des juges sont essentiels.

Il suffit de parcourir le programme de cette rencontre pour prendre la mesure de l'importance et de la transversalité du thème choisi. Durant ces deux jours, on parlera proportionnalité et droit de l'environnement, proportionnalité et droit de l'Union européenne, proportionnalité et droit international public et, enfin, proportionnalité et droit constitutionnel. Des thèmes qui révèlent l'aptitude de ce colloque à mieux nous faire saisir les tenants et les aboutissants de ce concept polysémique aux multiples facettes qu'est la proportionnalité.

Au-delà de la pertinence du thème traité, de telles journées sont nécessaires à la vie scientifique. Elles répondent au besoin de prendre un certain recul pour élargir notre réflexion et marquent un temps d'arrêt salutaire dans notre quotidien affairé. Elles nous permettent de quitter nos bureaux pour nous rencontrer, pour échanger et partager nos questionnements et nos compréhensions, voire nos incompréhensions.

Finalement, les moyens choisis par ce colloque pour enrichir l'expérience des participants me semblent très équilibrés : deux journées approfondies déclinées en quatre panels et plusieurs présentations variées semblent à la fois généreuses et adéquates pour atteindre le but visé. C'est pour moi l'occasion de remercier tous les intervenants réunis ce matin ainsi que ceux qui nous rejoindront ces prochains jours de leur venue à Neuchâtel pour débattre d'un thème aussi intéressant.

Vous l'aurez compris, ce colloque est à mon sens apte, nécessaire et proportionnel (au sens étroit) pour atteindre le but recherché ! Bref, un exemple type de proportionnalité !

En tant que Doyen de la Faculté de droit, je tiens ainsi à vous féliciter, chère Madame Bentirou-Mathlouthi, pour sa mise sur pied. Les nombreux intervenants de qualité que vous avez invités à se réunir et le programme que vous avez concocté ensemble m'ont impressionné.

Je suis certain que ce colloque permettra à la fois à tous les participants d'approfondir leurs connaissances et d'échanger leurs points de vue et à notre institution de rayonner au-delà des rives du Lac de Neuchâtel en concrétisant sa devise « Proximité et excellence », cette fois-ci de manière disproportionnée.

Merci donc et très bon colloque à toutes et à tous !

Prof. Blaise Carron, Doyen, 20 novembre 2019

PARTIE I.

RÉFLEXIONS PHILOSOPHIQUES ET JURIDIQUES SUR LES FONDEMENTS DE LA PROPORTIONNALITÉ

CHAPITRE 1.

Proportionnalité, jugements de valeur et raison pratique en droit

HENRI TORRIONE
Professeur de droit et de philosophie du droit,
Université de Fribourg

Introduction

Le principe de la proportionnalité est utilisé dans tous les domaines du droit, et même dans tous les domaines de l'activité humaine. La façon dont il est utilisé en droit, si l'on y réfléchit, conduit à voir le droit plus comme une question d'intelligence que comme une question de volonté. C'est ce point que nous allons développer, bien qu'il aille à l'encontre de la référence quasi obsessionnelle dans les facultés de droit et le monde de l'enseignement à « la volonté du législateur », comme si la volonté était la clé de tout en droit. Nous allons expliquer que la compréhension des choses (les « choses », en droit, ce sont des affaires humaines, donc tout autre chose qu'en physique ou qu'en biologie) joue un rôle important dans la pratique, aussi bien au niveau du législateur lorsqu'il conçoit et formule la loi – et impose par exemple le recours à la proportionnalité dans tel ou tel domaine – qu'au niveau des juges et des avocats qui argumentent, délibèrent et tranchent en mettant en œuvre cette loi, malgré son indétermination sur certains points, notamment quand elle parle de proportionnalité de façon générale et abstraite.

On peut affirmer qu'en conséquence il y a un certain contenu de droit naturel dans tout système juridique, grâce à la raison pratique (elle est à l'origine de cette compréhension), dans l'exacte mesure où c'est elle qui est à la manœuvre et détermine le contenu du droit positif sur tel ou tel point, notamment s'agissant du discernement de ce qui est en réalité proportionné et de ce qui ne l'est vraiment pas dans le cas en cause. On entend l'expression

« contenu de droit naturel » au sens où HART l'a utilisée, même si on n'applique pas ici l'expression à ce qu'il visait. Comme ce dernier l'a précisé lorsqu'il s'est opposé à la thèse de KELSEN selon laquelle le droit positif peut avoir n'importe quel contenu puisque tout dépendrait de la volonté du législateur[1], le droit naturel n'est rien d'autre que le contenu du droit positif qui ne dépend pas de la volonté du législateur ou du constituant, mais s'impose comme la solution adéquate à un problème qui se pose, et qu'il faut traiter[2].

C'est en effet l'intelligence qui détecte l'adéquation effective de telle solution (et l'inadéquation de telle autre, ou sa moins bonne adéquation), en comparant différentes possibilités face à la situation en cause avec ses caractéristiques objectives, avec ses circonstances spéciales si est en cause un cas particulier. Ce contenu du droit positif, c'est la « *Sachgerechtigkeit* » (la « justice matérielle »). En Suisse, c'est à elle que le Tribunal fédéral se réfère si souvent[3]. On parle aussi de ce contenu comme « de l'équité », quand il s'agit d'un cas particulier avec ses circonstances spéciales[4].

I. Les jugements d'appréciation qui déterminent quelles sont les « moyens proportionnés aux circonstances » en cas de défense contre une attaque, et la notion de « Sachgerechtigkeit »

Prenons pour commencer l'approche du droit pénal selon lequel il y a légitime défense lorsque la défense est proportionnée aux circonstances[5]. Qu'est-ce que cela signifie concrètement pour le juge, en quoi consiste réellement le droit applicable pour lui sur ce point précis ?

Pour éviter que l'esprit du lecteur ne parte dans les diverses directions qu'une approche seulement notionnelle et hors sol permettrait, prenons un cas et partons des affaires humaines comme elles se présentent. C'est en effet la

---

[1] H. KELSEN, *General Theory of Law and State*, Harvard University Press, Cambridge, Mass., 1949, p. 113: la thèse de H. KELSEN est que « legal norms may have any kind of content ».

[2] Voir dans H. L. A. HART, *Le concept de droit*, traduit de l'anglait par M. van de KERCHOVE, Publications des Facultés universitaires Saint-Louis, Bruxelles, 1976, pp. 226-239, les sections intitulées « Droit naturel et positivisme juridique » et « Le contenu minimum de droit naturel ». Pour l'exemple d'un contenu des systèmes juridiques qui doit être qualifié de contenu de droit naturel selon l'approche exposée dans cette contribution, voir *infra*, note 143.

[3] Voir par exemple l'ATF123 III 292 / JT 1998 I 586, dans lequel on trouve l'expression « justice contractuelle matérielle », l'ATF 121 I 367 / SJ 1996 389, l'ATF 103 III 206, l'ATF 129 III 335 / JT 2003 II 75, l'ATF 101 Ia 545 / JT 1976 I 605.

[4] Pour une explication de la différence entre les deux expressions, voir Henri Torrione, « Républicanisme et philosophie aristotélicienne du droit vs. libéralisme et philosophie hobbesienne du droit », in : La propriété et ses limites, *Archiv für Rechts- und Sozialphilosophie*, Beihefte 154, Franz Steiner Verlag, Stuttgart 2017, pp. 173-223, en particulier pp. 197-199.

[5] L'article 15 du Code pénal suisse règle la légitime défense comme suit : « Quiconque, de manière contraire au droit, est attaqué ou menacé d'une attaque imminente a le droit de repousser l'attaque par des moyens proportionnés aux circonstances... ».

pratique du droit qui permet de comprendre la force que peuvent avoir parfois les jugements de la raison pratique en matière de justice quand on a affaire à des notions indéterminées présentes dans la loi et que tout dépend de l'adéquation de la solution aux particularités de la situation ou du cas à trancher. Prenons donc le cas de cette bagarre à la sortie d'une discothèque à Zurich et la question de la légitime défense, avec un homme au sol qui reçoit des coups de pieds et des coups de poing d'un autre, et l'homme au sol sort un couteau et commence à l'enfoncer dans la chair de son agresseur. Est-ce là de la légitime défense ? S'agit-il de « moyens proportionnés aux circonstances », selon l'expression utilisée par la loi ? Non, quand on est dans les circonstances des affaires jugées dans l'ATF 102 IV 228 et l'ATF 109 IV 5. Et si celui qui est au sol est attaqué par deux hommes (ATF 136 IV 49) ou par trois hommes, ou plus encore, les autres circonstances restant les mêmes, qu'en est-il ? La défense avec le couteau, voir une arme à feu, devient-elle en un certain point, qu'il convient de déterminer, adaptée à la situation ? Quelle défense est proportionnée à quelle attaque dans quelles circonstances ?

On ne le comprend que dans la pratique face au cas, en étant « en situation » (le juge, avec le devoir de juger tel ou tel cas, est en situation bien qu'il soit tenu à l'impartialité quand il juge, et celui qui est au sol en train de subir l'attaque de son assaillant est aussi en situation, et même dans une situation qui peut être difficile, mais il est malgré tout tenu de mesurer sa réaction en fonction d'un jugement exact sur la situation). Comment l'activité de la raison conduit-elle à un jugement d'appréciation sur ce point, chez l'un comme chez l'autre[6] ? C'est une activité de la raison pratique, parce que chez l'un comme chez l'autre il s'agit de juger l'action : l'action de défense à entreprendre, pour celui qui est au sol, l'action entreprise par lui, pour le juge lors du procès. C'est une activité de la raison pratique que l'on peut caractériser comme une ratiocination (au sens originel du terme, qui n'est pas un sens péjoratif, mais indique bien le labeur de la raison que constitue ce travail de discernement des éléments pertinents de la situation et d'examen des solutions de défense dans le cas). Le Tribunal fédéral décrit ainsi ce travail quand c'est celui d'un juge : « apprécier d'une manière objective tous les éléments pertinents, et rechercher la solution adéquate aux circonstances spéciales du cas particulier »[7]. L'art. 4 CCS sur le pouvoir d'appréciation du juge présuppose que ce travail de la raison aboutit à un jugement d'appréciation (un jugement de valeur) sur la bonne défense, sur les « moyens proportionnées aux circonstances » (cet article est relatif au travail du juge en présence de notions indéterminées dans la loi, et la notion de proportionnalité entre défense et circonstances concrètes est manifestement une notion indéterminée).

---

[6] Chez l'homme au sol aussi il y a une exigence de lucidité et de jugement d'appréciation correct, en principe (voir art. 16 CPS sur les cas où l'excès dans la défense provient d'un « état excusable d'excitation ou de saisissement causé par l'attaque »).

[7] ATF 101 Ia 545, consid. 2,d, p. 550.

Si l'on a participé à des procédures judiciaires qui portaient sur des questions de ce genre et que l'on a constaté parfois ce mouvement des esprits à travers des raisons vers un jugement d'appréciation fondé, motivé, l'on ne peut pas faire autre chose que ce qu'a fait GALILEE : lorsque l'on se retrouve face aux tenants de la thèse que les jugements d'appréciation « cannot be established, as statements of fact can, by rational argument, evidence or proof »[8], comme GALILÉE face aux tenants du dogme de l'immobilité du soleil au centre de l'univers, on a envie de dire « e pur si muove ! », en parlant bien sûr du mouvement de la raison à travers des raisons, jusqu'à un jugement d'appréciation sur la défense dans la situation concrète. Il s'agit bien sûr d'un mouvement à travers la confrontation et le choc des raisons pour et contre telle ou telle solution de défense, de part et d'autre quand il y a deux parties qui s'affrontent au procès.

Comment l'objectivité est-elle donc possible dans ce contexte ? Comment tout n'est-il pas livré à la subjectivité et au sentiment (de la justice) de chacun dès que l'on quitte le cadre de l'application de la loi ? À quoi d'objectif le juge peut-il donc rattacher une décision qui n'a plus vraiment de justification directe et immédiate dans la loi ? C'est un point central. Pour répondre, il faut comprendre la réponse donnée à cette question dans tous les systèmes dans lesquels le *judge made law* est crucial pour le fonctionnement du système juridique et politique. Il n'y a en effet qu'une seule solution pour le juge dans cette situation, s'il ne doit effectivement pas se laisser guider par son sentiment personnel, mais rendre un jugement objectif[9]. La doctrine relative à l'art. 4 CC, à la suite de la jurisprudence du TF, a clairement identifiée cette solution : le juge doit dégager dans les circonstances de l'espèce les éléments qui « lui permettront de fonder objectivement sa décision »[10], « il doit rendre un jugement... matériellement fondé », il doit adopter une approche où « c'est une considération (...) directe de la nature des choses qui lui dictera la solution »[11]. Le TF en est conscient : n'indique-t-il pas depuis presque un siècle dans de nombreuses jurisprudences fiscales où il met en œuvre la « *wirtschaftlische Betrachtungsweise* », qu'il faut alors

---

[8] H. L. A HART, *The Concept of Law*, 2ème éd., Oxford University Press, Oxford, p. 302. Nous avons rappelé que les écoles de rhétorique et de dialectique des Anciens sont arrivées à la conclusion que les méthodes d'argumentation sont semblables, qu'il s'agisse d'établir des faits (jugement de fait)) ou du droit (jugement d'appréciation sur le cas ou la situation, c'est-à-dire jugement de valeur) par des arguments (H. TORRIONE, « Le poids des arguments – Discursivité non déductive dans la pensée juridique, et utilisation des ressources de la rhétorique et de la dialectique », *Festschrift Peter Gauch*, Zurich 2004, p. 275-299). Voir aussi H. PUTNAM, *The Collapse of the Fact/Value Dichotomy and Other Essays*, Harvard University Press, 2004.

[9] H. DESCHENAUX, *Le Titre préliminaire du Code civil, in: Traité de droit privé suisse*, T. II/2, Fribourg 1969, p. 126.

[10] P.-H. STEINAUER, *Le Titre préliminaire du Code civil, in Traité de droit privé suisse*, T. II/1, Bâle 2009, para. 428.

[11] H. DESCHENAUX, *op. cit.*, p. 123.

prendre en compte dans le jugement d'appréciation « *mehr die Natur der Sache als die äussere Form* »[12] ?

La doctrine relative à l'art. 4 CC a aussi reconnu qu'on reprend ainsi en droit suisse la solution qui est, semble-t-il, acceptée comme la base de l'objectivité des jugements dans les pays où le *judge made law* joue un rôle important : en effet, DESCHENAUX relève ce qui suit après s'être référé à l'obligation pour le juge de « rendre un jugement (...) matériellement fondé » : « en cela consiste la méthode dite casuistique »[13]. C'est une méthode qui approche chaque cas pour lui-même, et ne néglige rien de « toutes les circonstances du cas »[14]. On le voit bien, si l'on prête attention à l'analyse qui est faite dans ces pays de l'activité d'un juge quand il se fonde sur un précédent judiciaire, et revient sur une décision prise par une certaine juridiction dans le passé. Ce n'est pas le sentiment personnel du juge qui a pris la décision considérée comme précédent qu'il va prendre en compte, mais la *ratio decidendi* de cette décision, une *ratio* comprise comme « *the ground or reason of [the] decision* », dans le sens précis de « *the point in a case which determines the judgment* »[15], plus précisément encore comme « *the principle of the case (...) found [par le juge qui subséquemment se penche sur un précédent] by taking account (a) of the facts treated by the judge as material, and (b) his decision as based on them* »[16].

Dans toutes les situations où le droit est découvert au terme d'un processus d'appréciation ou de détermination par le juge, comme l'on ne peut pas se référer à la loi ou à d'autres critères à caractère général et abstrait, on recourt à ce qui est matériellement juste (*sachgerecht*) dans le cas d'espèce. On recourt à la *Sachgerechtigkeit*. On verra plus bas que dans l'arrêt Obwald[17], le TF a utilisé ce terme dans une situation où il ne pouvait pas trancher la question qu'il devait trancher sur la base d'une norme – il ne s'agissait toutefois pas de justice individuelle comme dans les hypothèses de l'art. 4 CCS, ce qui montre que la méthode casuistique, ou tout au moins la *Sachgerchtigkeit*, a plus de potentialité qu'on ne l'imagine parfois[18].

---

[12] TF, 3 février 1919, ATF 45 I 14 (26), consid. 2. Sur cette référence à la nature des choses, il faut préciser ce qui suit : il est vrai que cette dimension de « réalité » a été progressivement mal comprise, et travestie par toute sorte de dérives moralisantes reprises par les traditions les plus conservatrices, et l'on a perdu de vue que ce qui est visé c'est la dimension du *matériellement* juste, du *sachgerecht*, en somme du simplement raisonnable face aux faits de la cause, abordés dans l'esprit le plus critique possible. Cette dimension n'a rien à voir avec un ordre social qui se mettrait en place spontanément, mais plutôt avec le travail de la raison pratique et l'esprit critique.

[13] H. DESCHENAUX, *op. cit.*, p. 123.

[14] P.-H. STEINAUER, *op. cit.*, para. 430.

[15] Black's Law Dictionary, 5ème édition, St. Paul Minnesota 1979, p. 1135.

[16] A. L. GOODHART, « Determining the *Ratio Decidendi* of a Case », *Yale Journal*, 40, 1930, p. 182.

[17] ATF 133 I 206, RDAF 2007 II 50.

[18] Comme on le verra plus bas, elle est même utilisée pour la détermination d'aspects élémentaires de la structure de base d'un pays (de sa Constitution) et conduit notamment au principe que

Mais, dira-t-on[19], un tel jugement d'appréciation est-il vraiment possible sans une « grille de lecture » qui permette de donner du sens à la situation en cause ? Ne faut-il pas qu'il y ait déjà en nous un repère, inné ou fourni par l'éducation, qui permette de juger que ce quelque chose à quoi on s'arrête est du véritablement « proportionnel » ? Autrement dit, sans recourir à la déduction, ne faut-il pas au moins que l'esprit soit dirigé par quelque évidence antérieure au jugement lui-même ? Au minimum, une étincelle de la conscience en nous n'est-elle pas nécessaire ? Et même si le Tribunal fédéral dit que le juge doit partir des faits réels et concrets qui lui sont soumis, comment en partant de faits contingents et singuliers peut-il s'élever aux contrées éthérées de la justice objective et universelle ? On peut répondre de la façon suivante à ces observations critiques et à ces questions :

– Tout d'abord, le Tribunal fédéral ne dit pas que la démarche de la pensée part des faits bruts. C'est peut-être plus simple à comprendre quand on envisage d'abord les réflexions de la personne au sol, en train de subir des coups de pieds et des coups de poing, avant de penser au juge qui traite ensuite le cas, et revient sur ce qui s'est passé. On reconnaitra bien volontiers, il faut l'espérer, que la loi reconnaît non seulement au juge la capacité d'exercer un pouvoir d'appréciation et de formuler en conséquence des jugements d'appréciation sur « les moyens proportionnés aux circonstances » dans la situation en cause, mais aussi à la personne en train de subir l'attaque. Or la personne au sol ne part pas de faits bruts ! En supposant qu'elle puisse réagir alors qu'on l'attaque, elle se demande en effet comment réagir, et part de cette question. Sa perspective est caractéristique de la raison pratique. Elle se pose en effet une question sur l'action qu'elle va déployer dans la seconde qui suit, et la ratiocination de la raison qui se meut peut alors s'effectuer avec une rapidité extrême, le temps d'un éclair. Ce que dit le Tribunal fédéral pour le juge implique, pour la personne au sol, qu'il convient pour elle de déterminer les « éléments pertinents » de la situation pour arrêter, dans l'instant, la défense appropriée aux circonstances, et agir immédiatement. Le point de départ du juge n'est pas différent ; il a la même perspective pratique lorsqu'il examine le cas ensuite ; il prend en compte les mêmes éléments pertinents de la situation, dans son jugement après-coup sur l'adéquation ou non des moyens de défense aux circonstances. Le fait qu'il le fasse à tête reposée ne change pas ces paramètres-là, mais permet seulement d'améliorer la qualité de l'examen. Il y a continuité. Personne ne part des faits bruts en droit, mais de situations de ce type. Le juge n'est pas un chimiste.

– Ensuite, il n'est pas question, dans cette approche du juge, d'aborder les contrées éthérées de la justice objective et universelle. Ce que nous mettons

« l'activité de l'État doit répondre à un intérêt public et être proportionnée au but visé » (art. 5 al. 2 de la Constitution suisse).

[19] C'est un ami juge qui me communique ces réflexions, et il m'autorise à les reprendre dans la forme qu'il leur a donnée.

en avant n'a que faire de la justice universelle : il s'agit seulement de déterminer la réaction adéquate à cette attaque, donc quelque chose de tout sauf universel, quelque chose qui est au contraire éminemment contingent et singulier. C'est la justesse du jugement sur la situation particulière qui est centrale : telle personne, dans telle situation, attaquée par telle autre personne précise, avec les circonstances spéciales qui caractérisent de façon unique cet événement. La décision du tribunal qui déterminera si la réaction de la personne attaquée était de la légitime défense, le soir en question devant cette discothèque de Zurich, va discerner dans un jugement de valeur l'adéquation ou non de la défense particulière, quelque chose donc de tout aussi contingent et singulier, quelque chose que le tribunal apprécie exclusivement en fonction des circonstances spéciales du cas particulier en question. Il y a tout de même du droit objectif, dira-t-on, il y a tout de même une disposition légale générale et abstraite ! Oui, mais la loi générale et abstraite dit uniquement « proportionnalité » des moyens de défense ! C'est du général et de l'abstrait, certes, mais avant tout c'est de l'indéterminé ! Dans les contrées éthérées de la justice universelle et abstraite, l'homme ne trouve rien de mieux que de l'indéterminé (certes, c'est une indétermination orientée[20], mais ce n'est presque rien de plus qu'une indétermination : tout le travail de jugement reste à faire pour la raison pratique ! Il faut le répéter : c'est la justesse du jugement concret final qui est centrale, et la disposition générale et abstraite de la loi n'est qu'en vue de cela.

– Enfin, si l'on a raison de penser ou de pressentir qu'il y a quelque chose avant le jugement, on se trompe en imaginant ce quelque chose comme une grille de lecture, un critère, un repère inné ou fourni par l'éducation, et qui nous permettrait de juger. Ce qu'il y a avant, le Tribunal fédéral l'a précisé avec une grande lucidité dans un arrêt consacré à l'obligation de motiver les jugements de ce genre, même quand ces décisions relèvent d'une autorité politique et non pas judiciaire, même quand elles sont prises dans un domaine dans lequel le bénéficiaire potentiel de la décision ne dispose pas d'un droit, parce que le statut en question est un statut politique (il s'agit en l'occurrence de la décision finale de naturalisation qui, en Suisse, est prise dans la phase ultime par la commune qui va devenir la commune d'origine, sur une base individuelle, et elle n'a, selon nous, rien d'une simple question administrative). C'est un arrêt sur la raison pratique, un arrêt qui montre que les juges et greffiers qui l'on écrit comprennent parfaitement comment la raison pratique opère pour arriver au jugement d'appréciation final sur l'action, lorsqu'il s'agit de la comparaison entre solutions diverses en fonction des raisons qui militent pour et contre chacune d'elles. Cet arrêt montre à quel point le TF a bien compris le lien entre la décision qui est prise, et les raisons qui y conduisent activement, dynamiquement, à travers le processus de

[20] Voir pour cette définition R. Dworkin, *Prendre les droits au sérieux*, PUF, Paris, 1995.

délibération durant lequel tout ce qui est pertinent est examiné, si les membres de la commission ou du conseil chargé de rendre la décision font leur travail correctement. Le TF rejette la voie des urnes pour les jugements d'appréciation en matière de naturalisation (dans cette hypothèse, l'ensemble des citoyens et citoyennes de la commune concernée se prononcent lors d'un vote, comme pour une élection). Il la rejette parce que la délibération n'est pas activement causale à l'égard du jugement sur l'action, lorsque chaque personne se détermine dans l'isoloir, au moment du vote par la voie des urnes, parfois sans raison, ou sans bonne raison, ou tout au moins sans formuler ses raisons, les soumettre à la critique et s'engager dans un processus de délibération. Or, dit le TF, quand il s'agit de trancher des cas individuels par un jugement d'appréciation qui va affecter une personne déterminée dans son statut personnel (la nationalité), l'arbitraire, le discrétionnaire, ce qui est sans raison autre que le bon plaisir, est contraire à la prééminence du droit, à la *rule of law*[21]. Le TF voit parfaitement la différence entre les raisons qui conduisent activement et causalement à une décision à travers un processus de délibération et de confrontation de raisons (en cas de décision par une commission ou une assemblée, même s'il y a, pour finir, au terme de la délibération, un vote), et une justification construite après coup (la seule possibilité, en cas de vote par la voie des urnes, pour la décision finale de naturaliser ou pas telle ou telle personne). Il interprète de cette façon l'exigence de motivation : il faut au stade de ce qui vient avant le jugement d'appréciation que les raisons de préférer telle ou telle solution soient exposées et débattues, qu'il y ait délibération à ce sujet au sein d'une commission ou d'un conseil où il puisse y avoir une discussion significative, et qu'un jugement d'appréciation en procède (si la décision doit être *motivé*, c'est d'abord dans ce sens). Avant le jugement, il ne s'agit donc pas essentiellement d'une intuition, ni d'une étincelle, ni d'une induction ou d'une déduction, mais de la comparaison entre solutions possibles s'agissant de l'action, d'un combat entre elles au moyen d'arguments qui s'affrontent effectivement (des raisons pour et contre), dans le contexte d'une délibération dans laquelle l'idée centrale est que les meilleures raisons déterminent le contenu final du jugement.

Cette conception de la délibération préalable au jugement conduit THOMAS D'AQUIN à affirmer que c'est le jugement lui-même qui apporte finalement, au terme de la ratiocination nécessaire, la détermination de ce qui est proportionné aux circonstances (en matière de défense face à un attaquant, par exemple) et donc de ce qui est juste, de ce qui est le droit dans l'affaire en

---

21 H. TORRIONE, « Principe de la prééminence du droit (Rule of Law) ou *Rechtsstaatsprinzip* en droit suisse ? », Revue de droit suisse, Band 136 (2017) I, Heft 3, pp. 231-254.

question[22]. Par cette approche, TH. D'AQUIN exclut implicitement que tout dépende d'une grille de lecture ou d'une étincelle préalable, d'une induction ou d'une déduction. Déterminer ainsi ce qu'est le droit dans le cas en cause relève donc de la raison, et l'on peut en conséquence considérer, dit TH. D'AQUIN, que le jugement est un acte de la raison[23]. C'est, pour cet auteur, éminemment vrai en matière de justice, bien que ce type de jugement intervienne dans le gouvernement général des actions de la vie même quand autrui n'est pas concerné ; en matière de justice, en effet, il s'agit d'un ordre qui concerne autrui, c'est-à-dire d'un ordre dans un domaine où personne n'est le maître, et où tout, en conséquence, dépend de la raison pratique (de la raison pratique entendue dans ce sens, c'est-à-dire des raisons mises à l'épreuve par confrontation entre elles, conduisant ainsi, à travers une délibération, tant bien que mal, à un jugement d'appréciation). Et, au début du *Commentaire de l'Ethique à Nicomaque d'Aristote*, THOMAS D'AQUIN soutient que ce sont des jugements d'appréciations de ce type qui sont à l'origine de cet ordre « que la raison, en y pensant (considerando), met dans les opérations » externes des individus, les uns par rapport aux autres[24]. On le voit, on a peut-être là une alternative à la version des choses proposée par la tradition de pensée du contrat social, qui assimile le passage vers l'état social à la conclusion d'un contrat ! On y reviendra dans la dernière partie de cette contribution.

Il faut souligner que le processus rationnel qui aboutit aux jugements dont parle TH. D'AQUIN a fait l'objet d'études approfondies dans les écoles de rhétorique de l'Antiquité (à travers la *socratic method*, ce processus rationnel fait l'objet d'un enseignement pratique dans les *law schools* des universités américaines aujourd'hui encore, comme dans l'Antiquité). Il s'agit d'un mouvement discontinu propre à la délibération, qui consiste à examiner chaque solution possible pour l'action (appelée « position, et donnant lieu à une pro-position), donc chaque appréciation possible, l'une après l'autre, en fonction des raisons (arguments) qui militent en sa faveur ou au contraire contre elle. Dans *Les Topiques* ARISTOTE affirme que « pour la connaissance (πρός τε γνῶσιν) et le jugement pratique [...] (καὶ τὴν [...] φρόνησιν), ce n'est pas qu'un petit instrument (οὐ μικρὸν ὄργανον) que de pouvoir et même d'avoir déjà embrassé d'un coup d'œil (συνορᾶν) ce qui s'ensuit [y compris en termes de justification] de l'une et l'autre supposition ; car il ne reste plus

[22] « Judicium importat (...) definitionem vel determinationem justi sive iuris », donc une « rectam determinationem eius quod est justum ». L'auteur précise que c'est le jugement qui « importat definitionem justi » (*Summa Theologiae*, Editiones Paulinae, 1988, Turin, II-II, q. 60, a. 1).

[23] « Dicere enim vel definire [quod justum est] aliquid rationis est », et donc « judicium est actus rationis » (*Idem*).

[24] TH. D'AQUIN, *Commentaire aux dix livres de l'Ethique à Nicomaque d'Aristote*, trad. Y. PELLETIER, Bibliothèque et Archives nationales du Québec, BAnQ Numérique (https://numerique.banq.qc.ca/).

qu'à choisir correctement (ὀρθῶς ἑλέσθαι) l'une d'elles [...] »[25]. Au début de la *Rhétorique*, il explique en se référant au lien de la rhétorique avec ce qu'il appelle la dialectique[26], qu'il a traité dans les *Topiques*, que le logos à ce niveau (ce que l'on a appelé plus haut la « ratiocination »), c'est un dia-logos, comme SOCRATE le savait, quand il examinait dans les rues d'Athènes la solidité des opinions que les gens avaient sur toute sorte de sujets, en fonction des raisons pour et contre (« l'attaque », c'est-à-dire la tentative de démolir la proposition, est centrale dans cette activité de la raison, éminemment critique). Selon ARISTOTE, « la rhétorique est en vue d'un discernement »[27] ; en effet, « les délibérations ont pour objet un discernement, et les décisions des tribunaux sont un discernement » ; la rhétorique n'est donc pas la délibération elle-même, ni le discernement auquel la délibération se termine (dans les cas où tout se passe bien), mais un art ou une faculté « de fournir des raisons »[28] en vue de l'action. Elle n'exige, pour fournir des raisons, pas moins de virtuosité que celle déployée par les sophistes, mais s'occupe, contrairement à eux, de raisons intrinsèquement liées au contenu d'un jugement final sur la situation et l'action qu'elle appelle (par exemple, s'agissant de cette situation à la sortie de la discothèque de Zurich, de raisons justifiant le caractère proportionné, ou au contraire disproportionné, de tel ou tel moyen de défense)[29].

II. Questions sur la *Sachgerechtigkeit*, c'est-à-dire sur cette adéquation objective de la solution retenue par rapport aux caractéristiques de la situation ou aux circonstances du cas particulier

Pour mieux comprendre les différentes facettes de cette approche du droit en fonction de l'activité de la raison pratique en matière de jugements d'appréciation, en fonction donc du raisonnable auquel le principe de la proportionnalité renvoie implicitement[30], nous allons examiner les questions suivantes :

---

[25] ARISTOTE, *Les Topiques,* VIII, 14, 163 b 9-12 (le passage est traduit par Yvan Pelletier, *La dialectique aristotélicienne,* Bellarmin, Montréal, 1991, page 41, sauf que Y. PELLETIER utilise « intuition » là où nous avons mis « jugement », et « adopter » là où nous avons mis « choisir »).

[26] ARISTOTE, *Rhétorique*, I, 1, 1355 a 24-29, traduit par M. DUFOUR, Paris, Les Belles Lettres, 1967, tome 1.

[27] *Ibid.*, II, 1, 1377 b 20 : « ἐπεὶ δὲ ἕνεκα κρίσεώς ἐστιν ἡ ῥητορική » (on peut utiliser « discernement » ou « jugement »).

[28] *Ibid.*, I, 2, 1356 a 33 : « τοῦ πορίσαι λόγους ».

[29] Sur l'enseignement des écoles de rhétorique sur la pertinence du discours (être « περὶ τοῦ πράγματός »), voir pp. 159-162 de H. TORRIONE, « Argumenter et convaincre aujourd'hui selon les enseignements de la rhétorique des Anciens », in : B. N. SCHUMACHER (édit.), *Et si le verbe revenait dans la chaire ?*, Les Éditions du Cerf, Paris, 2020, pp. 119-173.

[30] Sur le raisonnable (proportionnalité au sens strict selon le TF, avec une pesée d'intérêts entre les différents éléments), voir ATF 145 I 73 du 13 février 2019, consid. 7.1.1 p. 100.

a) Trouve-t-on cette intervention de la raison pratique avec des jugements d'appréciation sur ce qui est « sachgerecht » dans le cas ou la situation en cause, seulement dans les situations d'interaction comme la légitime défense, ou aussi dans les situations de distribution ?

b) L'équité (et la « Sachgerechtigkeit » en général, la justice matérielle) n'est-elle pas un idéal au-dessus du droit écrit, et n'a-t-on pas raison de dire que cela revient à l'opposition entre droit existant (« ist ») et droit idéal (« soll ») ?

c) La conception qui laisse une place à l'équité ne favorise-t-elle pas l'activisme des juges ?

d) En insistant trop sur cette dimension d'équité et de justice matérielle en droit, ne fait-on pas passer la loi au second plan ?

e) Ces jugements sur ce qui est adéquat dans le cas ou la situation en cause ne sont-ils pas un phénomène marginal en droit, et n'est-ce pas ce que PORTALIS suggérait quand il affirmait qu'en pratique « une foule de choses sont [...] nécessairement abandonnées à l'empire de l'usage, à la discussion des hommes instruits, à l'arbitrage des juges »[31] ?

f) Ces jugements d'appréciation ne jouent-ils de toute façon aucun rôle dans la structure de base des sociétés humaines, parce que tout repose sur le contrat social, et qu'en raison du contrat les seules obligations qui peuvent exister sont celles qui dérivent simplement des droits de quelqu'un d'autre ?

a. La proportionnalité intervient-elle aussi dans les situations de distribution ?

Rappelons, tout d'abord, une division fondamentale faite par ARISTOTE : « le droit au sens majeur du mot »[32], c'est-à-dire la solution adéquate compte tenu des circonstances spéciales du cas particulier ou des caractéristiques générales de la situation en cause (la « *Sachgerechtigkeit* ») se présente sous deux formes différentes selon qu'on a affaire à une situation d'interaction ou à une situation de distribution[33]. Le droit se présente comme une égalité matérielle dans les deux cas, mais c'est :

– une égalité de proportion dans les situations de distribution (à chacun selon son mérite, par exemple s'agissant de notes d'examen, à chacun selon

---

[31] J.-E.-M. PORTALIS, *Discours préliminaire sur le projet de Code Civil présenté le 1er Pluviose An IX par la commission nommée par le gouvernement consulaire*, p. 8, in : F. PORTALIS (édit.), *Discours, rapports et travaux inédits sur le Code Civil*, Paris 1844.

[32] M. VILLEY, *Philosophie du droit, Définitions et fins du droit, Les moyens de droit*, Dalloz, Paris, 2001, p. 53.

[33] La distinction est faite par ARISTOTE, *Ethique à Nicomaque*, Livre V, ch. 5, 1130 b 30-1131 a 9, trad. J. TRICOT, Vrin, Paris 2007, pp. 241-243. L'indication sur les formes différentes d'égalité dans les deux situations se trouve le plus clairement en 1131 b 27 – 1132 a 7, pp. 249-250. Cette division suppose la division antérieure entre le normatif (τὸ νόμιμον) et l'égal (τὸ ἴσον) (voir *infra* note 78) ; elle divise l'égal (τὸ ἴσον) en deux parties : l'égal dans les situations d'interaction et l'égal dans les situations de distribution.

ses capacités, par exemple en matière fiscale avec notamment la progressivité des taux d'impôt, à chacun selon ses besoins, par exemple en matière d'aide sociale – ce sont des exemples de situation où il s'agit de traiter les cas semblables de façon semblable et les cas différents de façon différente, selon le principe de l'égalité de proportion repris d'Aristote par les tribunaux actuels),

– une égalité de quantité au sens arithmétique du terme (égalité de deux quantités en valeur absolue) quand il s'agit d'une interaction (par exemple le rapport entre la prestation et la contre prestation dans un contrat, ou entre le dommage causé et la réparation qui est offerte dans un accident de voiture, ou entre l'enrichissement illégitime et ce que l'on propose de restituer, ou entre une attaque et les moyens de la repousser.

Un arrêt du TF du 1.06.2007 qui a rejeté les taux dégressifs introduits par le canton d'Obwald au début 2006 en matière d'impôts cantonaux sur le revenu et la fortune[34], affirme que « la justice en matière fiscale est avant tout une question de justice distributive au sens de la *justitia distributiva* aristotélicienne ; il s'agit de la juste répartition des charges [...] entre membres d'une communauté »[35]. Un article publié en 2010[36] expliquait que la justice distributive aristotélicienne se distingue des autres conceptions de la justice distributive en ce qu'elle conçoit la justice distributive comme une forme de « Sachgerechtigkeit »[37], et que ce que BENTHAM appelait une « logic of the understanding » (et qu'il opposait à une « logic of the will » restée « untouched by ARISTOTLE »[38]) y joue un rôle central.

On retrouve donc dans les distributions la dimension de « Sachgerechtigkeit » que l'on a découverte s'agissant de légitime défense (avec l'idée d'une défense effectivement proportionnée aux circonstances concrètes). En conséquence, le juge est conduit dans les deux types de situation à ne pas se référer exclusivement à la volonté du législateur ou du souverain populaire (« logic of the will »), mais à rechercher ce qui est « sachlich begründet »[39], par exemple, lorsqu'il s'agit de trancher un cas d'espèce, « à rechercher la solution adéquate aux circonstances spéciales du

---

34 ATF 133 I 206, dans l'affaire Halter-Durrer/Rohrer/Eigensatz/Zisyadis c. Canton d'Obwald, du 1er juin 2007, traduit en français dans RDAF 2007 II 505.

35 ATF 133 I 206, consid. 7.4.

36 H. TORRIONE, « Justice distributive aristotélicienne en droit fiscal selon le TF. Une étude de philosophie du droit sur la notion de "Sachgerechtigkeit" », *Revue de droit suisse* (RDS), 129 (2010), pp. 131 ss.

37 Dans cet arrêt le TF se référait au fiscaliste et théoricien du droit fiscal KL. TIPKE, qui a développé la notion de « Sachgerechtigkeit » en liaison avec ce qu'il appelle la « justitia distributiva aristotélicienne » (voir KLAUS TIPKE, *Die Steuerrechtsordnung*, Band I, 2e éd., Cologne 2000, p. 262 et suivante, et p. 285 et suivante).

38 HERBERT L. A. HART, *Essays on Bentham*, Oxford 1982, p. 112.

39 ATF 133 I 206, RDAF 2007 II 50, consid. 8.2.

cas particulier »[40] (« logic of the understanding » au niveau de la résolution du cas d'espèce).

Dans les deux types de situation, on peut souligner le caractère nécessairement non positiviste (« logic of the understanding ») de la recherche du droit. Le TF le fait expressément dans l'arrêt Obwald en indiquant que le point à trancher relève de la justice distributive *au sens aristotélicien du terme*. Présentée en termes abstraits, cette approche pourrait être décrite comme suit : dans les cas où il n'y a pas de critères formels applicables pour trancher un litige, c'est le jugement du tribunal qui constitue à lui seul la détermination de ce qui est juste et équitable, en ce sens que c'est adéquat à la situation en cause dans le litige (une attaque à la sortie d'une discothèque, par exemple), et au nom de cette détermination judiciaire du droit, toutes les autres appréciations peuvent être écartées.

Quand le TF parle de la justice distributive au sens de justitia distributiva aristotélicienne, il approuve implicitement par ce renvoi ce qu'ont refusé tous les philosophes du droit qui rejettent l'objectivité des jugements d'appréciation (GROTIUS, HOBBES, KANT, etc.). L'arrêt Obwald est pour ainsi dire tout entier consacré à la question de la Sachgerechtigkeit. Selon le fiscaliste allemand KLAUS TIPKE, le droit dans ces situations doit être compris comme une « auf die Sache bezogene, sachangemessene Gerechtigkeit » ; suivant la thèse de cet auteur, il faut reconnaitre qu'il y a une « Abhängigkeit der Gerechtigkeit von der zu regelnden Sache »[41]. Il faut donc partir des caractéristiques de la situation en cause (par exemple, en matière fiscale, de barèmes qui devenaient dégressifs après avoir été progressifs), et par analyse, c'est-à-dire en examinant ce qui se justifie et ce qui ne se justifie pas compte tenu de la nature de la situation en cause, en examinant donc dialectiquement des raisons, il faut aller vers la détermination de ce qui est juste, c'est-à-dire du droit[42]. C'est évidemment à une opération de ce genre que renvoie la formule du TF suivant laquelle il faut « traiter de la même façon ce qui est semblable et de façon différente ce qui est différent »[43]. C'est aussi à une opération de ce genre que renvoie la formule du TF, qu'on a déjà citée (« apprécier d'une manière objective tous les éléments pertinents, et rechercher la solution adéquate aux circonstances spéciales du cas particulier »[44]). Dans l'affaire Obwald, le TF indique dans la partie centrale de son arrêt (cons. 8) que pour déterminer ce qui est juste en matière de barèmes

---

40 ATF 101 Ia 545, consid. 2d p. 550.

[41] KL. TIPKE, *op. cit.*, p. 273.

[42] E. BUCHER, *recht*, 2006, 186, note 20, p. 197 : « Jeder Richter und jeder erfahrene Jurist geht von Sachüberlegungen aus und kommt so zu seinem Ergebnis (...). Je besser in der Sache argumentiert wird, umso weniger bedarf es methodischer Rechtfertigung ».

[43] Pour cette formulation : ATF 99 Ia 638, JdT 1975 290, cons. 9 p. 300 et les références (en allemand : « Gleiches nach Massgabe seiner Gleichheit gleich, Ungleiches nach Massgabe seiner Ungleichheit ungleich (...) behandeln »).

[44] ATF 101 Ia 545, consid. 2.d, p. 550.

fiscaux, il faut partir de ce qui est « sachlich begründet »[45] dans ce domaine. Il souligne que le canton n'ayant pu présenter aucune raison objective justifiant cette façon de traiter les contribuables, il fallait bien conclure qu'il s'agissait d'opportunisme et que ce qui a été fait (des barèmes dégressifs) était injustifié, inadéquat.

Cet arrêt du TF témoigne que le juge peut arriver par le travail de la raison, à travers la dialectique des positions qui s'opposent les unes aux autres et la confrontation des arguments respectifs[46], à une conclusion ferme sur la bonne solution du litige. Il atteint véritablement, lorsque le jugement est correct, ce qui est juste dans l'affaire en cause (par exemple sur la question des moyens de défenses proportionnés aux circonstances). Selon GARRETT BARDEN, « à travers la dialectique », « à travers les opinions [...] par [le] moyen des questions posées à ces opinions », l'on peut atteindre, une fois déterminée la position qui « répond à toutes les questions qui [...] viennent à l'esprit », une dimension objective présente dans l'affaire soumise au tribunal[47], soit le droit comme quelque chose de « réel », comme « le fait réel d'une relation juste entre les hommes agissant en société »[48] (par exemple face à cet assaillant, s'agissant de la contre-attaque que l'on entreprend contre lui).

b. L'équité et la justice matérielle sont-elles quelque chose de différent du droit idéal ?

Comme l'a dit un privatiste suisse, en matière d'équité le juge ne doit « pas se laisser guider par ses sentiments subjectifs »[49], sa décision devant être au contraire « fondée sur des critères objectifs qui relèvent [...] de la seule recherche de la justice dans le cas particulier à trancher [...] ; son jugement peut donner lieu à recours »[50]. C'est la rigueur qui s'impose dans tous les systèmes dans lesquels le « judge made law » est cruciale pour le fonctionnement du système juridique et politique : le juge doit dégager dans

---

[45] ATF 133 I 206, RDAF 2007 II 50, consid. 8.2.

[46] Comme le dit E. HÖHN : « Wie wird die Lösung gefunden? Dadurch dass für und gegen eine bestimmte Lösung argumentiert wird und schliesslich die Argumente gegeneinander abgewogen werden » (*Praktische Methodik der Gesetzeauslegung*, Zurich 1993, p. 127).

[47] G. BARDEN, « Le dialogue qu'est la Common Law », *Archives de philosophie du droit*, 29, Paris 1984, pp. 95-100. La difficulté pour le juge, « c'est qu'à travers les opinions il doit déterminer le juste », alors qu'à aucun moment il ne peut « comparer l'opinion avec une réalité qu'on n'atteint qu'à travers la dialectique de l'opinion ». MICHEL VILLEY (*Le droit et les droits de l'homme*, Paris 1983, pp. 52) considère la dialectique comme la méthode « parfaitement adaptée à l'art judiciaire ».

[48] A. DE MURALT, *L'unité de la philosophie politique de Scot, Occam et Suarez au libéralisme contemporain*, 2002, p. 87. G. BARDEN cite la formule de TH. D'AQUIN (*Summa Theologiae*, Editiones Paulinae, Turin, 1988, II-II, q. 57, a. 1, ad 1, p. 1328), selon laquelle « le mot *droit* a été utilisé d'abord pour signifier la chose juste elle-même (hoc nomen jus primo impositum est ad significandum ipsam rem justam) ».

[49] P.-H. STEINAUER, *op. cit.*, p. 144.

[50] *Ibid.*, 145

les circonstances de l'espèce les éléments qui « lui permettront de fonder objectivement sa décision », « il doit rendre un jugement [...] matériellement fondé » (« sachgerecht »)[51]. La loi n'est certes pas tout le droit positif, par la force des choses il y a aussi l'équité, mais l'équité n'est pas un idéal par rapport au droit positif, c'est plutôt du droit positif adapté au cas précis en question avec ses circonstances spéciales, lorsque le droit général et abstrait formulé par un législateur a renvoyé au juge du cas et à son pouvoir d'appréciation (par exemple en utilisant une notion indéterminée comme celle de proportionnalité des moyens de défense aux circonstances). Dans les cas avec circonstances spéciales, le contenu du droit positif n'est donc pas donné par la loi, mais tient à un processus « non formel, plus large, de recherche du droit (*Rechtsfindung*) » de la part du juge[52]. L'objet de l'appréhension n'est alors plus une norme, mais ce que le TF désigne régulièrement comme la « justice matérielle minimale » dans la situation en cause.[53] Comme le précise ce spécialiste de droit privé, il « ne faut [...] pas opposer droit [positif] et équité, mais plutôt voir l'équité comme étant l'expression du droit [positif] dans les hypothèses de l'art. 4 CC »[54], c'est-à-dire lorsque la loi renvoie au pouvoir d'appréciation du juge.

c. La conception qui laisse une place à l'équité ne favorise-t-elle pas l'activisme des juges ?

Prévoir que la légitime défense exige des moyens de défense proportionnés aux circonstances, c'est-à-dire utiliser une notion indéterminée, ne favorise en rien l'activisme des juges, mais leur demande au contraire un jugement qui s'en tient strictement aux circonstances du cas. De toute façon, le législateur ne dispose pas d'autre option, le plus souvent, que de traiter la question de façon indéterminée, s'il veut la traiter de façon adéquate à son niveau général et abstrait.

d. En insistant sur cette dimension d'équité et de justice matérielle en droit ne relativise-t-on pas la loi ?

Il n'y a pas de concurrence entre la loi et l'équité, mais collaboration. Le recours à l'équité est nécessaire parfois, et un juriste pratiquant le droit ne peut pas éviter le problème. En effet, même s'il pense comme PLATON, ARISTOTE et d'autres théoriciens de leur époque[55] que les lois doivent être rédigées de façon à laisser le moins de latitude possible aux tribunaux, il devra reconnaître

---

[51] H. DESCHENAUX, *op. cit.*, p. 123.
[52] *Ibid.*, 14.
[53] Selon l'ATF 121 I 367, SJ 1996 389, cons. 2.b, « [l]e principe de l'égalité de traitement [...] a aussi pour fonction de sauvegarder une justice matérielle minimale ».
[54] P.-H. STEINAUER, *op. cit.*, p. 148.
[55] ARISTOTE, *Rhétorique*, I, 1, 1354 a 27-30, traduit par M. DUFOUR, Les Belles Lettres, Paris, 1967, tome 1. Voir à ce sujet R. J. RHODES, *A Commentary on the Aristotelian Athenaion Politeia*, Oxford 1993, p. 162.

avec ARISTOTE que parfois la loi échoue à cause de la matière en cause dans l'ensemble des cas à régler, parce que cette matière ne peut pas être adéquatement traitée à un niveau général et abstrait, et qu'il n'y a pas d'autre possibilité que d'abandonner la détermination finale au jugement du tribunal[56]. On a vu le cas de la défense contre une attaque, la question de moyens proportionnés aux circonstances. C'est un exemple, parmi de nombreux autres, du recours à l'équité : qu'on pense au caractère proportionné de la peine par rapport à la culpabilité, de « l'activité de l'État... [par rapport] au but visé » (art. 5 al. 2 de la Constitution suisse.), de la « restriction d'un droit fondamental... [par rapport] au but visé » (art. 36, al. 3 de la Constitution suisse), etc. Il en va de même avec d'autres notions indéterminées ou expressions qui réservent le pouvoir d'appréciation du juge, l'invitent à tenir compte des circonstances (« spéciales », « particulières », exceptionnelles », ou « extraordinaires »), qui lui demandent de tenir compte de « justes motifs », ou des expressions comme « si l'équité l'exige », « équitable », « excessif », « hors de proportion », « disproportion », « convenable », « raisonnable », etc.[57].

Et de toute façon la loi est quelque chose de même nature, le plus souvent, du point de vue de l'activité de la raison pratique et des jugements d'appréciation. Le concept d'équité bien compris au niveau du cas particulier, avec ses circonstances spéciales, apporte un éclairage sur l'ensemble du droit positif, et permet de mettre en lumière la notion d'adéquation s'agissant aussi de la loi (c'est alors l'adéquation de la solution légale à la situation générale et abstraite dont elle traite). Si l'on a bien en tête ce qui se passe dans le cas particulier, on comprend plus facilement que la prescription légale contenue dans la loi n'a pas directement pour objet de régler un comportement (la règle légale n'est même pas du tout formulée comme une règle de comportement, le plus souvent), mais qu'elle exprime un jugement d'appréciation qui se veut impartial et objectif sur ce qui est juste dans la situation déterminée qu'elle vise. Prenons l'exemple de l'art. 130 al. 2 CCS pour l'expliquer. Cet article prévoit que « sauf convention contraire, elle [l'obligation d'entretien en faveur de l'époux dont on ne peut raisonnablement attendre qu'il pourvoie lui-même à son entretien convenable] s'éteint [...] lors du remariage du créancier ». Selon le jugement du législateur, l'extinction de la créance est la solution matériellement adéquate aux circonstances objectives de la situation constituée notamment par le remariage du créancier[58]. Voilà un jugement d'appréciation sur une situation générale et abstraite.

---

[56] ARISTOTE fait cette remarque à propos de questions spécifiques traitées de façon extrêmement obscure dans les lois de Solon en matière de parts héréditaires (*Constitution d'Athènes*, trad. de B. HAUSSOULLIER et G. MATHIEU, Les Belles Lettres, Paris, 2003, section 9.2).

[57] P.-H. STEINAUER, *op. cit.*, pp. 146-150.

[58] PH. JESTAZ, *Le droit*, 4ème éd., Paris 2002, 7-9. L'auteur étudie la même règle en droit français, et affirme qu'il vaut « mieux dire que le droit délimite, attribue, organise », plutôt que de voir « dans

ARISTOTE n'a pas n'a pas laissé, « contrairement à d'autres philosophes anciens, [...] d'ouvrages consacrés aux lois, des *Nomoi* ou un *De legibus* ». Cette constatation de P. AUBENQUE, au début de son article sur *La loi selon Aristote*[59], l'on n'en comprend toute la portée que si l'on précise simultanément qu'ARISTOTE a, en revanche, laissé un traité consacré à la *Sachgerechtigkeit*[60], ainsi qu'à la capacité qu'a l'esprit humain de la discerner dans un jugement d'appréciation porté sur le cas à trancher, au terme d'un débat contradictoire sur ce qui est adéquat comme solution. La justice, en ce sens, peut être définie comme « la solution adéquate aux circonstances spéciales du cas » en cause[61]. S'il ne s'agit pas d'un cas particulier présentant des circonstances spéciales, mais d'une situation-type, la « justice comme équité » peut être définie comme la solution adéquate aux caractéristiques objectives de la situation examinée par le législateur. Pour trouver la solution, l'on procède de façon analogue à ce que l'on fait dans un cas particulier avec des circonstances spéciales, où l'on découvre la solution, c'est-à-dire ce qui est « *sachgerecht* », matériellement justifié, dans le cas en question, uniquement en recherchant la solution qui s'ajuste au cas, compte tenu des circonstances spéciales, indépendamment de tout critère.

L'article 15 CPS qui règle comme on l'a vu la question de la légitime défense, formule-lui aussi le jugement d'appréciation du législateur sur la solution adéquate dans la situation où quelqu'un est attaqué sans droit (dans le cas de cet article, cependant, le jugement du législateur inclut l'usage d'une notion indéterminée, ce qui va exiger de la part du juge l'exercice de la raison pratique et un jugement d'appréciation, comme on l'a vu).

Tout cela conduit à une conception modeste de la loi, par exemple de l'article 15 CPS : ce n'est que la formulation de la bonne solution selon le jugement d'appréciation auquel le législateur s'est arrêté au terme d'une démarche analogue à celle du juge, à propos de la situation qu'il a considérée. « Par rapport à PLATON, [...] on peut dire qu'ARISTOTE désacralise le domaine de la loi », remarque P. AUBENQUE[62], et contribue ainsi, avec les sophistes, à ce qui constitue, à mon avis, un apport essentiel des lumières grecques : les lois sont en effet « œuvres de la politique (τῆς πολιτικῆς ἔργοις) »[63]. La loi

le droit une prescription de conduites ou de comportements » (*ibid.*, p. 8). Bien que PH. JESTAZ ne le dise pas, délimiter est plutôt une affaire d'intelligence que de volonté.

[59] P. AUBENQUE, *Problèmes aristotéliciens, II. Philosophie pratique*, Vrin, Paris, 2011, p. 79.

[60] J. RAWLS désigne la même réalité par l'expression « justice comme équité ». Un de ses premiers articles s'intitule « Justice as Fairness » (*Philosophical Review*, vol. 67, 1958, pp. 164-194). Cette notion exprime, dit SEN, « l'idée fondatrice de Rawls : il faut concevoir la justice en termes de *fairness*, d'exigences d'équité (...) » (A. SEN, *L'Idée de justice*, traduit de l'anglais par P. CHELMA, Flammarion, Paris, 2010, p. 83). Ce que dit SEN vaut aussi pour la conception exposée dans la présente contribution.

[61] ATF 101 Ia 545, JdT 1976 I 605.

[62] P. AUBENQUE, *op. cit.*, p. 83.

[63] *Ibid.*, p. 81, où P. AUBENQUE cite l'*Ethique à Nicomaque*, X.10, 1181a23.

n'est pas révélée[64], ni engendrée par un mécanisme comme le contrat social. Garante de l'ordre social, elle n'a point de garant dont elle puisse se réclamer, autre que la justesse de la solution à laquelle la délibération politique ou constitutionnelle (s'il s'agit d'une disposition constitutionnelle) a conduit[65]. AUBENQUE souligne bien qu'« ARISTOTE s'oppose à tout déplacement métaphorique de la notion politique de loi », notamment à toute « métaphore cosmo-politique », comme l'on en trouve dans certains textes platoniciens, et chez les stoïciens, qui « seront les premiers à parler d'une *lex naturae* »[66].

ARISTOTE insiste sur cette question : « les choses [...] ne sont pas naturellement, mais humainement justes »[67]. Il fait ainsi implicitement référence aux jugements d'appréciations sur les affaires humaines, auxquels on arrive à travers la controverse et une délibération[68], et assimile le droit naturel à ce contenu du droit positif auquel on arrive ainsi, un contenu qui ne tient pas à la volonté du législateur mais à son intelligence (on l'a dit plus haut en se référant à une formule de HART). ARISTOTE va plus loin que les sophistes, parce qu'il voit qu'il n'y a pas que des conventions et habitudes humaines, mais aussi ce qui est humainement juste (« τὰ [...] ἀνθρώπινα δίκαια »), et qu'il a la force de dire : « l'un et l'autre [sont] passibles de changement »[69]. Mais différemment : ce qui est humainement juste, ce qui tient donc à un jugement d'appréciation sur ce qui est la solution adéquate compte tenu des caractéristiques de la situation en cause, change parfois quand les caractéristiques de la situation changent (par exemple le droit des successions peut changer quand l'espérance de vie à la naissance augmente et que les générations successives ne se présentent plus de la même manière les unes par rapport aux autres, avec des gens qui héritent de plus en plus à un âge qui est celui de leur retraite).

L'ouvrage, déjà cité, de l'économiste et philosophe indien A. SEN, *L'idée de justice*, va peut-être contribuer à une meilleure compréhension de l'approche aristotélicienne. L'auteur reproche à J. RAWLS et à toute la

---

64 *Ibid.*, p. 81, où P. AUBENQUE renvoie à J. DE ROMILLY, qui relève la différence avec la loi juive.

65 « [L]a loi ou même la législation en général ne possèdent pas en elles-mêmes leur propre justification, mais [...] il faut la chercher plus haut dans une délibération qui relève de la (...) politique » (*Ibid.*, pp. 81-82).

66 *Ibid.*, p. 82.

67 *Ibid.*, p. 88, où AUBENQUE traduit l'*Ethique à Nicomaque*, V.10, 1135a 3-5 (τὰ μὴ φυσικὰ ἀλλ' ἀνθρώπινα δίκαια).

68 ARISTOTE contraste délibération et technique ainsi : il y a des « questions sur lesquelles nous sommes [nécessairement] amenés à délibérer [avant d'agir], des questions pour lesquelles il n'y a pas de technique » (ARISTOTE, *Rhétorique*, I, 2, 1357 a 2, traduit par P. CHIRON, Flammarion, Paris, 2007, p. 131 : « περί τε τοιούτων περὶ ὧν βουλευόμεθα καὶ τέχνας μὴ ἔχομεν »). Ce qui relève du contenu de droit naturel, ce qui est « sachgerecht » fait manifestement partie des questions pour lesquelles il n'y a pas de technique, mais seulement la délibération.

69 P. AUBENQUE, *op. cit.*, p. 88, où l'auteur traduit « ἄμφω κινητὰ » (*Ethique à Nicomaque,* V.10, 1134b32). Nous préférons toutefois l'expression « passibles de changement » utilisée par Tricot, p. 270.

tradition contractualiste moderne (HOBBES, ROUSSEAU, KANT, FICHTE, etc.) la même chose qu'ARISTOTE reprochait à PLATON : un déplacement métaphorique de la notion politique de loi, réalisé par les Modernes à travers l'usage de la notion de contrat social, ainsi que la dissimulation correspondante du caractère central de la délibération et du jugement à propos du matériellement juste[70]. Selon SEN, le paradigme du contrat social « finit par fonctionner en partie comme un obstacle à la raison pratique sur la justice »[71]. Le préjugé fondamental contre lequel SEN lutte, c'est la croyance qu'il n'y a pas de jugement objectif possible si des critères formels ne sont pas préalablement donnés. C'est la position de KANT[72]. Elle est partagée par les positivistes aussi bien que par des jusnaturalistes comme GROTIUS. L'on a compris que SEN et ARISTOTE sont d'un tout autre avis.

Comme nous l'avons expliqué dans un article de 2014[73] cette adéquation ou ajustement de la solution aux circonstances spéciales du cas particulier (c'est un jugement d'appréciation du juge qui détermine ce qui est adéquat, ajusté) ou aux caractéristiques objectives de la situation en cause est abordée dans une perspective d'égalité de traitement (« des situations semblables doivent [...] conduire à des appréciations semblables »[74]). L'examen de la solution qui est matériellement justifiée, dans le cas et aussi dans la situation type en cause, s'insère en effet toujours dans une vue synoptique portée sur une diversité de cas et situations semblables et différents, dans une perspective transversale de comparaison (ARISTOTE parle de σύγκρισις[75]), en vue de tester l'égalité de traitement à ce niveau, comme dans une situation d'évaluation et notation de copies d'examens[76]. Il en va de même qu'il s'agisse de cas particuliers ou de situations générales ou abstraites (comme celle visée par l'art. 130 al. 2 CCS). Aussi ARISTOTE caractérise le type de juste qu'est le « sachgerecht » (le matériellement juste) par cette égalité, et il utilise le mot

---

[70] A. SEN, *op. cit.*, p. 83.

[71] *Ibid.*, p. 486.

[72] Pour KANT, la justice distributive aristotélicienne, dont on a vu plus haut l'importance pour le TF en matière fiscale, n'est pas du droit « proprement dit (strict) », et un juge ne peut pas se prononcer car ce serait décider « selon des conditions indéterminées » (E. KANT, *Métaphysique des mœurs II - Doctrine du droit*, traduit de l'allemand par Alain Renaut, GF Flammarion, Paris, 1994, *Appendice à l'introduction à la doctrine du droit*, I, 22).

[73] H. TORRIONE, « L'approche selon la réalité économique (die wirtschaftliche Betrachtungsweise) en droit fiscal et en philosophie du droit », in : M. AMSTUTZ/I. CHABLOZ/M. HEINZMANN/I. HOCHREUTENER (édit.), *Mélanges en l'honneur de Walter Stoffel*, 2014, pp. 311-333, en particulier : pp. 323-330.

[74] P.-H. STEINAUER, *op. cit.*, p. 150.

[75] ARISTOTE, *Ethique à Nicomaque*, *op. cit.*, IX.2, 1165a32-33, p. 471.

[76] Il y a un aspect distributif dans le fait de rendre la justice ; cela tient au rapprochement des différents jugements rendus, à la comparaison des solutions compte tenu des caractéristiques de chaque cas. Cet aspect distributif est présent même lorsque les décisions portent sur des situations d'interaction (voir H. TORRIONE, « Justice distributive aristotélicienne en droit fiscal selon le TF. Une étude de philosophie du droit sur la notion de "Sachgerechtigkeit" », *Revue de droit suisse* (RDS), 129 (2010), pp. 131-161, en particulier p. 144, note 73).

τὸ ἴσον (l'égal) pour le désigner, en l'opposant au normatif (τὸ νόμιμον)[77]. Selon son approche, une règle légale comme celle de l'art. 130 al. 2 CC, ou comme celle de l'art. 15 CPS ne relève pas du normatif par son objet, parce que son objet est de dire ce qui est, aux yeux du législateur, matériellement égal dans la situation type visée par la disposition.

Il ne s'agit pas du tout, avec l'expression τὸ ἴσον, de suggérer le recours à une norme d'égalité formelle, mais de renvoyer à quelque chose qui tient seulement à l'usage de raisons, d'arguments, à la raison discursive, à la justification matérielle. Comme le dit SERGE KOLM, dans une approche raisonnable, même si elle est indépendante de toute norme antérieure, on rejette ce qui « implies a lack of reason – or arbitrariness – which equality only avoids »[78]. L'égalité de traitement à ce niveau prénormatif, et la justice correspondante, est bien décrite par KOLM : à ce niveau, « justice is justification, and hence rationality in the normal sense of the term : for a valid reason, or "justified" »[79]. KOLM rajoute de façon éclairante: « justice is bound by this rationality as much as it is by arithmetic when I have to give you back due change »[80].

À partir de l'analyse du même phénomène dans la pratique du droit de son époque, ARISTOTE a conclu que la loi est « dans la dépendance de [...] l'intelligence » du législateur[81]. BENTHAM comprend bien que cette approche de la loi relève d'une « logic of the understanding », mais il veut aborder la loi dans une « logic of the will »[82]. ARISTOTE voit que la loi a un pouvoir contraignant[83], mais il refuse de la définir par référence à une logique de la

---

[77] ARISTOTE commence son traité sur le droit et la justice, après quelques considérations générales sur le fait que ces termes sont dits en plusieurs sens, par la division du droit en deux (« le droit, c'est le normatif (τὸ νόμιμον), et c'est l'égal (τὸ ἴσον) » (*Ethique à Nicomaque*, *op. cit.*, Livre V, ch. 5, 1129 a 35, p. 233) ; cette division constitue la thèse fondamentale du traité. D. DE SOTO (*De justitia et jure*, Tome I, Madrid, 1968, Prologue au Livre I, p. 6) formule ainsi cette position d'ARISTOTE : « Ce mot est utilisé d'une double façon ; d'un côté, pour ce qui est loi et dispositions légales ; d'un autre côté, pour désigner l'égalité que la justice constitue dans les choses (Bifariam namque usurpatur nomen hoc: uno scilicet modo pro eo quod est lex (...) ; altero autem modo accipitur (...) pro aequitate quam justitiam in rebus constituit) ». Il faut comprendre la thèse d'ARISTOTE comme l'affirmation que le mot « droit » entendu « au sens majeur du mot » (voir *supra* note 33) désigne autre chose que du normatif ! Plus loin dans son traité ARISTOTE affirme que « le droit c'est l'égal (τὸ ἴσον), et c'est là ce qu'il paraît vraiment être pour tout le monde, indépendamment de toute autre considération » (*ibid.*,1131 a 13). La division entre le droit dans les interaction et le droit dans les distribution vient ensuite dans le texte (en 1130 b 30-1131 a 9), et constitue une division de l'égal (τὸ ἴσον) (voir *supra* note 34). SUAREZ va s'opposer à tout cela (voir *infra* note 124), et la modernité reprendra l'enseignement du théologien SUAREZ.

[78] S.-Ch. KOLM, *Modern Theories of Justice*, The MIT Press, Cambridge, Mass.,1996, p. 9.

[79] *Ibid.*, p. 7 ; cf. aussi, p. 10 : « justice as justness and justification ».

[80] *Ibid.*, p. 4.

[81] ARISTOTE, *Ethique à Nicomaque*, *op. cit.*, X.10, 1180 a 21-22, p. 563. La formule complète est : « λόγος ὢν ἀπό τινος φρονήσεως καὶ νοῦ ». TRICOT traduit par « règle qui émane d'une certaine prudence et d'une certaine intelligence » (p. 563).

[82] H. L. A. HART, *Essays on Bentham*, Oxford University Press, Oxford, 1982, p. 112.

[83] ARISTOTE, *Ethique à Nicomaque*, *op. cit.*, X.10, 1180 a 21-22, p. 563.

volonté, ou de la caractériser par le pouvoir de contraindre (selon le mot d'AUBENQUE, pour ARISTOTE le pouvoir de contraindre « s'ajoute à elle du dehors », c'est « ce que l'Etat ajoute à la loi »[84]).

TH. D'AQUIN précisera que puisque la loi est l'expression du jugement que porte le législateur sur le matériellement juste dans la situation qu'il envisage, c'est « une certaine œuvre de la raison », c'est « quelque chose de constitué par la raison »[85]. Là où ARISTOTE utilise le mot « λόγος », TH. D'AQUIN va utiliser le mot « ratio », et il va préciser que « la loi n'est pas le droit lui-même, au sens propre du terme », « mais un certain être-dit du droit (sed aliqualis ratio juris) »[86]. A. DE MURALT, qui propose pour « ratio juris » la traduction « être-dit du droit » que je viens d'utiliser, souligne qu'en conséquence « le droit n'a... de soi rien de normatif, contrairement à la loi, qui, en effet, étant l'être-dit du droit, revêt évidemment une fonction normative et constitue de ce fait la mise en œuvre politique du droit en tant que juste »[87].

Le droit est manifestement de l'évaluatif lorsqu'il est ce qui est « sachgerecht », le matériellement justifié dans le cas ou la situation en cause, objet d'un jugement d'appréciation, comme on l'a vu. G. KALINOWSKY a montré que les normes *au sens propre*, « les jugements normatifs » dans la terminologie utilisée par cet auteur, reposent sur des jugements d'appréciation, si bien que le passage de la dimension évaluative (qui fait l'objet du jugement d'appréciation) à la dimension normative est incessant : c'est parce qu'on juge que la mort est préférable à la honte que l'on adoptera peut-être la position normative suivante : il y a obligation d'éviter la honte même au prix de la vie. Comme G. KALINOWSKY l'a relevé, on peut distinguer « les normes *au sens propre* et les estimations (jugements de valeur), car celles-ci en tant que fondement des normes – c'est parce que telle ou telle action est bonne qu'on doit la faire – peuvent être appelées "normes" *par métonymie* »[88]. Dans le domaine du droit cette approche conduit à adopter la position suivante : parce qu'on juge qu'est juste la répartition qui attribue des moyens correspondant au minimum vital à toutes les personnes sans exception qui sont dans une situation de détresse sur le territoire de la Commune – c'est là, estime-t-on, répartir les fonds publics de façon égale en fonction du besoin, selon « une justice matérielle minimale » conçue comme une égalité de proportion[89] – on va juger (jugement prescriptif, normatif) qu'il y a, pour la collectivité publique concernée (la Commune d'Ostermundigen), l'obligation de fournir aide et assistance, et qu'il y a en conséquence, pour qui est en

---

[84] P. AUBENQUE, *op. cit.*, p. 152.

[85] Th. D'AQUIN, *Summa Theologiae*, Editiones Paulinae, Turin, 1988, I-II, q. 90, a. 1, p. 940 : « quodam opus rationis »; I-II, q. 94, a. 1, p. 954 : « aliquid per rationem constitutum ».

[86] Th. D'AQUIN, *op. cit.*, II-II q. 57 a.1 ad 2, pp. 1328-1329 : « lex non est ipsum jus, proprie loquendo, sed aliqualis ratio juris ».

[87] A. DE MURALT, *L'enjeu de la philosophie médiévale*, Brill, Leiden, 1993, p. 12.

[88] G. KALINOWSKY, *La logique des normes*, PUF, Paris, 1972, pp. 21-22.

[89] C'est le jugement du Tribunal fédéral dans une affaire de 1995 (ATF 121 I 367, SJ 1996 389

situation de détresse, un « droit d'être aidé et assisté et de recevoir les moyens indispensables pour mener une existence conforme à la dignité humaine »[90]. Derrière toute norme juridique, il y a donc l'appréciation portée sur la justesse de telle ou telle répartition, de telle ou telle délimitation, de telle et telle solution dans telle et telle situation.

e. Ces jugements de valeur sur la solution adéquate au cas particulier (ou à la situation en cause) et l'activité de la raison pratique y relative ne sont-ils pas des phénomènes marginaux en droit ?

La réponse a été partiellement donné dans ce que l'on vient de dire à propos de la loi : la place des jugements d'appréciation en droit, et donc de la raison pratique, n'est pas marginale puisqu'on les trouve aussi au niveau de l'activité du législateur, et que cela concerne au moins un certain nombre de dispositions légales (il y a bien sûr des dispositions qui ne tiennent qu'à la volonté du législateur). Une trilogie d'ESCHYLE, l'*Orestie* (*Iphigénie*, *Les Choéphores*, *Les Euménides*), montre cependant que le phénomène a une ampleur beaucoup plus grande encore que celle qu'on a constatée jusqu'ici. Il faut, en effet, tenir compte de la place centrale donnée dans les Constitutions, donc dans le fonctionnement des institutions des pays que nous connaissons, à l'idée d'une institution capable de « trancher... vraiment », dit ESCHYLE par la bouche d'Athéna, quelle que soit l'affaire, ou la personne, ou la question en cause. Cette trilogie montre que la place centrale de la justice comme institution, sous la forme de l'Aréopage à Athènes à cette époque, n'est pleinement reconnue dans sa fonction propre de juridiction que si l'on a compris qu'elle répond au besoin de mettre au centre de la vie en société, s'agissant des litiges, l'activité de la raison pratique elle-même.

Tout se passe dans une famille composée de deux parents, Agamemnon et Clytemnestre, et de deux enfants, Oreste et Iphigénie. Le fils (Oreste) a tué sa mère (Clytemnestre), après que celle-ci ait tué son mari (Agamemnon), après que celui-ci aie tué sa fille (Iphigénie) en la sacrifiant sur un autel alors qu'il est en route vers Troie à la tête de l'armée des Grecs qui a besoin de vents favorables. Comme on le voit, il s'agit d'un mécanisme (la réciprocité) qui suppose l'inversion de l'action, ou la quasi-inversion (quand l'action est un meurtre, la victime n'est plus là pour *faire subir ce qu'elle a subi*). Comme le dit le chœur dans *Les Choéphores*, « nos pères nous ont rapporté des temps anciens un très vieux proverbe : que celui qui a fait, subisse (δράσαντι παθεῖν) »[91] ! Au centre de la première pièce, il y a Agamemnon qui doit payer

---

[90] C'est le texte de l'art. 12 de la Constitution suisse, qui a repris en 1999 la conclusion du Tribunal fédéral.

[91] ESCHYLE, *Les Choéphores*, ligne 313. Il n'y a pas de bonne traduction en français pour ce proverbe qui, en langue grec, a l'air sinistre d'une malédiction implacable, et la moins mauvaise est celle de F. J. G DE LA PORTE DU THEIL dans sa traduction de 1795 : « un coup à celui qui frappe ». La traduction de LECONTE DE L'ISLE est : « Qu'il subisse le crime, celui qui a commis le crime ! ».

le meurtre de sa fille en mourant à son tour de la main de sa femme ; au centre de la deuxième, il y a Clytemnestre qui doit payer le meurtre de son mari en mourant à son tour, de la main de son fils.

Dans la dernière pièce de la trilogie, *Les Euménides*, qui est consacré à la situation d'Oreste, le dernier dans la chaine des meurtriers (il n'a pas encore reçu la pareille selon l'égalité), la question se pose de savoir comment sortir du cercle infernal de la réciprocité. La pièce répond à travers Athéna que c'est par le discernement d'un tribunal à constituer (l'Aréopage, le grand tribunal d'Athènes), par une appréciation de ce tribunal sur ce qui s'est passé et sur la bonne solution, par un jugement (de valeur) des juges sur la position d'Oreste, par une décision judiciaire sur ce qu'il mérite. Suivant les paroles qu'ESCHYLE met dans la bouche d'Athéna, il s'agira pour ce tribunal de « trancher cette affaire vraiment »[92]. On passe donc à un tout un autre monde que celui dans lequel la justice est dominée par un mécanisme de la réciprocité : on passe à un monde dans lequel le traitement de l'affaire se fait par le jugement d'appréciation sur ce qui s'est passé, formulé par des tiers non impliqués au terme d'une enquête complète, une décision qui exige donc préalablement, comme le dit le Tribunal fédéral dans un tout autre contexte, d'« apprécier de façon objective tous les éléments pertinents [de l'affaire à trancher] et [de] rechercher la solution adéquate aux circonstances spéciales du cas particulier »[93].

Cette interprétation de la trilogie est-elle correcte ? C'est tout au moins l'interprétation que pourrait lui donner A. SEN, qui plaide pour une « *logic of the understanding* » s'agissant du droit et de la justice, non seulement sur tel ou tel point particulier, mais dans le contexte général de la mise en place de la justice comme institution centrale d'un pays, pour tous les conflits. Pour les philosophies qui n'admettent pas que la justice se laisse définir sans reste par l'idée de réciprocité et le contrat social (A. SEN ne l'admet pas, en effet), cela rend la problématique suivante tout à fait central : « En quoi un diagnostic d'injustice, ou bien le repérage de ce qui la réduirait ou l'éliminerait, peut-il être objectif ? »[94]. À ce propos, A. SEN fait expressément référence à une « *logic of the understanding* », et il le fait de la façon suivante : il cite un mot un peu obscur de WITTGENSTEIN (« Je travaille avec acharnement, j'aimerais être meilleur et plus intelligent »[95]), se demande quel peut bien être le sens de cette remarque, et examine plusieurs possibilités, ce qui lui permet d'arriver à la question suivante : « En quoi plus d'intelligence va-t-il dans le sens de

---

[92] ESCHYLE, *Les Euménides*, ligne 488 : « διαιρεῖν τοῦτο πρᾶγμ' ἐτητύμως ». H. W. SMYTH traduit par « to decide this matter truly », ou même, dans une version antérieure, « to decide this issue in accordance with the truth » (voir les œuvres d'ESCHYLE publiées par Harvard University Press, vol. II, Londres 1926, p. 319).

[93] Arrêt du Tribunal fédéral du 17.09.1975, ATF 101 Ia 545, consid. 2.d, p. 550.

[94] A. SEN, *op. cit.*, p. 13.

[95] *Ibid.*, p. 57.

rendre le monde meilleur ? »[96]. SEN indique que si c'est bien ce qu'entendait suggérer WITTGENSTEIN, « il se situait, sur ce point important, au sein de la puissante tradition européenne des Lumières, qui voient la raison comme une grande alliée dans l'effort d'amélioration des sociétés. Le progrès social par l'argumentation systématique..., l'importance primordiale [donnée] au rôle du raisonnement dans les choix... »[97]. La raison pratique, les jugements d'appréciation, ce qu'on appelle la justice en pensant à l'institution judiciaire sont au centre de tout cela.

C'est selon nous la direction indiquée par la troisième pièce de la trilogie d'ESCHYLE. Certes, cela ne réussit pas toujours et des échecs au niveau de la « *logic of the understanding* » se produisent[98], mais ils peuvent eux-mêmes donner une solution et casser la loi du talion, si les procédures institutionnelles sont bien conçues, comme le montre la pièce d'ESCHYLE : aucune majorité ne s'est dégagée parmi les juges pour la culpabilité d'Oreste ni pour l'inverse, et le vote d'Athéna qui préside le tribunal l'emporte (elle a voté pour la libération d'Oreste de toute peine). Suivant une autre interprétation de la pièce, Athéna permet d'atteindre l'égalité des camps par sa voix. Peu importe. L'élément central c'est qu'Athéna a semblé indiquer au début de la pièce qu'elle ne pouvait pas décider seule de cette affaire, comme si la tâche qu'implique le jugement d'appréciation propre à la justice était au-dessus des forces d'une seule personne, quelle que soit cette personne, comme s'il fallait nécessairement pour la délibération et le discernement un conseil rassemblant une pluralité de personnes, un raisonnement public, une ratiocination en commun, de la controverse et une délibération réelle.

Il faut être conscient, dit A. SEN, que « les évaluations en termes de justice peuvent être tout sauf évidentes »[99], et que « ce qui plaide pour l'examen argumenté n'est pas qu'il constitue un moyen infaillible d'atteindre la vérité parfaite (il n'en existe probablement pas), mais qu'il nous permet d'être aussi objectif qu'il est raisonnablement possible de l'être »[100]. Ce qui pousse à « utiliser la raison pour diagnostiquer la justice et l'injustice »[101], dit SEN,

---

96 *Ibid.*, p. 60.

97 *Ibid.*, pp. 60-62.

98 A. SEN soutient en effet la thèse de l'incomplétude pas seulement provisoire de toute approche de la justice : « je soutiens que des positions contraires peuvent survivre simultanément sans qu'il soit possible, par une chirurgie radicale de toutes les ranger dans une boîte d'exigences complètes et bien assorties (...) » (*Ibid.*, p. 73). C'est fondamental : la rationalité d'une raison pratique entièrement centrée sur les contenus matériels des affaires humaines ne ramène pas tout à l'unité de mesure artificielle qu'est la maximisation d'un bien unique (l'utilitarisme), qu'est aussi une capacité d'universalisation (KANT), mais reste attentive à l'incommensurabilité réelle des biens humains entre eux (ces biens, ce sont des activités humaines, comme vivre, connaitre, se gouverner soi-même, les rapports interpersonnels, etc.). Il y a une espèce de densité existentielle qui en résulte, que la rationalité théorique ne peut pas dissoudre.

99 *Ibid.*, p. 60-62.

100 *Ibid.*, p. 67.

101 *Ibid.*, p. 29.

« c'est, je crois, l'exigence d'objectivité, dans la mesure où elle requiert une certaine discipline de raisonnement »[102]. SEN précise que l'objectivité dont il parle n'a rien à voir avec l'objectivité définie par le criticisme kantien, mais ne tient pas non plus à des objets éthiques existant en soi au niveau ontologique, auxquels il faudrait que le jugement éthique se conforme. Pour montrer qu'imaginer une telle chose irait dans la mauvaise direction, il cite H. PUTNAM, qui soutient ce qui suit pour les mathématiques, et propose d'appliquer la même approche dans les domaines éthique et juridique : « la tentative de fournir une explication ontologique de l'objectivité des mathématiques m'apparait, en fait, comme un effort pour donner des raisons qui ne font pas partie des mathématiques à la vérité des énoncés mathématiques »[103].

Mentionnons, pour terminer cette section sur l'institution judiciaire, le combat contre ceux qui pensent qu'il faut partir de « la définition d'une justice sans tâche ». Ce combat, c'est en effet quelque chose de directement lié à la conception que l'on se fait de l'institution judiciaire et de l'exercice de la raison pratique à ce niveau. L'idée d'une justice parfaite est en outre très souvent liée au refus de toute objectivité pour les jugements d'appréciation dont on a parlé jusqu'ici, en partant de cette appréciation sur des moyens de défense proportionnés, lors de cette attaque à la sortie d'une discothèque zurichoise en 2010.

A. SEN est actuellement à l'avant-poste de ce combat. Selon lui, « la définition d'une justice sans tache, même si elle devait émerger clairement, n'apporterait aucune indication sur la façon de comparer et de classer divers écarts par rapport à son éclat immaculé »[104]. Il s'oppose, dans ses critiques détaillées de l'approche transcendantale propre au courant contractualiste, au « choix de l'absolu, du juste transcendantal – plutôt que des relatifs "meilleur" et "le meilleur" » (p. 135). Il place les jugements d'appréciation sur les situations au centre de toute son approche. Il privilégie, en effet, une approche capable d'« effectuer des évaluations comparatives » et de « prendre en compte les réalisations sociales » (p. 102). Il souligne que c'est précisément « l'approche comparative qui est au cœur de la discipline analytique de la « théorie du choix social » inaugurée au XVIIIe siècle par CONDORCET et d'autres mathématiciens français (p. 42). L'impartialité dans l'approche comparative des situations sociales est centrale – il se réfère au « spectateur impartial » d'ADAM SMITH, « une approche ancienne... de très grande portée » (p. 72), commune à des auteurs comme CONDORCET, WOLLSTONECRAFT, BENTHAM, MARX, MILL (p. 33), qui « examinent longuement les situations sociales qui émergent dans la réalité, afin d'évaluer ce qui se passe et de savoir si les dispositifs peuvent ou non être considérés comme justes » (p. 119).

---

102 *Ibid.*, pp. 67-68.

103 H. PUTNAM, *Ethics without Ontology*, Harvard University Press, Cambridge, 2004, p. 3.

104 A. SEN, *op. cit.*, p. 135.

SEN reprend ainsi la position d'ARISTOTE, qui, lui aussi, a fermement repousser l'idée pythagoricienne qu'il y ait une justice absolue à la base de nos jugements de justice. Aristote rejette que ce soit « le fait de rendre la pareille selon l'égalité », dans la paix (invitation pour invitation, cadeau pour cadeau) comme dans la violence (meurtre pour meurtre, œil pour œil, dent pour dent), donc la réciprocité au sens strict du terme, qui définisse sans plus la justice[105]. C'est pourtant cette approche pythagoricienne qu'a adoptée la tradition de pensée moderne du contrat social. Cette tradition a fait tout dépendre de la notion d'un état de nature ou d'une position originelle hypothétique (RAWLS reconnaît que « la position originelle d'égalité correspond à l'état de nature dans la théorie traditionnelle du contrat social »[106]) défini par la réciprocité. Même KANT reprend le concept d'une réciprocité, dans la paix comme dans la guerre, définissant de l'absolument juste : selon KANT, les hommes, tant que « ce qui vaut pour l'un vaut aussi réciproquement pour l'autre »[107], « ne commettent *les uns envers les autres* aucune injustice »[108], si violemment qu'ils se combattent et s'agressent mutuellement, chacun commettant à sa guise les actes qu'il estime nécessaires[109] ! « Tel est le droit [que chacun a] », dit KANT en latin[110], « dans l'état de nature »[111]. Simplement, pour KANT, si l'on passe « dans un état juridique (in einen rechtlichen Zustand) »[112], c'est-à-dire dans un état qui permet « d'associer la contrainte générale réciproque à la liberté de chacun »[113], ce qui va dominer, « par opposition à la violence (*violentia*) »[114], c'est « la loi d'une contrainte réciproque s'accordant... avec la liberté de

---

[105] Ce qui réunit les parties aux contrats qui existent dans la pratique et la vie de tous les jours, c'est ce qu'ARISTOTE appelle « le fait de rendre la pareille selon l'analogie (τὸ ἀντιπεπονθὸς κατ' ἀναλογίαν) », et pas le fait de la rendre « selon l'égalité » (ARISTOTE, *Ethique à Nicomaque*, *op. cit.*, Livre V, ch. 8, 1132 b 33, p. 257). Dans la note 1 de cette page, le traducteur précise ainsi ce que signifie « et pas selon l'égalité » : il s'agit de « la réciprocité considérée non pas comme une simple réaction identique à l'action (...) ». Il montre ainsi qu'il ne faut pas du tout identifier la présente distinction avec celle qu'ARISTOTE a faite plus haut entre l'égalité dans les situations de distribution (une égalité entre des rapports) et l'égalité dans les situations d'interaction (une égalité entre deux quantités en valeur absolue). C'est pour éviter cette confusion que nous suggérons de traduire par « réciprocité selon l'analogie » et pas par « réciprocité proportionnelle » : il ne s'agit pas d'une vraie réciprocité, d'une réciprocité « selon l'égalité », comme œil pour œil, et dent pour dent, mais de contrats où l'on échange du pétrole contre de l'acier, ou des chaussures contre une maison.

[106] J. RAWLS, *Théorie de la justice*, trad. C. Audard, Le Seuil, Paris, 1987, p. 38.

[107] KANT, *Métaphysique des mœurs*, vol. II, GF Flammarion, trad. A. Renaut, Paris 1994, section 42, p. 121.

[108] *Idem.*

[109] KANT cite une expression latine qui signifie « que les parties en disposent comme elles jugent », *ibid.*, p. 122, traduite sous note 70, p. 384.

[110] « *Ita jus est* », *ibid.*, p. 122 (notre traduction : nous pensons en effet que KANT comprenait le terme « *jus* » dans le sens de droit subjectif, de *right*, précisé par HOBBES dans le *Léviathan*).

[111] *Ibid.*, p. 121.

[112] *Idem.*

[113] *Ibid.*, p. 19.

[114] *Ibid.*, p. 121.

chacun sous le principe de la liberté universelle »[115]. HOBBES donnait dans le même sens comme fondement de cette réciprocité dans un état juridique non pas une idée pure de la raison (l'idée de la limitation de la liberté par la liberté), mais le contrat social : « que ce soit la volonté de chacun, si c'est également celle de tous les autres..., d'abandonner ce droit sur toutes choses [y compris sur le corps des autres], et qu'il soit satisfait de disposer d'autant de liberté à l'égard des autres que les autres en disposent à l'égard de lui-même »[116].

Dans toutes ces approches, il s'agit de rendre la pareille « selon l'égalité », et ARISTOTE a bien montré, en justifiant son opposition à la thèse pythagoricienne, que ce qui ne va pas avec cela c'est de soutenir que quelque chose (ici, la réciprocité selon l'égalité dans l'interaction humaine) « est absolument juste »[117]. Or, dit ARISTOTE des Pythagoriciens, « ils ont défini absolument ce qu'est le juste »[118]. Cela ne va pas ! Le législateur qui traite de légitime défense en disant qu'il faut repousser l'attaque par des « moyens proportionnés aux circonstances » ne définit pas « absolument » ce qu'est le juste. Il ne rejette pas la raison pratique et ses jugements de valeur en prise directe avec le discernement de ce qui est proportionné aux circonstances, dans le cas particulier en cause ! On comprend donc qu'A. SEN s'en prenne vigoureusement à la conception de la justice du courant contractualiste, en particulier à cette idée, caractéristique du libéralisme, qui consiste à penser la justice et le droit exclusivement à partir de la liberté hobbésienne de faire ce que l'on a la volonté et le pouvoir de faire, une liberté elle-même identifiée à l'absence par principe (« dans un état de nature », avant la mise en place du contrat social) de toute interférence externe (loi, obligation, devoirs, lien, contrat, etc.).

Se situant à l'extrême opposée des recours à l'idée d'une justice absolue (la réciprocité parfaite), la méthode d'approche des situations sociales en vue de leur évaluation comparative, telle que la met en évidence A. SEN, s'apparente beaucoup à la méthode de pensée utilisée par les juges quand ils tranchent les affaires qui leur sont soumises, en particulier lorsqu'il n'y a pas de règles légales claires ou de précédents jurisprudentiels à disposition. On l'a vu plus haut. C'est à cette méthode aussi que se réfère le droit romain à travers l'affirmation que « *jus non a regula sumatur, sed ex jure quod est regula fiat* »[119]. Et c'est cette méthode qui continue de jouer un rôle important aujourd'hui dans la pratique du droit, où l'idée d'ARISTOTE « qu'aller vers le

---

[115] *Ibid.*, p. 20.

[116] TH. HOBBES, *Léviathan*, trad. par G. MAIRET, Folio essais, Gallimard, Paris 2000, chapitre XIV, p. 232.

[117] ARISTOTE, *Ethique à Nicomaque*, *op. cit.*, V, 1132 b 21-22 (c'est nous qui traduisons « εἶναι ἁπλῶς δίκαιον »).

[118] *Ibid.*, 1132 b 23 (c'est nous qui traduisons « ὡρίζοντο (...) ἁπλῶς τὸ δίκαιον »).

[119] *Corpus Iuris Civilis*, *Digeste*, 50.17.1 (PAUL.) : « Le droit ne se prend pas de la règle, mais c'est à partir du droit, qui est, que la règle est produite ».

juge c'est aller vers le droit»[120] joue un rôle croissant, notamment avec l'abandon du légicentrisme et la mise en place dans les pays européens, dans les années 1950, de Cours suprêmes plus ou moins sur le modèle américain, comme la Cour européenne des droits de l'homme, la Cour de justice de l'Union européenne, etc. Avec cette proposition surprenante « qu'aller vers le juge c'est aller vers le droit», ARISTOTE, c'est manifeste, s'inscrit dans la démarche de l'Athéna d'ESCHYLE, et en prolonge la leçon, malgré toutes les imperfections de l'Aréopage et de toutes les autres Cours de justice au cours de l'histoire.

Le rôle positif de la raison pratique et des jugements d'appréciation dans les affaires humaines, en l'occurrence dans le règlement des litiges, est donc loin d'être marginal, bien qu'il ne s'agisse pas « d'une justice sans tache », d'une justice qui « est absolument juste », mais de jugements humains sur des situations.

f. La raison pratique et les jugements d'appréciation jouent-ils aussi un rôle dans la détermination de la structure politique de base des sociétés ?

La raison pratique et les jugements d'appréciation ne jouent pas seulement un rôle au niveau de l'institution judiciaire. C'est en effet la raison pratique et ses jugements qui conduisent au principe que « l'activité de l'Etat doit répondre à un intérêt public et être proportionnée au but visé » (art. 5 al. 2 de la Constitution suisse). Avec un tel principe, on est au niveau de la structure constitutionnelle de base d'un pays comme la Suisse. La même approche existe dans les autres pays. On va s'intéresser aux contraintes imposées par la justice (donc par des jugements d'appréciation de la raison pratique) sur les buts visés par l'activité de l'État, indépendamment de la question des moyens proportionnés à ces buts, que nous n'étudions pas ici. Nous avons déjà étudié la question de la proportionnalité des moyens, en effet, avec la légitime défense ; pour faire un tour complet du principe de proportionnalité, il faut maintenant aborder la question des buts, et du rôle des jugements de la raison pratique à ce niveau, comme contrainte à ce niveau et plus seulement au niveau des moyens.

Les activités de l'État ne peuvent donc être, pour les raisons de justice que l'on va examiner, que des activités qui visent des buts répondant à un intérêt public. Autrement dit, est exigé un « government established and conducted for interest of the public, as well individually as collectively »[121] ; sont exigées des mesures de l'autorité politique qui soient toutes « instituées pour

---

[120] ARISTOTE, *Ethique à Nicomaque*, *op. cit.*, Livre V, ch. 7, 1132a20, p. 235. Dans une autre traduction : « aller devant le juge, c'est se rendre à ce qui est juste (τὸ δ' ἐπὶ τὸν δικαστὴν ἰέναι ἰέναι ἐστὶν ἐπὶ τὸ δίκαιον) » (trad. R. Bodéüs, coll. La Pléïade, Gallimard, Paris, 2014, p. 110).

[121] TH. PAINE, *Rights of Man*, New York, 2004, p. 162.

l'avantage de tous, et non pour l'utilité particulière de ceux auxquels elle est confiée »[122].

Cette exigence élémentaire à la base de toute constitution digne de ce nom résulte d'un discernement relatif à la justice dans la situation en question à ce niveau-là. Pour comprendre de quoi il s'agit, il faut bien voir que cela implique (1) qu'il y a de l'obligatoire à ce niveau fondamental (l'orientation de toutes les institutions et autorités, dans toutes leurs activités, vers l'utilité commune est quelque chose d'obligatoire), et (2) que c'est de l'obligatoire qui est indépendant de toute prise en compte de droits subjectifs des individus. C'est de l'obligatoire qui n'est pas l'image inversée du droit de quelqu'un d'autre. Il résulte directement, en effet, d'une appréciation portée sur la situation en cause à ce niveau fondamental, plus précisément sur l'adéquation de la solution (l'exigence d'orientation vers l'utilité commune) à la situation.

Pour comprendre le jugement de justice à la base du principe de l'art. 5 al. 2 de la Constitution suisse (et de principes semblables), deux points liés entre eux doivent être clarifiés :

– le premier est qu'envisager un jugement d'appréciation sur ce qui est juste à un niveau aussi fondamental, implique de rejeter la base même de la tradition de pensée du contrat social depuis FR. SUAREZ, soit l'idée que les droits sont par principe premiers, l'idée donc que les seules obligations qui existent sont l'image inversée des droits de quelqu'un d'autre[123] ;

– le second est le fait qu'à ce niveau fondamental on a affaire à une situation asymétrique (la situation sur laquelle porte le jugement de justice dans ce cas est une situation d'interaction, comme en matière de légitime défense, mais une situation d'interaction essentiellement asymétrique, celle entre, d'une part, le gouvernement (l'État), et, d'autre part, la population).

On va aborder la question des interactions asymétriques dans une section séparée, la dernière de cette contribution, après avoir clarifié le premier point.

C'est vrai que la construction du concept de justice et de droit chez les Modernes présuppose la primauté des droits sur les obligations, et donc l'idée

---

[122] Article 12 de la Déclaration des Droits de l'Homme et du Citoyen, de 1789.

[123] FR. SUAREZ, *Des lois et du Dieu législateur, Livres I-II*, trad. J.-P. CONJOU, Dalloz, Paris, 2003, II, 14, n. 16, p. 545. FR. SUAREZ reprend la division du droit en deux d'ARISTOTE (voir *supra* note 78 ; voir aussi note 34), mais remplace dans la division « l'égal (τὸ ἴσον) » aristotélicien par le « dominium » sur soi (au sens de droit subjectif, compris sur le modèle de la propriété sur une chose). Cela donne l'affirmation suivante : « diximus enim jus aliquando significare legem ; aliquando vero significare dominium, vel quasi dominium alicuis rei, seu actionem ad utendum illa ». SUAREZ insiste beaucoup sur la partie de la distinction qui s'oppose à ARISTOTE, en précisant notamment que ce *dominium* doit être conçu comme une certaine faculté morale (« facultas quaedam moralis »), et que c'est cela le *jus* proprement dit (« proprie jus »), selon la signification stricte du mot (« strictam juris significationem ») ; c'est cela l'objet de la justice (« illud proprie videtur esse objectum justitiae »). Une telle faculté morale peut exister sur la base d'une disposition du droit positif, dit Suarez, mais aussi comme « jus naturale », ce qui est le cas de la liberté (verum est libertatem esse de jure naturali...) » (voir la version latine dans FR. SUAREZ, *Tractatus de legibus ac Deo legistatore*, 1612, publié par l'Instituto de estudios politicos, Madrid, 1967, tome I, p. 159).

que les seules obligations qui peuvent exister sont celles qui dérivent de droits préexistants. La pensée de J. RAWLS en témoigne[124]. Cette pensée s'inscrit dans la tradition du contrat social, une tradition que RAWLS et beaucoup d'autres identifient à la modernité en soi. Les deux choses vont ensemble : la primauté des droits sur les obligations, et la justice conçue comme étant essentiellement le contrat social, ou plutôt le résultat du contrat social.

A. SEN n'a cependant pas une vision de la modernité aussi étroite, et il reproche à RAWLS de ne pas avoir compris, dans son opposition justifiée à l'utilitarisme (c'est cette opposition qui pousse RAWLS à adhérer à l'idée de priorité des droits), qu'il y a dans la modernité des « approches qui ne sont ni contractuelles ni utilitaristes »[125].

C'est d'ailleurs à ce propos, pour expliquer en quoi consiste une approche moderne ni contractuelle ni utilitariste, qu'il y a chez SEN le renvoi à A. SMITH, dont on a parlé plus haut : « pour reprendre l'exemple d'ADAM SMITH, dit SEN, celui-ci recourt au mécanisme du "spectateur impartial" afin de fonder les jugements de justice sur des impératifs d'équité »[126]. Prisonnier de l'approche contractualiste de la justice et du droit, Rawls soutient dogmatiquement que « nous ne pouvons dire qu'un jugement est impartial que s'il est rendu en accord avec les principes qui seraient choisis dans la situation originelle »[127]. Conformément à la tradition de pensée du contrat social, la priorité de la liberté individuelle est une priorité que RAWLS désigne comme « lexicale », absolue. Selon RAWLS, « la priorité de la liberté signifie que la liberté ne peut être limitée qu'au nom de la liberté elle-même »[128]. À la base de cette approche du droit et de la justice que le libéralisme adopte, il y a ce qu'A. RYAN a décrit comme « la notion de souveraineté individuelle, ou propriété de soi » ; selon cet auteur, « le droit de propriété tel qu'il est conçu par les droits modernes est le paradigme des droits subjectifs. Je peux faire ce qui me plaît avec ce qui m'appartient [...] »[129]. C'est, semble-t-il, une analyse

---

[124] C'est en raison de la priorité des droits, comme le dit très bien HART, que pour RAWLS « justice requires that liberty may only be limited for the sake of liberty and not for the sake of other social or economic advantages » (H. L. A. HART, « Rawls on Liberty and its Priority », in : *University of Chicago Law Review*, 40(3) (1973), pp. 534-555, p. 534).

[125] A. SEN, *op. cit.*, p. 102.

[126] *Idem.*

[127] J. RAWLS, *Théorie de la justice*, traduit par Catherine Audard, Le Seuil, Paris, 1987, para. 30, p. 219.

[128] *Ibid.*, p. 280. Cela correspond en anglais au cri de ralliement libéral suivant : « *liberty can be restricted only for the sake of liberty* » (J. RAWLS, *A Theory of Justice*, Belknap Press - Harvard University Press, *revised edition*, Harvard, 1999, p. 250, p. 302), ou, suivant la formule semblable de l'art. 4 de la Déclaration des Droits de l'Homme et du Citoyen de 1789 : il n'y a pas d'autres « bornes [à la liberté] que celles qui assurent aux autres Membres de la Société la jouissance de ces mêmes droits ». Voir *supra*, note 124, l'origine de tout cela chez FR. SUAREZ.

[129] A. RYAN, *The Making of Modern Liberalism*, Princeton University Press, Princeton, 2012, pp. 13-14 (il parle de « the notion of individual sovereignty, or self-ownership » ; il affirme que

exacte de la position qui consiste à donner la priorité aux droits subjectifs, bien qu'elle soit faite par un utilitariste. Cette conception du droit et de la justice qui consiste à les définir par une espèce d'exclusivité chez soi ou sur soi est présentée par ses partisans comme relevant d'une haute moralité, une moralité que les autres siècles et les autres civilisations devraient nous envier[130]. Vraiment ?

C'est en raison de l'influence de cette tradition de pensée que beaucoup ont l'impression qu'en matière de justice et de droit, il faut nécessairement partir des droits ; on n'arriverait qu'ensuite, à partir des droits d'autrui, à découvrir les obligations. Ce seraient même les droits d'autrui qui constitueraient l'objet propre des jugements de justice ! À Fribourg, quand j'étudiais la philosophie, des professeurs enseignaient cela à propos de l'objet des jugements de justice, alors même qu'ils pensaient présenter la pensée d'ARISTOTE et de TH. D'AQUIN en philosophie du droit. C'est aussi ce qu'affirme J. FINNIS dans son livre *Aquinas* : « The object of particular justice (henceforth simply « justice ») is the other person's right(s) [jus] »[131]. Mes professeurs à Fribourg disaient dans le même sens que la vertu de justice permet de respecter les droits d'autrui, plus « précisément respecter ses droits personnels à l'égard de sa vie, de ses biens extérieurs, de ses jugements propres », et « ce droit de l'autre qui spécifie l'acte juste » tient à « la relation de *dominium* que [chacun] possède à l'égard de telle ou telle activité », à « ces capacités que je découvre en moi, en ma nature, [et] que je dois respecter chez tous ceux qui ont même nature humaine que moi ». Tout cela vient directement du théologien FR. SUAREZ.

Il n'est pas faux de soutenir que la justice d'un comportement dépende du respect des droits des différentes personnes concernées par ce comportement. Mais la précision de l'analyse d'ARISTOTE, de TH. D'AQUIN et d'A. SEN ne permet pas de confondre l'objet véritable des jugements de justice, c'est-à-dire la solution adéquate dans la situation ou le cas en cause, et les droits des différentes personnes concernées par cette action. Ces droits dépendent certes du jugement de justice portée sur la solution dans le cas ou la situation en question, mais ne constituent néanmoins pas l'objet direct et immédiat de ce jugement. L'objet propre du jugement de justice dans un cas ou une situation, c'est-à-dire, comme on l'a vu, la solution adéquate dans la situation ou le cas en cause, est quelque chose de logiquement antérieur aux droits des différentes personnes concernées ; ce ne sont pas les droits en question eux-mêmes qui

---

« modern property rights are paradigms of subjective rights. I may do as I please with what I own [...] »).

130 Comme le dit M. P. ZUCKERT (*Launching Liberalism. On Lockean Political Philosophy*, University Press of Kansas, Lawrence, 2002, p. 194) après avoir relevé que « the first or primary moral fact is self-ownership » : « to have property is to have moral inviolability » ; l'auteur relève que les droits de propriété comportent « cette sorte d'exigence morale qui porte en elle une exigence d'exclusivité (that sort of moral claim that carries with it claims to exclusivity) ».

131 J. FINNIS, *Aquinas : Moral, Political, and Legal Theory*, Oxford University Press, 1998, p. 133.

sont antérieurs aux jugements d'appréciation. Cela vaut même pour le droit de chacun à l'égard de sa vie, de sa liberté, etc..., à moins que l'on n'entende le terme « droit » dans un sens moral et non juridique, comme lorsque l'on parle de droits donnés à l'homme par Dieu, ou de droits qui appartiendraient à l'être humain de naissance, déjà donc dans un état de nature, ou dans un état hypothétique et imaginaire d'où il faudrait partir dans le cadre général d'une démarche constructiviste[132], qui ne diffère que très peu, structurellement, d'une démarche théologique.

G. BARDEN et T. MURPHY ont admirablement mis en évidence l'erreur commise par ceux qui pensent que les jugements de justice portent sur les droits d'autrui ou partent d'eux[133]. Ces deux auteurs expliquent dans leur livre (c'est la section intitulée « Discovering the Just »[134]) que pour la personne qui est honnête et tient à respecter avec exactitude les droits d'autrui, il est nécessaire de connaître d'abord ce qui est dû à autrui (on part du *debitum*, de l'obligation), et savoir cela n'est pas toujours facile : cela exige de se demander « what in this situation is just ? », une question qui exige parfois des procédures judiciaires de plusieurs années, jusqu'au tribunal suprême du pays, et tout va dépendre d'un jugement d'appréciation, d'un discernement.

Examinons attentivement les formules d'ARISTOTE et de TH. D'AQUIN en relation avec la distinction que nous venons de faire : « quand ils ont détecté ce qui est égal [dans la situation ou le cas en cause], alors chacun dit avoir "le sien" », dit ARISTOTE[135]. TH. D'AQUIN, de son côté, précise que « peu importe de qui il s'agit, toujours est-il que ce qui lui est dû selon un rapport d'égalité, on dit que c'est le sien »[136]. C'est fondamental : avoir « le sien », avoir ce à quoi on a droit, avoir le droit de..., ne s'imposent pas comme ce sur quoi porte précisément le jugement de justice, mais comme quelque chose de dérivé (« quand ils ont détecté ce qui est égal [dans la situation ou le cas en cause], alors... », dit ARISTOTE) : il faut d'abord un jugement (d'appréciation) qui détermine quelle est la solution juste dans la situation problématique en cause (un cas de défense contre une attaque, par exemple), un jugement qui, comme

---

132 Voir H. TORRIONE, « Certains sont d'avis que c'est la réciprocité qui constitue sans plus la justice. Une critique des conceptions pythagoriciennes et contractualiste de la justice », In : *La réciprocité : dimensions théologiques,juridiques et autres*, CH. MENGES-LE PAPE (ed.), Presses de l'Université Toulouse1 Capitole,Toulouse, 2019. pp. 431-493.

133 G. BARDEN, T. MURPHY, *Law and Justice in Community*, Oxford University Press, Oxford, 2010.

134 *Ibid.*, pp. 49-52.

135 *Ethique à Nicomaque*, *op. cit.*, V.7, 1132a25, p. 252 : « τότε φασὶν ἔχειν τὸ αὑτοῦ ὅταν λάβωσι τὸ ἴσον ». TRICOT traduit : « ...c'est alors que les plaideurs déclarent qu'ils ont ce qui est proprement leur bien,... quand ils ont reçu l'égal ». Cela suppose l'analyse préalable d'Aristote, que l'on trouve *supra* note 78. Ce passage est repris par TH. D'AQUIN dans *In Decem Libros Ethicorum Aristetolis ad Nicomachum*, 3ème éd., Marietti, Milan 1964, VII, n. 957, p. 263 : « ... tunc dicunt, quod unusquisque habet quod suum est, inquantum scilicet accipiunt aequale ».

136 TH. D'AQUIN, *Somme théologique*, II-II, q. 58, a. 11, traduction française, Paris, Cerf, 1999, tome 3, p. 393 (on a modifié la traduction) : « hoc autem dicitur esse suum uniuscuique personae [être le sien, être son droit] quod est ei secundum proportionem aequalitatis debatur ».

on l'a dit plusieurs fois, implique la détermination de ce qui est juste, c'est-à-dire le droit dans la situation précise en question.

Quand on se préoccupe de la justice pour l'action concrète qu'on s'apprête à accomplir[137], on a certes l'impression qu'on *part* de la prise en compte des droits d'autrui. C'est même presque vrai dans l'absolu, quand le mouvement de pensée qui conduit aux droits, en partant du jugement sur ce qui est adéquat ou « égal » dans la situation en cause, est quasi-immédiat, ce qui arrive le plus souvent dans la vie courante, face à des questions simples[138]. Mais si l'on confond ce raccourci (sans doute essentiel pour la vie courante) avec l'approche correcte de ce qui constitue l'objet même des jugements de justice, on obscurcit toute l'analyse de la question de la justice chez ARISTOTE, et aussi en droit romain, et également chez TH. D'AQUIN et chez A. SEN.

On obscurcit surtout ce qui permet de comprendre ce qui fait que l'orientation vers l'utilité commune s'impose comme une exigence, comme une obligation, s'agissant des structures sociales et politiques de base[139], ce qui fait qu'il faut les juger « à l'aune de l'épanouissement des hommes », c'est-à-dire en fonction de leurs conséquences sur « l'être humain en tant que fin ultime de toute activité » au niveau politique, sur la base donc d'un « lien à établir entre le moyen et la fin ultime »[140]. Qu'est-ce qui permet de comprendre cela ? La réponse depuis ARISTOTE est : c'est la justice qui exige cette orientation[141], la justice ou la justesse des structures sociales et juridiques. Seules en effet des structures qui remplissent leur fonction peuvent être considérées comme matériellement justes, et leur fonction c'est d'être utile aux gens. Seule est donc juste en matière de structures sociales,

---

[137] TH. D'AQUIN dit « in applicatione ad opus, quod est finis praticae rationis » (*Summa Theologiae*, Editiones Paulinae, Turin, 1988, II-II, q. 47, a. 1, ad 3, p. 1291).

[138] TH. D'AQUIN utilise le terme « statim » pour ce qui se passe dans les cas – ce *sont* les cas les plus fréquents, bien sûr – où le passage est immédiat, notamment, dit-il, pour les situations traitées par les préceptes du *Décalogue*, qui relèvent effectivement, selon lui, de jugements de justice (*Summa Theologiae*, *op. cit.*, II-II q. 122 a. 1, pp. 1573-1574). Mais même dans les cas où le passage aux droits d'autrui est quasi immédiat, on peut préciser la place occupée par un jugement d'appréciation sur la situation en cause, l'instant d'un éclair.

[139] Le matériellement juste au niveau constitutionnel de base, « c'est l'avantage commun », dit ARISTOTE (*Les Politiques*, III.12, 1282b14-23, trad. de P. PELLEGRIN, GF Flammarion, Paris, 215, p. 259), non pas « l'avantage des meilleurs, ou de la majorité » mais celui de « la cité tout entière c'est-à-dire l'avantage commun des citoyens » (*Ibid.*, III.13, 1283b37-43, p. 265). Dans le premier de ces deux passages de la *Politique*, ARISTOTE indique qu'il reprend la conception du droit et du juste qu'il a développé dans l'*Ethique à Nicomaque*, et que l'on a expliqué *supra*, sous note 78.

[140] *Rapport mondial sur le développement humain de 1990* (le rapport fondateur d'une organisation internationale faisant partie de la famille des Nations Unies, le PNUD), pp. 9 et 10. Ce Rapport a précisé que « [c]ette façon de voir le développement humain n'est pas véritablement nouvelle ». En effet, « l'idée selon laquelle les structures sociales doivent être jugées à l'aune de l'épanouissement des hommes remonte au moins à ARISTOTE » (p. 9).

[141] F. HEIDENREICH ET G. SCHAAL, *Introduction à la philosophie politique*, CNRS Éditions, Paris, 2012, p. 122 et 123 : c'est « la question classique de la philosophie politique depuis ARISTOTE, celle de la justice ».

l'orientation vers le bien des gens, vers tous les gens qui habitent sur le territoire : l'orientation vers l'utilité commune (la question de la répartition entre eux est une question séparée, qui relève du droit dans une distribution). L'art. 5 al. 2 de la Constitution suisse repose sur ce fondement solide s'agissant de la question de l'interaction asymétrique. Il va certes moins loin que le principe formulé par le *Rapport mondial sur le développement humain* de 1990 : il semble en effet n'avoir que la fonction négative d'interdire les activités de l'État qui ne répondent pas à un intérêt public, mais pas celle d'exiger des activités de qualités, comme le fait le *Rapport*. Peu importe : il repose d'autant plus solidement sur ce jugement de justice qu'est l'exigence imposée aux structures sociales et politiques de remplir leur fonction en visant exclusivement l'utilité commune. Ce type de jugement de justice a pour objet la seule solution matériellement justifiée dans la situation en cause, une situation, comme on va le voir, d'interaction asymétrique (entre gouvernement et population).

III. Interactions asymétriques et justice (*Sachgerechtigkeit*)

Il y a des situations d'interaction dans lesquelles existe, entre une partie et l'autre, une *asymétrie complète* quant au pouvoir, au savoir, quant à la situation dans le déroulement du temps ou à tout autre facteur. C'est d'une situation de ce genre que traite l'art. 5 al. 2 de la Constitution suisse, en affirmant que « l'activité de l'État doit répondre à un intérêt public... ». Il s'agit d'une asymétrie entre le gouvernement (l'État), d'une part, et la population qui habite sur le territoire de cet État, d'autre part. On peut penser aussi à l'asymétrie dans l'interaction entre parents et enfants, entre passagers d'un bateau et capitaine, entre guide de montagne et les gens qui font partie de la cordée menée par ce guide, entre médecin et patient, entre générations actuelles et générations futures. L'asymétrie de cette dernière interaction est importante lorsque l'on réfléchit à la justice intergénérationnelle, notamment en matière de réchauffement climatique et de pollution (nous pouvons peut-être faire aujourd'hui quelque chose pour les générations futures, qu'elles ne pourront peut-être pas faire pour elles).

A. SEN, après ARISTOTE, a analysé le juste en cause dans ce type de situation[142]. Ce n'est pas du tout la justice caractéristique d'une réciprocité

---

[142] ARISTOTE l'a examiné en lien avec la question du pouvoir politique, après avoir indiqué qu'il faut établir « combien il y a de sortes de pouvoir concernant l'être humain et la communauté dans laquelle il vit » (*Les politiques*, Livre III, chap. 6, 1278 b 17, trad. P. PELLEGRIN, GF Flammarion, Paris, 2015, p. 239). ARISTOTE mentionne notamment « le pouvoir qu'on a sur ses enfants », celui du médecin sur ses malades, celui du maître de gymnastique sur ses élèves, celui du pilote sur les marins et les passagers. Il dit notamment, s'agissant du juste dans ce genre de situation, qu'il s'agit là d'un pouvoir qui « s'exerce sans nul doute au profit de ceux qui lui sont soumis ou en vue de quelque bien commun aux deux parties, mais essentiellement au profit de ceux qui y sont soumis »

contractuelle (les interactions contractuelles ne sont pas par principe asymétriques). C'est pourtant quelque chose de fondamental en philosophie politique. C'est ce type de juste qu'a utilisé le mémoire contre Charles 1er au 17^{è} siècle en Angleterre, en affirmant que le roi était « *by his trust, oath and office, [...] obliged to use the power committed to him for the good and benefit of the people* », et il a été suivi par le tribunal (le Parlement anglais), qui a condamné le roi à mort[143]. On voit que les conséquences de la violation de ce juste-là peuvent être très importantes. C'est ce juste qui est aussi au centre du procès contre les vingt-quatre principaux responsables du Troisième Reich, donc à la base aussi bien du Statut du Tribunal militaire international que de la condamnation finale, pour ceux qui ont été condamnés. C'est un juste qu'on découvre, comme toujours, en recherchant ce qui est « matériellement justifié (*sachgerecht*) » dans la situation en cause, compte tenu des caractéristiques objectives de cette situation, qui sont très spécifiques quand il s'agit d'une interaction asymétrique.

Il faut bien comprendre l'importance dans ces interactions-là, plus encore que dans celles qui relèvent de la réciprocité selon l'analogie (les interactions contractuelles, par exemple), du discernement effectué par des tiers non impliqués et impartiaux, donc des jugements d'appréciation de ces tiers. Pour comprendre exactement comment les jugements d'appréciation interviennent dans ce genre de situation, voyons les remarquables explications d'A. SEN sur « les obligations unilatérales induites par l'asymétrie du pouvoir »[144]. Il donne l'exemple de la situation de la mère qui prend conscience « qu'elle peut accomplir des choses qui ont un impact sur la vie de l'enfant et que l'enfant lui-même ne peut faire »[145]. Suivant SEN, « la raison qu'a la mère d'aider l'enfant, selon ce mode de pensée, n'est pas à rechercher dans les récompenses de la coopération, mais justement dans la conscience qu'a la mère de cette asymétrie : ses actes feront une différence énorme pour la vie de l'enfant et celui-ci ne peut les effectuer lui-même ». SEN précise que ce n'est pas parce qu'une personne « a le pouvoir d'effectuer un changement dont elle remarque qu'il réduira l'injustice dans le monde »[146], qu'il y a pour cette personne « injonction à agir »[147], comme s'il y avait un mécanisme ou une procédure mystérieuse à l'œuvre là derrière.

(*ibid.*, 1278 b 39 - 1279 a 8, p. 240). C'est là une formulation du jugement d'appréciation sur ce qui est fondamental dans ce genre de situation, et comme ce n'est pas quelque chose qui dépend de la volonté du constituant, on peut considérer que c'est un contenu de droit naturel de toute constitution digne de ce nom. On voit le lien avec la conception du droit et de la justice que défend ARISTOTE (pour cette conception, voir *supra* note 78). Pour la notion de contenu de droit naturel, dans le système juridique, donc dans le droit positif, voir *supra*, note 3, la conception de HART.

[143] G. ROBERTSON, *The Tyrannicide Brief. The Story of the Man who sent Charles I to the Scaffold*, Random House NY, London, 2005, p. 147. HOBBES avait déjà quitté l'Angleterre pour la France au moment de la condamnation du roi. Sa vie était en danger en Angleterre, du fait de sa défense de l'absolutisme royal et sa condamnation condamnaient toute interférence de tribunaux.

[144] A. SEN, *op. cit.*, p. 257.

[145] *Ibid.*, p. 256.

[146] *Ibid.*, p. 255.

[147] *Ibid.*, p. 256.

Mais, dit SEN, cette situation particulière (une action pouvant être librement entreprise est accessible à une personne, peut-être à peu de frais, et l'action créera une situation plus juste pour d'autres) va « offrir au raisonnement impartial [sur la justice] un important fondement qui dépasse largement la motivation du bénéfice mutuel »[148]. C'est le raisonnable qui est décisif. Bien que SEN ne parle pas de « *Sachüberlegungen* » ni de ce qui est « *sachlich begründet* », il est manifeste que toute son approche de la raison pratique et du raisonnable relève de cette recherche de la solution adéquate à la situation en cause.

Quand la situation n'est plus celle de la mère et de l'enfant, ni celle du capitaine de navire et des passagers, mais celle du gouvernement (l'État) et de la population qui habite sur le territoire, le même raisonnement sur la situation conduit à la conclusion que la seule chose qui est juste à ce niveau-là, c'est, comme le dit ARISTOTE, un pouvoir qui « s'exerce (...) au profit de ceux qui lui sont soumis ou en vue de quelque bien commun aux deux parties »[149]. L'absolutisme du pouvoir défendu par TH. HOBBES exclue bien sûr toute conception du droit et de la justice qui leur donne un rôle au niveau de la structure politique de base. Ce serait en effet mettre la justice à la place de cette « puissance illimitée du souverain », à la place de cet « *arbitrary power [qu'il doit y avoir] in every state somewhere* »[150]. C'est là une des sources de l'opposition radicale de HOBBES au *droit pris au sens d'équité, de justice matérielle*, donc à cette approche qu'adopte le Tribunal fédéral de la Suisse quand il parle de la recherche de la solution adéquate aux circonstances spéciales du cas particulier ou aux caractéristiques de la situation générale en cause, une philosophie qu'ARISTOTE a développé, comme on l'a dit, dans les premiers chapitres du Livre V de l'*Ethique à Nicomaque*. HOBBES s'est donc débarrassé de cette philosophie du droit. Il a donné un autre sens aux mots *droit* et *loi* : (1) le droit consiste en la liberté de faire ou de ne pas faire[151], (2) la liberté de faire ou de ne pas faire est « l'absence d'entraves extérieures [*the absence of externall Impediments*] », et (3) à l'état de nature la liberté c'est « la liberté que chacun a d'user de sa propre puissance, comme il le veut lui-même », sans limite[152]. Cette détermination du

---

[148] *Ibid.*, p. 257.

[149] Voir *supra*, note 143.

[150] Voir la description de l'opposition des Américains à la conception anglaise des choses, c'est-à-dire hobbesienne, et les références, in : H. TORRIONE, « Philosophie des droits de l'homme et républicanisme. Une autre perspective que le libéralisme sur les origines intellectuelles des déclarations de droit », in : J.-B. ZUFFEREY / J. DUBEY / A. PREVITALI (édit.), *L'homme et son droit, Mélanges en l'honneur de Marco Borghi*, Fribourg, 2011, pp. 561–590.

[151] TH. HOBBES, *Léviathan ou Matière, forme et puissance de l'État chrétien et civil*, traduit par G. MAIRET, Gallimard, Paris, 2000, chap. 14, pp. 230–231 : « bien que ceux qui écrivent sur ce sujet, dit-il, aient l'habitude de confondre *jus* et *lex* (droit (*right*) et loi), il est néanmoins nécessaire de les distinguer, parce que le droit (*right*) consiste en la liberté de faire ou de ne pas faire, alors que la loi détermine et contraint dans un sens ou dans un autre, en sorte que la loi et le droit diffèrent autant que l'obligation et la liberté, et se contredisent s'ils sont appliqués à un même objet ».

[152] *Ibid.*, pp. 229–230. C'est la reprise intégrale de la position de FR. SUAREZ (voir *supra*, note 124 pour cette position).

droit et de la justice s'est imposée ensuite à la conception européenne moderne du droit et de la justice, y compris à KANT, RAWLS et aux autres partisans de la tradition de pensée du contrat social, comme point de départ non analysé. Par exemple, à la base de l'affirmation de RAWLS selon laquelle « *liberty can be restricted only for the sake of liberty* »[153], il y a l'idée hobbesienne que la liberté est fondamentalement l'absence de toute interférence avec ce que l'on a la volonté de faire, notamment l'absence de toute loi.

L'idée d'obligations qui ne sont pas l'image inversée du droit de quelqu'un d'autre, a été réintroduit au 20ème siècle par H. JONAS. Cet auteur a pris position en faveur de l'existence de telles obligations quand il s'est posé la question de la responsabilité des générations actuelles à l'égard des générations futures en matière d'environnement et de pollution, ou de biotechnologies et de modification du patrimoine générique de l'être humain. JONAS a relevé que « l'idée traditionnelle des droits et des obligations » échoue[154] quand il s'agit de ce qu'il appelle « notre obligation fondamentale à l'égard des hommes à venir »[155]. Il ajoute : « il s'agirait... ici d'une obligation qui n'est pas l'image inversée du droit de quelqu'un d'autre »[156]. L'idée traditionnelle – dans la tradition de pensée du contrat social – n'admet, en effet, que des obligations qui sont l'image inversée du droit de quelqu'un d'autre, c'est-à-dire des obligations qui découlent de droits préexistants.

H. JONAS justifie l'existence d'une obligation qui n'est pas l'image inversée du droit de quelqu'un d'autre en soutenant qu'à travers ce qu'il appelle « l'heuristique de la peur »[157] on découvre qu'un bien est en jeu, et on le découvre à partir du dommage que pourrait causer, par exemple, des biotechnologies qui modifieraient inconsidérément le soubassement biologique de l'être humain, son ADN, dans le cadre d'un projet d'homme augmenté. C'est donc notre pouvoir qui est décisif dans cette découverte. La crainte d'une déformation de l'homme nous permet de pressentir qu'un bien est en jeu, c'est-à-dire une dimension de la réalité qui exige que l'on n'utilise pas son pouvoir n'importe comment, une espèce de patrimoine commun de l'humanité qui devrait être protégé par une déclaration de l'UNESCO[158]. C'est à partir de ces considérations que JONAS explique dans son livre ce qui fonde une obligation qui n'est pas l'image inversée

---

[153] Voir PH. PETTIT, *Républicanisme : Une théorie de la liberté et du gouvernement*, traduit de l'anglais par P. SAVIDAN et J.-F. SPITZ, NRF Gallimard, Paris, 2004, p. 74. L'auteur cite cette expression de JOHN RAWLS en relevant que Rawls adopte ainsi implicitement, comme tous les libéraux, une conception de la liberté et de la loi dans le prolongement de celle de Hobbes.

[154] H. JONAS, *Le principe responsabilité. Une éthique pour la civilisation technologique*, trad. J. GREISCH, Champs Flammarion, Paris, 1998, p. 86.

[155] *Ibid.*, p. 93.

[156] *Ibid.*, p. 89.

[157] *Ibid.*, pp.65-67.

[158] Voir la Déclaration universelle sur le génome humain et les droits de l'homme, de l'Unesco, du 11 novembre 1997, sur le génome humain comme « patrimoine de l'humanité », en tant qu'il « sous-tend l'unité fondamentale de tous les membres de la famille humaine ».

du droit d'un autre membre de la société, quelque chose qui s'impose en dépit du fait qu'il n'y a personne en face qui existe déjà et puisse faire valoir un droit correspondant, essentiellement ce qu'il appelle « l'obligation de l'existence d'une progéniture comme telle », et l'obligation de « l'être-tel » de cette progéniture[159], dans une situation de base où il n'y a pas de réciprocité, mais interaction asymétrique.

En étudiant dans un article publié en 2007 la difficulté qu'examine H. JONAS[160], je me suis rendu compte que les questions de justice se posent souvent en relation avec *l'exercice d'un pouvoir quand un bien humain est en jeu*, et que c'est la justice dans l'exercice d'un pouvoir, dans le fond, qui est au cœur de la position de JONAS sur l'existence d'obligations à l'égard des générations futures, comme dans toutes les autres éthiques de la responsabilité. Je m'en suis complètement rendu compte quand j'ai pris connaissance en 2012 des remarquables explications d'A. SEN sur les obligations unilatérales induites par l'asymétrie du pouvoir.

Dans l'article de 2007, j'analysais la position de G. HOTTOIS en faveur de la modification du patrimoine génétique transmissible à la descendance et du transhumanisme, et indiquais que la justification donnée par HOTTOIS (la soi-disant nature contractuelle du droit – le droit n'est que symétrie des relations et réciprocité entre membres actuels de la société – et l'absence de contrat social possible avec les générations futures) est une très mauvaise justification[161]. Cette position exclut, pour des raisons idéologiques, que la détention d'un pouvoir effectif puisse entraîner des obligations strictes, suivant la situation. Cette position écarte d'emblée toute recherche de ce qui est matériellement justifié (« *sachgerecht* », selon l'expression utilisée fréquemment par le Tribunal fédéral, comme on l'a vu), toute prise en compte des caractéristiques de la situation en cause (le caractère asymétrique du pouvoir en cause, et le fait qu'un bien est en jeu). Et j'expliquais dans cet article la position très intéressante de J. HABERMAS[162], opposée à celle de HOTTOIS, HABERMAS prenant parti pour HANS JONAS dans cette dispute. La position d'HABERMAS illustre bien le travail de la raison pratique dans le contexte d'un raisonnement impartial sur ce qui est matériellement justifié (« *sachgerecht* ») dans la situation en cause, sur la solution adéquate aux caractéristiques objectives de la situation (y compris, parmi ces caractéristiques, la dimension asymétrique du pouvoir des technologies en cause, et peut-être l'impuissance des générations futures par rapport à des modifications génétiques qui pourraient affecter négativement ce qu'elles seront). Bien que toute sa philosophie soit consacrée au développement

---

159 H. JONAS, *op. cit.*, p. 89.

160 H. TORRIONE, « Peut-on se passer de la notion de bien dans la pensée juridique et politique ? », in : *État et bien commun*, A. GAVRIC, G.W. SIENKIEWICZ (Édit.), Berne, 2007, pp.1-60.

161 G. HOTTOIS, *Essais de philosophie bioéthique et biopolitique*, Vrin, Paris, 1999.

162 J. HABERMAS, *L'avenir de la nature humaine. Vers un eugénisme libéral ?*, trad. CH. BOUCHINDHOMME, Edition Gallimard, Paris, 2002.

et à l'approfondissement du droit dans une optique contractualiste, c'est-à-dire « cette symétrie des relations » à laquelle il rattache la dignité humaine elle-même[163], HABERMAS relève qu'une telle conception ne doit pas nous « boucher la vue »[164]. Elle ne doit pas nous faire oublier que l'instrumentalisation de l'espèce humaine à laquelle les biotechnologies peuvent donner lieu, peut porter atteinte à cet univers de relations et d'interactions interpersonnelles dans lesquelles les sujets de droit s'adressent les uns aux autres ces commandements et ces interdictions qui sont au cœur de l'origine de la morale, selon HABERMAS.

Si l'on utilise les expressions de A. SEN pour décrire le raisonnement de HABERMAS, on peut affirmer qu'HABERMAS, dans un effort pour développer un « raisonnement impartial »[165], a écarté le « cadre limité et limitant du contractualisme » (p. 10). On peut également soutenir qu'il a pleinement reconnu que le caractère asymétrique d'un pouvoir génère des obligations qui ne sont fondées que sur le fait qu'elles apparaissent matériellement justifiées (« *sachgerecht* ») à un observateur impartial : il y a donc d'autres obligations que celles qui ne tiennent que « à cette symétrie des relations ».

HABERMAS a, en outre, pleinement admis que « la question de la réalité se pose » (p. 481) et qu'il faut écarter toute approche « idéaliste ». HABERMAS a, en effet, considéré que l'on ne peut pas faire comme si cet univers de relations réciproques (et la dignité humaine et la compréhension de nous-même qui en résultent) était « un royaume des fins dans un au-delà nouménal »[166], c'est-à-dire allait de soi quoi que l'on fasse. Pour HABERMAS, contrairement à KANT, tout cela relève de « constructions fragiles », « ne tombe pas du ciel comme une propriété revenant à des êtres intelligibles » (p. 56). C'est précisément le désir d'HABERMAS de présenter une version « détranscentalisée » de la volonté libre de KANT qui l'amène à souligner la vulnérabilité fondamentale de tout ce monde de la réciprocité parfaite des relations, et, en conséquence, l'existence d'une responsabilité, d'une obligation de responsabilité, qui n'est pas nécessairement l'image inversée du droit de quelqu'un d'autre, qui échappe donc à la « symétrie des relations » caractéristique de la tradition de pensée du contrat social. HABERMAS va même jusqu'à se référer dans une note 25 au chapitre 2 de son livre (p. 170) à une philosophe aristotélicienne très proche d'AMARTYA SEN, MARTHA NUSSBAUM, qui reprochait précisément à KANT d'avoir, contrairement à ARISTOTE, méconnu la vulnérabilité humaine et la nécessité de protéger adéquatement ce qui a besoin de protection. KANT a commis une erreur, selon elle, en distinguant absolument « l'existence intelligible et l'existence corporelle de l'être agissant », et c'était pour lui une erreur nécessaire, car c'était la seule façon de faire disparaître toute référence à des biens humains.

---

[163] Ibid., p. 55.

[164] Ibid., p. 65 ; HABERMAS écarte toute contradiction interne en distinguant moral et éthique, et en parlant d'une éthique de l'espèce humaine.

[165] A. SEN, *op. cit.*, p. 257.

[166] J. HABERMAS, *op. cit.*, p. 61.

Précisons que l'orientation vers le bien des gens, comme elle repose sur un jugement de justice qui dépend de l'asymétrie de la situation d'interaction, ne suppose pas nécessairement que ce bien soit déjà déterminé. Cette détermination n'intervient que dans une étape ultérieure. Le juste s'impose avant l'explicitation de ce qu'est ce bien. Le bien ne fait en effet pas partie du jugement d'appréciation qui détermine ce qui est matériellement juste dans la situation, parce que ce jugement aboutit à l'exigence d'un pouvoir orienté vers les gens, au principe que l'autorité est service, indépendamment de la vaste question de ce qu'est réellement le bien des gens. En d'autres termes, l'art. 5 al. 2 de la Constitution suisse ne présuppose rien à propos des biens humains. Pour le faire comprendre concrètement, on peut partir de l'histoire de ce médecin qui se promène dans la rue, et tout à coup il lui semble que de l'autre côté de cette rue il y a l'un de ses confrères qui a une crise cardiaque. Le malheureux est au sol entouré de gens qui ne savent pas que faire et attendent passivement que l'ambulance arrive. Un tiers impartial jugera probablement que le médecin qui se promène a l'obligation de se rendre utile dans cette situation, en traversant la route, même s'il hait son confrère et déteste l'idée de lui rendre un service. C'est cependant à l'existence d'une telle obligation qu'aboutit le raisonnement sur ce qui est matériellement juste dans la situation en cause (c'est le seul médecin à proximité immédiate). On voit bien que la question de savoir ce que le médecin va précisément devoir faire pour son confrère (pour le *bien* de son confrère), une fois qu'il aura traversé la route et se rendra utile, est une tout autre question.

Il y a donc à ce niveau fondamental une autre conception de la justice et du droit que celle du contrat social, une conception aussi laïque que celle du contrat social, une conception qui comme elle ne place pas le bien avant le juste. Cette autre conception a la grande supériorité de ne pas identifier le juste à la « symétrie des relations » (c'est-à-dire à une conception absolue de la justice). Cette autre conception de la justice ne place pas les droits avant les obligations, ni non plus les obligations et la loi avant les droits, mais part de quelque chose d'antérieur : l'adéquation d'une solution aux caractéristiques de la situation en question ou aux circonstances spéciales du cas particulier en cause (selon ce travail de la raison délibérative que l'on a décrit), donc le raisonnable lui-même dans la situation en cause., qu'il s'agisse d'interactions, comme on vient de le voir, ou de distributions[167].

[167] Voir notre article sur l'approche qui fait reposer l'obligation de solidarité sur les considérations d'équité qui s'imposent dans certaines situations de distribution, donc sur quelque chose de moins ambitieux qu'un idéal de fraternité (en voie de publication aux Presses de l'Université Toulouse1 Capitole, comme les autres contributions au colloque de 2019 organisé par CH. MENGES-LE PAPE sous le titre « La loi de solidarité, vers une fraternisation selon la théologie et le droit ».

CHAPITRE 2.

Proportionnalité et pesée des intérêts

*VALERIE DEFAGO**
Professeure ordinaire, Chaire de droit administratif général et spécial, Université de Neuchâtel

Le principe de proportionnalité, qui exige que les moyens mis en œuvre par l'administration restent toujours dans un rapport raisonnable avec l'intérêt public poursuivi[1], est apparu dans la jurisprudence du Tribunal fédéral il y a presque 100 ans, peu après la reconnaissance des premiers droits fondamentaux : ceux-ci garantis, il ne pouvait y être porté atteinte que moyennant ce dit rapport raisonnable avec l'intérêt public que la mesure restrictive poursuivait. Au fil du temps, le principe de proportionnalité ne s'est plus restreint à la mise en œuvre des droits fondamentaux et s'est exprimé, comme il s'exprime toujours, dans l'ensemble de l'activité étatique.

Il est certains domaines d'action dans lesquels la forme traditionnelle dans laquelle s'exprime le principe de proportionnalité n'est pas appropriée. Il en va notamment ainsi du domaine du développement territorial, dans lequel il est moins question d'atteinte à un ou plusieurs droits fondamentaux, mais où il s'agit d'aménager la prise en compte d'intérêts publics multiples qui, très souvent, s'opposent. La pratique, puis le législateur ont alors décliné des principes de l'intérêt public et de la proportionnalité l'institution de la pesée (globale) des intérêts.

La présente contribution est l'occasion de se demander dans quelle mesure les enseignements de l'une sont ou peuvent être mis au service de l'autre. Nous commencerons donc par rappeler en quoi consistent le principe de

* Je remercie Madame Séverine BEURET, assistante-doctorante à l'Université de Neuchâtel, et Monsieur Vincent JOBIN, assistant-doctorant à l'Université de Neuchâtel, de leur contribution à l'élaboration ce texte.

[1] T. TANQUEREL, *Manuel de droit administrative*, 2e éd., Schulthess, Genève/Zurich/Bâle, 2018, p. 197.

proportionnalité (I.) puis l'institution de la pesée des intérêts (II.) avant de porter un regard croisé sur ces deux institutions (III.).

I. Le principe de proportionnalité

Ancrage constitutionnel. – Le principe de proportionnalité est ancré dans la Constitution fédérale de la Confédération suisse du 18 avril 1999[2]. Tout d'abord, il figure dans les dispositions générales de celle-ci, parmi les principes de l'activité de l'État régi par le droit, aux côtés de la légalité, de l'intérêt public, de la bonne foi et du respect du droit international (art. 5 Cst.). Ensuite, il constitue, avec les principes de la légalité, de l'intérêt public et du respect du noyau intangible, l'une des conditions de restrictions aux droits fondamentaux des individus (art. 36 al. 3 Cst.). Il s'exprime aussi, d'une manière plus spécifique, à l'article 5a Cst. ; cette disposition concerne la question particulière de la répartition des tâches entre la Confédération et les cantons[3] et nous ne nous y attarderons pas.

D'origine prétorienne, le principe de proportionnalité est apparu dans la jurisprudence du Tribunal fédéral à la fin des années 1920 comme motif de contrôle des restrictions portées aux libertés, en premier lieu la liberté économique[4], puis aux autres droits fondamentaux, pour s'étendre ensuite à l'ensemble de l'activité de l'État[5]. Rattaché directement à la garantie des droits fondamentaux, respectivement à la prohibition de l'arbitraire (art. 4 al. 1 de la Constitution fédérale de la Confédération suisse du 29 mai 1874[6]), il a, dès son apparition, fait partie de l'ordre constitutionnel[7]. Désormais codifié dans

---

[2] RS 101 ; Cst.

[3] M. HOTTELIER, « Le juge constitutionnel et la proportionnalité », *Annuaire international de justice constitutionnelle XXV 2009*, Institut Louis Favoreu et al. (éd.), Economica/Presses Universitaires d'Aix-Marseille, Paris/Aix-en-Provence, 2010, pp. 355-354.

[4] ATF 52 I 222.

[5] M. HOTTELIER, « Le juge constitutionnel et la proportionnalité », *Annuaire international de justice constitutionnelle XXV 2009*, Institut Louis Favoreu et al. (éd.), Economica/Presses Universitaires d'Aix-Marseille, Paris/Aix-en-Provence, 2010, pp. 353-354 ; P. MOOR, « Systématique et illustration du principe de la proportionnalité », *Les droits individuels et le juge en Europe, Mélanges en l'honneur de Michel Fromont*, Presses Universitaires de Strasbourg, Strasbourg, 2001, p. 321 ; B. RÜTSCHE, « Verhältnismässigkeitsprinzip », *Verfassungsrecht der Schweiz – Droit constitutionnel suisse*, vol. III, B. DIGGELMANN, M. HERTIG RANDALL, B. SCHINDLER (éd.), Schulthess, Zurich, 2020, p. 1052 ; U. ZIMMERLI, « Der Grundsatz der Verhältnismässigkeit im öffentlichen Recht – Versuch einer Standortberstimmung », *RDS*, 1978, pp. 9-11.

[6] RO I 1 ; aCst.

[7] P. MOOR, « Systématique et illustration du principe de la proportionnalité », *Les droits individuels et le juge en Europe, Mélanges en l'honneur de Michel Fromont*, Presses Universitaires de Strasbourg, Strasbourg, 2001, p. 321 ; B. RÜTSCHE, « Verhältnismässigkeitsprinzip », *Verfassungsrecht der Schweiz – Droit constitutionnel suisse*, vol. III, B. DIGGELMANN, M. HERTIG RANDALL, B. SCHINDLER (éd.), Schulthess, Zurich, 2020, p. 1052.

la Constitution, il est usuellement désigné comme un principe constitutionnel[8], bien que certains voient en lui une dimension qui dépasse celle des autres principes constitutionnels[9].

Champ d'application. – Le principe de proportionnalité s'applique à tous les champs de l'action étatique : dans l'action exécutive mais aussi normative[10] et judiciaire[11] ; dans la réalisation de toutes les tâches publiques[12], qu'il s'agisse des tâches de puissance publique, des tâches de service public[13] ou des tâches relevant de la gestion ; dans l'action juridique et matérielle (non juridique) de l'État[14].

Comme mentionné en introduction, il est certains domaines de l'action étatique qui se prêtent moins à la mise en œuvre du principe dans sa forme traditionnelle ou originelle, en particulier lorsque sont en jeu non pas des mesures étatiques portant atteinte à des droits fondamentaux des individus, mais des mesures relevant de l'administration de prestation ou de gestion. En effet, dans ces cas, l'on ne se trouve pas en présence de situations que TSCHANNEN qualifie de « bipolaires », mettant en jeu d'une part l'État poursuivant un intérêt public et d'autre part le citoyen protégé par un droit fondamental, mais en présence de situations complexes où de multiples

---

[8] U. HÄFELIN, G. MÜLLER, F. UHLMANN, *Allgemeines Verwaltungsrecht*, 7ème éd., Schulthess, Zurich, 2016, p. 119 ; TANQUEREL, *Manuel de droit administrative*, 2ème éd., Schulthess, Genève/Zurich/Bâle, 2018, p.197.

[9] P. MOOR, « Systématique et illustration du principe de la proportionnalité », *Les droits individuels et le juge en Europe, Mélanges en l'honneur de Michel Fromont*, Presses Universitaires de Strasbourg, Strasbourg, 2001, p. 328 ; M. MÜLLER, *Proportionnalité – Le Rubik's Cube du droit*, Stämpfli, Berne, 2016, p. 3, 44 ; B. RÜTSCHE, « Verhältnissmässigkeitsprinzip », *Verfassungsrecht der Schweiz – Droit constitutionnel suisse*, vol. III, B. DIGGELMANN, M. HERTIG RANDALL, B. SCHINDLER (éd.), Schulthess, Zurich, 2020, p. 1056 ; H. SEILER, « Art. 5 al. 2 Cst. », *Révision imaginaire de la Constitution fédérale – Mélanges en l'honneur du Prof. Luzius Mader*, S. WEERTS et al. (éd.), Helbing Lichtenhahn, Bâle, 2018, p. 33.

[10] P. MOOR, « Systématique et illustration du principe de la proportionnalité », *Les droits individuels et le juge en Europe, Mélanges en l'honneur de Michel Fromont*, Presses Universitaires de Strasbourg, Strasbourg, 2001, p. 328 ; B. SCHINDLER, *Verwaltungsermessen – Gestaltungskompentenzen der öffentlichen Verwaltung in der Schweiz,* Dike, Zurich/Saint- Gall, 2010, p. 399.

[11] M. MÜLLER, *Proportionnalité – Le Rubik's Cube du droit*, Stämpfli, Berne, 2016, p. 48.

[12] M. MÜLLER, *Proportionnalité – Le Rubik's Cube du droit*, Stämpfli, Berne, 2016, p. 44.

[13] ATF 141 I 1 c. 5.3.2 ; P. MOOR, « Systématique et illustration du principe de la proportionnalité », *Les droits individuels et le juge en Europe, Mélanges en l'honneur de Michel Fromont*, Presses Universitaires de Strasbourg, Strasbourg, 2001, p. 330 ; B. RÜTSCHE, « Verhältnissmässigkeitsprinzip », *Verfassungsrecht der Schweiz – Droit constitutionnel suisse*, vol. III, B. DIGGELMANN, M. HERTIG RANDALL, B. SCHINDLER (éd.), Schulthess, Zurich, 2020, pp. 1062-1063.

[14] M. MÜLLER, *Proportionnalité – Le Rubik's Cube du droit*, Stämpfli, Berne, 2016, p. 49 ; B. RÜTSCHE, « Verhältnissmässigkeitsprinzip », *Verfassungsrecht der Schweiz – Droit constitutionnel suisse*, vol. III, B. DIGGELMANN, M. HERTIG RANDALL, B. SCHINDLER (éd.), Schulthess, Zurich, 2020, p. 1060.

intérêts, le plus souvent publics, divergents sont en cause[15]. Il n'en demeure pas moins que, même dans ces situations, le principe de proportionnalité s'applique, même si la mesure étatique en cause ne restreint pas de droits fondamentaux des individus[16] et que l'on se trouve parfois uniquement en présence d'intérêts publics divergents qu'il s'agit d'arbitrer[17].

Les trois aspects ou sous-principes de la proportionnalité. – Le principe de la proportionnalité est traditionnellement décomposé en trois aspects ou sous-principes. Pour reprendre la formulation consacrée du Tribunal fédéral, « [...] pour être conforme au principe de la proportionnalité (également ancré à l'art. 5 al. 2 Cst.), une mesure restrictive doit être apte à produire les résultats escomptés (règle de l'aptitude), lesquels ne peuvent être atteints par une mesure moins incisive (règle de la nécessité) ; le principe de la proportionnalité interdit en outre toute limitation allant au-delà du but visé et exige un rapport raisonnable entre celui-ci et les intérêts publics ou privés compromis (principe de la proportionnalité au sens étroit, impliquant une pesée des intérêts). »[18].

La règle de l'aptitude exige qu'une mesure étatique permette effectivement d'atteindre, ou du moins de favoriser, le but d'intérêt public dans lequel elle est prise ; si tel n'est pas le cas, cela signifie que la mesure est inutile ou alors qu'elle a été prise dans un autre but que celui prévu par le législateur[19]. Autrement dit, cette règle cherche à garantir que la mesure n'est pas totalement inefficace ou que le résultat obtenu n'est pas complètement contre-productif[20].

La règle de la nécessité exige qu'entre plusieurs mesures aptes à atteindre l'intérêt public visé, l'on choisisse celle qui porte le moins atteinte aux intérêts privés ou publics opposés[21]. Il doit s'agir de la mesure la plus légère possible, du point de vue matériel, spatial, personnel et temporel et il ne doit pas exister, parmi d'autres mesures également adéquates, des alternatives plus clémentes[22].

---

[15] P. TSCHANNEN (2019), pp. 302-303.

[16] M. MÜLLER, *Proportionnalité – Le Rubik's Cube du droit*, Stämpfli, Berne, 2016, p. 45 ; T. TANQUEREL, Manuel de droit administrative, 2e éd., Schulthess, Genève/Zurich/Bâle, 2018, p. 197.

[17] M. MÜLLER, *Proportionnalité – Le Rubik's Cube du droit*, Stämpfli, Berne, 2016, p. 55. Moins affirmatif : B. RÜTSCHE, « Verhältnissmässigkeitsprinzip », *Verfassungsrecht der Schweiz – Droit constitutionnel suisse*, vol. III, B. DIGGELMANN, M. HERTIG RANDALL, B. SCHINDLER (éd.), Schulthess, Zurich, 2020, p. 1058.

[18] ATF 144 I 306 c. 4.4.1.

[19] T. TANQUEREL, Manuel de droit administrative, 2e éd., Schulthess, Genève/Zurich/Bâle, 2018, p. 198 ; ATF 140 II 194 c. 5.

[20] M. MÜLLER, *Proportionnalité – Le Rubik's Cube du droit*, Stämpfli, Berne, 2016, p. 29.

[21] T. TANQUEREL, Manuel de droit administrative, 2ème éd., Schulthess, Genève/Zurich/Bâle, 2018, p. 198. ATF 144 I 306 c. 4.4.3.

[22] M. MÜLLER, *Proportionnalité – Le Rubik's Cube du droit*, Stämpfli, Berne, 2016, p. 29.

La proportionnalité au sens étroit impose d'examiner si la mesure, adéquate et nécessaire, est dans un rapport raisonnable avec le sacrifice imposé à l'administré[23]. Autrement dit, est-elle acceptable, que ce soit du point de vue subjectif de la personne concernée ou plus largement sous l'angle de la préservation des intérêts publics de l'Etat et de la société[24].

Si cette triade, éprouvée, s'avère adaptée lorsqu'il s'agit d'apprécier une atteinte, par une mesure étatique, aux droits fondamentaux des individus, elle l'est beaucoup moins lorsque sont en jeu de multiples intérêts publics divergents, comme nous l'avons évoqué plus haut à propos du champ d'application du principe. Il en va ainsi notamment dans le domaine du développement territorial. Nous comprenons cette notion de manière plus large que le terme d'aménagement du territoire, afin de ne pas le réduire à la mise en œuvre de la seule loi qui porte le même nom, la loi fédérale sur l'aménagement du territoire du 22 juin 1979[25]. En effet, le territoire est le réceptacle de nombreux intérêts publics qui, très souvent, entrent en conflit ou contradiction : environnement, mobilité, énergie, protection de la nature et des sites, conservation, adaptation au réchauffement climatique, mais aussi développement économique, approvisionnement du pays, vie sociale et culturelle, pour ne citer qu'eux. Les instruments de planification du territoire prévus dans la LAT ont pour fonction, d'une part, de permettre la prise en compte, à tous les stades de la planification, de ces différents intérêts[26]. D'autre part, c'est cette prise en compte des intérêts multiples qui permet de développer et de structurer un projet territorial, en participant à son processus de création par la planification[27]. Dans ce domaine, l'examen de la proportionnalité ainsi ordonnancé s'efface au profit d'une pesée globale des intérêts (II.).

Proportionnalité et opportunité. – Le principe de proportionnalité entretient un lien étroit avec le principe de la légalité et la notion d'opportunité qui s'y rattache. En effet, l'exercice de l'opportunité et la mise en œuvre du principe de proportionnalité relèvent du même processus de mise en œuvre du droit. Leurs fonctions sont, néanmoins, différentes.

Précisons d'emblée que la notion d'opportunité, comme celle de pouvoir d'appréciation, ne fait l'objet ni d'une appréhension univoque en doctrine, ni d'une systématique éprouvée en jurisprudence[28]. La doctrine est divisée sur la question de savoir si la marge de manœuvre relève intégralement du pouvoir

---

[23] T. TANQUEREL, Manuel de droit administrative, 2e éd., Schulthess, Genève/Zurich/Bâle, 2018, p. 199 ; ATF 144 I 306 c. 4.4.3 ; ATF 140 I 381 c. 4.5.

[24] M. MÜLLER, *Proportionnalité – Le Rubik's Cube du droit*, Stämpfli, Berne, 2016, p. 30, 51.

[25] RS 700 ; LAT.

[26] ATF 137 II 254 c. 3.

[27] P. TSCHANNEN, « La pesée des intérêts en matière de projets à incidence spatiale », *DEP*, 2019, p. 303.

[28] B. SCHINDLER, *Verwaltungsermessen – Gestaltungskompentenzen der öffentlichen Verwaltung in der Schweiz,* Dike, Zurich/Saint-Gall, 2010, p. 413.

d'appréciation, et donc de l'opportunité, ou si au contraire une partie de celle-ci relève du droit. En effet, pour les auteurs tenants de la conception dite dualiste, il n'existe de pouvoir d'appréciation que dans les cas où la norme laisse à l'autorité de mise en œuvre du droit le choix entre plusieurs solutions ; lorsque la concrétisation d'un état de fait résulte d'une norme comprenant des notions juridiques indéterminées, il ne s'agit pas de l'exercice du pouvoir d'appréciation, mais de l'interprétation du droit avec une latitude de jugement. Pour les auteurs qui se rallient à la conception dite unitaire, pouvoir d'appréciation et latitude de jugement sont constitutifs d'un même phénomène, soit celui par lequel l'autorité de mise en œuvre du droit bénéficie d'une marge de manœuvre[29]. Cette marge de manœuvre est la place laissée par le législateur à l'autorité de mise en œuvre du droit afin de lui permettre d'exprimer la composante politique de son action[30].

Ainsi, la proportionnalité s'exprime avant tout dans la marge de manœuvre laissée par le législateur à l'autorité de mise en œuvre du droit[31], partant dans l'exercice de l'opportunité[32]. Aussi, plus la densité normative ou la régulation matérielle est faible, plus il y a de place pour l'opportunité et par conséquent pour l'application du principe de proportionnalité[33].

Dans le même temps, le principe de proportionnalité sert de limite à l'exercice de l'opportunité dans la mesure où la marge de manœuvre conférée par la loi n'est pas absolue. Aussi, lorsqu'une autorité statue dans le cadre de la mise en œuvre de l'opportunité qui est la sienne mais en ne respectant pas le principe de la proportionnalité, elle rend une décision qui est avant tout contraire au droit. Il s'agit dans ce cas d'un abus du pouvoir d'appréciation : dans l'utilisation de son pouvoir d'appréciation, l'autorité s'est fondée sur des considérations qui manquent de pertinence et sont étrangères au but visé par les dispositions légales applicables et a violé, parmi d'autres principes constitutionnels, le principe de la proportionnalité[34].

---

[29] B. SCHINDLER, *Verwaltungsermessen – Gestaltungskompentenzen der öffentlichen Verwaltung in der Schweiz,* Dike, Zurich/Saint-Gall, 2010, p. 412 ; T. TANQUEREL (2013), pp. 216-218.

[30] P. MOOR, « Systématique et illustration du principe de la proportionnalité », *Les droits individuels et le juge en Europe, Mélanges en l'honneur de Michel Fromont*, Presses Universitaires de Strasbourg, Strasbourg, 2001, p. 322 ; T. TANQUEREL (2013), p. 214.

[31] P. MOOR, « Systématique et illustration du principe de la proportionnalité », *Les droits individuels et le juge en Europe, Mélanges en l'honneur de Michel Fromont*, Presses Universitaires de Strasbourg, Strasbourg, 2001, p. 322, 325 ; T. TANQUEREL, Manuel de droit administrative, 2ème éd., Schulthess, Genève/Zurich/Bâle, 2018, p. 200.

[32] Nous n'évoquerons pas ici le débat entourant la fonction correctrice voire dérogatoire attachée au principe et la limite que constitue l'obligation d'appliquer les lois posées à l'art. 190 Cst. : M. MÜLLER, *Proportionnalité – Le Rubik's Cube du droit*, Stämpfli, Berne, 2016, p. 67.

[33] P. MOOR, « Systématique et illustration du principe de la proportionnalité », *Les droits individuels et le juge en Europe, Mélanges en l'honneur de Michel Fromont*, Presses Universitaires de Strasbourg, Strasbourg, 2001, p. 325.

[34] ATF 140 I 257 c. 6.5.3.

Proportionnalité et intérêt public. – En tant qu'il exige que les mesures étatiques soient dans un rapport raisonnable avec le but d'intérêt public qu'elles poursuivent, le principe de proportionnalité est directement lié au principe de l'intérêt public (art. 5 al. 2 et 36 al. 2 Cst.).

Ce principe exige que toute action de l'État soit justifiée par un intérêt public[35], à savoir par les intérêts – légitimes – poursuivis par le constituant et le législateur[36]. Le principe de l'intérêt public se distingue du principe de proportionnalité dans la mesure où le premier porte sur l'identification du ou des intérêts publics, dont la pesée est opérée dans le second[37]. La doctrine déplore parfois que, lors de la restriction aux droits fondamentaux, le Tribunal fédéral examine simultanément la condition du motif légitime, à savoir celle de l'intérêt public, et la réalisation des trois sous-principes de la proportionnalité[38].

La proportionnalité et le juge. – Le rôle du juge est avant tout de revoir le droit ; les juridictions de première instance ont également le pouvoir de revoir les faits, mais non le Tribunal fédéral (art. 95 al. 1 de la loi fédérale sur le Tribunal fédéral du 17 juin 2005[39]). Le juge ne revoit en revanche pas l'opportunité des décisions, à moins que la loi le prévoie de manière spécifique, ce qui est rarement le cas ; cela n'est d'ailleurs pas son rôle à l'aune du principe de la séparation des pouvoirs notamment[40]. Sur ce point, le Tribunal administratif fédéral fait figure d'exception, car son pouvoir d'examen ne se limite pas au droit et aux faits mais s'étend à l'opportunité (art. 49 let. c de la loi fédérale sur la procédure administrative du 20 décembre 1968[41])[42].

L'examen de la proportionnalité relève du droit et ce grief peut par conséquent être porté devant l'ensemble des juridictions. Mentionnons aussi que la violation du principe de proportionnalité peut être invoquée de manière indépendante dans un recours en matière de droit public devant le Tribunal fédéral mais que, lorsque la violation du principe est invoquée non pas en relation avec l'atteinte à un droit fondamental mais en lien uniquement avec la mise en œuvre du droit cantonal, le Tribunal fédéral restreint son examen

---

35 M. MÜLLER, *Proportionnalité – Le Rubik's Cube du droit*, Stämpfli, Berne, 2016, pp. 14-15.
36 T. TANQUEREL, Manuel de droit administrative, 2ème éd., Schulthess, Genève/Zurich/Bâle, 2018, p. 182.
37 M. MÜLLER, *Proportionnalité – Le Rubik's Cube du droit*, Stämpfli, Berne, 2016, p. 15.
38 M. HOTTELIER, « Le juge constitutionnel et la proportionnalité », *Annuaire international de justice constitutionnelle XXV 2009*, Institut Louis Favoreu et al. (éd.), Economica/Presses Universitaires d'Aix-Marseille, Paris/Aix-en-Provence, 2010, p. 363.
39 RS 173.110 ; LTF.
40 T. TANQUEREL, Manuel de droit administrative, 2ème éd., Schulthess, Genève/Zurich/Bâle, 2018, pp. 225-226.
41 RS 172.021 ; PA.
42 Le pouvoir de statuer en opportunité revenant au Tribunal administratif fédéral est un reliquat du recours hiérarchique interne à l'administration qui lui a été néanmoins remis lorsque cette juridiction a été créée pour connaître du contentieux judiciaire administratif depuis 2007.

et ne procède pas librement, mais uniquement sous l'angle restreint de l'arbitraire[43].

Appelé à revoir une décision sous l'angle de la proportionnalité, lorsqu'il dispose d'un pouvoir d'examen complet, le juge procède dans la plus grande majorité des cas à son examen à l'aune de la triade aptitude, nécessité et proportionnalité au sens étroit. Mais dans ce contexte, la frontière entre opportunité et proportionnalité peut apparaître selon les cas ténue et toute la difficulté tient à la distinction entre l'exercice de l'une et le respect de l'autre. Comment expliquer par exemple que l'interdiction de mettre en location par le biais de plate-formes de logement des appartements loués afin de préserver le parc locatif répondant aux besoins de la population soit disproportionnée lorsqu'une marge de tolérance de 60 jours est fixée alors qu'elle devient admissible, et partant relevant de l'opportunité, lorsque cette limite est portée à 90 jours[44] ? La doctrine, relevant bon nombre de situations limites[45], admet que le contrôle de la proportionnalité pourrait, parfois, s'avérer être un contrôle déguisé de l'opportunité que le juge camoufle dans la terminologie adéquate[46], sans pour autant être en mesure de livrer des critères permettant de délimiter l'une de l'autre. Certaines pistes sont proposées, et il y sera revenu plus tard (III.).

II. La pesée globale des intérêts

Notion. – La pesée globale des intérêts peut être qualifiée d'outil permettant la prise de décision lorsque des intérêts contradictoires s'opposent et que le droit applicable n'impose pas une solution, mais octroie une marge de manœuvre[47].

Elle consiste en une technique d'argumentation permettant de concrétiser, de manière contrôlée, un pouvoir d'appréciation juridique. C'est elle qui permet de passer d'une norme ouverte à une décision dans un cas d'espèce, en traitant tous les éléments et points de vue matériellement pertinents selon un modèle donné, dans le but de les prendre en considération de manière optimale. En tant que procédé standardisé de réflexion, elle vise à rendre

[43] T. TANQUEREL, Manuel de droit administrative, 2ème éd., Schulthess, Genève/Zurich/Bâle, 2018, p. 197 ; ATF 141 I 1 c. 5.3.2.

[44] Chambre constitutionnelle de la Cour de justice de la République et canton de Genève, ACST/19/2018 du 15 août 2018 c. 10c.

[45] T. TANQUEREL, « Le contrôle d'opportunité », *Le contentieux administratif*, F. Bellanger, T. Tanquerel (éd.), Schulthess, Genève/Zurich/Bâle, 2013, p. 216.

[46] P. MOOR, « Systématique et illustration du principe de la proportionnalité », *Les droits individuels et le juge en Europe, Mélanges en l'honneur de Michel Fromont*, Presses Universitaires de Strasbourg, Strasbourg, 2001, p. 338.

[47] P. TSCHANNEN, « La pesée des intérêts en matière de projets à incidence spatiale », *DEP*, 2019, p. 303.

plausible la concrétisation du pouvoir d'appréciation : compréhensible et identifiable, mais aussi contestable et réexaminable[48].

Ancrage normatif et champ d'application. – La pesée globale des intérêts s'est développée dans le domaine du développement territorial, après que le Tribunal fédéral a considéré au début des années 1990 qu'il existe une obligation de coordination matérielle et formelle de l'application du droit lorsque différentes dispositions de droit matériel doivent être appliquées pour la réalisation d'un projet et qu'il existe entre ces dispositions un rapport si étroit qu'elles ne peuvent pas être appliquées de manière séparée et indépendante les unes des autres[49]. Assurée de manière formelle, la coordination rend possible, sous l'angle matériel, la pesée globale des intérêts.

La pesée des intérêts est aujourd'hui codifiée à l'art. 3 de l'ordonnance sur l'aménagement du territoire du 28 juin 2000[50]. Toutefois, la méthode que cette disposition réglementaire consacre ne se limite pas à la pesée des intérêts dans le cadre de projets territoriaux. Certains auteurs déclarent, expressément[51] ou implicitement[52], qu'elle s'applique à toute pesée des intérêts et qu'autrement dit elle s'impose dans l'ensemble de notre ordre juridique. D'ailleurs le Tribunal fédéral commence à la mettre en œuvre dans d'autres domaines, comme nous le verrons ci-après (III.).

Méthode. – La pesée globale des intérêts se déroule selon trois phases successives de réflexion et s'adjoint d'une obligation de motivation.

La première phase porte sur la détermination des intérêts qui vont ensuite être pris en compte dans le processus de pesée. Il doit s'agir d'intérêts juridiquement reconnus, objectivement pertinents et importants d'un point de vue temporel. La deuxième phase consiste à apprécier, en ayant recours à des échelles de valeurs juridiquement reconnues, dans quelle mesure la réalisation d'un intérêt apparaît souhaitable. Les intérêts doivent donc être pondérés, d'abord pour eux-mêmes, puis par rapport aux autres intérêts. C'est dans ce cadre qu'il est tenu compte des implications possibles d'une décision donnant la préférence à un intérêt plutôt qu'à un autre. La troisième phase consiste en la prise en compte des intérêts selon l'importance qui leur aura été accordée dans les phases précédentes afin de les concrétiser dans la décision à prendre[53].

---

[48] P. Tschannen, « Art. 3 LAT », *Commentaire pratique LAT : Planification directrice et sectorielle, pesée des intérêts,* H.Aemisegger et al. (éd.), Schulthess, Zurich, 2019, N 20.

[49] C.-A. Morand, « Pesée d'intérêts et décisions complexes », *La pesée globale des intérêts – Droit de l'environnement et de l'aménagement du territoire*, Helbing Lichtenhahn, Bâle/Francfort-sur-le-Main, 1996, p. 41 ; ATF 116 Ib 50 c. 4b, JT 1992 I 469.

[50] RS 700.1 ; OAT.

[51] P. Tschannen, « Art. 3 LAT », *Commentaire pratique LAT : Planification directrice et sectorielle, pesée des intérêts,* H.Aemisegger et al. (éd.), Schulthess, Zurich, 2019, N 21.

[52] T. Tanquerel, Manuel de droit administrative, 2ème éd., Schulthess, Genève/Zurich/Bâle, 2018, pp. 195-196.

[53] P. Tschannen, « Art. 3 LAT », *Commentaire pratique LAT : Planification directrice et sectorielle, pesée des intérêts,* H.Aemisegger et al. (éd.), Schulthess, Zurich, 2019, N 21-33.

Enfin, les autorités sont tenues à une obligation de motivation spécifique en exposant leur pondération dans la motivation de leur décision. Cette obligation de motiver est d'autant plus importante que les normes à appliquer laissent une grande marge de manœuvre à l'autorité. Au minimum, la motivation devrait comprendre et présenter les phases essentielles de la pesée des intérêts – détermination, appréciation et optimisation des intérêts[54]. Pour reprendre les termes de TSCHANNEN, « la justesse matérielle du contenu de la décision ne peut être en grande partie vérifiée qu'à l'aune de la justesse procédurale de la pesée des intérêts »[55].

La pesée globale des intérêts et le juge. – La mise en œuvre de la pesée globale des intérêts relève du droit et il appartient par conséquent au juge d'en veiller à la bonne application. La pesée des intérêts, plus que toute autre institution du droit, impose, selon la formule utilisée par WULLSCHLEGER, un incessant va-et-vient entre les intérêts identifiés, leur appréciation juridique et les faits déterminants pour leur pondération dans le cas d'espèce[56] ; une pesée des intérêts erronée peut, partant, reposer soit sur un établissement insuffisant ou incomplet des faits, soit sur une détermination, une évaluation ou une pondération erronée des intérêts en jeu[57]. Dans le premier cas, il appartient au juge de vérifier que les faits pertinents pour la démonstration ont été établis de manière exhaustive[58]. Dans le second cas, il s'agit d'une question de droit, et non d'opportunité, dont il appartient par conséquent au juge de se saisir, indépendamment de la question de savoir si son pouvoir d'examen s'étend également à l'opportunité[59]. Dans un même temps, le juge fait preuve de retenue en présence de questions d'ordre technique, de circonstances locales ou lorsque des enjeux se situent à la limite entre le droit et l'appréciation dans la mesure où le législateur a entendu réserver une marge de manœuvre à l'autorité de mise en œuvre du droit[60].

La pratique a permis de dégager un certain nombre de critères permettant de guider le juge lorsqu'il est confronté à des situations face auxquelles il fait preuve de retenue. La démarche peut être synthétisée comme suit : lorsque le juge entend faire preuve de cette retenue, il est tenu de s'assurer que tous les

---

[54] P. TSCHANNEN, « Art. 3 LAT », *Commentaire pratique LAT : Planification directrice et sectorielle, pesée des intérêts,* H.AEMISEGGER et al. (éd.), Schulthess, Zurich, 2019, N 35.

[55] P. TSCHANNEN, « Art. 3 LAT », *Commentaire pratique LAT : Planification directrice et sectorielle, pesée des intérêts,* H.AEMISEGGER et al. (éd.), Schulthess, Zurich, 2019, N 34.

[56] S. WULLSCHLEGER, « Le rôle des tribunaux administratifs dans la pesée des intérêts en droit de l'environnement », *DEP*, 2019, p. 717.

[57] S. WULLSCHLEGER, « Le rôle des tribunaux administratifs dans la pesée des intérêts en droit de l'environnement », *DEP*, 2019, p. 718.

[58] S. WULLSCHLEGER, « Le rôle des tribunaux administratifs dans la pesée des intérêts en droit de l'environnement », *DEP*, 2019, p. 719.

[59] S. WULLSCHLEGER, « Le rôle des tribunaux administratifs dans la pesée des intérêts en droit de l'environnement », *DEP*, 2019, p. 718.

[60] P. TSCHANNEN, « Art. 3 LAT », *Commentaire pratique LAT : Planification directrice et sectorielle, pesée des intérêts,* H.AEMISEGGER et al. (éd.), Schulthess, Zurich, 2019, N 41.

intérêts touchés ont déterminés, appréciés et que les implications éventuelles de la décision ont été prises en considération[61]. Autrement dit, il doit s'assurer que les deux premières phases de la pesée des intérêts ont été réalisées en se fondant sur un état de fait complet et en correcte application du droit ; en revanche, il se penche moins sur la troisième phase de la pesée dans laquelle les intérêts en jeu sont pris en compte, sauf à ce que les pondérations déterminées dans la deuxième phase n'aient pas été respectées[62]. En définitive, lorsque l'autorité de mise en œuvre du droit bénéficie d'une grande marge de manœuvre, c'est moins le résultat de la pesée globale est apprécié que la manière dont on y est parvenu[63].

III. Ce que la pesée globale des intérêts apporte à la discussion sur la proportionnalité

La méthodologie de la pesée des intérêts. – Partons du constat au vu de ce qui précède que la méthodologie de la pesée globale des intérêts est, dans la pratique, plus fine et exigeante que celle de la proportionnalité. Cela s'explique par la nature du processus de planification du territoire, qui par essence laisse une marge de manœuvre considérable à l'autorité chargée de la mise en œuvre du droit, qui a donc dû développer une méthode en conséquence. De plus, dans ce domaine, la pesée des intérêts intervient non seulement comme mise en œuvre des principes de l'intérêt public et de la proportionnalité, mais aussi et avant tout comme méthode de prise de décision.

Paradoxalement, aussi importante la marge de manœuvre laissée à l'autorité de planification soit-elle, elle ne donne pas lieu à des arrêts constatant *expressis verbis* un abus du pouvoir d'appréciation. Dans une grande mesure les causes sont tranchées à l'aune de la méthode, soit que les intérêts en cause ont insuffisamment été pris en compte, appréciés et pondérés, soit que les faits nécessaires à ces démonstrations ont incorrectement ou insuffisamment été établis. Cela n'empêche néanmoins pas le Tribunal fédéral de procéder librement à la pesée des intérêts lorsqu'il y a lieu[64].

Les enjeux de la proportionnalité. – Du côté de la proportionnalité, la doctrine relève le problème de la frontière malaisée à tracer entre proportionnalité et opportunité. Elle déplore également que dans la casuistique du Tribunal fédéral, bien souvent, l'analyse des conditions de restriction des

---

[61] P. TSCHANNEN, « Art. 3 LAT », *Commentaire pratique LAT : Planification directrice et sectorielle, pesée des intérêts,* H.AEMISEGGER et al. (éd.), Schulthess, Zurich, 2019, N 41.

[62] P. TSCHANNEN, « Art. 3 LAT », *Commentaire pratique LAT : Planification directrice et sectorielle, pesée des intérêts,* H.AEMISEGGER et al. (éd.), Schulthess, Zurich, 2019, N 41.

[63] P. TSCHANNEN, « Art. 3 LAT », *Commentaire pratique LAT : Planification directrice et sectorielle, pesée des intérêts,* H.AEMISEGGER et al. (éd.), Schulthess, Zurich, 2019, N 41.

[64] Récemment TF 1C_657/2018 du 18.3.2021, destiné à la publication ; ATF 146 II 187 ; ATF 146 II 347.

droits fondamentaux omette l'examen de la légitimité de la mesure restrictive à l'aune du principe de l'intérêt public. Différentes solutions sont proposées pour y remédier, qui contiennent toutes à leur manière des enjeux en termes de méthode.

MÜLLER propose une méthodologie en deux temps. Dans un premier temps, il propose de déterminer les rapports de force en cause. Cela implique de déterminer l'environnement dans laquelle la situation juridique prend place, le contenu de la mesure envisagée ainsi que son motif, ce qui implique d'apprécier la valeur sociale de l'intervention de l'État. Dans un second temps, il passe à l'examen de la proportionnalité à l'aune de la triade, en invitant à un échange interdisciplinaire et à faire preuve d'autocritique[65].

MOOR, quant à lui, en appelle au rôle du juge. Il rappelle que celui-ci n'a pas à discuter de la cohérence et de la continuité d'une politique ; il peut en revanche juger de la régularité d'une politique qui poursuivrait un intérêt illégitime ou qui serait en elle-même incohérente. À cet effet, il est essentiel que le juge puisse se fonder sur un état de fait qui lui permettre d'opérer entièrement l'examen de la proportionnalité[66].

Quant à TANQUEREL, qui intègre naturellement les étapes de la pesée globale des intérêts dans son analyse non pas de la proportionnalité, mais de l'intérêt public, il en relève la difficulté de mise en œuvre qui en découle pour le juge : « Il reste que l'arbitrage entre les différents intérêts est au cœur de l'action proprement politique de l'administration, ce qui ne va pas sans poser des problèmes délicats au juge appelé à contrôler cette action. Ce dernier vérifiera que l'autorité chargée de la pesée des intérêts a bien identifié tous les intérêts pertinents, qu'elle les a soigneusement analysés en s'appuyant sur une instruction des faits suffisante et, enfin, qu'elle a correctement comparé leur importance par rapport aux autres intérêts en jeu, en tenant compte le cas échéant des arbitrages déjà opérés par le constituant ou le législateur. On voit bien que chacune de ces étapes est susceptible de donner lieu à des erreurs, mais aussi que de la dernière peut résulter un certain pouvoir d'appréciation de l'autorité compétente. »[67].

La réponse du Tribunal fédéral. – Dans un arrêt de principe de 2012 le Tribunal fédéral, appelé à apprécier la proportionnalité d'une recommandation du Préposé à la protection des données, qui demandait en substance que le système « Google Street View » ne délivre que des images permettant une anonymisation effective des personnes prises en images, n'a eu d'autre choix que de procéder à une pesée globale des intérêts afin de se prononcer sur la

---

[65] M. MÜLLER, *Proportionnalité – Le Rubik's Cube du droit*, Stämpfli, Berne, 2016, pp. 20-22.

[66] P. MOOR, « Systématique et illustration du principe de la proportionnalité », *Les droits individuels et le juge en Europe, Mélanges en l'honneur de Michel Fromont*, Presses Universitaires de Strasbourg, Strasbourg, 2001, pp. 339-341.

[67] T. TANQUEREL, Manuel de droit administratif, 2ème éd., Schulthess, Genève/Zurich/Bâle, 2018, p. 196.

question de la proportionnalité de cette recommandation[68]. En effet, Google Inc. avait invoqué que la pesée des intérêts au sens strict opérée par la juridiction précédente ne tenait pas suffisamment compte d'éléments factuels, d'une part, et qu'elle accordait trop d'importance à certains éléments de la pesée, d'autre part[69].

Dans un arrêt-fleuve, le Tribunal fédéral s'est donc efforcé d'établir, d'évaluer et d'optimiser l'ensemble des intérêts concernés[70], suivant en cela l'analyse en trois phases de la pesée globale préconisée par la doctrine. Plusieurs éléments sont à relever à ce propos. Tout d'abord, s'il est vrai que ces trois phases ont successivement été opérées, elles n'ont pas été désignées comme telles, de même qu'elles ne ressortent pas immédiatement de la structure de l'arrêt. La première phase de la détermination des intérêts en jeu est aisément identifiable (c. 10.3-10.6.1), de même que la troisième phase de prise en compte des intérêts pondérés (c. 10.7) ; en revanche, la deuxième phase de l'appréciation des intérêts l'est moins. Ensuite, il est à noter que dans cette deuxième phase, le Tribunal fédéral a également fait intervenir – sans toujours les nommer – les notions de subsidiarité et de proportionnalité au sens étroit[71] ; autrement dit, l'appréciation et la pondération des intérêts en jeu a nécessité que le Tribunal fédéral se réfère aux éléments de la triade de la proportionnalité.

Avec cet arrêt, le Tribunal fédéral fait la démonstration que la mise en œuvre du principe de la proportionnalité avec les trois éléments de la triade n'est pas suffisante lorsque des intérêts multiples sont en jeu, en l'occurrence non seulement l'intérêt des personnes visibles sur les images de Google Street View à la protection de leur sphère privée, mais aussi l'intérêt économique poursuivi par l'entreprise ainsi que celui des utilisateurs de ces services. Il donne ainsi suite aux invites de la doctrine plaidant pour une mise en œuvre du principe plus méthodologique et plus rigoureuse afin que le juge – mais aussi les autorités qui l'ont précédé – pose des bases plus claires permettant d'aboutir, finalement, à une pesée des intérêts lisible et acceptable.

Les enseignements de la pesée globale. – Nul doute que la méthode de la pesée globale des intérêts, connue et éprouvée dans le droit du développement territorial, est appelée à s'immiscer et à prendre de l'importance dans l'analyse de la proportionnalité lorsque la relation en cause met en jeu de nombreux intérêts, publics et privés, opposés. Lorsque tel est le cas, le Tribunal fédéral semble proposer de substituer l'analyse de la triade de la proportionnalité par les trois phases de la pesée globale des intérêts, en y intégrant la triade : premièrement, une démarche préalable correspondant à la première phase de la pesée globale des intérêts, qui identifie les intérêts en cause ; deuxièmement,

[68] ATF 138 II 346, JT 2013 I 71.
[69] ATF 138 II 346 c. 9.3, JT 2013 I 71.
[70] ATF 138 II 346 c. 10.3, JT 2013 I 71.
[71] Not. ATF 138 II 346 c. 7, JT 2013 I 71.

une deuxième phase dans laquelle les intérêts sont appréciés et pondérés, et également dans laquelle les enjeux en termes d'aptitude et de nécessité sont évalués ; troisièmement, la phase de prise en compte des intérêts *in concreto*, correspondant à la pesée des intérêts au sens strict.

Les apports de la pratique en matière de pesée globale des intérêts sont précieux dans la mesure où, avec cette méthode éprouvée, même si fort complexe à mettre en œuvre, le juge est en mesure de déterminer le cadre de son examen ainsi que les faits indispensables sur lesquels il doit se fonder pour celui-ci. Même lorsque des questions d'opportunité sont en jeu, respectivement lorsqu'il considère qu'il doit faire preuve de retenue, sa démarche de contrôle de mise en œuvre du droit repose sur une méthode qui lui permet de guider son action. Il est ainsi répondu à bon nombre des interrogations ou critiques de la doctrine : la méthode se débarrasse de son caractère parfois simpliste et la pesée globale nécessite de prendre en compte les faits de manière complète. De plus, et surtout, le juge est mieux à même de définir son rôle, entre proportionnalité et opportunité. En effet, la méthode permet de répondre plus clairement à la difficile question qui est de déterminer où doit s'arrêter l'examen de la proportionnalité au profit de l'opportunité que le juge n'a pas à trancher.

À notre sens, l'analyse de la proportionnalité a également à s'enrichir des acquis de la pesée globale des intérêts même lorsque la situation est simplement « bipolaire », à savoir lorsque seuls un intérêt public et un intérêt privé touché par une mesure étatique sont en jeu. En particulier, la triade traditionnelle devrait, à notre sens, être précédée d'une étape correspondant à la deuxième phase de la pesée globale des intérêts, portant sur l'appréciation de l'intérêt public en cause, avec une appréciation de sa pondération et de l'évaluation de l'effet souhaité de son objectif eu égard à la mesure à prendre. Il est vrai que, dans ce contexte, la démarche d'identification de l'intérêt public en jeu, soit ce qui correspond à la première phase de la pesée globale des intérêts, peut se confondre avec l'examen du principe du même nom. Quoi qu'il en soit, la démarche d'appréciation de l'intérêt, ce qui correspond à la deuxième phase de la pesée globale, devrait, à notre sens, être à un moment où un autre réalisée, après l'analyse du principe de l'intérêt public et avant celle de la triade du principe de proportionnalité. Cette proposition se rapproche de celle de MÜLLER décrite ci-dessus.

Conclusion

« Les juristes procèdent sans rigueur ni méthode à la pesée des intérêts » écrivait MORAND en 1996[72]. MÜLLER, quant à lui, relève que la triade a été réduite à une formule de vérification utilisable par les juristes qui ne réclame ni trop de capacité de mémoire intellectuelle, ni trop de temps[73]. Pour peu provocateurs qu'ils soient, ces constats soulignent l'importance de la méthode dans la mise en œuvre de la proportionnalité, respectivement de la pesée des intérêts. De même, ils illustrent, de concert avec les critiques de la doctrine, les limites de la mise en œuvre de la triade de la proportionnalité telle qu'elle est usuellement pratiquée par les autorités et les tribunaux.

Le temps est certainement venu pour cette triade de reprendre de la substance en s'enrichissant des enseignements et des apports de la pratique et de la jurisprudence en matière de pesée globale des intérêts dans le domaine du développement territorial. En construction depuis une trentaine d'années, en marge de la proportionnalité mais non loin de celle-ci, la pesée globale des intérêts s'exprime aujourd'hui par une méthode éprouvée – mais complexe, il faut l'avouer – et autour de laquelle le juge définit plus aisément la portée de son rôle. Ses enseignements, thématisés et systématisés avant tout par TSCHANNEN, ont beaucoup à apporter au débat portant sur la mise en œuvre du principe de proportionnalité et son examen par le juge.

Il est difficile à dire aujourd'hui si la triade composée de l'aptitude, de la nécessité et de la pesée des intérêts au sens étroit sera systématiquement enrichie de l'une ou l'autre des phases de la pesée globale des intérêts, comme nous le proposons ci-dessus, ou si au contraire la triade sera absorbée par cesdites phases, comme semble l'avoir fait le Tribunal fédéral dans l'arrêt Google Street View, ou si encore ce seront quatre, cinq ou six nouvellement nommées séquences qui naîtront de la conjonction de ces deux méthodes d'analyse. Quoi qu'il en soit, la centenaire proportionnalité de notre ordre juridique s'apprête à rajeunir.

---

[72] C.-A. MORAND, « Pesée d'intérêts et décisions complexes », *La pesée globale des intérêts – Droit de l'environnement et de l'aménagement du territoire*, Helbing Lichtenhahn, Bâle/Francfort-sur-le-Main, 1996, p. 66.
[73] M. MÜLLER, *Proportionnalité – Le Rubik's Cube du droit*, Stämpfli, Berne, 2016, p. 27.

PARTIE II.

DROIT INTERNATIONAL PUBLIC.
DROIT INTERNATIONAL ÉCONOMIQUE

CHAPITRE 3.

Proportionnalité en droit international humanitaire : principe et règle

*ANAÏS MAROONIAN**
Doctorante à la Faculté de droit de l'Université de Genève
MARCO SASSOLI
Professeur à la Faculté de droit de l'Université de Genève

Introduction

Dans les généralités (I) consacrées à la proportionnalité en droit international humanitaire, nous présenterons tout d'abord le polymorphisme de la proportionnalité, à la fois principe et règle, et sa polysémie, notion qui comporte donc plusieurs sens. Une fois ces généralités présentées, nous étudierons le principe de proportionnalité (II), puis la règle de proportionnalité (III) en détail.

I. Généralités sur la proportionnalité en droit international humanitaire : polymorphisme et polysémie

Le polymorphisme de la proportionnalité signifie qu'elle est à la fois règle[1] et principe. Nous présenterons en premier les critères de distinction généraux entre

* Les développements de cette contribution sur le principe de proportionnalité sont le fruit de ses recherches en vue de sa thèse de doctorat sur le principe de proportionnalité en droit international humanitaire qui sera soutenue courant l'année 2023.

[1] J. VAN DEN BOOGAARD, *Proportionality in International Humanitarian Law*, Thèse, Amsterdam, 2019, pp. 26 et 207-384; J. VAN DEN BOOGAAD, « Reimagining IHL Principles Part I: The Wrong

une règle et un principe, puis nous les appliquerons à la proportionnalité en droit international humanitaire (DIH).

1. Distinction quantitative et qualitative entre règle et principe dans la théorie du droit

Il existe de nombreux critères distinguant le principe de la règle[2]. La démonstration du polymorphisme de la proportionnalité en DIH se fera sur la base d'une distinction quantitative et qualitative.

Tout d'abord, selon la distinction quantitative[3], il est largement admis que les principes se caractérisent par leur « haut degré de généralité »[4]. Ils prescrivent des actions très peu spécifiques, contrairement aux règles, qui sont formulées avec une plus grande précision[5]. La généralité renvoie au sujet de la norme. Elle désigne l'étendue du champ d'application personnel, la pluralité de destinataires est généralement indénombrable et non identifiable. La norme a ainsi une capacité d'application indéfinie[6]. Vu que la généralité concerne également la définition de la règle[7], elle serait de nature spécifique concernant la règle de droit[8] et d'« une portée très générale »[9] quant au principe. La généralité est relative et graduelle[10]. La règle aussi est générale en ce sens qu'elle est constituée pour « un

---

Principles », *Lieber Institute West Point*, 2020, en ligne https://lieber.westpoint.edu/reimagining-ihl-principles-part-i-wrong-principles/ ; Voir le point c. et III. La règle de proportionnalité.

[2] R. Kolb en recense six : la généralité, l'origine, les modalités d'opération, la proximité avec les valeurs et la justice, l'importance d'une proposition normative, le principe est la cause rationnelle et le fondement des règles, R. Kolb, « Les maximes juridiques en droit international public : questions historiques et théoriques », *RBDI*, 1999, pp. 426-428 et références citées.

[3] D. de Bechillon, *Qu'est-ce qu'une règle de droit ?*, O. Jacob, Paris, 1997, p. 36.

[4] Kolb, *supra* note 2, p. 428.

[5] J. Raz, « Legal principles and the limits of law », *Yale L. J.*, 1972, p. 838 ; R. Kolb, « Les droits fondamentaux de l'individu comme principes normatifs d'optimisation de valeurs et d'intérêts sociaux : dix exemples tirés de la jurisprudence récente de la Cour européenne des droits de l'homme », *RUDH*, 1999, p. 125 ; L'association des termes « règle » et « principes » est « une expression double pour énoncer la même idée car [...] on "entend par principes des principes de droit, donc aussi des règles du droit international pour lesquelles l'appellation de principes peut être justifiée en raison de leur caractères plus général et plus fondamental", *Affaire de la délimitation de la frontière maritime dans la région du Golfe du Maine, Canada c. Etats-Unis d'Amérique*, C.I.J arrêt du 12 octobre 1984, p. 288 §79.

[6] J. Boulanger, « Principes généraux et droit positif », dans : *Le droit privé français au milieu du XXe siècle. Etudes offertes à Georges Ripert*, Paris, L.G.D.J., 1950, p. 56 ; de Bechillon, *supra* note 3, p. 36.

[7] La distinction quantitative est parfois discréditée pour cette raison, G. Ripert, *Les forces créatrices du droit*, L.G.D.J., Paris, 1955, pp. 329-331.

[8] M. Kumm, « Constitutional rights as principles: On the structure and domain of constitutional justice. A review essay on A Theory of Constitutional Rights », *ICON*, 2002, p. 577.

[9] A. Ouedraogo, « Standard et standardisation : la normativité variable en droit international », *RQDI*, 2013, p.172.

[10] M. Boumghar, *Une approche de la notion de principe dans le système de la Convention européenne des droits de l'homme*, Pedone, Paris, 2012, p. 45.

nombre indéterminé d'actes ou de faits »[11]. Elle est décidée en vue de situations juridiques déterminées. Au contraire, un principe est général du fait qu'il « comporte une série indéfinie d'applications. »[12].

La généralité, malgré son appréhension difficile, reste un critère très utilisé en doctrine[13], voire le plus répandu[14]. Au vu de ses limites et de certaines critiques, il est bon d'appréhender la notion de principe au travers d'un autre critère complémentaire distinction qualitative. Selon R. DWORKIN, elle réside dans leurs modes respectifs de fonctionnement. La règle opère selon un modèle de « tout-ou-rien »[15]. Une fois les conditions de son application remplies sa mise en œuvre est pleine et entière, la réponse qu'elle fournit au cas d'espèce est par conséquent admise, soit elle n'est pas valablement applicable et n'apporte à ce moment-là rien à la décision[16]. Le principe, au contraire, offre des solutions variées et variables puisqu'il fonctionne selon le schéma de « plus-ou-moins »[17]. Cette théorie est reprise et développée en Europe par R. ALEXY, pour qui les principes sont des normes qui requièrent que quelque chose soit réalisé de la manière la plus étendue possible en fonction des possibilités factuelles et dans les limites imposées par d'autres principes concurrents. Il définit ainsi les principes comme des « exigences d'optimisation » (« Optimierungsgebote ») caractérisées par le fait qu'elles puissent être satisfaites à des degrés variables et que le degré approprié de satisfaction dépend non seulement de possibilités factuelles, mais aussi juridiques et politiques[18]. Les règles, quant à elles, sont soit satisfaites, soit ne le sont pas, sans marge d'appréciation. Il les nomme alors des « points fixes » dans le champ des possibilités factuelles et juridiques[19].

2. Principe de proportionnalité et polysémie

En nous reposant sur la distinction quantitative, dans un premier temps, nous affirmons que la proportionnalité en DIH est suffisamment générale pour revêtir la qualité de principe. La référence à la distinction qualitative dans un second temps, viendra corroborer cette qualification.

La proportionnalité en DIH est en effet générale. Elle s'applique à un grand nombre de dispositions des Conventions de Genève et des Protocoles, notamment. Elle contient un haut degré de généralité lui permettant cette

---

[11] BOULANGER, *supra* note 6, p. 56.
[12] *Ibid.*, p. 56.
[13] KOLB, *supra* note 2, p. 428.
[14] BOUMGHAR, *supra* note 10, p. 45.
[15] R. DWORKIN, *Prendre les droits au sérieux*, PUF, Paris, 1995, p. 82.
[16] *Ibid.*, p. 69 ss.
[17] KOLB, *supra* note 2, p. 427
[18] R. ALEXY, *Theorie der Grundrechte*, Suhrkamp, Frankfurt a.M., 1996, p. 75; R. ALEXY, *A Theory of constitutional rights*, OUP, Oxford, New York, 2002, pp. 47-48.
[19] *Ibid.*, p. 48 ; D. DUARTE, « Alexy's Theory of Rules and Principles », dans : M. SELLERS, S. KIRSTE (éds.), *Encyclopedia of the Philosophy of Law and Social Philosophy*, Dordrecht, Springer Netherlands, 2017, p. 1.

application étendue, caractéristique qui permet de la qualifier juridiquement de principe. Elle s'adresse à une pluralité de destinataires, indénombrables et non identifiables. Sa référence n'est généralement pas expresse, le plus souvent implicite. Nous citerons, à titre d'exemple, un petit échantillon de dispositions des CG qui contiennent le principe de proportionnalité (c'est nous qui soulignons l'élément qui renvoie à la proportionnalité) :

Art. 12 (5) CG I : La Partie au conflit, obligée d'abandonner des blessés ou des malades à son adversaire, laissera avec eux, *pour autant que les exigences militaires le permettront*, une partie de son personnel et de son matériel sanitaire pour contribuer à les soigner.

Art. 50 (1) CG II : Les Hautes Parties contractantes s'engagent à prendre toute mesure législative nécessaire pour fixer les sanctions pénales *adéquates* à appliquer aux personnes ayant commis, ou donné l'ordre de commettre, l'une ou l'autre des infractions graves à la présente Convention définies à l'article suivant.

Art. 8 (3) CG III, IV : Les représentants ou délégués des Puissances protectrices ne devront en aucun cas dépasser les limites de leur mission, telle qu'elle ressort de la présente Convention ; ils devront notamment *tenir compte des nécessités impérieuses de sécurité* de l'État auprès duquel ils exercent leurs fonctions.

Art. 48 (3) CG III : La correspondance et les colis adressés à leur ancien camp leur seront transmis sans délai. Le commandant du camp prendra, d'entente avec l'homme de confiance, les *mesures nécessaires* pour assurer le transfert des biens collectifs des prisonniers de guerre et des bagages que les prisonniers ne pourraient emporter avec eux en raison d'un limitation prise en vertu du deuxième alinéa du présent article.

Art. 75 (3) CG III : En l'absence d'accords spéciaux, les frais occasionnés par l'emploi de ces moyens de transport seront supportés *proportionnellement* par les Parties au conflit dont les ressortissants bénéficient de ces services.

Les exemples cités ont une double utilité. En premier, ils démontrent que la proportionnalité est un principe car elle s'applique à de nombreuses règles. Nous avons mentionné ici cinq dispositions, mais dans le cadre d'une étude plus large et détaillée nous comptabilisons plus de 120 dispositions des CG qui contiennent la proportionnalité. Le même constat vaut pour les Protocoles I et II. Cette omniprésence atteste du haut degré de généralité de la proportionnalité lequel ne détermine pas les sujets de droit concernés. La capacité d'application du principe de proportionnalité est ainsi indéfinie.

En second, ces dispositions permettent d'illustrer la polysémie de la proportionnalité en DIH. Nous comptabilisons quatre formes de proportionnalité en DIH. La première correspond à la corrélation qui doit exister entre les moyens investis et l'objectif à atteindre (p. ex. concernant les soins aux blessés et malades, art. 12 (5) CG I), nommée « proportionnalité moyens vs. fins »[20]. Mentionnons brièvement que ce type de proportionnalité et la « nécessité » entretiennent des liens étroits, voire se confondent. En effet, la nécessité est décrite comme étant notamment « la capacité d'une mesure à servir le but recherché et aussi la recherche du moyen le moins onéreux »[21]. La proportionnalité en DIH est définie, comme étant « un équilibre entre l'objectif et les moyens utilisés »[22]. Cette forme de proportionnalité consiste à proscrire l'excès, la disproportion, sans qu'une mise en rapport additionnel d'intérêts antinomiques soit exigée. Elle ne contient pas d'intérêts opposés. Elle peut même être contenue dans d'autres formes, comme par exemple la balance des intérêts. De plus, la proportionnalité moyens vs. fins doit être impérativement distinguée de la nécessité militaire, qui ne peut être invoquée que dans le cadre autorisé par le droit international humanitaire, lorsqu'une norme le prévoit par un renvoi et non dans le but d'évincer son entière application.[23] Le terme « nécessaire » contenu dans le texte de nombreuses dispositions ne renvoie toutefois pas nécessairement à la proportionnalité moyens vs. fins, mais peut tout à fait renvoyer à une deuxième forme de proportionnalité, celle de la « balance des intérêts » (p. ex. par rapport à la nécessité d'un internement, art. 42 (1) CG IV). Ainsi, la proportionnalité est parfois une maximisation des intérêts ou une optimisation des valeurs en conflit, correspondant notamment à la règle de la proportionnalité qui prescrit que les dommages collatéraux ne doivent pas être excessifs par rapport à l'avantage militaire attendu[24], mais aussi à l'art. 8 (3) CG III, IV sur les puissances protectrices précité. C'est donc la deuxième forme de proportionnalité que nous nommons « balance des intérêts ».

Il existe une troisième forme de proportionnalité correspondante à l'adéquation entre la peine et la gravité du crime commis qui permettrait de rendre justice (p. ex. sur les sanctions pénales, art. 50 (1) CG II cité ci-dessus), intitulée proportionnalité inhérente au domaine pénal[25]. Finalement, la

[20] Nous avons également considéré utiliser le terme « nécessité », avec par ex. une formulation telle que « proportionnalité induite par la nécessité », ou « nécessité *i.e* proportionnalité ». Mais nous avons préférez éviter ce pléonasme.

[21] R. KOLB, « La nécessité militaire dans le droit des conflits armés : essai de clarification conceptuelle », dans : *La nécessité en droit international*, Paris, Pedone, 2007, p. 168.

[22] Dictionnaire pratique du droit humanitaire, 2013, p. 622.

[23] Rejet de l'ancienne doctrine de la *Kriegsräson,* KOLB, *supra* note 21, p. 168 ; « Kriegsräson geht vor Kriegsmanier », R. KOLB, *Ius in bello : le droit international des conflits armés : précis*, Helbing Lichtenhahn, Bâle, 2009, pp. 116-117 et références citées ; M. SASSOLI, *International humanitarian law: rules, controversies, and solutions to problems arising in warfare*, E. Elgar, Cheltenham, 2019, pp. 88-89.

[24] Art. 51 (5) (b) Protocole I. Voir le point c. et III. La règle de proportionnalité.

[25] Cette forme de proportionnalité a des origines très anciennes. On retrouve ses prémices dans le Code d'Hammourabi daté d'env. 1750 av. J.-C, lequel contient la loi du Talion. Sans pour autant la considérer équivalente à la proportionnalité, étant donné qu'elle prescrit une peine égale au crime commis. Nous considérons tout de même qu'elle proscrit la disproportion pour une catégorie particulière de personnes.

quatrième forme de proportionnalité consiste en un calcul (p. ex. sur la répartition des frais engendrés par les transports spéciaux, art. 75 (3) CG III cité ci-dessus), désignée « proportionnalité mathématique ».

La proportionnalité en DIH revêt ainsi la qualité de principe, et règle, nous le verrons au point suivant. De plus, elle est comme les nanocristaux du caméléon panthère qui se réorganisent pour changer de couleur[26], elle est polysémique. Faculté qui lui permet de s'appliquer et s'adapter à de nombreuses dispositions.

3. Règle de proportionnalité dans la conduite des hostilités

La proportionnalité consacrée à la protection des civils et des biens civils dans la conduite des hostilités inscrite notamment à l'art. 51 (5) (b) Protocole I[27] constitue la règle de proportionnalité. Elle est, tout d'abord, une codification du principe de proportionnalité[28]. Ce principe a certes une origine coutumière, mais la règle est également coutumière, indépendamment de la nature du principe[29], sur la base de la pratique et de l'*opinio juris* dans la conduite des hostilités[30].

De manière générale, la codification consiste à mettre par écrit une norme[31]. Ainsi, la codification de la proportionnalité, atteste, d'une part, son existence. Elle évite la longue et laborieuse démonstration de la pratique des

---

[26] J. TEYSSIER, S. SAENKO, D. VAN DER MAREL, M. MILINKOVITCH, « Photonic crystals cause colour change in chameleons », *Nature Communications*, 2015, en ligne https://www.unige.ch/sciences/fr/actualites/2015/news-100315-1/.

[27] Que l'on retrouve également à l'art. 57 (2) (a) (iii) et 57 (b) Protocole I.

[28] M. BOTHE, K. PARTSCH et W. SOLF, *New Rules for Victims of Armed Conflicts*, Martinus Nijhoff, Boston, 1982, p. 309; En se référant aux discussions lors de la Conférence diplomatique sur la réaffirmation et le développement du droit international humanitaire applicable dans les conflits armés (CDDH, Genève, 1974-1977), B. BROWN, « The proportionality principle in the humanitarian law of warefare: recent efforts at codification », *Cornell ILJ*, 1976, p. 134 ; E.-C. GILLARD, *Research Paper, Proportionality in the Conduct of Hostilities, The Incidental harm Side of the Assessment*, Chatham House, London, 2018, p. 6.

[29] « […] the codification of a customary principle of international law, which […] sets "in fairly concrete terms …the principle of proportionality as it applies to the protection of civilians against the collateral effects of attacks […]" », R. HIGGINS, *Problems and Process: International Law and How We Use it*, Oxford, New York, OUP, 1995, p. 233 et références citées ; H. E. SHAMASH, « How much is too much? An Examination of the Principle of Jus in Bello Proportionality », *IDF*, 2006, pp. 107-108; Un « principe » général de proportionnalité existait en droit coutumier avant 1977, le Protocole I aurait uniquement codifié un principe de nature coutumière, C. GREENWOOD, « Customary International Law and the First Geneva Protocol of 1977 in the Gulf Conflict », dans : P. ROWE (éd.), *The Gulf War 1990-91 in International and English Law*, London, New York, Routledge, 1993, p. 76.

[30] Règle 14 de l'Étude du CICR sur le DIH coutumier, en ligne https://ihl-databases.icrc.org/customary-ihl/fre/docs/v2_rul.

[31] La codification est l'inscription dans un traité d'une formulation plus précise et d'une systématisation des règles internationales dans un domaine où la pratique des États, les précédents et la doctrine sont développés, art. 15 Statute of the International Law Commission.

Etats et de *l'opinio juris*. D'autre part, elle est la première étape nécessaire, mais non suffisante, de la démonstration de sa nature de règle.

En plus d'être codifiée, la règle de proportionnalité a une portée spécifique. Elle s'applique en effet dans un contexte particulier, celui de la conduite des hostilités[32] et prescrit un type spécifique de proportionnalité, la balance des intérêts[33]. De plus, elle détermine les éléments à pondérer. En effet, la règle de proportionnalité exige que les pertes en vies humaines et l'ensemble des dommages collatéraux ne soient pas excessifs *par rapport* à l'avantage militaire attendu par la destruction d'un objectif militaire. La balance est composée par, d'un côté, l'avantage militaire attendu par la destruction d'un objectif militaire, de l'autre, les dommages collatéraux provoqués par l'intervention militaire, soit les atteintes aux personnes civils et aux biens civils.

Finalement, la règle de proportionnalité est caractérisée par un mode de fonctionnement « tout-ou-rien ». L'art. 51 (5) (b) Protocole I exige la proportionnalité, « sa violation mène automatiquement à une violation du droit »[34]. Le fait, nous le verrons, qu'une disproportion manifeste implique même un crime de guerre démontre bien cet aspect « tout-ou-rien ». La pondération des éléments en balance est certes délicate, mais la conséquence de la violation est déterminée. Une fois les conditions d'application réunies, la mise en œuvre de la règle de proportionnalité est pleine et entière. Soit la règle est respectée car la proportion est sauvegardée et les effets incidents sont ainsi légalement justifiés, soit la règle est violée en raison d'une disproportion, c'est-à-dire des dommages collatéraux excessifs constituant une attaque indiscriminée.

La mise en œuvre du principe de proportionnalité en DIH diffère de celle de la règle. Le principe est adjacent à la norme à laquelle il s'applique. Il peut être considéré comme un instrument légal complémentaire. Il s'ajoute ou s'intègre à la disposition, et sa violation ne constitue pas systématiquement une violation de la disposition le contenant, ni même une infraction indépendante. Le principe de proportionnalité s'applique à un grand nombre de dispositions, mais n'est pas la disposition en tant que telle, contrairement à la règle de proportionnalité.

---

[32] VAN DEN BOOGAARD, *Proportionality*, *supra* note 1, pp. 207-235 ; VAN DEN BOOGAAD, « Reimagining IHL », *supra* note 1.

[33] Certains y voit la proportionnalité moyens vs. fins, M. SCHMITT, « Faut lines in the law of Attack », *SSRN*, 2006, p. 293 ; S. ESTREICHER, « Privileging asymmetric warfare (Part II) : The proportionality principle under international humanitarian law », *SSRN*, 2011, pp. 154-156.

[34] KOLB, *supra* note 21, p. 121.

II. Principe de proportionnalité

Nous proposons une catégorisation bipartite du principe de proportionnalité afin de démontrer son application aux quatre CG et aux Protocoles I et II, mais avant cela nous présentons une réflexion sur la qualité juridique du principe de proportionnalité en DIH, qui permet de saisir l'importance de la proportionnalité en la matière.

1. Qualité juridique du principe de proportionnalité en DIH

Nous admettons que le principe de la proportionnalité est un principe fondamental et fondateur du DIH[35]. La proportionnalité se place incontestablement en haut de l'échelle des règles essentielles du DIH. La doctrine et les manuels militaires admettent la qualité de principe général du droit international humanitaire à la proportionnalité[36]. Elle est une composante

---

[35] Nous prenons en compte les considérations doctrinales faites de la règle de proportionnalité, étant une codification du principe. R. BERNHARDT, R. BINDSCHEDLER, T. BUERGENTHAL, *Encyclopedia of public international law*, Elsevier, Amsterdam, New York, 1992, p. 1142; BOTHE, PARTSCH et SOLF, *supra* note 28, p. 309 ; M. SASSOLI, A. BOUVIER, A. QUINTIN, *Un droit dans la guerre ? : Cas, documents et supports d'enseignement relatifs à la pratique contemporaine du droit international humanitaire*, CICR, Genève, 2e éd., 2013, pp. 105 et 186 ; F. BOUCHET-SAULNIER, *Dictionnaire pratique du droit humanitaire*, La Découverte, Paris, 4e éd., 2013, p. 622 ; J. D'ASPREMONT J. DE HEMPTINNE, *Droit international humanitaire, Thèmes choisis*, Pedone, Paris, 2012, p. 256 ; R. BARTEL, « Dealing with the principle of proportionality in armed conflict in retrospect : the application of the principle in international criminal trials », *Israel Law Review*, 2013, pp. 271 et 273 ; KOLB, *supra* note 21, p. 121 ; J. PICTET, *Développement et principes du droit international humanitaire*, Institut Henry-Dunant, Genève, 1983, pp. 75-76 ; J. KLEFFNER, « Source of the law of armed conflict », dans : R. LIIVOJA et T. MCCORMAK (éds.), *Routledge Handbook of the Law of Armed Conflict*, London, Routledge, 1ère éd., 2016, p. 81; R. KOLB et R. HYDE, *An introduction to the international law of armed conflicts*, Hart Pub, Oxford, Portland, 2008, p. 48; E. DAVID, *Principes de droit des conflits armés*, Bruylant, Bruxelles, 2002, p. 238 ; « widely recognized as a basic norm of the law of warfare », BROWN, *supra* note 28, p. 136 ; Le rapport sur la situation des droits humains au Yémen se réfère aux principes fondamentaux applicables lors de la conduite des hostilités, y figure la proportionnalité, Situation of human rights in Yemen, including violations and abuses since September 2014, 17 août 2018, A/HRC/39/43, Human rights Council, 31ème session, para. 15; La Croix Rouge française cite cinq principes fondamentaux, dont le principe de proportionnalité, en ligne https://www.croix-rouge.fr/La-Croix-Rouge/Droit-International-Humanitaire/5-principes-fondamentaux.

[36] SASSOLI, BOUVIER, QUINTIN, *supra* note 35, pp. 189-190 ; I. BLISHCHENKO, « Les principes du droit international humanitaire », dans : *Etudes et essaies sur le droit international humanitaire et sur les principes de la Croix-Rouge en l'honneur de Jean Pictet*, Genève, La Haye, CICR, M. Nijhoff, 1984, p. 300 ; N. MELZER, *Guide interprétatif sur la notion de participation directe aux hostilités en droit international humanitaire*, CICR, Genève, 2010, p. 80 ; J. CROWE, K. WESTON-SCHEUBER, *Principles of international humanitarian law*, E. Elgar, Cheltenham, 2015, p. 55. Manuels militaires, à titre d'exemple : US Office of the General Counsel Department of Defense, *Department of Defense Law of War Manual*, 2015, mis à jour décembre 2016, para. 2.4; US Department of the Navy office of the chief of naval operations headquarters, US Marine corps department of homeland security and US coast guard, The Commander's Handbook on the Law of Naval operations 2017, p. 5-4. Pour le surplus voir références citées, VAN DEN BOOGAARD, *Proportionality*, *supra* note 1, pp. 52-53. *Contra* : avis minoritaire selon lequel il n'y a pas de

essentielle du droit des conflits armés[37]. Jean Pictet affirmait déjà que les belligérants « ne causeront pas à leur adversaire des maux hors de proportion avec le but de la guerre, qui est de détruire ou d'affaiblir le potentiel militaire de l'ennemi »[38]. Cela va bien au-delà du sens de la règle de proportionnalité, discuté ci-après.

En plus de cette qualité essentielle, la proportionnalité est « le lien indispensable entre le principe de nécessité militaire et le principe d'humanité lorsqu'ils mènent à des résultats contradictoires »[39]. Ainsi, chaque norme du droit des conflits armés concrétise un habile équilibre entre la nécessité militaire et le principe d'humanité[40]. La proportionnalité a servi et sert à la détermination du point d'équilibre entre d'un côté la nécessité militaire, de l'autre les considérations d'ordre humanitaire. En effet, « the law of armed conflict as a whole rests on the balance that states at a given point in time have struck between the two considerations. Each and every legal rule and principle of the law of armed conflict therefore manifests and incorporates that balance »[41]. Cette balance se retrouve dans toutes les règles du DIH.

Le principe de proportionnalité est ainsi un principe général du DIH[42]. Il est également un principe général du droit international public (DIPu)[43]. Sans entrer ici dans de longues démonstrations à ce sujet, sa présence dans tous les domaines du DIPu permet de l'admettre[44]. Sa signification varie selon les domaines abordés. Nous ne nous éternisons pas à ce sujet étant donné que les principes généraux du DIH font partis des principes du droit international, ils sont également une source du DIPu au sens de l'art. 38 du Statut de la CIJ[45].

---

principe général de proportionnalité en droit international humanitaire, W. HEINTSCHEL VON HEINEGG, « Proportionality and Collateral Damage », *MPIL*, 2015, para. 1.

[37] P. VERRI, *Dictionnaire du droit international des conflits armés ; trad. de l'italien par I. Mottier et adapté par A. Bouvier*, CICR, Genève, 1988, p. 81 et 101.

[38] PICTET, *supra* note 35, p. 76.

[39] SASSOLI, BOUVIER, QUINTIN, *supra* note 35, p. 305.

[40] « Each rule is a compromise between the countervailing principles of humanity on the one side and military necessity on the other », R. KOLB, *Theory of International law*, Hart, Oxford, Portland, Oregon, 2016, p. 138; KOLB et HYDE, *supra* note 36, p. 43 ; « In essence, the principle of proportionality balances the necessities of war and humanitarian requirements », S. DALE, « Human rights and armed conflict-The advisory opinion of the international court of justice in the Nuclear Weapons case », *YHRDLJ*, pp. 14-21 et voir aussi les références à la note 35.

[41] J. KLEFFNER, « Section IX of the ICRC interpretive guidance on direct participation in hostilities: the end of jus in bello proportionality as we know it », *Israel Law Review*, 2012, p. 41; « Il n'y a pas une seule norme du droit des conflits armés qui ne réponde à une mise en balance entre les intérêts humanitaires et les intérêts issus des nécessités de la situation de belligérance », KOLB, *supra* note 21, p. 158.

[42] VAN DEN BOOGAARD, *Proportionality*, *supra* note 1, pp. 45-71.

[43] *Ibid*, pp. 75-87.

[44] Délimitation maritime, droit de l'Organisation mondiale du commerce, Protection des droits humains, droit de l'Union européenne, droit pénal international, Cour internationale de Justice, au sein du *Jus ad bellum*, etc.

[45] H. THIRLWAY, « The Sources of International Law », dans : M. Evans (éd.), *International law*, 4e éd., Oxford, OUP 2014 p. 95 ; C. TOMUSCHAT, « General Principles of Law », *RCADI*, 1993, p.

Ainsi, la proportionnalité, principe général du DIH, surplombe l'ensemble des CG et des Protocoles I et II. Toutefois, certaines dispositions l'excluent. L'exemple le plus parlant d'exclusion du principe de proportionnalité est l'interdiction de la torture. Selon l'art. 3 commun aux CG, « sont et demeurent prohibées, en tout temps et tout lieu, à l'égard des personnes mentionnées ci-dessus : a) les atteintes portées à la vie et l'intégrité corporelle, notamment (...), les tortures et supplices ; (...) ». La torture est interdite dans les principaux instruments du DIH[46]. Ainsi, comme nous pouvons le constater, la disposition citée ne prévoit aucune forme de proportionnalité. En sus, de l'interdiction de la torture, il existe de nombreuses autres dispositions qui excluent la proportionnalité[47]. La qualité de principe général du DIH ne signifie pas pour autant que le principe de proportionnalité imposerait une obligation légale supplémentaire au respect des articles en cause. Elle n'a pas la qualité d'une seconde exigence. Cela démontre simplement que le rôle central et l'importance de la proportionnalité en DIH, mais aussi son étendue.

La suite de l'exposé est consacrée à l'organisation et ainsi à la catégorisation bipartite du principe de proportionnalité démontrant son application aux CG et aux Protocoles.

2. Principe de proportionnalité expressément prévu

La première catégorie est consacrée aux dispositions qui contiennent expressément la référence au principe de proportionnalité, ou à des termes similaires tels que « proportionnelle » ou « proportionnellement ». Elle permet d'admettre aisément l'application du principe de proportionnalité à la disposition en question en raison de sa mention. Sa justification est ainsi très intuitive et évidente.

Cette catégorie concerne un petit nombre de dispositions. L'art. 67 CG IV est la seule disposition qui contient la mention expresse au principe de proportionnalité des CG et Protocoles : « Les tribunaux ne pourront appliquer

---

320; G. Gaja, « Identifying the protection of general interests through principles and rules of general international law », *Collected courses of the Hague Academy of international Law*, 2013, p. 35. *Contra* : J.-Y. De Cara, *Les principes généraux de droit au sens de l'article 38 du Statut de la Cour internationale de justice*, Bruylant, Bruxelles, 2005, p. 7 ; G. Protiere, « Les principes généraux dans la jurisprudence internationale : éléments d'une différenciation fonctionnelle », *Revue du droit public et de la Science politique en France et à l'étranger,* L.G.D.J., Paris, 2008, p. 17.

[46] Ex. : art. 12 CG I, art. 12 CG II, art. 13, 17 et 87 CG III, art. 27 et 32 CG IV ; art. 75 (2)(a) Protocole I, art. 4(2) Protocole II.

[47] Ex. : art. 7, art. 12 (2), art. 18 (3), (4), art. 19 (1), art. 40 (5), art. 46, art. 53 (1), (2) CG I ; art. 7, art. 12 (2), art. 21 (2), art. 22 (1), art. 39 (3), art. 42 (4), art. 47 CG II ; art. 7, art. 13 (1), (2) et (3), art. 17 (4), art. 23 (1), art. 26 (6), art. 49 (3) 2e phr., art. 51 (4), art. 52, art. 87 (3), (4), art. 88 (3), art. 89 (3), art. 96 (3), art. 97 (1), art. 99, art. 109 (3), art. 117 CG III ; art. 18 (1), art. 22 (3), art. 28, art. 31, art. 32, art. 33, art. 34, art. 45 (4), art. 47, art. 49 (1), art. 52 (2), art. 54 (1), art. 68 (4), art. 75 (1), (2), art. 95 (1), (3), (4), art. 100, art. 118 (2), art. 119 (2), art. 124 (1) CG IV.

que les dispositions légales antérieures à l'infraction et conformes aux principes généraux du droit, notamment en ce qui concerne *le principe de la proportionnalité* des peines. Ils devront prendre en considération le fait que le prévenu n'est pas un ressortissant de la Puissance occupante. ». Elle renvoie à la proportionnalité en matière pénale.

Ailleurs, des termes tels que « proportionnellement » (p. ex. sur la répartition des frais engendrés par les transports spéciaux, art. 75 (3) CG III et art. 111 (3) CG IV), « proportionné » (p. ex. sur le lieu de travail et la rémunération des personnes protégées, art. 51 (3) ; sur les suppléments de nourriture art. 89 (4) et (5) CG IV) ou « proportionnelle » (p. ex. sur la durée d'internement ou d'emprisonnement d'une personne protégée ayant commis une infraction, art. 68 (1) CG IV) figurent. Notons qu'il n'y a pas d'utilisation de termes opposés tels que disproportion, disproportionné ou disproportionnellement qui pourrait également renvoyer au principe de proportionnalité. Ainsi, la référence expresse à la proportionnalité permet d'admettre aisément son application aux dispositions en question.

3. Proportionnalité spécifique à des dispositions données, justifiée par un critère ou « nexus »

a. Détermination de critères d'application, ou « nexus » à la proportionnalité

La seconde catégorie est plus complexe dans sa description et dans sa justification que la première. Nous l'avons intitulée « proportionnalité spécifique à des dispositions données, justifiée par un critère ou *nexus* », car l'application du principe de proportionnalité dépend ici de critères préalablement déterminés. Ces critères ou « nexus » à la proportionnalité indiquent l'applicabilité du principe de proportionnalité à la disposition. Ils justifient son rattachement.

La méthode de détermination de ces critères consiste en une lecture attentive des dispositions des quatre CG et des Protocoles I et II, laquelle nous permet d'identifier les manifestations du principe de proportionnalité, que nous conceptualisons ensuite.

Nous avons su reconnaitre différentes manifestations dudit principe. Il n'a ainsi pas été possible de généraliser la justification de son application selon une seule formule. Des critères sont alors nés. Dans le cadre de cette contribution, nous en avons sélectionné deux que nous présenterons ci-après (le type d'obligation et le texte et/ou contexte).

En sus de la création des catégories et critères, nous admettons une hiérarchie en plusieurs strates. La première existe entre les catégories (I et II), la seconde entre les critères au sein de la catégorie II. Ainsi, lorsqu'une disposition appartient à la catégorie I parce qu'elle contient expressément la référence à la proportionnalité ou parce qu'elle contient des termes similaires, il n'est pas nécessaire d'aller plus loin dans la démonstration de l'application de la proportionnalité à la disposition. Naturellement, la catégorie I a la priorité sur la catégorie II. Si la disposition ne remplit pas les exigences de la catégorie I, alors l'analyse se poursuit selon l'analyse des critères résultant de la catégorie II. Il s'agit de vérifier si l'application de la proportionnalité se justifie selon un des critères ou « nexus » étudié. Une deuxième strate de hiérarchisation gouverne l'application de ces critères. Ainsi, le critère du type d'obligation est prioritaire lorsqu'une disposition contient une obligation de comportement qui implique une application automatique de la proportionnalité. Dans ce cas de figure, l'analyse s'arrête puisque le critère du type d'obligation est suffisant. Dans ce cas de figure, le texte complète et confirme l'application de la proportionnalité, mais n'est pas déterminant. La proportionnalité s'applique à la disposition en raison de la nature de l'obligation (celle de comportement). Toutefois, lorsqu'il s'agit d'une obligation de résultat, le texte, le contexte, et d'autres éléments sont déterminants au rattachement de la proportionnalité, puisque les normes contenant des obligations de résultat ne contiennent pas automatiquement la proportionnalité. Ainsi, le second critère, celui du texte présenté ici, a une fonction bien différente qu'il s'agisse d'une obligation de comportement ou de résultat. Il est essentiel au rattachement de la proportionnalité lorsqu'il s'agit d'une obligation de résultat. Sans référence textuelle, la proportionnalité ne s'applique pas. En d'autres termes, l'application de la proportionnalité à des obligations de résultat repose sur des critères ou « nexus », notamment, sur l'existence d'un rattachement textuel et/ou contextuel. Ainsi, lorsque selon le premier critère (type d'obligation), nous avons déterminé qu'il s'agissait d'une obligation de résultat, le second critère celui du texte et/ou du contexte joue un rôle déterminant puisqu'il est nécessaire qu'une référence textuelle et ou contextuelle figure dans le texte pour admettre l'application de la proportionnalité. S'il s'agit d'une obligation de comportement c'est un simple complément. Finalement, une troisième strate de hiérarchisation s'applique au sein des sous critères, lorsqu'il s'agit d'une obligation de résultat[48].

Cette organisation hiérarchique des catégories, des critères et sous critères permet une analyse structurée dans la détermination de l'application de la proportionnalité.

[48] Critères « obligation de résultat », pas d'application automatique application de la proportionnalité si rattachement par : (3a) le texte (3b) le contexte (3 c) l'inhérence au domaine, (3d) selon la logique humanitaire.

Passons à la présentation du premier critère de la catégorie II.

b. Critères

i. La nature des obligations comme « nexus » à la proportionnalité

Le premier critère a trait au type d'obligation émanant de la norme. Ainsi, qu'il s'agisse d'une obligation de comportement (aussi dit de moyens) ou d'une obligation de résultat a une incidence sur l'application du principe de proportionnalité. Ce critère est probablement le plus innovant et créatif.

Les recherches et analyses en lien avec ce critère ont consisté à distinguer dans un premier temps, les normes prescrivant des obligations de comportement, et celles de résultat. Puis, d'analyser dans un second temps, le rapport qu'entretient la proportionnalité avec lesdites dispositions préalablement classifiées. Le résultat de cette étude révèle qu'il existe effectivement un lien entre le type d'obligation et l'applicabilité du principe de proportionnalité. Lorsque la norme prescrit une obligation de comportement l'application du principe de proportionnalité se fait de façon automatique sans qu'une référence à la proportionnalité soit nécessaire, car la nature de l'obligation induit que tous les moyens soient mis en œuvre pour atteindre l'objectif visé. Alors que l'obligation de résultat exclut la proportionnalité, puisque le résultat déterminé doit obligatoirement être atteint. Ainsi, la proportionnalité n'intervient que si une référence y est faite dans la disposition, notamment, par le texte et/ou le contexte. Sans une telle référence la proportionnalité ne s'y applique pas.

Les normes contenant des obligations de comportement ou de moyens sont, par définition, non absolues. Elles prescrivent des comportements qui doivent être adoptés en déployant les meilleurs efforts à disposition afin d'atteindre l'objectif visé. Les obligations de résultat, quant à elles, prescrivent un objectif qui doit être atteint, sans référence textuelle ou contextuelle à une éventuelle pondération, cette obligation est pleine et entière. L'applicabilité du principe de proportionnalité diffèrent selon le type d'obligations.

Cette théorie a pu être confirmée, d'une part, car nous avons constaté que le principe de proportionnalité s'applique à des normes prescrivant des obligations de comportement en raison de la nature de cette obligation et que si le texte et/ou le contexte y renvoient cela constitue une simple confirmation. D'autre part, il n'existe pas d'obligation de résultat contenant la proportionnalité sans référence textuelle et/ou contextuelle. Autrement dit sans référence textuelle ou contextuelle, le principe de proportionnalité ne s'applique pas aux normes contenant des obligations de résultat. A ce sujet, l'interdiction de la torture est à nouveau un bon exemple (art. 3 commun CG). Cette norme prescrit une obligation de résultat négative et ne contient pas de référence à la proportionnalité par le texte et ou le contexte. Ainsi, le principe de proportionnalité ne s'y applique pas et l'interdiction de la torture est absolue.

En résumé, le principe de proportionnalité s'applique automatiquement aux obligations de comportement, et aux obligations de résultat seulement si une référence textuelle et/ou contextuelle à la proportionnalité est faite dans la norme. Ainsi, dans une logique complémentaire de hiérarchisation des catégories et des critères, il s'agit d'admettre que l'application automatique de la proportionnalité aux obligations de comportement est la règle générale et que l'exception est la non-application de la proportionnalité aux obligations de résultats, qui elles souffrent de contre exception lorsque la norme fait référence à la proportionnalité par notamment le texte et/ou le contexte. Ces derniers sont à leur tour soumis à la troisième strate de hiérarchisation, telle qu'exposée précédemment.

Ci-dessous un bref tableau en guise de démonstration pour quelques règles :

Obligations de comportement, application automatique de la proportionnalité

Articles	Type d'obligation	Proportionnalité	Explications
15 (1) CG I, sur les mesures à prendre pour rechercher et recueillir les blessés et malades	Comportement	Moyens vs. fins dans la détermination des soins nécessaires. La mesure doit être proportionnée à l'avantage thérapeutique.	Cette disposition contient la proportionnalité, elle n'est cependant pas liée aux termes, mais à la nature de l'obligation. Il s'agit d'une obligation de comportement automatiquement soumise à la proportionnalité.
17 (2) CG I, sur les conditions permettant l'incinération des corps	Comportement exception à l'interdiction d'incinération.	Moyens vs. fins dans la détermination de l'avantage en matière d'hygiène et la croyance de la famille du défunt.	Proportionnalité liée à l'obligation de comportement et dans la détermination de ce qui est impérieux, en référence à la mention « d'impérieuses raisons d'hygiène ». Ce qui est impérieux, ne doit pas être disproportionné.
28 CG II, sur la protection des infirmeries de vaisseaux	Comportement	Moyens vs. fins dans la détermination des soins aux blessés et malades, et aussi pour ses propres blessés.	La proportionnalité s'applique à la 2e et 3e phrase. Elle est liée à l'obligation de comportement et non aux termes.

Obligations de résultat, l'application de la proportionnalité nécessite une référence textuelle et/ou contextuelle

Articles	Type d'obligation	Référence textuelle ou contextuelle	Proportionnalité	Explications
21 (1) CG III, dernière phrase, sur les conditions d'internement des prisonniers de guerre	Résultat	Le terme « nécessaire » est pertinent	Balance des intérêts, la référence à la proportionnalité est faite par l'injonction « nécessaire ».	Proportionnalité s'applique dans la détermination de ce qui est nécessaire. Balance des intérêts entre l'intérêt de la puissance détentrice d'interner les prisonniers de guerre et la protection de leur santé.
47 (1) CG III, sur les conditions permettant le transfert des	Résultat, exception à l'interdiction de transférer	« [...] à moins que leur sécurité de l'exige impérieusement. », pertinent	Balance des intérêts. D'un côté l'interdiction de transfert des	La proportionnalité s'applique dans la détermination de ce qui est impérieux.

prisonniers de guerre malades			prisonniers de guerre malades ou blessés, de l'autre l'obligation d'assurer leur sécurité.	
75 (4) CG III, sur la répartition du paiement des frais des transports spéciaux	Résultat	« Proportionnellement », pertinent	Mathématique	Proportionnalité s'applique en raison de la référence textuelle.
103 (1) CG III, sur le régime et les conditions applicables en cas de détention préventive	Résultat, négative	« [...], à moins que la même mesure ne soit applicable aux membres des forces armées de la Puissance détentrice pour des infractions analogues, ou que l'intérêt de la sécurité nationale ne l'exige. », pertinent	Balance des intérêts	Proportionnalité s'applique en raison de la référence textuelle. Il n'y a pas de détention préventive sauf si l'intérêt de la sécurité nationale l'exige. D'un côté de la balance il y a l'intérêt à ne pas être enfermé, de l'autre l'intérêt de la sécurité nationale.
35 (1) CG IV, sur l'autorisation de quitter le territoire des personnes protégées	Résultat, exception	« [...], à moins que son départ ne soit contraire aux intérêts nationaux de l'État. », pertinent	Balance des intérêts	Proportionnalité s'applique en raison du texte et contexte. D'un côté de la balance il y a l'intérêt de quitter le territoire, de l'autre, les intérêts nationaux de l'État.
42 (1) CG IV, sur l'internement ou la mise en résidence forcée des personnes protégées	Résultat	« [...] absolument nécessaire. », pertinent	Balance des intérêts	Proportionnalité s'applique en raison du texte et contexte. D'un côté de la balance il y a le droit à ne pas être interné, de l'autre, la sécurité de la Puissance détentrice.
51 (3) CG IV, sur le lieu de travail et la rémunération des personnes protégées	Résultat	« [...] équitablement rémunéré et proportionné aux capacités physiques [...] », pertinent	Mathématique et moyens vs. fins	Proportionnalité s'applique en raison du texte et du contexte.

ii. Le texte comme « nexus » à la proportionnalité

Le second critère présenté est lié au texte. La méthodologie est relativement proche de celle de la catégorie I, présenté précédemment. En effet, l'application du principe de la proportionnalité est ici également déterminée par le texte de la norme en question, seulement contrairement aux termes de la catégorie I les dispositions contiennent des mots plus éloignés que ceux relevant de la même famille que la proportionnalité et nécessite ainsi une interprétation littérale des dispositions des CG et des Protocoles, en lien avec la proportionnalité. Celle-ci permet de déterminer que certains termes induisent l'application du principe de proportionnalité.

Rappelons que ce critère a une fonction bien différente qu'il s'agisse d'une obligation de résultat ou de comportement. Ainsi, selon la grille d'analyse que nous proposons, le critère du texte est un simple complément lorsque, d'après le premier critère, il a été déterminé qu'il s'agissait d'une obligation de comportement avec comme conséquence une application automatique de la proportionnalité. Alors qu'il a un rôle déterminant lorsqu'il s'agit d'une obligation de résultat, puisque sans l'un des critères ou sous critères, ici une référence textuelle, la proportionnalité ne s'applique pas. Il n'y a toutefois pas de hiérarchie entre les termes.

Deux termes étudiés sont présentés ci-dessous sous forme de tableau. Il s'agit des termes « raisonnable » et « adéquat ». Dans le cadre de l'étude plus étendue, nous avons relevé toutes les occurrences de ces termes et d'autres encore, afin de démontrer, au travers d'une interprétation littérale, qu'ils induisent la proportionnalité.

En effet, être raisonnable c'est être en garde contre les excès de la rationalisation et tendre vers la modération[49]. Le raisonnable proscrit ainsi la disproportion. Puisque « la proportionnalité se rattache à l'idée de raison »[50], le raisonnable induit la proportionnalité. Ce qui est raisonnable est proportionné et ce qui est proportionné est raisonnable. Ainsi, le « raisonnable » est intrinsèquement lié à la proportionnalité et inversement. Tout comme la notion d'adéquat selon le dictionnaire, est défini comme ce qui est « exactement proportionné à son objet, adapté à son but »[51]. Ci-dessous, un exemple succinct de l'analyse de ces termes présenté sous forme de tableau :

[49] Centre national de ressources textuelles et lexicales, CNRTL en ligne https://www.cnrtl.fr/definition/raisonnable.
[50] V. VANNES, *Le droit de grève : principe de proportionnalité droit international, européen et national*, Larcier, Bruxelles, 2013 et références citées, p. 61.
[51] Le Robert, en ligne https://dictionnaire.lerobert.com/definition/adequat.

Texte	Dispositions	Application du principe de la proportionnalité	Type de proportionnalité
Raisonnable(s)	Art. 60 (3)(b) CG III, sur la limitation des avances de soldes versées aux prisonniers de guerre	Si les montants prévus au para.1 sont *trop élevés* par rapport au solde payé aux membres des forces armées de la Puissance détentrice ou si, pour tout autre raison, ils devaient causer un embarras sérieux à cette Puissance, celle-ci pourra temporairement limiter à des sommes qui sont *raisonnables* les montants qu'elle mettra à la disposition des prisonniers de guerre. La proportionnalité s'applique à deux occasions ; dans la détermination de la disproportion entre les montants prévus par la Convention au para.1 et le solde payé aux membres des forces armées de la Puissance détentrice[52] ; dans le calcul de la réduction de l'avance de solde des PGs des montants à des sommes raisonnables.	La proportionnalité mathématique.
	Art. 35 (1) CG IV, sur le droit de quitter le territoire et le volume d'effets et d'objets personnel	Une personne protégée autorisée à quitter le territoire peut emporter avec elle un volume *raisonnable* d'effets et d'objets d'usage personnel. La quantité d'affaires emportée sera limitée en fonction des capacités et/ou du mode de transport. Ainsi, le volume d'affaires personnels sera	Il s'agit de la proportionnalité de moyens vs. fins

[52] CICR, *Commentary on the Third Geneva Convention*, 2020, para. 2919, en ligne https://ihl-databases.icrc.org/applic/ihl/ihl.nsf/Comment.xsp?action=openDocument&documentId=DE1B2961119EF7DEC12585840044BE52

		proportionné et adapté aux capacités physiques par. ex. ou à la logistique mise en place pour le déplacement.	
Adéquate(s)	Art. 49 (1) CG I, sur la fixation des sanctions pénales Art. 30 (1) CG III, sur les soins médicaux destinés aux PGs	L'application du principe de proportionnalité découle du texte et s'applique dans la détermination des sanctions pénales adéquates. L'application du principe de proportionnalité découle du texte et s'applique dans la détermination d'une infirmerie adéquate permettant de prodiguer les soins nécessaires et un régime alimentaire approprié.	Il s'agit de la proportionnalité pénale, qui requiert que les peines soient fixées de façon proportionnée au crime commis, en fonction notamment de la gravité de l'infraction. Il s'agit de la proportionnalité moyens vs. fins. L'infirmerie doit par exemple être suffisamment grande, équipée des instruments permettant de prodiguer les soins etc. Ainsi, une infirmerie adéquate est une infirmerie proportionnée aux besoins et aux circonstances du lieu.

III. La règle de la proportionnalité dans la conduite des hostilités

Le principe de proportionnalité se traduit dans la conduite des hostilités, appliqué à l'obligation de ne diriger les opérations militaires que contre des objectifs militaires[53] et d'épargner les civils et les objets civils[54] en une règle spécifique de proportionnalité[55]. Il s'agit d'une parfaite illustration des critères élaborés ci-dessus pour identifier les règles auxquelles s'applique le principe. Même si, nous le verrons, le terme proportion n'apparaît pas dans les normes codifiant la règle, celles-ci se réfèrent à des effets « excessifs par rapport à l'avantage militaire » attendu. Le principe apparaît donc textuellement dans la règle (voir point II. 1). L'application du principe de la proportionnalité aux

[53] Art. 48 du Protocole I et règles 1 et 7 de l'Étude du CICR sur le DIH coutumier, *supra* note 30.
[54] Art. 57 du Protocole I, art. 13 (1) du Protocole II et règle 5 de l'Étude du CICR, *ibid.*
[55] Pour les sources philosophiques et historiques de la règle voir M. NEWTON et L. MAY, *Proportionality in International Law*, OUP, Oxford, 2014, pp. 61-94 ; K. WATKIN, « Assessing Proportionality: Moral Complexity and Legal Rules », *YIHL*, 2005, pp. 26-28.

articles 51 (5) (b) et 57 (a) (iii) Protocole I, est également couverte par le critère de la nature de l'obligation (voir point II. 2. b). L'article 51 (5) (b) Protocole I, consacré à la protection de la population civile, est une disposition prescrivant une obligation de résultat négative, celle de ne pas lancer d'attaque sans discrimination, dont la référence textuelle « excessifs par rapport » est déterminante à l'application de la proportionnalité. L'article 57 (a) (iii) Protocole I sur les précautions dans l'attaque, prescrit, quant à lui, une obligation de comportement qui implique automatiquement une application de la proportionnalité, même s'il n'y avait pas de rattachement textuel, comme en l'occurrence.

1. La règle et sa fonction

a. Sources

La règle de la proportionnalité interdit, selon la formulation de l'art. 51(5)(b) du Protocole I « les attaques dont on peut attendre qu'elles causent incidemment des pertes en vies humaines dans la population civile, des blessures aux personnes civiles, des dommages aux biens de caractère civil, ou une combinaison de ces pertes et dommages, qui seraient excessifs par rapport à l'avantage militaire concret et direct attendu ». Selon l'étude du CICR sur le DIH coutumier, cette règle est coutumière dans les conflits armés internationaux (CAIs) et les conflits armés non internationaux (CANIs)[56]. Elle se trouve au cœur même de la tension entre les principes de nécessité militaire et d'humanité qui sous-tendent le DIH[57].

b. Place dans les règles sur la conduite des hostilités

Même si des États puissants ont tendance à donner une grande importance à cette règle, il faut rappeler qu'il ne s'agit que de l'une des obligations cumulatives qui s'applique à toute attaque. Celle-ci doit tout d'abord utiliser des moyens et méthodes licites, deuxièmement être dirigée contre une cible légitime, troisièmement respecter la règle de la proportionnalité et quatrièmement toutes les mesures de précaution pratiquement possibles doivent être prises pour minimiser l'impact sur les civils[58], même non excessifs. Le Protocole I érige une violation délibérée de la règle de la proportionnalité en infraction grave[59] – donc crime de guerre, tandis que le

---

[56] Règle 14 de l'Étude du CICR, *supra* note 30. G. VENTURINI, *Necessità e proporzionalità nell'uso della forza militare in diritto internazionale*, Giuffré, Milano, 1988, p. 150, exprime encore des doutes.

[57] M. MCDOUGAL et F. FELICIANO, *Law and Minimum World Public Order, The Legal Regulation of International Coercion*, Yale University Press, New Haven, 1961, pp. 524-530; W. SOLF, « Protection of Civilians against the Effects of Hostilities under Customary International Law and under Protocol I », *American University Journal of International Law and Policy*, 1986, p. 128; M. BOTHE, K. PARTSCH et W. SOLF, *New Rules for Victims of Armed Conflicts*, *supra* note 28, p. 309.

[58] Art. 57 du Protocole I

[59] Art. 85 (3)(b) du Protocole I.

Statut de la CPI le fait uniquement en cas d'effets « manifestement » excessifs sur les civils[60]. Dans les deux cas, le crime n'est d'ailleurs prévu que pour les CAIs.

c. Controverses

La règle a fait l'objet de controverses lors de la Conférence diplomatique qui a élaboré le Protocole I. Plusieurs délégations se sont opposées à la mention même de la proportionnalité dans ce contexte, car la règle permettrait implicitement des pertes civiles incidentes aussi longtemps qu'elles ne sont pas excessives[61], tandis que d'autres considèrent que le terme « disproportionné » proposé par le CICR était trop vague[62]. Pour cette raison, le Protocole utilise le terme « excessif » au lieu de celui de « disproportionné ». Toutefois, personne ne contesta qu'au moins les attaques ayant des effets disproportionnés sur des civils étaient interdites, même si elles étaient dirigées contre un objectif militaire.

d. Fonctions

Telle qu'elle est maintenant codifiée à plusieurs endroits du Protocole I, la règle a plusieurs fonctions. Elle prescrit, nous l'avons vu, une limite aux attaques dirigées contre des cibles légitimes. À l'art. 51(5)(b) elle constitue formellement un exemple d'attaques indiscriminées. Elle joue également à trois égards un rôle dans les obligations de précaution de l'attaquant. Premièrement, ce dernier doit vérifier, avant de lancer une attaque, que celle-ci n'entraîne pas de pertes civiles incidentes[63] excessives[64]. Deuxièmement,

[60] Art. 8 (2)(b)(iv) du Statut de Rome de la Cour pénale internationale, 17 juillet 1998, U.N. Doc. A/CONF.183/9.

[61] Voir Département politique fédéral, Actes de la Conférence diplomatique sur la réaffirmation et le développement du droit international humanitaire applicable dans les conflits armés (Genève, 1974-1977), Berne, 1978,, vol. III, p. 211 (Algérie, Égypte, Yémen, Iraq, Koweït, Libye, Maroc, Soudan, Syrie, Émirats Arabes Unis), p. 212 (Philippines), p. 235 (Roumanie), p. 236 (Ghana), p. 238 (Égypte, Jordanie, Koweït, Libye, Mauritanie, Qatar, Soudan, Émirats Arabes Unis) ; vol. VI, p. 237-238 (Roumanie) ; vol. XIV, p. 54-55 (Syrie), p. 55 (Hongrie), p. 58-59 (Ghana), p. 62-64 (République Démocratique Allemande, Roumanie), p. 67-68 (Pologne, Corée du Nord, Ouganda), p. 68 (Mauritanie), p. 75-76 (Tchécoslovaquie), p. 210-211 (Vietnam du Nord), p. 321, 323-324 (Roumanie), p. 327 (Côte d'Ivoire).

[62] *Ibid.*, vol. VI, p. 212 (Suisse, Autriche), p. 213 (Iran), p. 219 (Afghanistan), p. 230-231 (Italie).

[63] Dans cette contribution nous utilisons les termes « pertes civiles incidentes » pour ce que le Protocole I désigne plus correctement par les termes « pertes en vies humaines dans la population civile, des blessures aux personnes civiles, des dommages aux biens de caractère civil, ou une combinaison de ces pertes et dommages, qui seraient excessifs par rapport à l'avantage militaire concret et direct attendu ».

[64] Art. 57 (2)(a)(i) du Protocole I, et règle 16 de l'Étude du CICR sur le DIH coutumier, *supra* note 30.

celles[65] qui préparent ou décident doivent s'abstenir de lancer des attaques qui violent la règle[66]. À notre avis, ceci n'est pas une mesure de précaution supplémentaire, mais simplement une conséquence du respect de l'interdiction substantielle d'attaques violant la règle de proportionnalité. Troisièmement, une attaque doit être annulée ou interrompue « lorsqu'il apparaît » que la règle de proportionnalité sera violée[67]. Nous avons expliqué ailleurs pourquoi nous estimons que cette règle, qui rencontre beaucoup de réticences auprès des États et de la doctrine, ne fait que répéter ce qui est évident[68]. Elle interdit uniquement la continuation d'une attaque lorsque la personne qui la mène s'aperçoit de son caractère illicite. Toutefois, elle s'adresse alors aux militaires de tout rang[69]. Si elles n'interrompaient pas une attaque dans ces circonstances, elles violeraient délibérément la règle substantielle, qui s'adresse à toutes celles qui mènent une attaque[70].

e. Nécessité d'une évaluation *ex ante*

Soulignons que ce qui compte pour la règle n'est pas le résultat de l'attaque en termes d'avantage militaire et d'effets incidents, mais une évaluation *ex ante*, au moment du lancement (ou de l'interruption possible) de l'attaque, selon les informations en possession de l'attaquant. Ceci rend toute vérification du respect de la règle particulièrement difficile, car l'observateur extérieur connaît tout au plus les résultats et les militaires ont la fâcheuse tendance de considérer leur plans (dont dépend l'avantage militaire attendu) et leurs informations comme secrètes, même longtemps après la fin de l'attaque et même du conflit.

Ci-après nous tenterons d'énumérer certains aspects litigieux qui comptent ou qui ne comptent pas des deux côtés de l'évaluation. Cette tâche est facilitée par deux rapports fondés sur des consultations d'experts, l'un publié par le CICR[71], l'autre par Chatham House[72]. Néanmoins, ces consultations ont montré que les militaires, principaux praticiens dans la mise en œuvre de la

---

[65] Le féminin et le masculin sont employés indifféremment, en alternance arbitraire, et incluent les représentantes du sexe féminin et ceux du sexe masculin, ainsi que toutes les personnes qui ne se reconnaissent dans aucune de ces deux catégories.

[66] Art. 57 (2)(a)(ii) du Protocole I, et règle 18 de l'Étude du CICR, *supra* note 30.

[67] Art. 57 (2)(b) du Protocole I, et règle 19 de l'Étude du CICR, *ibid.*

[68] M. SASSÒLI et A. QUINTIN, « Active and Passive Precautions in Air and Missile Warfare », *Israel Yearbook on Human Rights*, 2014, pp. 104-105.

[69] GILLARD, *supra* note 28, pp. 43-46.

[70] J.-F. QUÉGUINER, « Precautions under the law governing the conduct of hostilities », *International Review of the Red Cross*, 2006, pp. 803-805; S. AMER, « The Protection of Civilian Population », dans : N. RONZITTI et G. VENTURINI (éds), *The law of air warfare : contemporary issues*, Utrecht, Eleven, 2006, p. 26.

[71] CICR et Université Laval, *International Experts' Meeting 22-23 June 2016, Québec, The Principle of Proportionality in the Rules Governing the Conduct of Hostilities under International Humanitarian Law*, CICR, 2018.

[72] GILLARD, *supra* note 28.

règle, n'aiment pas se prononcer clairement. Ils font plutôt valoir que la proportionnalité doit être évaluée de cas en cas et que le critère décisif réside dans le fait de savoir si une commandante raisonnable aurait lancé l'attaque avec les informations dont elle disposait au moment de l'attaque. Il est vrai qu'en « common law » la proportionnalité est traditionnellement discutée sous le titre de « reasonableness »[73]. Nous ne pouvons toutefois pas imaginer que les États forment leurs commandants militaires avec la simple instruction d'être raisonnables. Au-delà de leur obsession du secret, les États ne veulent pas divulguer leurs critères parce que l'ennemi, qui les connaît exactement pourrait en profiter afin de faire en sorte qu'ils ne soient pas satisfaits, et qu'une attaque contre leurs objectifs militaires n'ait donc pas lieu. Une autre raison pourrait être ; aussi longtemps que les critères ne sont pas connus, il sera difficile de condamner un militaire pour avoir mené une attaque avec l'intention et la connaissance d'affecter la population civile de manière clairement excessive, condition nécessaire pour le condamner pour ce crime de guerre. Pour toutes ces raisons et à cause de la difficulté objective de comparer les deux éléments à mettre dans la balance que nous montrerons ci-après, un Guide interprétatif beaucoup plus précis souhaité par certains ne verra pas le jour[74].

2. Aspects pertinents de l'avantage militaire

a. Éléments dont on peut tenir compte

En devenant parties du Protocole I, divers États ont déclaré que l'avantage militaire « désigne l'avantage attendu de l'ensemble de l'attaque et non de parties isolées ou particulières de l'attaque »[75]. Il est vrai « qu'une attaque qui s'effectue d'une manière concertée en de nombreux points ne peut être jugée que dans son ensemble »[76]. Des attaques de diversion sont souvent mentionnés comme exemples. Elles n'apportent un avantage militaire qu'ensemble avec d'autres attaques. C'est également le cas pour des destructions de ponts franchissant un fleuve à l'intérieur d'une ville. En détruire un ne comporte pratiquement pas d'avantage militaire, mais les détruire tous peut constituer un grand avantage militaire. Si on additionne les avantages de différentes attaques, il faut évidemment également additionner les effets prévisibles sur

---

[73] E. T. SULLIVAN, R. S. FRASE, *Proportionality Principles in American Law: Controlling excessive government actions*, OUP, Oxford, New York, 2009, p. 37ss.

[74] Voir B. CLARKE, « Proportionality in Armed Conflicts: A Principle in Need of Clarification? », *JIHLS*, 2012, pp. 73-123.

[75] Allemagne, Australie, Belgique, Canada, Espagne, France, Italie, Nouvelle Zélande, Pays-Bas et Royaume-Uni, en ligne https://ihl-databases.icrc.org/applic/ihl/dih.nsf/vwTreatiesByCountry.xsp. Voir aussi *US Law of War Manual*, *supra* note 36, para. 5.12.2.1.

[76] Y. SANDOZ, C. SWINARSKI et B. ZIMMERMANN, *Commentaire des Protocoles additionnels du 8 juin 1977 aux Conventions d Genève du 12 août 1949*, CICR/Nijhoff, Genève/Dordrecht, 1986, para. 2218.

les civils[77]. Les avantages d'une campagne ou d'un conflit armé tout entier ne peuvent toutefois pas être additionnés, car il ne s'agit là pas d'attaques[78].

Ce qui compte est uniquement l'avantage *militaire*. Est militaire une conséquence (attendue) qui affaiblit le potentiel militaire ennemi ou renforce celui de l'attaquant. Le lien avec les opérations militaires doit être direct, mais pas immédiat. Détruire des matières premières qui serviront à produire des armes qui seront à leur tour utilisées dans des opérations militaires constitue un avantage militaire. Empêcher l'ennemi d'attaquer des civils constitue un avantage militaire[79], si c'est le but d'une opération militaire ennemie.

Si on doit raisonnablement s'attendre que l'ennemi réussisse à réduire l'avantage militaire pour l'attaquant, par exemple en réparant un centre de communication militaire détruit ou en remplaçant des forces mises hors de combat, il faut évidemment en tenir compte.

b. Éléments dont on ne peut pas tenir compte

Des avantages politiques, économiques, financiers, sociaux ou moraux ne comptent pas dans l'équation, tout comme les avantages psychologiques ou les effets psychologiques sur la population civile de l'adversaire (tandis qu'il est licite de démoraliser les troupes ennemies et cela peut donc également compter comme un avantage). La victoire est l'objectif ultime d'un conflit armé envisagé par le DIH, mais il s'agit d'un élément beaucoup trop général, stratégique et spéculatif pour pouvoir compter comme avantage militaire[80]. Plus généralement, en raison de la séparation entre *ius ad bellum* et *ius in bello* et de l'égalité concomitante des belligérants devant le DIH, lors de la libération d'une ville, l'avantage militaire est le même que lors de son occupation et l'évaluation de la proportionnalité ne doit, en droit, pas être plus stricte en cas d'intervention humanitaire[81] qu'en cas d'agression (même si un Etat engagé dans une intervention humanitaire peut évidemment appliquer des critères plus strictes ou peut même y être obligé par le *ius ad bellum*[82]).

Si même d'un point de vue militaire une attaque comporte des avantages et des inconvénients, il faut évidemment déduire ces derniers pour déterminer l'avantage « net ». De là on pourrait estimer que les pertes de sympathies

---

[77] GILLARD, *supra* note 28, p. 10.

[78] L'évaluation doit donc se faire au niveau tactique et opérationnel et non pas au niveau stratégique : VAN DEN BOOGAARD, *Proportionality*, *supra* note 1, pp. 247-249. *Contra,* WATKIN, *supra* note 55, pp. 20-23 et 41, qui admet toutefois, *ibid.* p. 49, qu'il faut alors aussi tenir compte des risques pour les civils au niveau stratégique.

[79] Voir la discussion dans CICR/Laval, *supra* note 71, pp. 29-30.

[80] Nuancé WATKIN, *supra* note 55, p. 45.

[81] Comme le suggère O. BRING, « International Humanitarian Law after Kosovo: Is Lex Lata Sufficient? », dans A. WALL (éd.), *Legal and Ethical Lesson of NATO's Kosovo Campaign*, U.S. Naval War College's International Law Studies, 2002, p. 271.

[82] Voir ainsi C. GREENWOOD, « Self-Defence and the Conduct of International Armed Conflict », dans Y. DINSTEIN (éd.), *International Law at a Time of Perplexity*, Dordrecht, Martinus Nijhoff Publishers, 1988, pp. 273-288.

parmi la population de l'adversaire dont on veut gagner les cœurs et les esprits réduit l'avantage même d'une attaque dirigée contre une cible parfaitement légitime. Cela ne nous paraît pas être justifié en droit car cela impliquerait une inégalité des belligérants selon leurs objectifs plus ou moins nobles. Si nous excluons les avantages psychologiques d'une attaque nous devons également exclure les inconvénients psychologiques mentionnés.

Les qualificatifs « concret et direct » qui accompagnent l'avantage dans la règle exige que cet avantage soit « substantiel et relativement proche », ce qui exclut des « avantages qui ne se manifesteraient qu'à longue échéance »[83] ou qui sont hypothétiques ou dépendent de trop de facteurs intervenants incertains. Cela n'exclut toutefois pas des avantages qui ne sont ni géographiquement ni temporairement proches[84], aussi longtemps qu'une certitude raisonnable existe qu'ils résultent de l'attaque, donc que l'avantage ne dépend pas de trop de facteurs intermittents incertains.

Certains auteurs estiment que la protection des propres forces de l'attaquant peut être prise en compte comme avantage militaire dans l'évaluation de la proportionnalité[85]. À notre avis, cette considération compte uniquement lorsqu'il s'agit d'évaluer si une mesure de précaution (soumettant les forces de l'attaquant à des risques supplémentaires) est pratiquement possible. Dans ce cadre, il peut et doit effectivement y avoir une pondération entre les bénéfices d'une certaine mesure de précaution supplémentaire et les risques que cette mesure fait courir aux forces attaquantes ou à celles qui mettront la précaution en œuvre (par ex. une vérification supplémentaire par des forces terrestres). Par contre, ce qui compte pour la règle de la proportionnalité est l'avantage résultant de la destruction, neutralisation ou capture de la cible. L'avantage qui consiste à ne pas mettre ses propres forces en péril aurait pu être atteint en renonçant simplement à l'attaque. Il ne résulte pas de l'attaque, mais constitue une modalité de l'attaque.

c. Quel est l'avantage « militaire » pour des groupes armés ?

Pour un groupe armé, souvent engagé dans un conflit asymétrique contre des forces gouvernementales technologiquement et quantitativement incomparablement plus fortes, la notion d'avantage « militaire » doit être adaptée si on ne veut pas totalement les exclure de la possibilité de respecter le DIH[86]. La notion de militaire doit être comprise comme englobant tout ce qui permet à la partie gouvernementale de nuire au groupe armé par des actes

---

[83] Sandoz et al., *supra* note 76, para. 2209.

[84] Voir la discussion dans CICR/Laval, *supra* note 71, p. 19.

[85] Y. Dinstein, *The Conduct of Hostilities under the Law of International Armed Conflict*, Cambridge University Press, Cambridge, 3e ed., 2016, p. 168; P. Margulies, « Valor's Vices : Against a State Duty to Risk Forces in Armed Conflict », *Vermont Law Review*, 2012, p. 271.

[86] Voir sur ce qui suit en particulier L. Redalie, *La conduite des hostilités dans les conflits armés asymétriques : un défi au droit humanitaire*, Schulthess/L.G.D.J., Genève/Paris, 2013, pp. 201-226.

de violence. Une première difficulté est de définir ce qui est un acte de violence. Pour beaucoup de groupes armés l'avantage visé n'est pas d'affaiblir le potentiel militaire ennemi, mais d'empêcher, par exemple, la construction d'un barrage ou d'une route.

Un autre problème est que le gouvernement ne veut pas nécessairement faire usage de la force pour regagner le contrôle sur le territoire étatique et sur la population. Étendre l'avantage militaire à tout ce qui empêche le gouvernement de regagner un tel contrôle constituerait un abandon du principe de distinction.

L'avantage visé par un groupe armé est souvent en réalité politique ou de propagande même s'il vise une cible incontestablement légitime. L'avantage de la capture d'un seul soldat gouvernemental ou de la destruction d'un seul char de l'armée est souvent minime en termes de réduction du potentiel militaire de l'État, mais les deux comportent un avantage significatif en termes de propagande pour la cause, de visibilité du groupe et de démoralisation de l'ennemi. Ces facteurs, nous l'avons vu, ne compteraient pas comme avantage militaire pour une armée gouvernementale. Cette absence de véritable avantage militaire signifie-t-il que le groupe armé doit renoncer à toute capture d'un soldat gouvernemental et à toute destruction d'un char dès qu'il existe le moindre risque d'effets incidents pour des civils ?

Finalement, il faut admettre qu'au sein d'un groupe armé l'information circule beaucoup plus difficilement qu'au sein d'une armée gouvernementale. Le membre qui lance une attaque ne sera souvent pas au courant de l'opération dans son ensemble, ce qui l'empêche d'évaluer la proportionnalité lorsqu'elle cible un objectif militaire, faute de connaissances nécessaires de l'avantage visé. Il est ici important de rappeler que ce qui est décisif sont les informations dont dispose celle qui lance l'attaque et qu'elle ne doit procéder qu'aux vérifications qui lui sont pratiquement possibles.

3. Aspects pertinents des effets incidents

Les effets incidents qui peuvent rendre une attaque illicite sont souvent désignés, en terminologie militaire et dans le langage commun, comme « dommages collatéraux ». Le Protocole I évite à juste titre ce terme, ne serait-ce parce qu'il donne la fausse impression que les effets sont limités à ceux qui concernent des civils proches de la cible. Or, ces effets peuvent être géographiquement lointains ou résulter de la destruction de la cible elle-même. Ceci est en particulier le cas lors d'attaques ciblant avec succès des objets à double usage, qui servent donc en même temps aux militaires (et sont pour ce motif des objectifs militaires) et à des fins civiles.

Le texte du Protocole I semble faire bénéficier de la règle uniquement des civils et des biens civils, ce qui inclut les civils et leurs biens appartenant à la partie attaquée et ceux appartenant à la partie attaquante[87]. Il faut toutefois également tenir compte des effets sur d'autres personnes et biens protégés par le DIH : prisonniers de guerre, blessés, malades et naufragés militaires, personnel sanitaire et religieux militaire, et unités (hôpitaux) et transports sanitaires militaires. Le dernier manuel militaire des États-Unis conteste ceci[88], mais cela résulte de l'obligation des belligérants de respecter et protéger ces personnes et ces biens[89]. Dans les règles concernant les biens spécialement protégés, la règle de la proportionnalité est d'ailleurs souvent spécifiée[90], rappelée[91] ou intrinsèque[92]. Nous avons expliqué ailleurs pourquoi des boucliers humains, même volontaires, restent des civils et bénéficient de la règle, aussi longtemps qu'ils ne gênent pas délibérément physiquement des opérations militaires[93].

Selon le texte de la règle, ne comptent que les pertes attendues en vies humaines, les blessures et les dommages aux biens, ce qui exclut de simples inconvénients, gênes ou désagréments[94] ou bien même des effets psychologiques sur la population civile[95]. Quant à des conséquences économiques, elles ne comptent à notre avis que si elles résultent de destructions ou entrainent des morts ou des blessures. En relation avec des cyberattaques cela soulève la question de savoir si des données sont des biens et si de les effacer sans préjudice matériel constitue un dommage[96].

Une fois qu'il y a dommage, son importance dans le calcul de la proportionnalité doit toutefois tenir compte des effets sur la population civile autres que les morts et les blessures, comme par exemple les déplacements de populations causés par une destruction de biens[97]. Quant aux blessures, elles comprennent également des maladies[98], mais il est controversé de savoir si elles comprennent des effets sur la santé psychique[99]. À notre avis, c'est

---

[87] VENTURINI, *supra* note 56, pp. 147-148.

[88] *US Law of War Manual*, *supra* note 36, para. 5.10.1.2.

[89] Voir art. 12, 19 et 24, CG I, arts 12, 22 et 36 CG II, art. 13(2) CG III. Ainsi CICR, *Commentaire de la Première Convention de Genève*, 2e ed., 2016, para. 1357. Voir aussi VAN DEN BOOGAARD, *Proportionality*, *supra* note 1, pp. 277-280.

[90] Art. 56 du Protocole I (ouvrages et installations contenant des forces dangereuses).

[91] Art. 7 (c) du Deuxième Protocole relatif à la Convention pour la protection des biens culturels en cas de conflit armé, 26 mars 1999 (biens culturels).

[92] Art. 55 du Protocole I (environnement).

[93] M. SASSOLI, « Human Shields and International Humanitarian Law », dans : A. FISCHER-LESCANO, H.-P. GASSER, T. MARAUHN, N. RONZITTI (éds.), *Paix en liberté, Festschrift für Michael Bothe zum 70. Geburtstag*, Baden-Baden et Zürich, Nomos et Dike, 2008, pp. 567-578.

[94] *US Law of War Manual*, *supra* note 36, para. 5.12.1.2.

[95] *Contra* Tribunal pénal international pour l'ex-Yougoslavie, Chambre de première instance, *Le Procureur c. Prlic*, affaire IT-04-74-T, Jugement du 5 décembre 2003, vol. 3, paras 1583-1584.

[96] Voir M. SCHMITT (éd), *Tallinn Manual 2.0. on the International Law Applicable to Cyber Operations*, Cambridge, Cambridge University Press, 2017, p. 437.

[97] Voir CICR/Laval, *supra* note 71, pp. 41 et 43.

[98] GILLARD, *supra* note 28, p. 31.

[99] Voir CICR/Laval, *supra* note 71, pp. 33-37.

logique car l'intégrité physique et mentale sont traitées de la même façon ailleurs en DIH, mais il doit s'agir d'une véritable blessure au sens psychiatrique et non uniquement de la peur inévitablement provoquée parmi les civils proches d'une cible légitime lorsque celle-ci est attaquée. Pour un attaquant, il sera en outre souvent difficile de prévoir de tels effets[100].

Sont à inclure, les effets indirects raisonnablement prévisibles que les anglo-saxons appellent « reverberating effects »[101]. La prise en compte d'effets indirects nous paraît particulièrement importante lors d'attaques dirigées contre des objets à double usage, mais nous n'irions pas aussi loin d'exiger une évaluation plus stricte de la proportionnalité dans un tel cas[102]. À notre avis, ce qui compte est la prévisibilité de l'effet et non pas le nombre de pas logiques liant la cause et l'effet[103].

Un autre exemple de grande actualité sont les effets indirects sur les civils en cas d'atteinte incidente aux infrastructures civiles dans des zones densément peuplées. Ce problème est actuellement discuté en relation avec des armes explosives, conçues pour les champs de bataille, mais de plus en plus utilisées en zone urbaine[104]. Lors d'attaques avec de telles armes dans un tel environnement, les dommages incidents subis par les infrastructures critiques, comme les installations et les réseaux d'approvisionnement en eau et électricité, risquent de perturber gravement les services essentiels dont les civils ont besoin. Ce qui entraînera la propagation de maladies, ainsi que des décès, surtout si ces armes explosives sont employées pendant une longue période dans des zones peuplées. Aussi longtemps que les États-Unis et le Royaume-Uni restent opposés à une réglementation spécifique de telles armes, l'attaquant doit tout au moins tenir compte de ces effets indirects dans l'évaluation de la proportionnalité[105].

---

[100] Voir pour une approche légèrement plus restrictive VAN DEN BOOGAARD, *Proportionality*, *supra* note 1, pp. 267-268.

[101] Voir États-Unis, *Joint Doctrine for Targeting*, Joint Publication 3-60, 17 janvier 2002, p. I-6, en ligne http://www.dtic.mil/doctrine/jel/new_pubs/jp3_60.pdf ; HENDERSON et REECE, « Proportionality Under International Humanitarian Law (IHL): The 'Reasonable Military Commander' Standard and Reverberating Effects », *Vanderbilt Journal of Transnational Law*, 2018, pp. 846-854 ; M. SCHMITT, « The Principle of Discrimination in 21st Century Warfare », *YHRDLJ*, 1998, p. 168. *Contra :* K. RIZER, « Bombing Dual Use Targets : Legal, Ethical and Doctrinal Perspectives », 2001, disponible sur: http://www.airpower.maxwell.af.mil/airchronicles/cc/Rizer.html

[102] Comme le propose H. SHUE, « Commentary » dans: WALL (éd.), *supra* note 81, p. 207.

[103] VAN DEN BOOGAARD, *Proportionality*, *supra* note 1, pp. 257-259. *Contra* HENDERSON et REECE, *supra* note 101, pp. 853-854.

[104] Voir CICR, Rapport, *Expert Meeting, Explosive weapons in populated areas: Humanitarian, legal, technical and military aspects*, 2015.

[105] I. ROBINSON et E. NOHLE, « Proportionality and Precautions in Attack: The Reverberating Effects of Using Explosive Weapons in Populated Areas », International Review of the Red Cross, 2016, p. 107.

Comme l'indique clairement la règle, ce sont les effets dont l'attaquant doit s'attendre qui comptent et non pas les résultats. Il faut bien distinguer la causalité de la prévisibilité[106]. L'attaquant doit recueillir des renseignements sur les effets incidents possibles et doit disposer d'un système lui permettant d'apprendre des expériences[107].

Même des effets prévisibles ne comptent pas si leur réalisation dépend de trop de facteurs intervenants qui ne sont pas certains. Un cas spécial est à notre avis celui d'une réaction prévisible par l'ennemi. Un belligérant n'est jamais responsable de violations du DIH par l'ennemi, même si elles sont prévisibles, par exemple des bombardements visant la population civile en réaction à une destruction d'objectifs militaires. L'intervention d'une autre entité responsable interrompt la causalité adéquate. Se pose toutefois la question de la situation inverse, c'est-à-dire si des mesures de précaution passive prises par l'ennemi réduisent les effets incidents d'une attaque dont l'attaquant doit s'attendre. À notre avis l'attaquant doit - et peut donc - tenir compte des réalités prévisibles sur le terrain, qu'elles augmentent ou diminuent les effets incidents. La simple obligation de l'ennemi de prendre de telles mesures de protection passive ne suffit pas si elle n'est pas respectée. Que l'ennemi utilise, en violation du DIH, des boucliers civils humains – volontaires ou involontaires – est une autre réalité dont l'attaquant doit tenir compte, s'il la connaît[108]. Le même principe doit s'appliquer aux mesures de précaution actives de l'attaquant. Ce dernier ne peut, par exemple, pas se fier à ce que les civils donneront suite à un avertissement, mais s'ils y donnent en fait suite, il peut s'attendre à des effets incidents moins importants.

4. Difficulté d'une comparaison

Même si on pouvait tomber d'accord sur ce qui doit ou peut être compris sur chacun des deux côtés de l'évaluation de la proportionnalité, on devrait encore les comparer pour déterminer quand les effets (civils) incidents sont excessifs. C'est une tâche très difficile.

Premièrement, il s'agit de comparer l'incomparable[109]. Il serait déjà difficile et moralement délicat de mettre dans la balance des vies humaines contre d'autres vies humaines, mais dans ce cas on aurait au moins un dénominateur commun pour la comparaison[110]. Toutefois, il n'en existe pas pour la règle de proportionnalité. En effet, nous l'avons vu, il ne s'agit pas d'opposer la vie et l'intégrité physique des civils ainsi que la sauvegarde des biens civils contre ceux des soldats et de l'équipement militaire de l'attaquant,

---

[106] GILLARD, *supra* note 28, pp. 13-20.

[107] *Ibid.*, 46-50.

[108] Voir art. 51 (8) du Protocole I.

[109] *US Law of War Manual*, *supra* note 36, para. 5.10.2.3; WATKIN, *supra* note 55, pp. 5 et 31 ; M. NEWTON et L. MAY, *supra* note 55, p. 29.

[110] Comme le prétendent M. NEWTON et L. MAY, *supra* note 55, p. 285.

mais de les opposer à une valeur abstraite, un avantage militaire. Même si on savait qu'en tuant incidemment 20 civils on pourrait décapiter un bataillon ennemi pendant deux heures (jusqu'à ce que le commandement se soit réorganisé) durant une offensive, qui peut dire si c'est excessif ?

Deuxièmement, en réalité, la certitude des deux côtés de l'équation n'est jamais de 100 %. L'on peut tout au plus s'attendre de décapiter, avec une chance de 80 %, le bataillon ennemi pendant 2 heures et avec une probabilité de 60 % pendant 3 heures, contre une probabilité de 60 %, 80 % et 20 % de tuer 20 civils, 10 civils et 40 civils, respectivement. Il est évident que les militaires, optimistes, ont tendance à surévaluer les chances que l'avantage militaire soit atteint et à sous-évaluer les risques d'effets incidents pour les civils.

Troisièmement, selon l'opinion majoritaire il ne s'agit, de toute façon, pas d'une opération mathématique, mais d'un jugement subjectif d'une commandante raisonnable fictive[111]. Si c'était ainsi, cela exclurait, tout d'abord, de pouvoir confier l'application de la règle de la proportionnalité dans le cas d'armes létales autonomes à un programme informatique ou à l'intelligence artificielle. Ensuite, à notre avis, l'opinion majoritaire décrit simplement une réalité, mais elle ne peut pas cacher qu'idéalement c'est une opération objective[112]. Il est vrai que la détermination doit être faite de cas en cas et qu'elle dépend d'une multitude d'éléments. Ainsi, l'avantage militaire et les risques pour les civils doivent être évalués sur la base de toutes les informations à disposition de l'attaquant, y compris de son expérience avec cet adversaire.

Toutefois, nous ne voyons pas pourquoi la détermination devrait être « subjective »[113]. Selon le dictionnaire, ce qui est subjectif « relève du sujet défini comme être pensant, comme conscience individuelle » ou « est individuel et susceptible de varier en fonction de la personnalité de chacun »[114]. Pourquoi une certaine personne civile *devrait* être – et nous

---

[111] *US Law of War Manual*, *supra* note 36, paras 5.10.2.2 et 5.10.2.3; CICR/Laval, *supra* note 71, pp. 52-62 ; GILLARD, *supra* note 28, p. 25 ; HENDERSON et REECE, *supra* note 101, pp. 846-854. HUMAN RIGHTS WATCH, *Losing Humanity: The Case Against Killer Robots*, 2012, p. 32, en ligne http://www.hrw.org/reports/2012/11/19/losing-humanity ; C. HEYNS, *Rapport du Rapporteur spécial sur les exécutions extrajudiciaires, sommaires ou arbitraires*, Doc. ONU A/HRC/23/47, 9 avril 2013, para. 70.

[112] Voir pour la seule proposition d'une méthode de calcul objective, faite de surplus par un militaire, dont nous avons connaissance J. GUISANDEZ GOMEZ, « El principio de la proporcionalidad y los daños colaterales, un enfoque pragmático », dans : R. PRIETO SANJUAN (éd.), *Conducción de hostilidades y derecho internacional humanitario*, Medellín, Biblioteca juridica Diké, 2007, pp. 197-243.

[113] HUMAN RIGHTS WATCH, *supa* note 111 et P. ASARO, « On Banning Autonomous Weapon Systems: Human Rights, Automation, and the Dehumanization of Lethal Decision Making », *International Review of the Red Cross*, 2012, p. 701.

[114] Larousse, Dictionnaire encyclopédique des noms communs, locutions latines, grecques et étrangères, Vol. I, 1994, p. 968, également en ligne

répétons qu'ici il s'agit d'une discussion du « Sollen » et non pas de la triste réalité – mieux protégée contre une attaque planifiée par une commandante que par une autre ? Pourquoi le sujet (le soldat, son âge, son éducation, ses valeurs, son éthique) devrait avoir une importance quelconque et non seulement l'objet (l'avantage de le détruire et les effets incidents attendus) ? Lorsque le CICR indique que, « [m]ême si ce système repose en partie sur une évaluation subjective, pour les chefs militaires, l'interprétation sera avant tout une question de bon sens et de bonne foi »[115], il ne donne justement pas carte blanche à des évaluations subjectives. Certes, le TPIY écrit : « Pour déterminer si une attaque était proportionnée, il convient d'apprécier si une personne ayant une connaissance suffisante de la situation dans laquelle se trouvait l'auteur, et exploitant judicieusement les informations à sa disposition, aurait pu prévoir que l'attaque causerait des pertes excessives dans la population civile »[116]. Toutefois, ceci est dû au fait que le TPIY juge des êtres humains et ne prouve pas que l'évaluation de la proportionnalité requiert un « psychological processes in human judgment »[117]. Au minimum, il faut reconnaître que l'adjectif « raisonnable » rend la balance des intérêts requise plus objective, qu'il s'agit d'une évaluation subjective avec des aspects objectifs et que l'attaquant doit veiller à ce qu'elle soit le plus objective possible[118].

Les militaires ont d'ailleurs développé des procédures, souvent confidentielles, pour rendre les décisions en la matière plus objectives ou pour garantir que lors de risques d'effets incidents importants, l'évaluation soit faite à un échelon hiérarchique supérieur[119]. À cette fin il semble exister des programmes informatiques pour évaluer l'importance des effets incidents[120], mais moins pour chiffrer l'avantage militaire et le comparer aux effets incidents. Toutes ces méthodes sont en outre plus adaptées à des attaques planifiées à l'avance qu'à des attaques spontanées dans le feu de l'action[121].

Quatrièmement, l'évaluation est souvent soumise à des contraintes de temps[122], mais elle doit se faire également lors d'attaques spontanées dans le feu de l'action. Les discussions de la doctrine portent d'ailleurs presque

https://www.larousse.fr/dictionnaires/francais/subjectif/75038#definition

115 SANDOZ et al., *supra* note 76, para. 2208.

116 Tribunal pénal international pour l'ex-Yougoslavie, *Le Procureur c. Stanislav Galić*, Jugement et opinion, Chambre de 1e instance I, 5 décembre 2003, para. 58.

117 HUMAN RIGHTS WATCH, *supra* note 111, p. 33.

118 VAN DEN BOOGAARD, *Proportionality, supra* note 1, pp. 325-340.

119 *US Law of War Manual, supra* note 36, para. 5.10.3 ; CICR/Laval, *supra* note 71, pp. 64-65 ; GILLARD, *supra* note 28, p. 25, qui estime toutefois que ces procédures visent uniquement à garantir que l'attaquant tient compte de tous les facteurs, mais non pas à les comparer.

120 Voir VAN DEN BOOGAARD, *Proportionality, supra* note 1, pp. 215-217.

121 Voir WATKIN, *supra* note 55, p. 24 ; CLARKE, *supra* note 74, p. 81.

122 *US Law of War Manual, supra* note 36, para. 5.10.4.

exclusivement sur des bombardements aériens ou par missiles, tandis que la règle s'applique tout autant à l'infanterie qui conduit des combats urbains.

Cinquièmement, se pose la question de savoir si certains combattants, civils et bien civils ont un autre poids que d'autres. Pour les combattants et les autres personnes qui sont des cibles légitimes c'est clairement le cas, car ce qui compte est l'avantage militaire découlant du fait de les mettre hors de combat. De l'autre côté de l'équation également, on peut estimer qu'une destruction incidente d'une école vide vaut davantage que celle d'un hangar vide[123]. Les biens sont protégés en raison de leur utilité pour les civils. Tout au plus pourrait-on estimer que l'environnement est protégé pour sa valeur intrinsèque[124]. Quant aux personnes civiles en revanche, nous serions très réticents à donner plus d'importance à un enfant, une jeune qu'à une personne âgée, à une femme qu'à un homme, à un innocent qu'à une criminelle (aussi longtemps que cette dernière ne participe pas directement aux hostilités). De même, nous sommes opposés à l'idée que certains civils, particulièrement impliqués dans l'effort de guerre (sans participer directement aux hostilités) devraient compter moins[125]. Ils supportent simplement l'inconvénient de travailler en général au sein d'un objectif militaire qui est une cible légitime, sous réserve de la règle de la proportionnalité.

Un civil est un civil et une vie humaine est une vie humaine. Des différentiations entre un agriculteur et une conceptrice de jeux vidéo seraient contraires à la dignité intrinsèque et égale de chaque être humain[126]. Nous n'admettrions même pas de donner davantage de poids à certains civils en raison de l'effet indirect sur d'autres civils que leur mort ou blessure peut engendrer et ceci même si ces civils sont spécialement protégés par le DIH pour ce motif, comme le personnel sanitaire ou les pompiers. De toute façon, les critères de comparaison sont si vagues et la prévisibilité de tels effets incidents si rarement prévisibles, qu'une telle différentiation n'aurait pas d'effets pratiques.

Contrairement à la situation des boucliers humains volontaires qui est controversée, il est reconnu que des boucliers humains qu'on a obligé à se rapprocher d'objectifs militaires, ou encore des civils qui sont rejoints par des combattants[127], ne perdent pas leur protection. Certains prétendent toutefois,

---

[123] GILLARD, *supra* note 28, pp. 20, 40-41 ; VAN DEN BOOGAARD, *Proportionality, supra* note 1, p. 326.

[124] *Ibid.*, pp. 38-39.

[125] Comme le suggère WATKIN, *supra* note 55, p. 12.

[126] T. DE KONINCK, *De la dignité humaine*, PUF, Paris, 2002, pp. 1-19 ; Les études sur le rôle de la morale et de l'éthique y sont complémentaires, J. J. THOMSON, « The Trolley Problem », Yale L.J., 1985, pp. 1395-1414 ; P. SINGER, Ethics and Intuitions, The Journal of Ethics, 2005, pp. 331-352; F. COVA, « What happened to the trolley problem », Journal of Indian Council of Philosophical Research, 2017, pp. 534-564.

[127] L'art. 50 (3) du Protocole I clarifie que « [l]a présence au sein de la population civile de personnes isolées ne répondant pas à la définition de personne civile ne prive pas cette population

que dans ces situations le test de dommages excessifs devrait être plus souple[128]. Cette suggestion est compréhensible puisqu'elle permettrait d'empêcher que le belligérant qui viole l'interdiction d'utiliser des boucliers humains en bénéficie par l'immunité ainsi obtenue pour ses objectifs militaires. Cependant, un assouplissement de ce test est certainement incompatible avec l'article 51 (8) du Protocole I. En outre, nous ne voyons pas comment les pertes civiles provoquées par l'attaquant peuvent compter moins du simple fait que l'ennemi en est responsable. Certes, la partie au conflit qui utilise sa population civile à des fins militaires ne peut pas se plaindre si des pertes civiles en résultent[129]. Toutefois, cela ne signifie pas que les personnes concernées perdent leur protection. Le calcul de la proportionnalité dépend des faits sur le terrain. Il doit ainsi être adapté à la pratique effective de l'ennemi et non aux obligations que l'ennemi a, mais ne respecte pas.

Conclusion

La proportionnalité en DIH, polymorphique et polysémique, reste difficile à saisir. L'étudier ouvre tous les champs des possibles. Nous avons donc décidé de la canaliser pour mieux l'analyser. Sous sa forme de principe, la proportionnalité se manifeste parfois sans équivoque. Puis, parfois sa présence se ressent au travers certaines dispositions, mais elle reste difficile à attester, comme l'on pourrait apparemment ressentir la présence d'une entité spirituelle à nos côtés[130]. Pour cette seconde catégorie, nous proposons des critères permettant de saisir juridiquement le principe de proportionnalité dans les CG et dans les Protocoles. Ces critères, ou « nexus », permettent de déterminer si le principe de proportionnalité s'applique à des dispositions spécifiques. Nous avons exposé ici deux de ces critères, l'application du principe de proportionnalité aux CG et Protocole I, d'une part en raison de sa nature de principe général du DIH, sauf aux dispositions l'excluant. D'autre part, il existe un lien entre l'application du principe de proportionnalité et la nature de l'obligation contenue dans la norme. Les obligations de comportement sont par nature pas absolues, elles autoriseraient ainsi une

---

de sa qualité. » Ces individus peuvent néanmoins être attaqués individuellement si le test de proportionnalité est rempli et que des mesures de précaution sont prises. L'art. 50 (3) est une application du principe de proportionnalité, un principe général de droit, à la définition de la population civile. Ainsi, le caractère coutumier de cette règle n'a pas besoin d'être analyse séparément, voir BOTHE, PARTSCH et SOLF, *supra* note 28, p., p. 296).

128 DINSTEIN, *The Conduct of Hostilities, supra* note 85, p.155; Ministère de la Défense du Royaume-Uni, *The Manual of the Law of Armed Conflict,* OUP, Oxford, 2004, para. 5.22.1.

129 Voir *US Air Force Pamphlet 110-31*, 19 novembre 1976, para. 5-8.

130 P. FAURE, « Les anges gardiens (XIIIe-XVe siècles). Modes et finalités d'une protection rapprochée », *Cahiers de recherches médiévales et humanistes. Journal of medieval and humanistic studies*, 2001, para. 8, en ligne http://journals.openedition.org/crm/380.

forme d'optimisation des valeurs, contrairement aux obligations de résultat qui sont satisfaites que si l'objectif est atteint. Les variations ne sont pas admises. Nous sommes arrivés à la conclusion que l'application du principe de proportionnalité serait automatique pour les dispositions des CG et des Protocoles contenant des obligations de moyens et conditionnée à un renvoi ou une référence à la proportionnalité pour ce qui est des obligations de résultat.

Les parties I et II de l'analyse brièvement présentée sont utiles pour identifier, attester et justifier l'application de la proportionnalité aux CG et aux Protocoles. Ainsi, la simple démonstration de l'application du principe de proportionnalité à certaines dispositions est en soi une évolution.

Cela est complété par la partie III qui est, quant à elle, consacrée à l'analyse de la règle de la proportionnalité dans la conduite des hostilités, à savoir la détermination des éléments à prendre en considération dans la balance lors de sa mise en œuvre. Cette partie contient ainsi un aspect plus pratique.

On l'a vu, la règle de la proportionnalité constitue le lien indispensable entre l'obligation de respecter la population civile et les biens de caractère civil et la licéité d'attaquer des combattants et des objectifs militaires, qui sont les deux volets du principe de distinction. Bien que les États et leurs militaires sont réticents vis-à-vis de toute précision à cet égard, nous avons vu qu'il est possible d'inclure et d'exclure certains facteurs des deux côtés de la balance, par des arguments de logique juridique. En revanche, il est beaucoup plus difficile de comparer les éléments ainsi identifiés. Là encore, les États et leurs militaires n'ont pas voulu préciser comment calculer la proportionnalité ni comment deux paramètres qualitativement différents – un avantage militaire et des risques pour des civils - devaient être comparés. Toutefois, il faut admettre que cette comparaison pose également des défis objectifs, difficiles à surmonter même avec la meilleure volonté du monde. La règle de la proportionnalité ne mène à des résultats clairs que dans les cas extrêmes. Pour le reste, une certaine vérification *ex post* du respect des critères appliqués *ex ante* serait possible en exigeant des belligérants de conserver, tout au moins pour des attaques planifiées à l'avance, des informations sur l'évaluation faite au moment de l'attaque[131] et en rendant ces évaluations publiques après le conflit. Ceci permettrait de constituer une « jurisprudence » - ou de préciser la notion par la pratique ultérieure. Ceci faciliterait des enquêtes indispensables pour faire respecter le DIH[132], ainsi que le travail de la poursuite et de la défense dans d'éventuelles procédures pénales nationales et internationales pour crimes de guerre. Une telle transparence *ex post* permettrait également

[131] Même WATKIN, *supra* note 55, p. 51, y est favorable.

[132] Voir GENEVA ACADEMY OF INTERNATIONAL HUMANITARIAN LAW AND HUMAN RIGHTS AND ICRC, *Guidelines on investigating violations of IHL: Law, policy and good practice*, 2019, p. 16-17, en ligne https://www.icrc.org/en/document/guidelines-investigating-violations-ihl-law-policy-and-good-practice.

de contrer de fausses accusations et d'éviter l'impression – si nuisible à la crédibilité du DIH - que les belligérants ne font aucun effort pour respecter le DIH. Reste toutefois le problème que la règle de la proportionnalité contraste avec l'impression de larges parties de l'opinion publique que toute mort d'un civil est une preuve d'une violation du DIH. À notre avis, cette perception erronée aussi, qui sape également la crédibilité du DIH, peut être combattue par la transparence que nous préconisons.

Ainsi, la catégorisation du principe de la proportionnalité et l'analyse détaillée de la règle permettent une meilleure compréhension à la fois théorique et pratique de la proportionnalité en DIH.

CHAPITRE 4.

La proportionnalité au secours des droits fondamentaux : un cadre d'analyse justifiant des limites au libre-échange pour les Membres de l'Organisation mondiale du commerce

GENEVIEVE DUFOUR
Professeure titulaire à la Faculté de droit
de l'Université de Sherbrooke
LOLITA LAPERLE-FORGET[*]
Diplômée de la maîtrise en droit international et politique internationale appliqués
de la Faculté de droit de l'Université de Sherbrooke (LLM).

Lorsque l'OMC a été créée en 1995, elle portait déjà en elle un lourd fardeau hérité des années du GATT. Entre 1947 et 1995, ce dernier avait non seulement été le seul traité multilatéral orchestrant les relations internationales économiques, mais était devenu une organisation *de facto*, munie entre autres d'un système – bien imparfait – de règlement des différends[1]. Dans ce cadre, une certaine jurisprudence avait été développée et laissait comprendre que la protection des normes du travail, de la vie ou de la santé des personnes, de

[*] Geneviève Dufour est professeure titulaire à la Faculté de droit de l'Université de Sherbrooke (Genevieve.dufour2@usherbrooke.ca).
Lolita Laperle-Forget est diplômée de la maîtrise en droit international et politique internationale appliqués de la Faculté de droit de l'Université de Sherbrooke (LLM).
Les auteures tiennent à remercier Kristine Plouffe-Malette, professeure associée au Département des sciences juridiques de l'Université du Québec à Montréal pour sa révision de certaines parties relatives à la moralité publique.
[1] P. VAN DEN BOSCHE et W. ZDOUC, *The Law and Policy of the World Trade Organization*, Cambridge University Press, 2017, pp. 82-88.

l'environnement ou du bien-être des animaux passait en second face à l'objectif de libéralisation des échanges[2].

Le GATT de 1947 contenait pourtant certaines références aux droits humains. Son Préambule renvoyait à un « relèvement des niveaux de vie, la réalisation du plein emploi et d'un niveau élevé et toujours croissant du revenu réel ». Surtout, son article XX fondait un régime d'exceptions générales renvoyant précisément aux droits humains. Par exemple, la protection de la moralité publique, de la santé ou de la vie des personnes et des animaux, la préservation des végétaux et des ressources naturelles ou encore la fabrication d'articles en prison pouvaient être invoquées par un État pour justifier une entrave au commerce international.

Toutefois, pour réussir à justifier leurs limites au commerce, les États devaient démontrer que les mesures prises répondaient à un double examen prescrit par la lettre de l'article XX, interprété et développé au fil du temps par les groupes spéciaux du GATT. Ce double examen, encore appliqué aujourd'hui, consiste dans un premier temps à évaluer si la mesure est conforme aux conditions énoncées dans un des sous-paragraphes invoqués (a à j)), et dans un deuxième temps si la manière dont la mesure est appliquée est conforme aux prescriptions du paragraphe introductif de l'article XX[3]. À cette époque, pour réussir à passer la première étape du test de l'article XX, l'État qui invoquait l'exception de protection de la vie ou de la santé des personnes et des animaux ou la préservation des végétaux devait démontrer la nécessité de la mesure adoptée. Il s'agissait là d'une condition restrictive, limitant considérablement la marge de manœuvre des États dans leur capacité à restreindre le commerce international pour des motifs relevant des droits fondamentaux.

En 1995, l'Organisation mondiale du commerce a été créée. Le GATT de 1994 a remplacé le GATT de 1947, tout en incorporant ce dernier. On parle donc aujourd'hui du GATT de 1994, mais en réalité, il s'agit du même texte que celui appliqué par les États entre 1947 et 1995. Toutefois, à la différence du GATT de 1947 qui avait évolué en vase clos, le GATT de 1994 devenait une partie d'un système. En effet, à l'Accord instituant l'OMC, étaient annexés différents traités formant dorénavant le corpus de normes encadrant le commerce international, dont faisait partie le GATT. Le système de l'OMC allait donc avoir à administrer un traité qui avait été appliqué et interprété depuis 1947. Si le corps du texte du GATT n'avait pas changé, le contexte

---

[2] G. MARCEAU, « The Place of Non-Trade Concerns in International Trade », dans Rita Trigo Trindade et als. (dir.), *Vers les sommets du droit : Liber amicorum pour Henry Peter*, Genève, Zurich, Bâle, Schulthess, 2019, p. 380.

[3] Cet article n'abordera pas la conformité au paragraphe introductif.

n'était plus le même. Le GATT faisait dorénavant partie d'un tout devant être interprété dans son ensemble[4].

Au premier titre, le Préambule de l'Accord instituant l'OMC a joué un rôle dans l'interprétation renouvelée des dispositions du GATT. Si cet Accord reprend le vocable du GATT de 1947 en référant au « relèvement des niveaux de vie, la réalisation du plein emploi et d'un niveau élevé et toujours croissant du revenu réel », il ajoute une référence à l'objectif de développement durable, en vue de protéger et préserver l'environnement[5]. Surtout, les Parties à l'Accord instituant l'OMC se disent résolues à mettre en place un système commercial multilatéral intégré, plus viable et durable[6]. On notera au passage que les Parties éludent la troisième dimension du développement durable, son caractère vivable, qui renvoie plus directement aux droits fondamentaux et plus précisément aux droits socioéconomiques[7]. L'ORD s'est souvent référé à ce Préambule dans ses décisions, lui attribuant même un poids décisif dans certaines affaires[8] : « Il nous faut tenir compte [...] du libellé spécifique du préambule de l'Accord sur l'OMC qui [...] éclaire, ordonne et nuance les droits et les obligations des Membres au titre de l'Accord sur l'OMC en général et du GATT de 1994 en particulier »[9]. Pour Gabrielle Marceau, « il en découle un large éventail de moyens par lesquels les membres peuvent aborder les préoccupations non commerciales dans leurs règles et engagements nationaux et internationaux »[10].

Lors de la création de l'OMC, plusieurs ont dénoncé la supériorité de la liberté de commercer sur le bien-être de la population et la protection de l'environnement[11]. En 1996, à l'occasion de la toute première affaire traitée par le nouvel organe de règlement des différends de l'OMC, « le juge de l'OMC » a confirmé le droit des États d'adopter et d'appliquer des mesures justifiées par des considérations autres qu'économiques :

> Les Membres de l'OMC disposent d'une large autonomie pour déterminer leurs propres politiques en matière d'environnement (y compris la relation entre l'environnement et le commerce), leurs objectifs environnementaux et la législation environnementale qu'ils

---

4 O.A., *États-Unis–Normes concernant l'essence nouvelle et anciennes formules* [États-Unis – Essence], WT/DS2/AB/R, 1996, pp. 33.

5 Accord instituant l'OMC, 1er considérant.

6 Accord instituant l'OMC, 4e considérant.

7 Le développement durable implique trois composantes : un développement équitable, viable et vivable.

8 Voir par exemple : OA, *États-Unis – Prohibition à l'importation de certaines crevettes et de certains produits à base de crevette* [États-Unis—Crevettes], WT/DS58/AB/R, 1998, paras 129 et 155.

9 *Ibid.*, para 155.

10 G. MARCEAU, *supra* note 2, p. 382. [Notre traduction]

11 Voir par exemple : J. STIGLITZ, «Addressing Developing Country Priorities and Needs in the Millennium Round», dans R. PORTER and P. SAUVÉ (dir.), *Seattle, the WTO and the Future of the Multilateral Trading System*, Harvard University Press, 2000, pp. 53-55.

adoptent et mettent en œuvre. En ce qui concerne l'OMC, cette autonomie n'est limitée que par la nécessité de respecter les prescriptions de l'Accord général et des autres accords visés[12].

Cette interprétation a alors ouvert la voie à un meilleur équilibre entre les obligations des États découlant de leurs engagements au titre des Accords de l'OMC et leurs droits de prendre des mesures pour protéger les droits fondamentaux de leurs citoyens. Ainsi, « l'Organe d'appel a proposé une interprétation téléologique novatrice de l'article XX, qui tenait compte de la structure et de l'architecture générale du GATT de 1994. L'Organe d'appel a donc pu interpréter le GATT à l'aune des nouvelles valeurs de la communauté internationale »[13]. Dans des décisions subséquentes, l'Organe d'appel a confirmé cette interprétation novatrice en qualifiant de « principe fondamental [...] le droit qu'ont les Membres de l'OMC de déterminer le niveau de protection qu'ils jugent approprié dans un contexte donné »[14].

Au regard du droit de l'OMC, les Membres peuvent protéger les droits fondamentaux de leurs citoyens de plusieurs manières. En raison de la place que joue la proportionnalité dans le régime d'exceptions générales du GATT, cette contribution se concentrera sur les sous-paragraphes a) et b) de l'article XX en ce qu'ils permettent aux États de justifier des mesures destinées à protéger directement les droits fondamentaux malgré des entraves aux principes du libre-échange (1). Aujourd'hui, si les droits fondamentaux sont mieux pris en compte, c'est précisément en raison de l'assouplissement du test de nécessité, surtout appliqué à l'époque du GATT (2) qui prend aujourd'hui la forme d'un test de proportionnalité, néanmoins encore perfectible (3).

1. Les exceptions en droit de l'OMC : source de conciliation entre la protection des droits fondamentaux et les principes du libre-échange

Certains Accords de l'OMC réfèrent explicitement aux droits de la personne et donnent le droit aux Membres d'adopter des mesures restrictives pour le commerce. Par exemple, le Préambule de l'*Accord sur l'agriculture* énonce de manière explicite la prise en compte de considérations autres que commerciales, telles que la sécurité alimentaire et la protection de

[12] *États-Unis –Essence, supra* note 4, p. 33.

[13] G. Marceau et C. Marquet, « La jurisprudence de l'OMC et la recherche d'un équilibre entre développement économique et considérations non-commerciales : le cas de l'environnement », *RQDI*, 2017, pp. 125 et 126.

[14] O.A., *Brésil – Mesures visant l'importation de pneumatiques rechapés* [Brésil–Pneumatiques rechapés], WT/DS332/AB/R, 2007, para 210. Voir aussi O.A., *Communautés européennes – Mesures affectant l'amiante et les produits en contenant* [CE–Amiante], WT/DS135/AB/R, 2001, para 168. Dans cette décision, l'Organe d'appel a reconnu le droit de la France d'établir un niveau de protection absolue contre les risques pour la santé causés par l'exposition à l'amiante.

l'environnement[15]. L'*Accord sur l'Application des mesures sanitaires et phytosanitaires* (Accord SPS) reconnait le droit des Membres de prendre des mesures à des fins sanitaires, phytosanitaire ou de protection des animaux[16]. L'*Accord sur les aspects des droits de propriété intellectuelle qui touchent au commerce*, en plus de protéger les droits individuels de propriété intellectuelle, permet aux États d'adopter des mesures nécessaires à la protection de la santé publique et à la nutrition[17]. Enfin, l'*Accord sur les obstacles techniques au commerce* (Accord OTC) permet aux Membres d'adopter des mesures visant la protection de la santé ou encore le droit à l'information des citoyens[18].

Au-delà de ces exemples, le cadre des exceptions générales, prévues au GATT et dans l'*Accord général sur le commerce des services* (AGCS), constitue un terreau fertile pour la protection des droits fondamentaux. Les motifs d'exception liés à la protection de la moralité publique (art. XX a) du GATT et art. XIV a) de l'AGCS), de la santé et de la vie des personnes (art XX b) du GATT et art. XIV b) de l'AGCS)), à la conservation des ressources naturelles épuisables (art XX g) du GATT)), au travail forcé en prison (art XX e) du GATT), ou encore relatifs à la protection de la vie privée (art XIV c : iii) de l'AGCS)[19] permettent aux États de justifier certaines mesures en vue de protéger des droits fondamentaux[20].

Parmi ceux-ci, deux motifs d'exception sont particulièrement pertinents pour une analyse de la proportionnalité : l'exception relative à la protection de la vie et de la santé des personnes et des animaux, et la préservation des végétaux (1.1) et celle relative à la moralité publique (1.2).

1.1 La protection de la vie et de la santé des personnes

L'article XX b) prévoit qu'un État peut adopter une mesure « nécessaire à la protection de la santé et de la vie des personnes et des animaux ou la préservation des végétaux ». La portion relative à la santé et la vie des

---

[15] « Notant que les engagements au titre du programme de réforme devraient être pris de manière équitable par tous les Membres, eu égard aux considérations autres que d'ordre commercial, y compris la sécurité alimentaire et la nécessité de protéger l'environnement » (*Accord sur l'agriculture*, 15 avril 1994, 1867 RTNU 410 [Entrée en vigueur : 1er janvier 1995]).

[16] *Accord sur l'Application des mesures sanitaires et phytosanitaires*, 15 avril 1994, 1867 RTNU 410 [Entrée en vigueur : 1er janvier 1995], art. 1 : 1.

[17] *Accord sur les aspects des droits de propriété intellectuelle qui touchent au commerce (amendé)*, 6 décembre 2005, RTNU 31874 [Entrée en vigueur : 23 janvier 2017], art. 8.

[18] *Accord sur les obstacles techniques au commerce*, 15 avril 1994, 1867 RTNU 410 [Entrée en vigueur : 1er janvier 1995], arts. 2.2, 5.4 et 10 et ss.

[19] L'AGCS prévoit aussi que les États peuvent adopter des mesures visant à protéger « la vie privée des personnes pour ce qui est traitement et de la dissémination des données personnelles, ainsi [...] le caractère confidentiel des dossiers et comptes personnels » (art. XIV c iii)).

[20] E.-U. PETERSMANN, « Human Rights and International Trade Law: Defining and Connecting the Two Fields », *Human Rights and International Trade*, T. Cottier, J. Pauwelyn et E. Bürgi (dir.), Oxford University Press, 2005, p. 63.

personnes renvoient directement à la notion de droits humains. Celles relatives à la protection de la santé animale et à la préservation des végétaux peuvent aussi être liées directement aux droits humains. Les préoccupations vitales et pressantes de préservation de l'environnement sont de plus en plus directement liées aux droits fondamentaux de la personne humaine. En effet, de nombreux États reconnaissent aujourd'hui le droit de vivre dans un environnement écologiquement sain[21]. Quant au bien-être animal, il peut apparaître loin de la protection des droits fondamentaux de la personne humaine, mais le sujet fait l'objet de plus en plus d'attention[22]. Dans tous les cas, il ne faut pas oublier que les Membres de l'OMC peuvent prendre des mesures à l'égard des plantes et des animaux afin de préserver la sécurité alimentaire que l'introduction d'un animal malade ou d'une espèce végétale infectés peut mettre en danger. On se rappellera que dans certains cas, selon la mesure prise, l'Accord OTC et l'Accord SPS pourraient s'appliquer. Dans ces derniers cas, des tests spécifiques ont été développés. Cette contribution ne les abordera pas.

Pour qu'un État puisse invoquer avec succès l'exception de l'article XX b), il doit passer à travers un test[23].

D'abord, il doit démontrer que la politique dans laquelle s'inscrit la mesure est destinée à protéger la santé et la vie des personnes et animaux ou à préserver les végétaux. Cela implique qu'un risque pour la vie ou la santé des personnes existe et soit identifié[24]. Dans l'affaire *CE – amiante*, la France a réussi à démontrer l'existence d'un tel risque :

> [l]es Communautés européennes ont apporté un commencement de preuve suffisant qu'un risque pour la santé existe en rapport avec l'utilisation du chrysotile, notamment en ce qui concerne le cancer du poumon et le mésothéliome dans les secteurs professionnels situés en aval de la production et transformation et pour les individus en général en relation avec les produits

---

[21] G. LASSUS SAINT-GENIÈS, « Not All that Glitters Is Gold: An Analysis of the Global Pact for the Environment Project », *CIGI*, 2019, pp. 4 et 12. Voir aussi : J.H. Knox, « The Global Pact for the Environment: At the crossroads of human rights and the environment », *Review of European, Comparative & International Environment Law,* 2019, pp. 40-47 ; M. THORME, « Establishing Environment as a Human Right », *Denver Journal of International Law & Policy*, 2020, pp. 320 et ss.

[22] Voir par exemple : *Ibid.* (M. THORME) ; A. PETERS, « Rights of Human and Nonhuman Animals: Complementing the Universal Declaration of Human Rights », *American Journal of International Law*, 2018, pp 355 et ss ; T. SPARKS, V. KURKI et S. STUCKI, « Animal Rights : Interconnections with Human Rights and the Environment », *Journal of Human Rights and the Environment*, 2020, pp. 149-155.

[23] G.S., *Communautés européennes – Mesures affectant l'amiante et les produits en contenant* [CE–Amiante], WT/DS135/R, 2000, para 8.170.

[24] Ce risque n'a pas à être quantifié : « [u]n risque peut être évalué d'un point de vue quantitatif ou qualitatif ». O.A., *CE – Amiante*, *supra* note 14, para 167. Il n'est pas non plus nécessaire d'attendre « l'acquisition de certitude scientifique pour l'ensemble d'un domaine [...] avant de mettre en œuvre des mesures de santé publique ». G.S., *CE – Amiante*, *supra* note 23, para 8.221.

en chrysotile-ciment. Ce commencement de preuve n'a pas été réfuté par le Canada[25].

C'est à l'occasion de ce différend que l'Organe d'appel a énoncé un des principes ayant permis de faire avancer la conciliation entre droits fondamentaux et liberté de commerce. Ainsi, selon l'Organe d'appel, les États sont libres de choisir le niveau de risques qu'il juge approprié[26]. Autrement dit, un État peut se montrer extrêmement protecteur de la vie et de la santé de ses citoyens. Il peut d'ailleurs agir sur la base de preuves scientifiques divergentes[27] et gérer le risque de manière précautionneuse[28], pourvu qu'il soit en mesure de simplement apporter un commencement de preuve[29].

Ensuite, l'État doit démontrer que sa politique entre dans la catégorie des politiques destinées à protéger la vie ou la santé des personnes ou des animaux ou à préserver les végétaux. Il n'existe pas de définition de l'expression « politiques destinées à protéger la vie ou la santé des personnes ou des animaux ou à préserver les végétaux ». Les conventions internationales peuvent certainement permettre de mieux définir les termes de référence. Par exemple, en se basant sur la Constitution de l'Organisation mondiale de la santé[30], Catherine Button suggère que la « santé humaine » inclut aussi les risques pour la santé mentale et sociale[31]. Dans tous les cas, la mesure doit viser à réduire ou éliminer le risque identifié. Cette exigence bénéficie d'une interprétation plutôt libérale[32]. Ainsi, les groupes spéciaux du GATT et les organes quasi juridictionnels de l'OMC ont jugé que des mesures destinées à

---

[25] *Ibid.* (G.S., *CE – Amiante*), para 8.194.

[26] *Ibid.*, para 8.204 et OA, *CE – Amiante supra* note 14, para 168.

[27] *Ibid.*, para.178. L'Organe d'appel se basait alors sur ce qu'il avait dit en 1998 dans le cadre de l'affaire *Communautés Européennes – Mesures concernant les viandes et les produits carnés*, [CE – Hormones], WT/DS48/R, 1998, para 194.

[28] Dans l'affaire *CE – Amiante*, il n'a pas été considéré nécessaire d'attendre « l'acquisition de certitude scientifique pour l'ensemble d'un domaine [...] avant de mettre en œuvre des mesures de santé publique » G.S., *CE – Amiante*, *supra* note 23, paras 8.180 et 8.182. I. CHEYNE, « Gateways to the Precautionary Principle in WTO Law » *Journal of Environmental Law*, 2007, pp. 8 et 9.

[29] La charge de la preuve pesant sur l'État qui invoque une exception au regard de l'article XX b) du GATT s'avère beaucoup moins exigeante que celle existant en vertu de l'*Accord SPS*. Une fois le commencement de la preuve présenté, il appartient au Membre plaignant de réfuter le caractère dangereux du produit en cause. *CE – Amiante*, *supra* note 23, para. 8.193 et 8.194. Voir G. DUFOUR et R. OUELLET, « Le fardeau de preuve : constat *prima facie* d'un décalage entre théorie et pratique, et de la nécessité d'une théorie de la preuve à l'OMC », *Revue internationale de droit économique*, 2017, pp. 47.

[30] Suivant le Préambule de la Constitution de l'OMS, « [l]a santé est un état de complet bien-être physique, mental et social, et ne consiste pas seulement en une absence de maladie ou d'infirmité » : Documents fondamentaux, supplément à la quarante-cinquième édition, octobre 2006, Premier considérant, en ligne :
http://www.who.int/governance/eb/who_constitution_fr.pdf.

[31] C. BUTTON, *The Power to Protect: Trade, Health and Uncertainty in the WTO*, Oxford, Hart Publishing, 2004, p. 26.

[32] *Ibid.*

réduire la consommation de cigarettes[33], à contrôler la pollution de l'air résultant de la consommation d'essence[34], à diminuer l'exposition des personnes aux fibres d'amiante[35] et à réduire la consommation de pneus de rebut[36] entraient dans la catégorie des politiques visées par le paragraphe b) de l'article XX du GATT.

> Ce qui est pertinent à ce stade de l'analyse, c'est l'existence d'un risque et la question de savoir si l'objectif général visant à réduire ce risque, tel qu'il est déclaré par le Membre qui prend la mesure, entre dans le cadre des politiques destinées à protéger la santé et la vie des personnes et des animaux ou à préserver les végétaux[37].

Enfin, une fois ces deux éléments démontrés, les mesures incompatibles pour lesquelles l'exception est invoquée doivent être considérées comme « nécessaires » pour atteindre l'objectif[38]. Nous reviendrons sur cet élément dans les deux prochaines parties.

1.2 La protection de la moralité publique

Les États peuvent adopter une mesure « nécessaire à la protection de la moralité publique » afin de protéger les valeurs fondamentales de leur société. Évidemment, un État désireux d'invoquer l'exception de moralité publique prévue à l'article XX a) du GATT doit passer à travers un test en deux étapes.

D'abord, il lui faut démontrer que sa mesure a été conçue pour protéger la moralité publique. La mesure doit donc d'abord et avant tout viser un objectif de moralité publique. Le Groupe spécial constitué dans l'affaire *CE – Produits dérivés du phoque* a expliqué comment déterminer si une mesure relevait de la moralité publique :

> P]our savoir si une mesure vise à s'occuper de la moralité publique en relation avec une préoccupation particulière de la société d'un Membre qui réglemente, il faut, à notre avis, évaluer deux questions : premièrement, celle de savoir si la préoccupation en question existe effectivement dans cette société ; et, deuxièmement, celle de savoir si cette préoccupation relève du champ de la

---

33 G.S., *Thaïlande — Restrictions à l'importation et taxes intérieures touchant les* cigarettes [Thaïlande –Cigarettes], DS10/R - 37S/200, 1990, para 73.

34 G.S., *États-Unis — Normes concernant l'essence nouvelle et anciennes formules* [États-Unis — Essence], WT/DS2/R, 1996, para 6.21. Dans cette affaire, le Venezuela et le Brésil n'ont pas contesté que la pollution de l'air présentait des risques pour la santé des personnes, des animaux et des plantes.

35 *CE – Amiante, supra* note 23, para 8.194.

36 G.S., *Brésil – Mesures visant l'importation de pneumatiques rechapés* [Brésil–Pneumatiques rechapés], WT/DS332/R, 2007, para 7.102. Dans cette affaire, les Communautés européennes ne contestaient pas que les mesures destinées à empêcher l'incidence de maladie relevaient de l'article XX b). Toutefois, selon les Communautés européennes, le réel objectif du Brésil n'était pas la protection de la santé et de la vie, mais la protection de la branche de production nationale du Brésil. De plus, les Communautés européennes se sont dites d'avis que l'objectif de la protection de l'environnement en général ne relevait pas de l'article XX b) du GATT.

37 *Ibid.,* para 7.101.

38 *CE – Amiante, supra* note 23, para 8.170.

> « moralité publique » telle qu'elle est « définie et appliquée » par un Membre qui réglemente sur [son] territoire [...] selon [ses] propres systèmes et [ses] échelles de valeurs[39].

Définie très largement dans l'affaire *États-Unis – Jeux*, la moralité publique

> désigne les normes de bonne ou mauvaise conduite appliquées par une collectivité ou une nation ou en son nom [...]. [L]a teneur de ces concepts pour les Membres peut varier dans le temps et dans l'espace, en fonction d'une série de facteurs, y compris les valeurs sociales, culturelles, éthiques et religieuses dominantes[40].

Cette définition large octroie aux États une marge de manœuvre considérable et leur permet de déterminer ce qui « relè[ve] de leur système de valeurs »[41].

Néanmoins, la question se pose de savoir si cette exception peut servir pour réagir à une violation des droits humains commis à l'étranger. Si plusieurs considèrent le recours à l'exception de la moralité publique pour protéger les droits humains possibles[42], d'autres soulèvent des doutes[43]. Par exemple, un État pourrait-il interdire l'importation de produits fabriqués dans un pays imposant le travail forcé ou bafouant systématiquement les droits humains. Les travaux préparatoires du GATT de 1947 ne permettent pas de faire la lumière sur ce qui est visé précisément par l'exception de la moralité publique[44]. Selon Charnovitz :

> Les diverses façons dont les mesures commerciales fondées sur la moralité ont été utilisées avant la rédaction du GATT laissent présager de nombreuses utilisations auxquelles l'article XX (a) pourrait être consacré

---

[39] G.S., *Communautés européennes - Mesures prohibant l'importation et la commercialisation de produits dérivés du phoque* [CE- Produits dérivés du phoque], WT/DS401/R, 2013, para 7.383.

[40] Voir : G.S., *États-Unis - Mesures visant la fourniture transfrontière de services de jeux et paris* [États-Unis – Jeux], WT/DS285/R, 2004, paras 6.461 et 6.465 ; *Chine—Mesures affectant les droits de commercialisation et les services de distribution pour certaines publications et certains produits de divertissement audiovisuels* [Chine—Publications et produits audiovisuels], WT/DS363/AB/R, 2009, para 7.763 ; *CE – Produits dérivés du phoque*, *supra* note 39, para. 7.380; G.S., *Colombie – Mesures visant les importations de textiles, vêtements et chaussures* [Colombie – Textiles], WT/DS461/R, 2015, para 7.299; G.S., *Brésil –Certaines mesures concernant la taxation et les importations* [Brésil –Taxation], WT/DS472/R, para 7.520.

[41] R. WITMEUR, « L'article XX a) du GATT : l'exception de moralité publique dans le commerce international » *Revue internationale de droit économique*, 2012, p. 257.

[42] S. CHARNOVITZ, « The Moral Exception in Trade Policy », *Virginia Journal of International Law*, 1998 ; *Human Rights and World Trade Agreements: Using General Exception Clauses to Protect Human Rights*, Haut-Commissariat des Nations Unies aux droits de l'homme, 2005, p. 9; E.-U. PETERSMANN, *supra* note 20 ; R. HARRIS et G. MOON, « GATT Article XX and Human Rights: What Do We Know From The First 20 Years », *Melbourne Journal of International Law*, 2015.

[43] R. WITMEUR, *supra* note 41, p. 259 à 261.

[44] A-C. HATTON, R. OUELLET et A. LETOURNEAU, « Du rôle de la genèse dans l'exégèse : pour une interprétation historique éclairée de l'exception de moralité publique », *RBDI*, 2010, p. 601. Voir aussi : M. WU, « Free Trade and the Protection of Public Morals : An Analysis of the Newly Emerging Public Morals Clause Doctrine », The Yale Journal of International Law, 2008, p. 219.

aujourd'hui. Les préoccupations concernant les stupéfiants, la pornographie, l'abus d'alcool, la cruauté envers les animaux, les bombardements de civils et les drogues provoquant l'avortement restent fortes 50 ans après la rédaction du GATT. Le seul élément nouveau dans le débat d'aujourd'hui est l'utilisation de mesures commerciales pour faire pression sur d'autres pays afin qu'ils se démocratisent[45].

Ce dernier élément est d'importance et se situe au cœur du débat. En effet, si on comprend que l'interdiction d'un bien fabriqué dans une usine de misère, exporté par une compagnie manufacturière irrespectueuse des droits fondamentaux ou, à la limite, provenant d'une région d'un État sous contrôle d'un groupe terroriste imposant le travail forcé, pourrait plus facilement passer le test de moralité, on se demande encore si l'exception de moralité publique peut justifier un embargo visant à mettre la pression sur les politiques et les pratiques généralisées d'un Membre.

En réalité, malgré leur relative efficacité[46], les États recourent encore régulièrement à des mesures limitant le commerce international pour réagir à des violations de droits humains[47]. Il n'existe toutefois pas encore de jurisprudence de l'OMC sur la question. En fait, l'article XX a) n'a connu aucun développement jurisprudentiel avant le milieu des années 2000 et les affaires traitées depuis par les organes quasi juridictionnels de l'OMC n'ont pas concerné directement ce type de situation.

---

[45] S. CHARNOVITZ, *supra* note 42, p. 14. [Notre traduction]

[46] G. DUFOUR, « L'interdiction d'importer des produits fabriqués par des enfants au regard des règles de l'OMC : du *free trade* au *fair trade* », dans V. FORTIER et S. LEBEL-GRENIER, *Rencontres juridiques Montpellier – Sherbrooke : La vulnérabilité et le droit*, Sherbrooke, Éditions de la Revue de droit de l'Université de Sherbrooke, 2010, p. 45.

[47] Selon l'étude de HUFBAUER, entre 2000 et 2006, un seul régime de sanctions économiques ne s'appuyait pas sur une violation présumée de droits humains, celui imposé par les États-Unis contre les membres de la Cour pénale internationale qui ont refusé d'appliquer l'exemption prévue à l'article 98 du Statut. HUFBAUER *et als.*, *Economics Sanctions Reconsidered*, 3e edition, Peterson Institute for International Economics, 2009, p. 131 et Tableaux 1A.2, pp. 34 à 38. On peut penser aussi aux pays qui adoptent des lois pour interdire l'exportation de biens vers certains pays en raison des violations systémiques des droits humains par certains gouvernements. Par exemple, le Canada, en réponse à l'annexion de la Crimée par la Russie et des graves violations des droits humains, a adopté en 2014 le *Règlement sur les mesures économiques spéciales visant la Russie* (DORS/2014-58) interdisant l'exportation vers la Russie de marchandises destinées à approvisionner l'industrie pétrolière russe (art. 3.3.). Par ailleurs, le Canada, l'Union européenne, les États-Unis et le Royaume-Uni ont tous réagi au récent coup d'État militaire au Myanmar et aux graves violations des droits humains en imposant diverses sanctions économiques, tel que le gel des avoirs des principaux responsables. Ces mesures s'ajoutent aux sanctions imposées par ces pays en réponse aux opérations militaires menées contre les Rohingyas entre 2017 et 2018 et à l'embargo sur les armes et équipements militaires imposé par le Canada et l'Union européenne (voir Canada, *Règlement sur les mesures économiques spéciales visant la Birmanie* (DORS/2007-285), 2007 (art. 4) ; Union européenne, *Règlement (UE) 2018/647 du Conseil du 26 avril 2018 modifiant le règlement (UE) n° 401/2013 concernant des mesures restrictives instituées à l'encontre du Myanmar/de la Birmanie*, 2018 (art. 3 et ss) (l'interdiction d'exporter des armes vers le Myanmar a été imposée en 1991 et renouvelée par l'Union européenne depuis).

En effet, la première affaire ayant impliqué l'exception de moralité publique, l'affaire *États-Unis – Jeux*, mettait en cause une loi américaine adoptée pour lutter contre le blanchiment d'argent, le crime organisé et la fraude[48]. Les affaires qui ont suivi ont concerné des mesures relatives aux produits audiovisuels pour répondre à un régime de censure[49], à des produits dérivés de la chasse aux phoques dans une optique de bien-être animal et de préoccupation des consommateurs[50], à la lutte contre le blanchissement d'argent lié au trafic illicite de drogues et au crime organisé[51], au caractère halal de certaines produits de consommation[52], à la réduction de la fracture numérique et la promotion de l'inclusion sociale par un plus grand accès aux technologies de l'information et des télécommunications [53] et, récemment, à la protection contre l'appropriation illicite de propriété intellectuelle et la concurrence déloyale orchestrées par le vol de secrets commerciaux, des technologies et des informations confidentielles des entreprises[54].

Dans tous les cas, cette question évolue à un rythme extrêmement lent, et ce, même à l'extérieur de l'enceinte de l'OMC. En effet, même le droit international général ne semble pas vouloir répondre à la question de la licéité de l'adoption de régimes de sanctions économiques pour réagir à des violations flagrantes des droits humains[55].

Une fois l'objectif de moralité publique établi, l'État doit prouver que les mesures prises sont bel et bien conçues pour protéger l'objectif de moralité publique. Cet examen de la « conception » de la mesure implique une évaluation du lien entre la mesure restrictive au commerce et la protection de la moralité publique. Si la mesure n'est pas apte à protéger la moralité publique, on conclura qu'il n'y a pas de lien, et dès lors, la mesure ne pourra pas être justifiée[56]. Le lien peut se déduire de certains « éléments de preuve concernant la conception de la mesure en cause, y compris sa teneur, sa

---

[48] *États-Unis—Jeux*, *supra* note 40, para 299.

[49] *Chine—Publications et produits audiovisuels*, *supra* note 40, paras 7.752, 7.753 et 7.763.

[50] O.A., *Communautés européennes – Mesures prohibant l'importation et la commercialisation de produits dérivés du phoque* [CE— Produits dérivés du phoque], WT/DS400/AB/R, 2014, para 5.201.

[51] *Colombie – Textiles*, *supra* note 40, paras 7.338 et 7.339.

[52] G.S., *Indonésie — Importation de produits horticoles, d'animaux et de produits d'origine animale* [Indonésie — Régimes de licences d'importation], WT/DS477/R, 2016, paras 7.637 et ss.

[53] *Brésil –Taxation*, *supra* note 40, paras 7.561 et 7.568.

[54] G.S., *États-Unis—Mesures tarifaires visant certains produits en provenance de Chine* [États-Unis — Mesures tarifaires], WT/DS543/R, 2020, paras 7.128 et 7.140.

[55] G. Dufour et N. Veremko, « Unilateral Economic Sanctions Adopted to React to An Erga Omnes Obligation: Basis for Legality and Legitimacy Analysis? A Partial Response to Alexandra Hofer's Article», Chinese Journal of International Law 1, 2019.

[56] O.A., *Colombie –Mesures visant les importations de textiles, vêtements et chaussures* [Colombie – Textiles], WT/DS461/AB/R, 2016, para 5.68.

structure et son fonctionnement attendu »[57]. La teneur exacte du test applicable semble encore en construction, oscillant entre l'exigence d'une mesure *conçue pour la protection* de la moralité publique à celle d'une mesure *apte à protéger* la moralité publique[58].

Dans l'affaire *États-Unis – Mesures tarifaires*, la Chine a prétendu que l'article XX a) ne pouvait être interprété comme autorisant des mesures qui visent des produits non moralement offensifs, soit des « marchandises importées qui [n]ont [pas] une teneur choquante ou [ne] représentent [pas] un comportement choquant »[59]. Suivant ce raisonnement, on peut se demander si une mesure adoptée pour réagir à des violations des droits humains pourrait être considérée comme entrant dans le champ d'application de l'article XX a). Par exemple, est-ce qu'un Membre pourrait justifier une mesure interdisant l'importation de produits en provenance d'un pays où il y a de fortes violations des droits humains alors même que le produit en soi n'est pas choquant pour la moralité publique ? Dans cette affaire, les États-Unis disaient avoir adopté des mesures tarifaires à l'égard de centaines de produits de consommation courante afin de réagir au système de vol de propriété intellectuelle, orchestré par le gouvernement chinois. Suivant l'argument de la Chine, pareille mesure était « trop indirecte » avec les objectifs de moralité publique, ne visant pas précisément des marchandises moralement offensives[60]. Le Groupe spécial a refusé de traiter cette question à un « niveau abstrait » et a plutôt décidé d'analyser la validité de la mesure des États-Unis selon leur capacité à démontrer qu'elles « sont aptes à contribuer à l'objectif de moralité publique qu'ils invoquent »[61]. La question portant sur le caractère moralement offensif des produits chinois n'a pas été étudiée par le Groupe spécial, mais certains passages laissent croire à une possible limitation de l'exception de moralité publique dans les affaires à venir[62]. Du moins, la porte a été ouverte et n'a pas été fermée.

En somme, l'exception de moralité publique peut certainement être pertinente pour justifier une mesure protectrice des droits humains. Toutefois, elle demeure imprécise quant à son étendue. De manière générale, les organes quasi juridictionnels ont jusqu'ici ménagé une marge de manœuvre extrêmement étendue aux États souhaitant y recourir. En effet, jusqu'à maintenant, un seul membre invoquant l'exception de moralité publique n'a

---

57 *Ibid.*, para 5.68; *CE- Produits dérivés du phoque*, *supra* note 50, para 5.144. Sur les moyens de preuve, voir : K. PLOUFFE-MALETTE, *Moralité publique : des droits de la personne au droit de l'OMC*, Bruxelles, Bruylant, 2019, pp. 238 et ss.

58 *Ibid.* (K. PLOUFFE-MALETTE), pp. 226 à 238.

59 *États-Unis — Mesures tarifaires*, *supra* note 54, para 7.143.

60 *Ibid.*, para 7.177.

61 *Ibid.*, para 7.178.

62 Voir ci-dessous *infra* p. 18.

pas été en mesure de passer la première étape du test[63]. De plus, même lorsque la mesure semble aller à l'encontre des droits fondamentaux de la personne, les organes quasi juridictionnels de l'OMC font preuve d'une retenue. En effet, dans l'affaire *Chine – Publications et produits audiovisuels*, les États-Unis se plaignaient d'une mesure chinoise visant à interdire l'importation de produits culturels en application d'une politique de censure étatique. Le Groupe spécial et l'Organe d'appel ont « simplement assumé que les mesures chinoises visaient la protection de la moralité publique »[64], alors même que la mesure chinoise elle-même violait un principe fondamental relevant des droits humains, soit la liberté d'expression[65].

À l'instar du test imposé pour l'article XX b) relatif à la protection de la santé ou de la vie des personnes, le test de l'article XX a) relatif à la moralité publique impose en sus qu'on démontre que les mesures prises répondent à un critère de nécessité.

2. Une mesure indispensable sans alternative moins attentatoire au libre-échange : une interprétation de la nécessité limitant la capacité des États de protéger les droits fondamentaux

La lettre des sous-paragraphes a) et b) de l'article XX renvoie directement au caractère nécessaire des mesures prises par les États pour répondre aux impératifs de moralité publique et de protection de la vie et de la santé des personnes et des animaux ou la préservation des végétaux. Il faut donc que l'État démontre que la mesure adoptée est « nécessaire pour la protection de la vie et de la santé des personnes et des animaux ou la préservation des végétaux » ou qu'elle est « nécessaire à la protection de la moralité publique ». Le libellé de l'article n'éclaire pas davantage quant aux conditions auxquelles une mesure peut être considérée comme autorisée. C'est aux arbitres des différents panels du GATT qu'est revenue la tâche d'interpréter l'article XX. Si au fil du temps, l'article XX b) a été invoqué à quelques reprises, l'article XX a) n'a quant à lui jamais été invoqué pendant les années du GATT. Suivant la « jurisprudence », deux conditions sont apparues au fil du temps.

---

[63] Le Groupe spécial chargé de l'affaire *Indonésie – Régimes de licences d'importation* n'a pas considéré qu'il existait un lien suffisant entre les mesures adoptées et l'objectif de protection de la moralité publique. Pour un résumé et une critique, voir : K. PLOUFFE-MALETTE, *supra* note 57, pp. 232 à 238 et pour une analyse précise de chaque affaire, voir : K. PLOUFFE-MALETTE, « Public Morality Exception at the WTO : Much Ado About Nothing », *Journal of World Trade*, 2021, pp. 456 et ss.

[64] *Ibid.*, p. 205.

[65] J. PAUWELYN, « Squaring Free Trade in Culture with Chinese Censorship: the WTO Appellate Body Report on China-Audiovisuels » *Melb. JIL*, 2010, p. 119 ; E.S. DARANKOUM, « Moralité publique et diversité culturelle : l'approche OMC dans la jurisprudence Chine – Services audiovisuels », *Revue juridique Thémis*, 2011, p. 431.

Premièrement, la mesure adoptée doit être la moins restrictive au commerce[66]. On conviendra que ce critère est éminemment subjectif[67].

Deuxièmement, toutes les autres options raisonnablement disponibles doivent avoir été épuisées. C'est en 1990, lors d'une affaire impliquant des mesures thaïlandaises interdisant l'importation de cigarettes qu'un panel a, pour la première fois, énoncé ce critère de l'inexistence d'alternatives raisonnables applicable à l'article XX b) du GATT. Après avoir reconnu que la mesure visait la protection de la santé, le Panel a considéré que la mesure n'était pas nécessaire puisqu'il existait d'autres options raisonnables. En réalité, le panel s'est basé sur une décision rendue par un autre panel l'année précédente dans l'affaire *États-Unis – Article 337*. Interprétant l'expression « nécessaire » prévue à l'article XX d), le Panel avait introduit le critère de l'existence d'alternatives raisonnables :

> [U]ne partie contractante ne peut justifier une mesure incompatible avec une autre disposition de l'Accord général en la déclarant « nécessaire » au sens de l'article XX d) si elle dispose d'une autre mesure dont on pourrait attendre raisonnablement qu'elle l'emploie et qui n'est pas incompatible avec d'autres dispositions de l'Accord général. De même, dans les cas où une mesure compatible avec d'autres dispositions de l'Accord général n'est pas raisonnablement disponible, une partie contractante a l'obligation d'utiliser, parmi les mesures dont elle dispose raisonnablement, celle qui comporte le moindre degré d'incompatibilité avec les autres dispositions de l'Accord général[68].

Considérant que rien ne l'empêchait d'interpréter le mot « nécessaire » de la même manière pour l'article XX b) que cela n'avait été fait pour l'article XX d)[69], le Panel chargé de l'affaire *Thaïlande – Cigarettes* a appliqué le raisonnement retenu dans *États-Unis—Article 337*. Il a donc considéré que la

[66] *Thaïlande – Cigarette, supra* note 33, para 75; G.S. *États-Unis — Restrictions à l'importation de thon (Mexique)* [États-Unis –Thon I], DS21/R - 39S/155, 1991, para 5.28 ; G.S. *États-Unis — Restrictions à l'importation de thon (Communauté économique européenne)* [États-Unis –Thon II], DS29/R, 1994, para 5.35; G.S., *États-Unis – L'article 337 de la Loi douanière de 1930* [États-Unis—Article 337], L/6439 - 36S/386, 1989, para 5.26; *États-Unis – Essence, supra* note 34, para 6.24.

[67] M. PROST, *D'abord les moyens, les besoins viendront après : Commerce et environnement dans la jurisprudence du GATT et de l'OMC*, Bruxelles, Bruylant, 2005, p. 43.

[68] *États-Unis—Article 337, supra* note 66, para 5.26.

[69] « Le Groupe spécial ne voyait pas pourquoi, dans le cadre de l'article XX, le terme "nécessaire" n'aurait pas à l'alinéa d) le même sens qu'à l'alinéa b). Dans les deux alinéas était employé le même terme et exprimé le même objectif : permettre aux parties contractantes d'imposer des mesures de restriction des échanges incompatibles avec l'Accord général pour poursuivre les objectifs supérieurs de l'action gouvernementale pour autant que ces incompatibilités étaient inévitables. Le fait que l'alinéa d) s'appliquait à des incompatibilités résultant de l'application de lois et règlements compatibles avec l'Accord général et l'alinéa b), à celles qui découlaient de choix gouvernementaux liés à la santé ne justifiait donc pas une interprétation différente du terme "nécessaire ». *Thaïlande –Cigarettes, supra* note 33, para 74.

mesure prise par la Thaïlande n'était pas la seule disponible ni la moins incompatible avec les obligations de la Thaïlande en vertu du GATT :

> [L]e Panel a estimé qu'il existait diverses mesures conformes à l'Accord général dont la Thaïlande pouvait raisonnablement disposer pour contrôler la qualité et la quantité de cigarettes fumées et qui, prises ensemble, pouvaient permettre d'atteindre les objectifs de politique sanitaire que le gouvernement thaïlandais poursuit en limitant l'importation de cigarettes de manière incompatible avec l'article XI:1[70]. [Notre traduction et notre soulignement]

Le Panel a considéré comme étant un facteur déterminant l'existence d'autres mesures moins restrictives au commerce, telles que l'étiquetage et la divulgation des produits nocifs contenus dans les cigarettes. Ainsi, la Thaïlande pouvait raisonnablement utiliser des moyens moins incompatibles avec les dispositions du GATT pour atteindre ses objectifs de politique sanitaire[71].

Cette interprétation très restrictive du critère de nécessité a été appliquée dans les décisions subséquentes, notamment dans les affaires *États-Unis—Thon I* et *II* où les panels ont affiné l'analyse.

Dans l'affaire *États-Unis—Thon I*, le Panel a rejeté l'argument des États-Unis fondé sur l'article XX du GATT, estimant encore une fois que d'autres mesures étaient disponibles pour les États-Unis et de surcroit, que ces dernières n'étaient pas incompatibles avec le GATT. Plus particulièrement, dans cette affaire, les États-Unis ont imposé un embargo contre le Mexique en interdisant l'importation de thon jusqu'à ce que ce dernier puisse démontrer que la pêche du thon ne menace plus la vie et la santé des dauphins. Malgré les tentatives des États-Unis de démontrer que leurs mesures étaient justifiées par les paragraphes XX b) ou g) du GATT, le Panel a plutôt jugé que « [l]es États-Unis n'ont pas démontré [...] qu'ils ont épuisé toutes les options raisonnablement disponibles pour poursuivre leurs objectifs de protection des dauphins par des mesures conformes à l'accord général »[72]. Quelques années plus tard, dans la décision *États-Unis—Thon II*, un différend sensiblement identique au précédent, le Panel confirmait son raisonnement quant à l'analyse de la nécessité d'une mesure : « dans le sens ordinaire du terme, "nécessaire" signifie qu'il n'existe pas d'alternative »[73].

On pense souvent que l'avènement de l'OMC en 1995 a remis en cause cette manière d'interpréter la nécessité au regard de l'article XX du GATT. Pourtant, la première affaire rendue dans le cadre de l'Organe de règlement des différends créé sous l'égide de l'OMC a confirmé la « jurisprudence » des panels du GATT. L'affaire *États-Unis – Essence* impliquait l'application de

---

[70] *Ibid.*, para 81.
[71] *Ibid.*, paras 75 à 81.
[72] G.S. *États-Unis — Restrictions à l'importation de thon (Mexique)* [États-Unis –Thon I], DS21/R - 39S/155, 1991, para 5.28. [Notre traduction et nos soulignements]
[73] G.S. *États-Unis — Restrictions à l'importation de thon (Communauté économique européenne)* [États-Unis – Thon II], DS29/R, 1994, para 5.35. [Notre traduction et nos soulignements]

l'article XX b) et mettait en cause une mesure américaine de lutte contre la pollution atmosphérique et plus précisément une réglementation relative aux substances toxiques provenant de la combustion d'essence remise en cause par le Venezuela et le Brésil. Dans le cadre de cette affaire, un groupe spécial et l'Organe d'appel ont confirmé l'application du critère de l'inexistence d'une solution alternative raisonnable[74].

En somme, le test de nécessité développé par les panels du *GATT* et le Groupe spécial de l'OMC dans l'affaire *États-Unis – Essence* exigeait que l'État démontre le caractère nécessaire de sa mesure en établissant non pas seulement que la mesure adoptée constituait la moins restrictive au commerce, mais aussi qu'il avait épuisé toutes les autres options raisonnablement disponibles. Par leur interprétation, les panels du GATT avaient imposé un test extrêmement rigide. Comme le souligne Mario Prost, cette rigidité menait à un obstacle majeur de logique juridique : on se trouvait à réintégrer au cœur du régime d'exception institué par l'article XX les principes mêmes auxquels le régime permettait précisément de faire exception[75]. Heureusement, l'Organe d'appel lui a dès le début des années 2000, substitué un test plus souple, ménageant davantage la marge de manœuvre des Membres.

3. L'assouplissement du critère de nécessité : la proportionnalité au secours des valeurs autres que commerciales ?

Les différents panels du GATT et le Groupe spécial appelé à traiter de l'affaire *États-Unis – Essence* ont favorisé une interprétation restrictive du terme « nécessaire », limitant la discrétion des États et les obligeant à adopter *la* seule mesure considérée comme *la* moins attentatoire au commerce. À partir de l'année 2000, à l'occasion de trois contentieux sanitaires[76], le « juge

---

[74] G.S., *États-Unis – Essence*, *supra* note 34, para 6.25 et O.A., *États-Unis – Essence*, *supra* note 4, p. 18. Notons que l'Organe d'appel n'a pas été invité à revoir le test de nécessité appliqué par le Groupe spécial à l'égard de l'Article XX b) du GATT. Toutefois, il l'a en quelque sorte abordé lorsqu'il a relevé le fait que le Groupe spécial avait erré en appliquant le test de l'Article XX b) à l'article XX g) qui ne contient pourtant pas de référence à une quelconque nécessité : « Rappelons que, dans son rapport, le Groupe spécial a constaté que les États-Unis n'avaient pas démontré que les règles d'établissement des niveaux de base étaient "nécessaires" au regard de l'article XX b) puisqu'ils avaient raisonnablement disposé d'autres mesures, compatibles ou moins incompatibles avec l'Accord général, pour atteindre leur objectif consistant à protéger la vie des personnes et des animaux et à préserver les végétaux. En d'autres termes, dans son rapport, le Groupe spécial semble avoir appliqué le critère du caractère "nécessaire" non seulement en examinant les règles d'établissement des niveaux de base au regard de l'article XX b) mais aussi en appliquant l'article XX g) ».

[75] M. Prost, *supra* note 67, p. 45.

[76] O.A., *Corée – Mesure affectant les importations de viande de bœuf fraîche, réfrigérée et congelée* [Corée – Viande de bœuf] WT/DS169/AB/R, 2000, paras 162, 163 et 166]; *CE – Amiante*, *supra* note 14, para 174; O.A., *Brésil – pneumatiques rechapés*, *supra* note 14, paras 60 et ss.; G.S., *Brésil – pneumatiques rechapés*, *supra* note 36, paras 7.39 et ss.

de l'OMC » a adopté une interprétation évolutive rompant avec le syllogisme adopté et appliqué jusque-là. Après avoir soupesé un ensemble de facteurs (3.1), le juge de l'OMC évalue les mesures de rechange disponibles (3.2).

3.1 Exercice de soupesage global : une mesure non indispensable peut néanmoins être nécessaire

C'est à l'occasion de l'affaire *Corée – Viande de bœuf* que l'Organe d'appel a amorcé un assouplissement du test de nécessité. L'analyse concernait l'article XX d), mais elle a été reprise ultérieurement dans les contentieux relatifs à l'article XX a) et XX b). Ainsi, l'Organe d'appel a constaté que « [p]lus ces intérêts communs ou ces valeurs communes sont vitaux ou importants, plus il sera facile d'admettre la "nécessité" d'une mesure conçue comme un instrument d'application »[77]. En outre, l'Organe d'appel a ajouté que l'impact de la mesure sur la réalisation de l'objectif devait être pris en compte : « [p]lus cet apport est grand, plus il sera facile de considérer que la mesure peut être "nécessaire" »[78]. Finalement, il a mis l'accent sur l'impact restrictif de la mesure sur le commerce. Ainsi, « [u]ne mesure qui a une incidence relativement faible sur les produits importés pourra plus facilement être considérée comme "nécessaire" qu'une mesure qui a des effets restrictifs profonds ou plus larges »[79]. De cette analyse, l'Organe d'appel tire la conclusion suivante :

> En somme, pour déterminer si une mesure qui n'est pas « indispensable » peut néanmoins être « nécessaire » au sens de l'article XX d), il faut dans chaque cas soupeser et mettre en balance une série de facteurs parmi lesquels figurent au premier plan le rôle joué par la mesure d'application dans le respect de la loi ou du règlement en question, l'importance de l'intérêt commun ou des valeurs communes qui sont protégés par cette loi ou ce règlement et l'incidence concomitante de la loi ou du règlement sur les importations ou les exportations[80].

Un exercice de soupesage de trois facteurs doit donc être réalisé pour évaluer la nécessité : l'importance relative des intérêts ou des valeurs promus par la mesure contestée (3.1.1) l'incidence restrictive de la mesure sur le commerce international (3.1.2), et la contribution de la mesure à la réalisation des objectifs qu'elle poursuit (3.1.3).

3.1.1 L'importance relative des intérêts ou des valeurs promus

Le premier facteur se rapporte à l'importance relative des intérêts ou des valeurs promus par la mesure contestée. Il revient au Membre invoquant la nécessité d'une mesure de démontrer son importance.

---

[77] *Ibid.* (*Corée – Viande de bœuf*), para 162.
[78] *Ibid.*, para 163.
[79] *Ibid.*, para 163.
[80] *Ibid.*, para 164.

La jurisprudence relative à l'article XX b) a bien défini la tâche à accomplir pour déterminer l'importance relative des intérêts ou des valeurs promus. Les groupes spéciaux doivent évaluer s'il existe un risque et si ce risque pose un réel danger sur la santé ou la vie des personnes et des animaux, ou sur la préservation des végétaux. Sur la base des preuves présentées et après analyse, les Groupes spéciaux chargés des affaires *CE – Amiante* et *Brésil – Pneumatiques rechapés* ont sans difficulté conclu que le potentiel cancérigène de l'amiante en cause ne laissait pas de doute quant à la nature vitale de l'intérêt commun poursuivi et que l'accumulation de pneumatiques, utilisés comme gîtes larvaires par les moustiques, contribuait à la transmission de maladies extrêmement graves, dont la dengue, la malaria et la fièvre jaune[81], en plus de causer un risque pour la santé, élevé et avéré, en cas d'incendie[82].

Si une majorité d'affaires jugées au regard du paragraphe b) relative à la vie et la santé humaines ou à la protection de l'environnement semble répondre à cet impératif d'intérêts ou de valeurs importantes[83], la détermination s'avère plus hasardeuse en ce qui concerne le paragraphe a) et une mesure relative au respect des droits fondamentaux :

> La licéité d'une mesure a priori incompatible avec le GATT ou l'AGCS, mais visant la réalisation des droits de l'homme dépendra donc fortement de l'appréciation axiologique des juges de l'OMC sur l'intérêt à protéger les droits de l'homme, appréciation susceptible de varier en fonction du droit concerné. En effet, en acceptant ou en refusant que la protection des droits de l'homme ou de certains d'entre eux soit une valeur hautement importante, les juges de l'OMC facilitent ou non la preuve de la nécessité de la mesure visant à garantir leur réalisation[84].

Pourtant, si on se fie à la manière dont les organes quasi-juridictionnels de l'OMC procèdent à l'analyse au regard du sous-paragraphe a) de l'article XX, on peut penser qu'une mesure adoptée dans l'optique de protéger un droit fondamental passera aisément le test. En effet, dès la première affaire relative à l'article XX a), *États-Unis – Jeux*, le Groupe spécial a fait preuve d'une déférence par rapport à ce point, s'en tenant à référer aux déclarations des représentants au Congrès pour évaluer l'importance de la mesure[85]. Les

---

[81] *Brésil – Pneumatiques rechapés, supra* note 36, paras 7.56 à 7.71.

[82] *Ibid.*, paras 7.72 à 7.83.

[83] C'est d'ailleurs ce qu'a reconnu l'Organe d'appel dans l'affaire *Brésil–Pneumatiques rechapés, supra* note 14, para 144.

[84] S. GROSBON, « La primauté du commerce sur les droits de l'Homme dans le cadre de l'OMC », *Libertés économiques et droits de l'Homme*, Presses universitaires de Paris Ouest, 2011, p 5. Voir aussi H. V. RUIZ FABRI, « La nécessité devant le juge de l'OMC », *La nécessité en droit international,* T. CHRISTAKIS et K. MOLLARD-BANNELIER (dir.), Pedone, 2007, p. 210.

[85] G.S., *États-Unis—Jeux, supra* note 40, paras 6.489 à 6.493; O.A., *États-Unis - Mesures visant la fourniture transfrontière de services de jeux et paris* [États-Unis – Jeux], WT/DS285/AB/R, 2005, paras 323 à 325.

affaires subséquentes témoignent de la même déférence[86]. De manière générale, comme le note Kristine Plouffe-Malette, l'Organe d'appel n'évalue pas à proprement dit l'importance de la mesure ; il se contente de conclure à son importance de manière automatique aussitôt qu'il a déterminé que l'objectif de la mesure concerne la moralité publique : « L'étude de l'objectif et l'analyse de l'importance de la mesure sont ici amalgamées au détriment d'une réelle analyse de la nécessité »[87]. En outre, elle pointe du doigt l'analyse du Groupe spécial chargé de l'affaire *CE— Produits dérivés du phoque* qui n'a pas évalué de manière précise le risque que fait peser la chasse aux phoques sur la moralité publique des Européens. En effet, le Groupe spécial a plutôt évalué si la chasse aux phoques avait une incidence sur le bien-être animal[88]. L'Organe d'appel a confirmé cette approche en n'estimant pas que :

> l'expression « à la protection », utilisée en relation avec la moralité publique au titre de l'article XX a) exigeait du Groupe spécial, comme le Canada l'affirme, qu'il identifie l'existence d'un risque lié aux préoccupations morales du public de l'Union européenne concernant le bien-être des phoques[89].

Si cette façon de faire ne respecte pas la lettre de l'article XX a) qui, par renvoi à l'existence d'un risque, suppose une analyse réelle de la « protection de la moralité publique », on doit en conclure qu'il semble relativement facile de démontrer l'importance de la valeur découlant de la moralité publique dès lors que l'objectif est reconnu comme étant en lien avec celle-ci.

3.1.2 La contribution de la mesure pour la réalisation des objectifs

Le deuxième facteur se rapporte à la contribution de la mesure pour la réalisation des objectifs poursuivis, en ce que « [p]lus cet apport est grand, plus il sera facile de considérer que la mesure peut être "nécessaire" »[90]. C'est ce facteur qui est plus particulièrement déterminant dans l'analyse du nouveau test de nécessité, puisque la relation entre la mesure prise et l'objectif recherché doit être « étroite et véritable entre la fin et les moyens »[91].

La décision *Brésil–Pneumatiques rechapés* a confirmé l'analyse de cette relation : « [u]ne telle contribution existe lorsqu'il y a une véritable relation entre l'objectif poursuivi et la mesure en cause pour ce qui est de la fin et des moyens. Le choix d'une méthode pour évaluer la contribution d'une mesure est [en] fonction de la nature du risque, de l'objectif poursuivi, et du niveau

[86] Par exemple, voir : *CE- Produits dérivés du phoque*, *supra* note 39, para 7.632; *États-Unis – Jeux*, *supra* note 40, para 7. 817; *Colombie – Textile*, *supra* note 40, para 7.404; O.A., *Colombie – Mesures visant les importations de textiles, vêtements et chaussures* [*Colombie – Textiles*], WT/DS461/AB/R, 2016, para 5.105.

[87] K. PLOUFFE-MALETTE, *supra* note 57, pp. 248 et 249.

[88] *CE- Produits dérivés du phoque*, *supra* note 39, para 5.194.

[89] *CE- Produits dérivés du phoque*, *supra* note 50, para 5.198.

[90] *Corée – Viande de bœuf*, *supra* note 76, para 163.

[91] *États-Unis—Crevettes*, *supra* note 8, para 136.

de protection souhaité »[92] Selon l'Organe d'appel, il n'est pas nécessaire de quantifier « la contribution d'une mesure à la réalisation de l'objectif qu'elle poursuit ». En d'autres mots, dans l'évaluation de ce facteur, le juge de l'OMC ne doit pas nécessairement tirer une conclusion fondée sur l'apport en nombre de la mesure pour l'atteinte de l'objectif visé. Par exemple, dans cette affaire, l'Organe d'appel soutient que « le Groupe spécial [n'] était [pas] tenu de quantifier la contribution de l'interdiction d'importer à la réduction du nombre de pneumatiques de rebut et de déterminer le nombre de pneumatiques de rebut qui serait réduit à la suite de l'interdiction d'importer »[93]. Une analyse qualitative de la contribution de la mesure pour la réduction du risque et l'atteinte du niveau de protection souhaité suffit. Il convient de préciser toutefois que l'Organe d'appel, dans la décision *Chine—Publications et produits audiovisuels*, rappelle qu'un groupe spécial est néanmoins tenu de procéder à une telle analyse dans l'évaluation de la contribution de la mesure, qu'elle soit quantitative ou qualitative[94].

La contribution de la mesure n'a pas à être figée dans le temps au moment de l'analyse puisque la preuve peut consister en « des projections quantitatives pour l'avenir, ou en un raisonnement qualitatif fondé sur un ensemble d'hypothèses qui sont vérifiées et étayées par des éléments de preuve suffisants »[95].

On constate que l'Organe d'appel, depuis la décision *Corée – Viande de bœuf*, a affiné l'analyse de ce deuxième facteur en assouplissant ses exigences. En effet, en affirmant que la contribution de la mesure n'a pas à être chiffrée, ni même actuelle, l'Organe d'appel ouvre la voie à un plus large éventail de mesures pouvant être prises pour protéger des intérêts non commerciaux.

En matière de moralité publique, cette étape du test est déterminante. En effet, si une majorité de Membres réussissent à démontrer que leurs mesures

---

[92] *Brésil–Pneumatiques rechapés*, *supra* note 14, para 145.

[93] *Ibid.*, para 147.

[94] *Chine—Publications et produits audiovisuels*, supra note 40, para 294 : « le Groupe spécial a simplement dit que le fait de limiter le nombre d'entités importatrices "[pouvait] représenter une contribution importante" à la protection de la moralité publique en Chine. Or le Groupe spécial n'a ni examiné des projections quantitatives, ni présenté un raisonnement qualitatif fondé sur des éléments de preuve dont il disposait pour étayer cette constatation. Le rapport du Groupe spécial n'examine pas la manière ou la mesure dans laquelle la prescription relative au plan de l'État peut apporter, ou apporte effectivement, une contribution. Pour ces raisons, nous ne souscrivons pas à la constatation du Groupe spécial selon laquelle la Chine s'était acquittée de la charge de la preuve qui lui incombait concernant la contribution de la prescription relative au plan de l'État à la protection de la moralité publique en Chine ».

[95] *Brésil–Pneumatiques rechapés*, *supra* note *supra* note 14, para 151. Voir aussi G.S., *Chine Mesures relatives à l'exportation de diverses matières premières*, WT/DS394, 2011. Dans ce rapport, le Groupe spécial rejette dans un premier temps l'argument de la Chine quant à la contribution actuelle de la mesure pour atteindre l'objectif recherché (voir para 7.604). Cette conclusion ne limite pourtant pas l'analyse du groupe spécial, qui se penche dans un deuxième temps sur l'existence d'une contribution dans l'avenir (voir paras 7.605-7.609).

ont un objectif de moralité publique, plusieurs n'arrivent pas à démontrer que les mesures adoptées contribuent à la réalisation de l'objectif. Dans l'affaire *Colombie – Textiles*, le lien entre le tarif imposé et l'objectif de lutte contre le blanchiment de l'argent finançant le conflit armé ainsi que le degré de restriction des échanges n'a pas été considéré comme suffisamment clair[96]. Dans l'affaire *Brésil – Taxation*, si le Groupe spécial a reconnu qu'« en théorie », la mesure pouvait conduire à une augmentation de l'inclusion sociale ou de l'accès à l'information, il n'a pas considéré que le Brésil avait démontré que sa mesure contribuait « en fait » à la réalisation de l'objectif[97]. Dans l'affaire *États-Unis — Mesures tarifaires*, le Groupe spécial n'a pas considéré que les États-Unis avaient fourni la preuve que les produits frappés de tarifs bénéficiaient de pratiques considérées comme contraires à la moralité publique des Américains[98].

D'ailleurs, dans *États-Unis – Mesures tarifaires*, comme remarqué ci-dessus[99], le Groupe spécial est allé plus loin. Sans se prononcer explicitement sur l'étendue du lien entre l'objectif de moralité publique et le produit touché par la mesure, il a néanmoins fait référence à ce lien étroit entre la mesure prise, les biens frappés par la mesure et l'objectif de moralité publique[100].

> De l'avis du Groupe spécial, une véritable relation entre la mesure contestée et l'objectif de moralité publique poursuivi pour ce qui est de la fin et des moyens ne pouvait pas découler de l'existence potentielle d'une telle relation en ce qui concerne une autre mesure. Il note que l'éventail des produits de la liste 2 n'est pas lié aux pratiques et politiques de la Chine dont il est allégué qu'elles portent préjudice à la moralité publique des États-Unis. Il observe que les États-Unis affirment aussi, d'une manière générale, qu'indépendamment de la question de savoir si les produits sur lesquels des droits additionnels sont imposés bénéficient des pratiques et politiques de la Chine qui mettent en jeu des préoccupations de moralité publique, tous ces droits additionnels contribuaient à répondre aux préoccupations de moralité publique des États-Unis invoquées, et étaient en fait nécessaires pour y répondre. Dans ce contexte, les États-Unis n'ont pas expliqué adéquatement en quoi il y avait une véritable relation entre l'imposition de droits additionnels sur les produits de la liste 2 et l'objectif de moralité publique qu'ils invoquaient pour ce qui était de la fin et des moyens[101].

Dans ce contexte, on peut se demander si un régime de sanctions commerciales, adopté par un Membre pour réagir à des violations massives et flagrantes du droit international des droits de la personne, pourrait être considéré comme une mesure contribuant suffisamment à la réalisation de l'objectif de moralité publique. Un groupe spécial exigerait-il que les mesures

---

[96] *Colombie — Textiles, supra* note 56, paras 5.116 et 5.117
[97] *Brésil –Taxation, supra* note 40, para 7.602.
[98] *États-Unis — Mesures tarifaires, supra* note 54, paras 7.191 (liste 1 des produits visés) et 7.222 à 7.223 (liste 2 des produits visés).
[99] Se référer aux explications fournies dans la Partie I de cet article, *infra p.* 10
[100] *États-Unis — Mesures tarifaires, supra* note 54, paras 7.222 et 7.223.
[101] *Ibid.*, para 7.222.

de sanctions commerciales ne visent que les produits fabriqués dans des conditions reconnues comme violant directement les droits fondamentaux (exemple de l'usine de misère) ? Si cela était le cas, nombre de régimes de sanctions commerciales ne passeraient pas le test de l'OMC. La situation de guerre commerciale existante à cette époque entre la Chine et les États-Unis, et l'attitude voyou de l'administration Trump dans ce conflit peut expliquer que le Groupe spécial ait mis l'accent sur l'absence de relation entre les produits de la liste 2[102] et l'objectif de moralité publique[103]. Autrement dit, par ce commentaire, le Groupe spécial a voulu relever l'incohérence des États-Unis. Rappelons que les États-Unis ont imposé ces tarifs pour réagir à une violation par la Chine de certains principes de l'OMC, alors même qu'ils n'ont logé aucune plainte contre la Chine. Rappelons aussi que les États-Unis avaient permis à leurs entreprises de faire des représentations pour retirer de la liste de produits frappés de tarifs, certains produits qu'ils n'auraient pas été en mesure d'importer autrement que par la Chine[104]. Aussi bien dire que l'objectif de moralité publique apparaissait à géométrie variable et qu'il était impératif que le Groupe spécial le souligne. Espérons toutefois que ce contexte particulier ne mène pas à une jurisprudence qui pourrait s'avérer fâcheuse pour la prise en compte des droits fondamentaux à l'OMC.

3.1.3 L'incidence restrictive de la mesure sur le commerce

Le troisième facteur se rapporte à l'incidence restrictive de la mesure sur le commerce, en ce « [qu'u]ne mesure qui a une incidence relativement faible sur les produits importés pourra plus facilement être considérée comme "nécessaire" qu'une mesure qui a des effets restrictifs profonds ou plus larges »[105]. Ainsi, une interdiction d'importation, soit l'arme la plus lourde dans l'arsenal de mesures commerciales[106] sera plus difficile à justifier qu'une mesure prescrivant l'étiquetage ou la certification[107].

---

[102] Les États-Unis ont appliqué des tarifs à deux catégories de produits. La liste 1 concerne des produits qui ont une « relation directe et claire [avec] les politiques et pratiques déloyales en matière de transfert de technologies décrites dans le rapport au titre de l'article 301 » (*ibid.*, para 7.182) et la liste 2 concerne « une catégorie plus large de produits que ceux dont il a été constaté qu'ils bénéficiaient directement des actes, politiques et pratiques commerciaux déloyaux documentés dans le rapport au titre de l'article 301 » (*Ibid.*, para 7.218).

[103] En ce qui concerne la liste 1, sans mettre l'accent sur l'absence de lien avec les produits en soi, le Groupe spécial est arrivé à une conclusion similaire. Selon lui, les États-Unis n'ont pas réussi à démontrer qu'il existait une « véritable relation entre l'imposition de droits sur les produits de la liste 1 et l'objectif de moralité publique qu'ils invoquaient pour ce qui était de la fin et des moyens ». *Ibid.*, paras 7.182 à 7.215.

[104] Le Groupe spécial l'a d'ailleurs relevé tant en ce qui concerne les produits de la liste 1 que ceux de la liste 2 : *Ibid.*, paras 7.202 à 7.215 (liste 1) et paras 7.224 à 7.226 (liste 2).

[105] *Corée—Viande de bœuf*, *supra* note 76, para 163.

[106] *États-Unis—Crevettes*, *supra* note 8, para 171.

[107] Voir *Thaïlande –Cigarettes*, *supra* note 33, para 75.

Il s'agit dès lors d'appliquer un test coûts/bénéfices. Autrement dit, plus la mesure coûte en termes d'atteinte aux principes de libéralisation des échanges, plus les bénéfices qu'elle offre au regard de l'objectif poursuivi doivent être importants. C'est entre autres ainsi que se matérialise le principe de proportionnalité dans le droit de l'OMC : pour être jugée licite, la mesure « doi[t] se limiter au strict nécessaire et donc être proportionné[e] aux objectifs [...] qu'[ont] retenus » les négociateurs du GATT de 1947[108]. Ainsi, une mesure ne doit pas être plus restrictive pour le commerce que ce qui est nécessaire pour atteindre l'objectif visé.

Pour certains[109], cette manière de faire est en contradiction avec le principe selon lequel chaque État a le droit d'adopter le niveau de risque qu'il juge approprié[110]. En effet, comment concilier, d'une part, un test exigeant que la solution adoptée par un Membre produise le moins d'effets possible sur le commerce tout en affirmant, d'autre part, la liberté des Membres d'adopter les moyens voulus leur permettant d'atteindre le niveau de protection souhaité ? Les auteurs Mads Andenas et Stefan Zleptnig nuancent cette critique :

> L'un des aspects de la proportionnalité est de régir la portée et l'application des exceptions telles que l'article XX et, par conséquent, d'évaluer et d'équilibrer les différents intérêts en jeu. [...] [L] a mise en balance dans le cadre de l'article XX doit être effectuée à plusieurs reprises afin de déterminer la nécessité, le caractère raisonnable ou la proportionnalité d'une mesure particulière. Dans ces cas, il s'agit de déterminer quels droits ou intérêts doivent être mis en balance les uns par rapport aux autres, car il serait trompeur de réduire cette mise en balance aux seules préoccupations commerciales générales par rapport aux préoccupations non commerciales[111].

3.2 Disponibilité de solutions de rechange

Une fois les trois facteurs analysés et soupesés dans leur ensemble, si le juge de l'OMC estime que la mesure est *prima facie* nécessaire[112], il analyse ensuite cette mesure en la comparant aux solutions de rechange disponible. Dans l'affaire *Brésil–Pneumatiques rechapés*, l'Organe d'appel résume ainsi le syllogisme :

> Afin de déterminer si une mesure est « nécessaire » au sens de l'article XX b) du GATT de 1994, un groupe spécial doit évaluer tous les facteurs pertinents, en particulier l'étendue de la contribution à la réalisation de l'objectif d'une mesure et le caractère restrictif de cette mesure pour le commerce, à la lumière

---

[108] M. FROMONT, « Le principe de proportionnalité », *AJDA*, 1995, p. 156. Voir aussi S. GROBON, *supra* note 84, p. 10.

[109] Voir par exemple : D.H. REGAN, « The meaning of 'necessary' in GATT Article XX and GATS Article XIV: the myth of cost–benefit balancing », *World Trade Review*, 2007; G. MULLER, « The Necessity Test and Trade in Services: Unfinished Business? », *Journal of World Trade*, 2005.

[110] *Corée – Viande de bœuf, supra* note 76, para. 176 à 178.

[111] M. ANDENAS et S. ZLEPTNIG, « Proportionality and balancing in WTO law: a comparative perspective », *Cambridge Review of International Affairs*, 2007, p. 82. [Notre traduction]

[112] *États-Unis—Jeux, supra* note 40, para 310.

> de l'importance des intérêts ou des valeurs en jeu. Si cette analyse aboutit à une conclusion préliminaire selon laquelle la mesure est nécessaire, ce résultat doit être confirmé par une comparaison entre la mesure et les solutions de rechange possibles, qui peuvent être moins restrictives pour le commerce tout en apportant une contribution équivalente à la réalisation de l'objectif poursuivi[113].

Il convient alors de préciser qu'une mesure de rechange, pour qu'elle soit retenue, doit être *raisonnablement* disponible. L'Organe d'appel trace les limites de cette raisonnabilité dans la décision *CE—Produits dérivés du phoque* :

> Il peut être constaté qu'une mesure de rechange n'est pas raisonnablement disponible lorsqu'elle est « de nature purement théorique, par exemple, lorsque le Membre défendeur n'est pas capable de l'adopter ou lorsque la mesure impose une charge indue à ce Membre, par exemple des coûts prohibitifs ou des difficultés techniques substantielles ». Qui plus est, pour être une « véritable solution de rechange », la mesure proposée non seulement doit être moins restrictive pour le commerce que la mesure originale en cause, mais aussi devrait « préserver [ ] le droit du Membre défendeur d'assurer le niveau de protection qu'il souhaite pour ce qui est de l'objectif poursuivi »[114].

En outre, tel qu'indiqué dans la décision *Brésil–Pneumatiques rechapés*, les capacités de l'État qui invoque une mesure sont prises en compte afin de déterminer si une mesure alternative est raisonnablement disponible :

> La capacité d'un pays de mettre en œuvre des mesures correctives qui seraient particulièrement onéreuses ou qui exigeraient des technologies avancées, peut être pertinente pour l'évaluation du point de savoir si ces mesures ou pratiques sont des solutions de rechange raisonnablement disponibles pour remplacer une mesure préventive, telle que l'interdiction d'importer, qui ne comporte pas « des coûts prohibitifs ou des difficultés techniques substantielles »[115].

À ce titre, comme le constatent les auteurs Gabrielle Marceau et Clément Marquet, l'Organe d'appel « a franchi là un pas important pour les pays en développement souhaitant protéger la santé ou le milieu naturel de leurs citoyens »[116]. En effet, un État ayant des capacités moindres pourrait adopter une mesure plus restrictive au commerce qu'un autre État, même si tous deux visent un objectif similaire. Cela permet alors aux pays en développement de recourir également aux exceptions pour protéger des droits fondamentaux, n'étant pas limités par les coûts occasionnés par des mesures moins restrictives.

---

[113] *Brésil–Pneumatiques rechapés*, *supra* note 14, para 156. Voir aussi : *CE-Amiante*, *supra* note 14, para 172.

[114] *CE- Produits dérivés du phoque*, *supra* note 40, para 5.261. Voir aussi *Corée—Viande de bœuf*, *supra* note 76, para 166; *États-Unis—Jeux*, *supra* note 40, para 308.

[115] *Brésil–Pneumatiques rechapés*, *supra* note 14, para 171. Voir aussi : *Brésil – Taxation*, supra note 36, paras 7.620 et 7.621.

[116] G. MARCEAU et C. MARQUET, *supra* note 13, p. 135.

Le fardeau de démontrer l'existence d'une mesure de rechange raisonnablement disponible ne revient pas entièrement à la partie défenderesse[117]. Le Membre demandeur doit proposer les mesures de rechanges qu'il estime raisonnables et qui auraient dû être favorisées puisqu'elles sont soit compatibles avec les principes du GATT, soit moins attentatoires. Ensuite, il revient à l'État qui invoque l'exception de démontrer que les mesures proposées ne sont pas raisonnablement disponibles. Une mesure alternative qui entraine un certain coût administratif ne doit pas être écartée pour cette seule raison « et un Membre ne peut pas démontrer qu'il n'existe pas de mesure de rechange raisonnablement disponible simplement en montrant qu'il n'existe pas de mesure de rechange moins coûteuse ». Plutôt, c'est la « charge indue » de la mesure de rechange qui est déterminante, ainsi que les « éléments de preuve suffisants pour étayer cette affirmation »[118].

Ainsi, le test de proportionnalité appliqué par le « juge de l'OMC » consiste aujourd'hui à vérifier la contribution objective de la mesure pour l'atteinte d'un objectif déterminé par l'État – qui doit au minimum se rapporter à l'un des motifs d'exception – et à analyser cette contribution au regard de son effet restrictif sur le commerce. Par conséquent, s'il s'avère qu'une mesure alternative permet d'atteindre le même objectif poursuivi par l'État sans pour autant être aussi restrictive pour le commerce, la mesure initiale prise par l'État ne saurait satisfaire le test de proportionnalité.

En somme, la mesure n'a plus à être *la* seule disponible. La licéité de la mesure est plutôt analysée au regard de la mise en balance de différents facteurs et ultimement, au regard des autres mesures disponibles afin d'établir si elle s'inscrit dans celles qui sont les moins attentatoires aux règles du commerce.

Conclusion

Depuis le début des années 2000, on assiste à un véritable revirement jurisprudentiel quant à l'application du test de nécessité prescrit pour invoquer une exception au titre de la protection de la vie et de la santé humaine et animale ou la préservation phytosanitaire, ou de la moralité publique.

---

117 *États-Unis—Jeux*, *supra* note 40, para 300 : « Il n'incombe pas à la partie défenderesse de montrer, d'emblée, qu'il n'y a pas de mesures de rechange raisonnablement disponibles pour réaliser ses objectifs. En particulier, une partie défenderesse n'a pas besoin d'indiquer l'ensemble des mesures de rechange moins restrictives pour le commerce puis de montrer qu'aucune de ces mesures ne réalise l'objectif souhaité. Les Accords de l'OMC ne prévoient pas une telle charge irréalisable et, en fait, souvent impossible ». Cela contraste avec les décisions *États-Unis—Thon (I)* et *(II)*, où les groupes spéciaux avaient plutôt estimé que l'État qui tentait de justifier une mesure devait démontrer qu'il n'existait pas d'autre mesure alternative (se référer aux explications fournies dans la Partie II de cet article, *infra* p. 12).

118 *Chine—Publications et produits audiovisuels*, *supra* note 40, para 327.

En premier lieu, une interprétation restrictive du mot « nécessaire » limitant considérablement la marge de manœuvre des États dans l'adoption de mesures invoquées à titre d'exception a été favorisée. Les États ne pouvaient justifier pareilles mesures que si celles-ci s'avéraient « inévitables » et, de surcroit, entrainaient le moins d'effet restrictif sur le commerce. Cette interprétation a donné lieu à plusieurs décisions peu favorables pour le développement durable et la protection des droits humains. En effet, dès qu'une mesure de rechange existait, malgré qu'elle soit moins efficace pour atteindre l'objectif recherché, celle-ci devait être priorisée. Par exemple, les groupes spéciaux ont considéré la négociation d'un accord de coopération comme constituant une mesure de rechange suffisante pour assurer la protection des dauphins menacés par les pratiques de pêches ou encore, que l'étiquetage des paquets de cigarettes était une mesure acceptable et suffisante pour assurer la protection de la vie et de la santé de la population thaïlandaise. En somme, le test de nécessité exigeait une atteinte minimale aux principes du GATT et reléguait la protection des droits fondamentaux au second plan.

À partir de l'affaire *Corée – Viande de bœuf*, les groupes spéciaux ont modifié leur approche en introduisant une évaluation de la proportionnalité de la mesure prise au regard des atteintes au commerce international. On assiste à une réelle mise en balance des intérêts commerciaux et des enjeux ne relevant pas de la libéralisation du commerce : « [c]e qui différencie les deux approches, c'est que la proportionnalité implique que soit établi un lien raisonnable entre l'impact et le coût commercial d'une mesure et l'importance de l'objectif social qu'elle poursuit »[119]. Cet exercice se réalise dans une optique holistique. En effet, le juge de l'OMC doit se livrer à une opération consistant à rassembler toutes les variables de l'équation et à les évaluer les unes par rapport aux autres après les avoir examinées individuellement, afin d'obtenir un jugement global[120].

Au final, les préoccupations légitimes des États sont mieux prises en compte et ces derniers préservent leur pouvoir souverain de réglementer, d'interdire ou de limiter l'importation, la commercialisation et la consommation de certains biens et services, au nom de valeurs qui sont propres à leurs nationaux. Certes, la mesure doit encore aujourd'hui être la moins attentatoire possible, dans la mesure où, s'il existe une mesure qui permet à l'État d'atteindre ses objectifs et qui est compatible avec les obligations qui lui reviennent en tant que Membre de l'OMC, cette dernière doit être favorisée au détriment de la première. La mesure adoptée doit dès lors respecter le sacro-saint principe de l'atteinte minimale aux droits des autres Membres[121].

---

[119] M. PROST, *supra* note 67, p. 37.

[120] *États-Unis – Mesures tarifaires*, *supra* note 54, para 7.111.

[121] Sur ce principe, voir : A. O. SYKES, « The Least Restrictive Means » *U. Chi. L. Rev*, 2003, p.403.

Plus de vingt ans après l'assouplissement du test de nécessité, il semble acquis qu'une mesure adoptée de bonne foi pour répondre à un risque sanitaire ou phytosanitaire puisse raisonnablement être justifiée au titre du sous-paragraphe b)[122]. Certes, la mesure devra en sus passer le test du paragraphe introductif de l'article XX. Quant aux chances qu'une mesure adoptée au titre du sous-paragraphe a) puisse passer le test imposé par le sous-paragraphe, de nombreux éléments demeurent encore indéterminés, ce qui mine grandement la capacité d'un Membre à adopter une mesure. Doit-on se rappeler qu'aucun État n'a réussi jusqu'à maintenant à justifier une mesure au regard de l'exception de moralité publique[123] ?

Jusqu'à récemment, on pouvait au moins se réjouir que la notion de moralité publique ait été largement interprétée. Cette ouverture laissait entrevoir une éventuelle prise en compte de cette exception pour justifier une entrave au commerce dans des cas de violations des droits fondamentaux. Or, peut-être face à une multiplication d'affaires impliquant une défense basée sur la moralité publique, un groupe spécial a refroidi les ardeurs de ceux qui voyaient en cette exception un laissez-passer pour justifier toute sorte de mesures qui avaient très peu à voir avec la moralité publique. C'est ainsi que le Groupe spécial a fait valoir l'importance de la prise en compte des principes du libre-échange dans l'évaluation du caractère proportionnel d'une mesure prise au titre de l'article XX a) :

> Le Groupe spécial note également que le contexte de l'article XX a) comprend le troisième considérant du préambule de l'Accord sur l'OMC, qui fait référence au désir des Membres de l'OMC de contribuer à « [des] accords visant, sur une base de réciprocité et d'avantages mutuels, à la réduction substantielle des tarifs douaniers et des autres obstacles au commerce et à l'élimination des discriminations dans les relations commerciales internationales ». En outre, l'objet et le but des accords visés sont axés sur le principe de la libéralisation des flux commerciaux entre les Membres de l'OMC. Par conséquent, une interprétation de l'article XX a) autorisant tout type ou éventail de mesures restrictives pour le commerce qui peuvent par ailleurs violer les droits d'un plaignant dans le cadre de l'OMC, sur la simple base d'une affirmation selon laquelle elles étaient nécessaires, plutôt que sur la base d'une démonstration par un défendeur de la nécessité des

[122] Dans certains cas, toutefois, lorsque la mesure entrera dans le champ d'application de l'Accord sur les mesures sanitaires et phytosanitaires, d'autres exigences seront appliquées. Ces dernières s'avèrent beaucoup plus restrictives que celles que nous avons analysées dans le cadre de cet article. À cet effet, pour une étude détaillée des exigences posées par l'Accord SPS, comme développée par la jurisprudence de l'OMC, voir : G. DUFOUR, *Les OGM à l'OMC : analyse au regard des Accords SPS, OTC et du GATT*, Bruxelles, Bruylant, 2009.

[123] Pour une analyse précise de chaque affaire, voire : K. PLOUFFE-MALETTE, « Public Morality Exception at the WTO : Much Ado About Nothing », *Journal of World Trade*, 2012, pp. 453 à 476.

mesures, serait contraire à la fois au texte du préambule de l'Accord sur l'OMC et à l'esprit des Accords visés de l'OMC[124].

Il faut peut-être y voir un avertissement général à l'égard des Membres de ne pas abuser de l'exception de moralité publique. Certains avaient d'ailleurs mis en garde contre ce danger[125]. Il faut certainement y déceler une manière de recadrer le différend en cause dans le contexte de guerre commerciale que se sont livrés les États-Unis de Donald Trump et la Chine de Xi Jinping. Car, rappelons-le, qui dit guerre commerciale, dit violations massives et croisées du droit[126].

Dans tous les cas, un exercice de clarification de la mise en œuvre de l'exception de moralité publique s'impose afin d'assurer une prévisibilité raisonnable. Bien que l'ordre juridique soit en mesure de s'accommoder d'une certaine dose d'incertitude juridique[127], « les règles du *GATT* ne visent pas seulement à protéger les échanges courants, mais aussi à créer les conditions de prévisibilité nécessaires pour les échanges futurs »[128].

Le principe de proportionnalité, comme développé depuis le début des années 2000 permet de croire à un commerce plus respectueux de la marge de manœuvre des États. Le « juge de l'OMC » semble avoir compris qu'une certaine flexibilité était nécessaire et qu'il devait faire preuve d'une capacité d'adapter le droit du libre-échange aux préoccupations propres à chaque société[129]. Après tout, « [i]l ne faut pas oublier que le commerce n'est qu'un outil pour élever la condition humaine »[130].

---

124 *États-Unis – Mesures tarifaires*, *supra* note 54, para 7.160.

125 J. MÖLLENHOFF, « Framing the "Public Morals" Exception after EC – Seal Products with Insights from the ECtHR and the GATT National Security Exception », CTEI Working Papers, Institut de hautes études internationales et du développement, Centre for Trade and Economic Integration, Genève, 2015. L'auteur propose entre autres de définir la moralité publique en se basant sur le consensus international, obtenu par l'adoption de traités internationaux.

126 G. DUFOUR, « Guerre commerciale », dans V. NDIOR (dir.) *Dictionnaire de l'actualité internationale*, Paris, Pedone, 2021, pp. 292 à 294.

127 R. KOLB, « La sécurité juridique en droit international : aspects théoriques », *Annuaire africain de droit international*, 2001, pp. 118 et ss.

128 G.S., *États-Unis – Prohibition à l'importation de certaines crevettes et de certains produits à base de crevette* [États-Unis—Crevettes], WT/DS58/R, 1998, para. 7.44.

129 Dans l'affaire *CE- Produits dérivés du phoque*, l'Organe d'appel a précisé que « les Membres peuvent établir des niveaux de protection différents même lorsqu'ils répondent à des intérêts semblables en matière de préoccupation morale »[129]. Dès lors, deux États pourraient adopter des mesures dont le degré de restriction au commerce varie en raison du degré de protection différent, même s'ils cherchent à protéger le même droit humain. Cela empêche donc de comparer les mesures prises les unes aux autres et d'identifier un niveau « standard » de protection souhaitée. Ainsi, la marge d'appréciation dont disposent les États rend plus propice une meilleure prise en compte des intérêts non commerciaux et notamment des droits fondamentaux.

130 Pascal Lamy, Allocution, « Humaniser la mondialisation », Santiago (Chili), 30 janvier 2006, en ligne : OMC
<http://www.wto.org/french/news_f/sppl_f/sppl16_f.htm>.

CHAPITRE 5.

Réflexions sur la partie II : Droit international public

YVES SANDOZ
Directeur du Département du droit international et de la communication, Comité international de la Croix-Rouge

Introduction

« La proportionnalité et un milieu ; et le juste milieu est toujours proportionnel ». Cette citation d'Aristote mis en exergue par le professeur Ferchichi en tête de sa contribution nous rappelle que la proportionnalité nous accompagne constamment dans tous les actes de notre vie et, comme l'a relevé le professeur Carron dans ses mots de bienvenu, qu'elle « imprègne toutes les branches du droit », que ce soit en tant que principe général ou dans le cadre de règles précises. Cette omniprésence de la proportionnalité est aussi une réalité dans le droit international public, comme le rappellent les différentes contributions au présent panel. C'est dès lors moins la démonstration de l'existence du principe qui suscite un véritable intérêt que les valeurs mises en balance et le poids donné à chacune d'elles dans la recherche du « juste milieu ».

La société, les valeurs qu'elle sous-tend, les problèmes auxquels elle est confrontée évoluent constamment et le droit doit s'adapter à ces évolutions. Cela se marque en premier lieu dans le droit national, le rôle de l'État restant central pour l'organisation de la société à travers un système législatif, exécutif et judiciaire qui lui est propre et qui reflète en principe les valeurs reconnues par son peuple. Mais avec l'apparition de problèmes planétaires qui ne peuvent être résolus que par une action conjointe et coordonnée des États, une nouvelle réflexion s'impose aussi sur le droit international, son élaboration, son développement, les juridictions internationales qui doivent l'interpréter et trancher les différends, les moyens de faire respecter les décisions de celles-ci, les institutions internationales...

Les valeurs et principes sur lesquels reposent l'organisation actuelle du monde doivent donc constamment être réévaluées, voire remis en question, avec une pondération qui peut varier dans la balance de la proportionnalité devant mener au « juste milieu ». Les contributions au panel sur le droit international public et les relations internationales éclairent l'application du principe de proportionnalité et les réflexions en cours à son sujet dans une branche du droit international – en l'occurrence le droit international humanitaire –, dans le cadre d'une juridiction internationale – la Cour internationale de justice (CIJ) –, dans celui d'une Organisation internationale – l'Organisation mondiale du commerce (OMC) – et dans celui d'une juridiction nationale chargée d'appliquer le droit international – la Cour suprême israélienne. Mais plusieurs contributions d'autres panels alimentent aussi la réflexion sur la nécessité de renforcer le droit international public et le contrôle de son application dans d'autres domaines face à des problèmes planétaires tels le réchauffement climatique, le déclin de la biodiversité et l'épuisement des ressources naturelles.

Sans bien sûr prétendre tirer des conclusions péremptoires de ce panel, et moins encore de l'ensemble du colloque, les quelques réflexions qui vont suivre cherchent à mettre le doigt sur quelques problèmes qui ont été évoqués ou qui m'ont été inspirés par les contributions faites au présent panel, mais aussi dans d'autres panels.

Dans un passage célèbre et abondamment cité, Hersch Lauterpacht avait affirmé que le droit international était le point de fuite (« at the vanishing point ») du droit et que le droit international humanitaire (« law of war » selon la terminologie couramment utilisée à l'époque) était le point de fuite du droit international[1]. Beaucoup a toutefois été fait depuis lors pour démentir cette affirmation.

On mentionnera notamment les nombreuses sentences et avis de la Cour internationale de justice, la création de juridictions pour mettre en œuvre les droits de l'homme dans le cadre de l'ONU et, au niveau régional, de l'Europe, de l'Amérique et de l'Afrique. On relèvera aussi tout particulièrement, sur le plan régional, le rôle joué par la Cour de justice de l'Union européenne et sur le plan international les juridictions créées pour veiller à l'application de certains traités, comme le Tribunal international du droit de la mer, l'Organe de règlement des différends et l'Organe d'appel de l'Organisation mondiale du commerce ou l'Organisation pour l'interdiction des armes chimiques. Bref, le droit international s'est indéniablement développé et renforcé.

Les défenseurs du droit international humanitaire se sont également beaucoup employés pour que ce droit soit reconnu comme une branche à part

---

[1] Cf. « The problem of the revision of the law of war", *British Yearbook of International Law*, vol.29, 1952, p.382

entière du droit international, en élaborant et faisant adopter des traités qui l'adapte à l'évolution des conflits armés et aux développements technologiques ; et en renforçant son respect, notamment au niveau national avec une meilleure formation des forces armées et au niveau international avec la création de juridictions pénales internationales, tout particulièrement la Cour pénale internationale.

On est loin toutefois de pouvoir se reposer sur ses lauriers. Les relations internationales reposent encore souvent davantage sur des rapports de force que sur le respect de normes juridiques alors que les problèmes planétaires exigeraient un droit international plus contraignant et des moyens de contrôle plus efficaces. Quant au droit international humanitaire, il est encore l'objet de violations graves et massives.

Cela posé, examinons plus précisément quelques problèmes actuels que mettent en lumière les réflexions faites sur le principe de proportionnalité dans le présent colloque.

1. La proportionnalité en droit international humanitaire

On constate d'abord, comme il l'est rappelé dans la contribution sur ce thème, que la proportionnalité joue un très grand rôle en droit international humanitaire, en tant que principe aussi bien que dans le cadre précis de certaines règles. On doit toutefois en premier lieu rappeler la place très particulière du droit international humanitaire dans le système international.

1.1 Différenciation du principe de proportionnalité dans le cadre de la légitime défense et dans celui du droit international humanitaire.

L'agression entre Etats étant prohibée par la Charte des Nations Unies, le droit international humanitaire, qui s'applique intégralement lors des conflits armés internationaux et qui a été élaboré avant tout à cet effet, n'est aujourd'hui applicable dans ce cadre qu'en cas de violation de la Charte. Il est donc devenu une sorte de bouée de sauvetage du système international, cherchant à préserver certaines valeurs essentielles en cas de violation de la Charte. Dès lors, pour avoir une chance d'être respecté, le droit international humanitaire s'applique indépendamment de la violation du droit international commise par l'agresseur : celui-ci ne respecterait pas des normes qui les désavantageraient par rapport à son ennemi.

Cette séparation est d'autant plus importante qu'il n'est pas toujours facile de déterminer qui est l'agresseur et qui agit en légitime défense, conformément à ce qu'autorise la Charte. Il faut toutefois relever à cet égard une complication particulière. Le droit international humanitaire applicable aux conflits armés internationaux est conçu pour s'appliquer dans un conflit armé de grande envergure qui oppose deux belligérants ou davantage.

L'application la plus délicate et cruciale du principe de proportionnalité en droit international humanitaire concerne la conduite des hostilités et met dans la balance l'avantage militaire d'une attaque, d'une part, les dommages civils collatéraux qu'elle risque de provoquer, d'autre part.

Ce droit s'applique toutefois aussi aux actes d'hostilité armée de moindre importance. Une attaque cybernétique sans usage de la force armée peut même aujourd'hui être considérée comme un acte de violence inclus dans la définition de l'agression si elle provoque des morts et des dégâts considérables et pour autant qu'on puisse l'attribuer à un Etat (ce qui pose un problème supplémentaire car un « hacker » isolé peut aujourd'hui provoquer des dégâts considérables). Or si de tels actes, commis par un État, constituent bien une agression contraire à la Charte, ils ne violeront pas forcément le droit international humanitaire car il seront jaugés, dans le cadre de ce droit, en fonction des objectifs visés : la paralysie d'un système hospitalier entraînant de nombreux morts serait à l'évidence une violation de ce droit alors que celle d'une installation militaire ne le serait pas, sauf si elle s'accompagnait de dommages collatéraux civils excessifs par rapport à l'avantage militaire.

Et cette double lecture s'applique aussi pour la réplique de l'Etat visé par l'attaque : la réaction à des attaques de peu d'envergure et qui restent isolées doit également rester proportionnelle à l'importance de tels actes dans le cadre de la légitime défense, qui ne tolère que des actes qui visent à mettre un terme aux actes d'hostilité de l'État ennemi et qui ne sont pas hors de proportion avec l'ampleur de ceux-ci. Il pourrait dès lors y avoir des actes qui violerait le principe de proportionnalité qu'impose la légitime défense sans forcément violer le droit international humanitaire. La destruction d'un aéroport militaire et d'une grande partie de la flotte aérienne militaire d'un État ne serait pas contraire à ce droit si toutes les précautions avaient été prises pour éviter ou limiter au maximum les dommages civils collatéraux, mais elle ne répondrait pas aux exigences de la légitime défense si elle se prétendait une réponse à un acte d'hostilité de peu d'envergure.

Cette double lecture des actes d'hostilités et importante quand il s'agit d'établir les responsabilités des uns et des autres, le simple soldat pouvant être coupable d'une violation du droit international humanitaire mais pas d'une agression, ni d'une réponse disproportionnée à celle-ci, auxquelles il aurait participé conformément aux ordres reçus de sa hiérarchie militaire et dans le respect des règles du droit international humanitaire.

Il faut toutefois signaler que toute la réflexion qui précède ne concerne que les conflits armés internationaux alors que la grande majorité des conflits armés sont non internationaux. Dans les conflits internes, la question de l'agression ne se pose en effet pas, le droit international ne condamnant pas *per se*, mais seulement s'ils sont en violation du droit international humanitaire, les actes d'hostilité armée de forces dissidentes s'opposant aux forces gouvernementales. Cette « neutralité » du droit international par rapport à de tels conflits se justifie par le fait que la communauté internationale ne se penche que très peu sur la légitimité des gouvernements. Des gouvernements dictatoriaux siègent à l'ONU, la contestation du gouvernement Sud-africain à l'époque de l'apartheid étant un exemple quasi unique du rejet par l'ONU de la légitimité d'une autorité gouvernementale pour représenter un État. On ne saurait, de ce fait, condamner *a priori* l'insurrection et les notions d'agression et de légitime défense ne s'appliquent pas aux conflits armés non internationaux. Quant au droit international humanitaire, son applicabilité dépend de l'existence d'un conflit armé, qui est déterminée par l'importance des hostilités armées et le niveau d'organisation de la partie dissidente. Cela établi, il impose les mêmes droits et devoirs à chacune des parties.

1.2 Seuil incompressible sur lequel s'appuie le principe de proportionnalité

Certains actes, ou certains moyens de guerre, sont absolument interdits et ne peuvent donc pas être justifiés sous prétexte de l'avantage qu'ils procureraient. Le principe de nécessité militaire a deux faces : il autorise les actions nécessaires pour gagner la guerre mais, et c'est sa face positive sur le plan humanitaire, il exclut toute violence gratuite, qui ne procure aucun avantage militaire. Rousseau l'avait déjà dit dans le Contrat social, « la guerre ne donne aucun droit qui ne soit nécessaire à sa fin ». Le principe de proportionnalité n'entre donc pas en jeu en cas de viols ou de pillages, que la nécessité militaire ne saurait justifier. Il est toutefois aussi des interdictions qui sont absolument interdites même si on peut les justifier par la nécessité militaire, qui pourraient donc apporter un avantage militaire dans certains cas d'espèce. L'usage des armes chimiques et des armes biologiques est, par exemple, absolument prohibé. Il en va de même de la torture alors que certains prétendent – ce qui est largement contesté – qu'elle permettrait d'obtenir des informations décisives dans certains cas.

Il n'y a donc pas d'analyse de proportionnalité dans les cas de violence gratuite (sans lien avec un quelconque avantage militaire) ou de l'utilisation de moyens ou méthodes de guerre totalement prohibés par le droit international humanitaire. C'est seulement quand un acte est justifié sur le plan militaire *et* n'est pas totalement interdit par le droit international humanitaire que s'applique le principe de proportionnalité. Cela notamment, en ce qui concerne la conduite des hostilités, pour déterminer le point d'équilibre entre l'avantage militaire d'une attaque et les dommages civils incidents provoqués par celle-ci, question très délicate et qui a été traitée dans l'exposé présenté au présent colloque.

1.3. Cadre dans lequel s'inscrit le principe de proportionnalité en droit international humanitaire

S'il y a un seuil incompressible à partir duquel se jauge le principe de proportionnalité en droit international humanitaire, autre est la question de définir le cadre dans lequel s'inscrit ce principe. Dans ses mémoires, le président Truman a jugé que les bombardements nucléaires d'Hiroshima et Nagasaki étaient conformes au droit international humanitaire, la capitulation japonaise étant mise dans la balance avec les dommages civils, dont on sait pourtant la tragique ampleur, du fait de l'explosion d'abord puis des radiations[2]. Le rôle décisif de ces bombardements a depuis lors été mis en doute, certains estimant que le Japon était de toute manière sur le point de capituler et que l'objectif des Etats-Unis était surtout de passer le message à l'URSS, à l'aube de la guerre froide, qu'ils étaient prêts à utiliser cette arme décisive, dont ils avaient alors le monopole, en cas de conflit avec celle-ci. Pourtant, même si l'on accepte la thèse officielle des Etats-Unis, on comprend aisément qu'en élargissant ainsi le cadre dans lequel se jauge la proportionnalité on viderait ce principe de sa substance.

Il faut toutefois relever qu'en 1945 les règles du droit international humanitaire protégeant la population civile, massivement violées lors de la seconde guerre mondiale, n'étaient pas clairement établies. C'est seulement en 1977, dans le Protocole I additionnel aux Conventions de Genève de 1949, qu'elles ont été précisées et développées. L'article 51, par.3, de ce Protocole précise que c'est un « avantage militaire concret et direct » qui doit être pris en compte dans la balance de la proportionnalité, redonnant à celle-ci une réelle signification dans la conduite des hostilités. Comme il l'a été relevé à ce colloque dans la contribution sur le droit international humanitaire, de nombreux États ont toutefois fait savoir que de la règle devait être interprétée en fonction de la globalité d'une attaque. On peut le comprendre, pour les raisons données dans cette contribution, mais cela ne saurait pour autant évacuer le principe d'actions très précises et concrètes : le décompte global des dommages suite à l'ensemble d'une attaque ne saurait, par exemple, excuser le fait de raser une école avec cent enfants et leurs maîtres parce que deux soldats ennemis s'y sont retranchés.

1.4 Principe de proportionnalité et guerre à la terreur

L'expression « war on terror » (« guerre à la terreur ») utilisée par George Bush suite à divers attentats terroristes, et tout particulièrement ceux du 11 septembre 2001 qui ont frappé les Etats-Unis de plein fouet, a créé une confusion fâcheuse en ce qui concerne l'applicabilité du droit international humanitaire et la notion de proportionnalité. Le terrorisme a été condamné par

---

[2] H. TRUMAN, Memoirs, Vol.1 : Years of decisions, p.419

l'ONU et a donné lieu à de nombreuses décisions et actions de celle-ci mais sans que l'on ne parvienne à se mettre d'accord sur une définition unanimement reconnue sur le plan international, faute d'entente entre les Etats sur certains de ses aspects, notamment sur le « terrorisme d'État ».

Malgré cela, il est des actes dont personne ne nie le caractère « terroriste » en toutes circonstances, telle la bombe jetée dans un café ou un marché. De tels actes sont clairement en violation du droit international humanitaire quand ils sont commis lors d'un conflit armé. D'autres actes peuvent toutefois être considérés comme « terroristes » s'ils sont commis dans un pays qui n'est pas en guerre, tels l'attaque d'une caserne, mais ne sont pas considérés tels s'ils sont commis dans le cadre d'un conflit armé.

Or la notion de « guerre à la terreur » a prétendu considérer comme un conflit armé la lutte globale et généralisée contre le terrorisme, qui permettrait de commettre un peu partout des actes interdits en temps de paix mais conformes au droit international humanitaire en temps de conflit armé. Les limites de la proportionnalité en réplique à une agression ; la souveraineté nationale des États abritant même contre leur gré de prétendus (à tort ou à raison) terroristes ; et le caractère absolu de certaines interdictions ou principes ont été mis à mal de ce fait.

La réplique des Etats-Unis en Afghanistan, soutenue par l'OTAN et, dans un premier temps en tout cas, par le Conseil de sécurité de l'ONU[3], a fait fi de toute proportionnalité dans ce que l'on pouvait considérer à l'origine comme un acte de légitime défense, dans la mesure où l'on a admis que le régime des Talibans avait abrité et toléré, sinon soutenu Al Qaida, reconnue responsable de ces attentats et qui les avait d'ailleurs revendiqués. On ne s'étendra pas ici sur le bilan de l'opération et l'étendue des dégâts humains et matériels qu'elle a engendrée alors que les Etats-Unis s'en retirent après 20 ans en laissant le champ libre aux Talibans mais on ne peut s'empêcher de relever, même si d'autres justifications ont ensuite été données pour la poursuite de la guerre en Afghanistan, que le principe de proportionnalité s'appliquant aux actes de légitime défense en cas d'agression est à géométrie bien variable et que la réplique à une attaque contre le « lion américain » ne sera en rien comparable à celle d'une même attaque contre une « souris » tels Nauru ou les Iles fidjiennes : la prétendue égalité entre États souverains est une illusion dans de telles hypothèses.

Des drones utilisés pour éliminer physiquement de prétendus terroristes, avec souvent des dommages collatéraux, ne peuvent être licites qu'en cas de conflit armé et il a donc fallu prendre prétexte de la « guerre contre la terreur » pour les justifier. En sus, de tels actes ont parfois été commis sur le territoire de certains États sans le consentement de ceux-ci, violant alors aussi le

---

[3] Notamment à travers la Résolution 1373, adoptée le 28 septembre 2001 déjà, soit quelques jours après les attentats du 11 septembre

principe de la souveraineté nationale sous le prétexte du caractère global de cette « guerre à la terreur ».

L'interdiction de la torture, on l'a relevé ci-dessus, n'est justifiable en droit international sous aucun prétexte. Sans qu'on le reconnaisse explicitement et en tordant la définition de la torture, on l'a pratiquée ouvertement ou secrètement à maintes reprises dans le cadre de la « guerre à la terreur ». On a ainsi réintroduit la notion de proportionnalité sous le prétexte, nullement vérifié d'ailleurs, que l'on obtenait ce faisant des informations décisives. L'on est en réalité tombé dans un piège, car en minant les valeurs que l'on prétendait défendre, l'on a affaibli sa cause et donner du grain à moudre aux partisans du terrorisme.

On relèvera enfin que certains régimes dictatoriaux ont utilisé le prétexte de la « guerre contre la terreur » pour qualifier tous leurs opposants de terroristes et occulter le problème de fond à l'origine de leur opposition, violant plus ou moins ouvertement le principe de la séparation des pouvoirs en contrôlant l'appareil judiciaire et en abusant des clauses d'exception contenues dans les Conventions de droits de l'homme pour museler la presse et miner la liberté d'expression.

2. La proportionnalité dans le cadre de la Cour internationale de Justice

Nous nous limiterons à deux remarques critiques à ce sujet, en soulignant par ailleurs qu'il ne s'agit en rien, à travers celles-ci, de remettre en cause le travail essentiel accompli par cette Cour et les autres juridictions internationales. La première concerne la question délicate de la responsabilité des États à l'égard d'actes commis sur le territoire d'autres États. La seconde concerne l'usage de l'arme nucléaire et la notion de proportionnalité en droit international général et en droit international humanitaire.

2.1 Responsabilité des États à l'égard d'actes commis dans d'autres États

Cette responsabilité est claire en cas d'intervention armée directe d'un Etat mais la question se pose en cas de soutien d'un État à un autre ou à un Mouvement d'opposition sans une telle intervention directe. C'est dans ces cas que la notion de proportionnalité intervient, car il s'agit de mesurer le degré d'implication de l'État pour juger de sa responsabilité. Or deux opinions différentes ont été émises à ce sujet, l'une, défendue par la Cour internationale de Justice, estimant qu'un État ne pouvait être tenu responsable des actes commis que s'il exerçait un « contrôle effectif » sur les auteurs de ces actes[4],

[4] Dans le cadre de l'Arrêt du 27 juin 1986 sur les Activités militaires et paramilitaires au Nicaragua et contre celui-ci

l'autre, soutenue par le Tribunal pénal international pour l'ex-Yougoslavie, jugeant qu'il suffisait d'un « contrôle global » pour engager cette responsabilité[5]. L'on pouvait estimer que la seconde ayant été émise postérieurement à la première, elle prenait en compte une évolution doctrinale et allait prévaloir mais la Cour internationale de Justice est restée sur sa première option dans un arrêt ultérieur[6]. Une telle divergence est nuisible à la crédibilité de la justice internationale et repose la question de la hiérarchie des juridictions internationales, vaste problème que nous n'allons pas aborder ici. Ce cas a fait couler beaucoup d'encre et il ne faut pas minimiser son importance au vu des implications concrètes que ces approches différentes peuvent avoir. Il ne faut toutefois pas non plus exagérer sa portée : de telles divergences restent exceptionnelles et en réalité les questions qui se posent concrètement sont plus liées à l'établissement des faits qu'à leur analyse juridique.

On relèvera enfin que, dans un autre cadre, la question de la responsabilité liée au degré d'implication s'est aussi posée pour ce qui est des commandants, à différents étages de la hiérarchie militaire, face aux violations du droit international humanitaires commises par leurs subordonnés. Plusieurs acquittements ou réductions de peine décidés par l'organe d'appel du Tribunal pénal international pour l'ex-Yougoslavie (TPIY) et des acquittements ou légères peines prononcés par le « Mécanisme international qui exerce les fonctions résiduelles des tribunaux pénaux de l'ONU pour le Rwanda et l'ex-Yougoslavie » ont créé une certaine confusion à cet égard, l'évaluation des critères impliquant la responsabilité d'un commandant, et donc l'application du principe de proportionnalité entre l'acte et la faute, étant faite d'une manière favorables aux commandants, contrairement, dans certains cas, à ce qu'avait décidé par la première instance du TPIY. On peut le regretter, ces acquittements ou peines légères donnant un mauvais signal. Des polémiques s'en sont d'ailleurs suivies, certains estimant que cette attitude était la conséquence de pressions politiques, venant notamment des Etats-Unis, qui craignaient qu'une approche stricte de la responsabilité des commandants ne puisse viser ultérieurement certains de leurs propres officiers.

2.2 Armes nucléaires et principe de proportionnalité

Le 8 juillet 1996, la Cour internationale de justice a donné un Avis consultatif sur la licéité de la menace ou de l'emploi des armes nucléaires. Contrairement à l'usage des armes chimiques et biologiques, il n'y avait alors pas de traité interdisant spécifiquement celui des armes nucléaires.

[5] Dans le cadre de l'Arrêt du 26 janvier 2000 de la chambre d'appel concernant le jugement de Dusko Tadic.

[6] Dans le cadre de l'Arrêt du 26 février 2007 dans l'affaire relative à l'application du crime de génocide (Bosnie-Herzégovine v. Serbie-Monténégro).

Dans son Avis, la Cour reconnaît en premier lieu l'applicabilité du droit international humanitaire à l'usage des armes nucléaires et parvient logiquement à la conclusion que l'emploi de ces armes serait illicite, du fait des dommages étendus et incontrôlables qu'il provoquerait.

La menace de les utiliser doit dès lors également être considérée comme telle, à moins de reconnaître, comme certains juges le souhaitaient, une coutume admettant la licéité d'une menace qui, si elle devait être mise à exécution, entraînerait la commission d'actes illicites. Pour ces juges, si boiteuse fût-elle, cette pratique reflétait la réalité du droit et aurait de ce fait dû être reconnue par la Cour. Mais la majorité des juges, craignant probablement d'introduire ainsi un précédent dangereux pour le droit international –celui d'admettre la licéité d'une menace d'utiliser des moyens illicites –s'est refusée à le faire.

Il faut relever aussi que les Puissances nucléaires ont mis de gros moyens pour défendre leur point de vue, craignant que la reconnaissance du caractère totalement illicite de la menace d'utiliser l'arme nucléaire n'affaiblisse la crédibilité de leur politique de défense, fondée sur la dissuasion nucléaire. Et la Cour, comme effrayée par l'audace qu'elle avait eue et probablement soumise à de grosses pressions, a entrouvert la porte qu'elle venait de fermer dans un paragraphe déjà fameux, sur lequel se sont opposés un nombre égal de juges et dont l'adoption a été due à la voix prépondérante du président : « Au vu de l'état actuel du droit international ainsi que des éléments de fait dont elle dispose, la Cour ne peut cependant conclure de façon définitive que la menace ou l'emploi d'armes nucléaires serait licite ou illicite dans une circonstance extrême de légitime défense dans laquelle la survie même d'un État est en cause »[7]. L'adoption de ce paragraphe est regrettable pour de nombreuses raisons, la première étant que cette déclaration de *non liquet* (incapacité de dire le droit) sur un point aussi fondamental apparaît comme une démission de la Cour par rapport à son rôle présent et, surtout, à venir, dans la mesure où l'ordre international doit se renforcer et reposer sur le droit international, dont Cour devrait assumer le rôle de gardien.

Ce qui nous intéresse toutefois tout particulièrement dans le cadre d'une réflexion sur la proportionnalité, c'est qu'en mettant dans la balance de celle-ci l'issue possible du conflit avec des normes de droit international humanitaire, elle remet en cause l'application de celui-ci indépendamment de la cause défendue, fondement vital de ce droit, comme on l'a relevé ci-dessus. Reconnaître la possible licéité d'utiliser dans des circonstances extrêmes des moyens normalement interdits ouvre la porte à tous les abus. Si l'on peut utiliser les armes nucléaires dans ces circonstances, pourquoi pas les armes chimiques et biologiques pour des États qui ne possèdent pas

---

[7] Avis consultatif de la Cour international de justice du 8 juillet 1996 sur la licéité de la menace ou de l'emploi des armes nucléaires, par.185,2,E

les armes nucléaires ? Et pourquoi ne pourrait-on pas violer aussi d'autres dispositions du droit international humanitaire ?

Il y a bien d'autres raisons de regretter ce fâcheux paragraphe, qui a été adopté dans des circonstances très particulières, et qu'il faut oublier. Contentons-nous donc de rappeler ici que la nécessité militaire est prise en compte dans le droit international humanitaire et que c'est dans le cadre de ce droit que s'applique le principe de proportionnalité : il est exclu de justifier des violations de celui-ci du fait de la cause défendue. Cela est clairement admis sur le plan international et rien n'est jamais venu confirmer ce qui n'était d'ailleurs qu'une interrogation posée dans cet Avis de la Cour internationale de justice.

3. Proportionnalité dans le cadre de l'OMC

Si la liberté du commerce est considérée comme un élément essentiel et positif des relations internationales, bénéficiant finalement à chacun, elle est toutefois encadrée par des restrictions nécessaires pour protéger la moralité publique, la santé ou d'autres valeurs. Ces restrictions sont mentionnées notamment à l'article XX de l'Accord général sur les tarifs douaniers et le commerce tel que repris dans le cadre de l'OMC (GATT1994) et XIV de l'Accord général sur le commerce des services. L'exposé fait dans le présent colloque sur le sujet nous indique que la marge de manœuvre des Etats pour défendre des intérêts autres que commerciaux dans le cadre de ces articles et d'autres dispositions, reflétée par la jurisprudence de l'OMC, semble s'étendre. La tendance semble aller vers un renforcement de la souveraineté des États pour adopter certaines mesures restrictives, liées à aussi à des violations des droits de l'homme ou à la protection de l'environnement. L'équilibre entre celles-ci et un protectionnisme contraire à la liberté du commerce – avec ici aussi la notion de proportionnalité – reste toutefois toujours délicat à déterminer.

Je n'ai ni la compétence ni la prétention de commenter ici l'exposé fouillé qui a été fait dans le présent colloque sur ces évolutions et je me contenterai d'une réflexion plus générale, liée aussi à d'autres contributions de ce colloque.

La souveraineté nationale reste au cœur du système et ce sont les États qui peuvent, individuellement ou groupés, prendre des mesures restrictives en fonction de leur intérêt et de leur interprétation des clauses dérogatoires, interprétation qui peut ensuite être contestée, puis arbitrée en dernière instance par l'organe d'appel. La question que l'on peut se poser aujourd'hui, à la lecture d'autres exposés également présentés dans le cadre du présent colloque dans le panel sur le droit de l'environnement et de la biodiversité, est celle de savoir si le système fondé sur la souveraineté nationale reste à même de gérer les problèmes planétaires auxquels l'humanité doit faire face. La pensée dominante voit la liberté du commerce comme un facteur de croissance en définitive bénéfique à chacun, la croissance étant le moteur du développement de la société et du bien-être individuel. L'explosion démographique de ces soixante dernières années, l'épuisement des ressources naturelles, les pollutions de l'eau, de l'air et des sols, le déclin de la biodiversité, le réchauffement climatique et ses conséquences tragiques, tout cela n'a pas vraiment modifié ce crédo, avec la conviction que la science et une attention plus grande sur la manière de se développer – le « développement durable » – suffiront à régler les problèmes.

Des avertissements ont pourtant été clairement donnés par des scientifiques et des philosophes dans les dernières décennies du siècle passé[8] et dans le cadre onusien, avec notamment la Conférence des Nations Unies sur l'environnement et le développement tenue à Rio de Janeiro en juin 1992 et dans maint autres « sommets de la terre ». Comme John Maddox l'avait dit en l'an 2000 déjà : « Par définition, les menaces visant "la planète" ont des retombées internationales, mais la dernière décennie a montré assez clairement qu'au rythme où ils se négocient, les accords internationaux ne sont pas près d'anticiper l'apparition réelle de ces menaces. Pire, les stratégies qui finissent par être adoptées internationalement sont souvent ralenties par des compromis requis pour sauvegarder les intérêts matériels de nombreux participants. Les gouvernements, toujours prêts à conquérir l'approbation de leurs électeurs en protestant de leurs intérêts à l'égard de "la planète", ne semblent guère comprendre que l'heure est venue d'agir »[9].

Or rien de vraiment sérieux n'a été entrepris, malgré tous ces avertissements, avant ces toute dernières années, et encore de manière très insuffisante selon les scientifiques et, surtout, malgré les traités internationaux, en fonction de l'humeur de dirigeants qui sont souvent plus soucieux de leur réélection et de l'intérêt égoïste et à court terme de leur Etat que de l'intérêt général de la planète.

Des jeunes se sont soulevés pour faire réagir les peuples face aux menaces très concrètes qui pèsent sur la planète et à l'inertie des dirigeants.

---

[8] On mentionnera notamment K. LORENZ qui parlait de la « bombe démographique » en 1973 déjà, dans « *les Huits péchés capitaux de notre civilisation* » paru originalement en allemand ; ou à F.DURRENMATT dans le passage suivant : « Nous avons peut-être laissé passer trop de chances pour qu'il soit encore possible d'infléchir le cours de l'histoire dans une voie raisonnable. La fin de l'humanité est aujourd'hui une menace, pas seulement une simple hypothèse : elle est possible techniquement. Pour nous la pire tournure, mais pour la vie de cette planète, la meilleure peut-être » (notre traduction) tiré de « Reden Dürrenmatt Uberlegungen zum Gesetz der grossen Zahl, Eine Versuch über die Zukunft (May 1977) in : *Philosophie une Naturwissenchaft, Essays, Gedichten und Reden*, Zürich 1998, p.123.

[9] J.MADDOX. *Ce qu'il reste à découvrir*, Traduit de l'anglais par C.CANTONI-FORT, Bayard, Paris, 2000, p.422

En Suisse comme ailleurs, ces mouvements ont pris la forme d'actions très diverses et souvent contraires au droit national. On a essayé ensuite de les justifier par l'état de nécessité prévu dans le droit pénal, mais qui n'était à l'évidence pas applicable en l'occurrence. L'on a alors demandé aux juges de jouer un rôle qui allait au-delà de ce qu'il est, soit celui d'interpréter le droit existant tels que conçu par le législateur. Je ne vais toutefois pas m'étendre sur le rôle du juge, thème traité dans le panel sur le droit constitutionnel suisse et comparé. Que certains juges aient estimé devoir élargir leur rôle du fait de leur sympathie à la cause défendue ou que ces activistes du climat aient été condamnés à des peines symboliques en application du droit pénal existant reste finalement anecdotique. Le fait est que le doigt est mis sur un vrai problème est que la communauté internationale est mal équipée pour y faire face.

La préservation de la planète a jusqu'ici été mise dans la balance de la proportionnalité avec des intérêts sectoriels, nationaux ou régionaux, et elle n'a pas pesé bien lourd face à ceux-ci. Elle doit aujourd'hui être considérée comme un objectif impératif et non plus comme un élément de la proportionnalité, qui doit, elle, mettre en balance, tout en tenant compte des progrès de la science, les sacrifices que devront inévitablement consentir les uns et les autres pour parvenir à cet objectif. La croissance démographique explosive dans une dizaine d'États, liées très généralement à l'oppression des femmes ; la déforestation encouragée dans des pays comme le Brésil ou l'Indonésie ; les pollutions des navires, des avions, des voitures, des usines ; le développement sans limite et sans contrôle sérieux des géants de l'informatique qui nous entraînent dans des activités consommant toujours plus d'énergie, tout cela peut-il être laissé à la discrétion des Etats, de sociétés privées, des individus ? La croissance de tous, de tout, partout, même si elle verte ou se prétend telle, est-elle encore vraiment un objectif vertueux ?

Il est évident que l'on doit donner plus de poids et de suivis aux avertissements des scientifiques. Les États ne peuvent prétendre se préserver en s'enfermant dans leur coquille, à l'image d'un riche passager qui penserait se préserver du naufrage du Titanic en se bouclant dans sa cabine de première classe : il faut développer encore et renforcer un droit international plus contraignant ainsi que les institutions et les juridictions régionales, internationales, supranationales, une forme de gouvernance mondiale, au prix peut-être même de certaines atteintes à la démocratie, à la souveraineté nationale, à la liberté du commerce, aux droits individuels. Sans progrès vers l'objectif d'une gestion harmonieuse de la planète les catastrophes annoncées entraîneront inévitablement, dans des soubresauts violents, une régression bien plus importante de ces valeurs et principes qui nous sont chers.

L'objectif est posé. La manière d'y parvenir laisse ouverte de nombreuses questions, esquissées ci-dessus. Le développement scientifique contribuera certainement à résoudre certaines d'entre elles mais on n'atteindra pas l'objectif sans consentir aussi à certains sacrifices. Et c'est là que la recherche du « juste milieu » cher à Aristote prendra toute son importance.

PARTIE III.

DROIT EUROPÉEN

CHAPITRE 6.

Légalité et intangibilité de l'essence des droits : quelles balises pour le principe de proportionnalité dans la Charte des droits fondamentaux de l'Union européenne ?

SEBASTIEN VAN DROOGHENBROECK
Professeur ordinaire à l'Université Saint-Louis – Bruxelles, Professeur invité à l'Université Paris II Panthéon Assas et assesseur au Conseil d'État de Belgique
CECILIA RIZCALLAH
Professeure invitée à l'Université Saint-Louis – Bruxelles et à l'Université libre de Bruxelles et chargée de recherches au Fonds national de la recherche scientifique belge.

L'article 52, § 1er, de la Charte des droits fondamentaux de l'Union européenne (ci-après CDFUE) formule, de manière transversale, les conditions de validité des limitations aux droits et libertés qu'elle consacre :

> Art. 52, § 1. « Toute limitation de l'exercice des droits et libertés reconnus par la présente Charte doit être prévue par la loi et respecter le contenu essentiel desdits droits et libertés. Dans le respect du principe de proportionnalité, des limitations ne peuvent être apportées que si elles sont nécessaires et répondent effectivement à des objectifs d'intérêt général reconnus par l'Union ou au besoin de protection des droits et libertés d'autrui (...) »

De cette disposition abondamment commentée[1], quatre conditions émergent formellement : la légalité (la limitation doit être *prévue par la loi*),

---

[1] Voy. e.a., outre les références citées plus ponctuellement ci-après, C. RIZCALLAH et S. VAN DROOGHENBROECK, « Art. 52 – Limitations aux droits garantis », *La Charte des droits fondamentaux de l'Union européenne. Commentaire article par article*, F. PICOD, C. RIZCALLAH et S. VAN DROOGHENBROECK (dir.), Bruxelles, Bruylant, 2e ed., 2019, pp. 1249 à 1286 ; J.-P. JACQUE, « Les limitations aux droits fondamentaux dans la Charte des droits fondamentaux de l'Union

la légitimité (*la limitation doit répondre à un objectif d'intérêt général reconnu par l'Union ou au besoin de protection des droits et libertés d'autrui*), la *proportionnalité* et l'intangibilité du « contenu essentiel » des droits concernés.

Comme souvent dans la jurisprudence constitutionnelle et internationale dédiée à la protection des droits fondamentaux, le centre de gravité du raisonnement et le nœud des débats se situeront essentiellement dans la mise en œuvre du contrôle de proportionnalité. Dans la plus droite ligne des bons manuels, la Cour de justice ressaisit le contenu de celui-ci par la formulation de trois exigences cumulatives, vérifiées en ordre subsidiaire. S'exprimant à propos de la licéité, au regard de l'article 10 de la Charte (liberté de religion), de la liberté de pratiquer la mise à mort d'un animal conformément à l'un ou l'autre prescrit religieux, la Cour de Justice rappelle, dans son *arrêt Centraal Israëlitisch Consistorie van België e.a. c. Vlaamse Gewes*t du 17 décembre 2020[2], que :

> « (Le) respect du principe de proportionnalité (...) exige que les limitations (...) à la liberté de manifester sa religion ne dépassent pas les limites de ce qui est approprié et nécessaire à la réalisation des objectifs légitimes poursuivis par cette réglementation, étant entendu que, lorsqu'un choix s'offre entre plusieurs mesures appropriées, il convient de recourir à la moins contraignante et que les inconvénients causés par celle-ci ne doivent pas être démesurés par rapport aux buts visés (...) ».

Les conclusions rendues respectivement par les avocats généraux Kokkott et Saugmandsgaardøe dans les affaires *Achbita*[3] et *Tele2 Sverige AB*[4], sont encore plus nettes dans la dissection théorique qu'elles opèrent du principe de proportionnalité. Il faut d'abord que la mesure soit « appropriée » à la poursuite de l'objectif poursuivi, c'est-à-dire, qu'elle soit au moins « apte à contribuer »[5] à sa réalisation. La mesure doit, ensuite, être « nécessaire » à la poursuite dudit objectif, ce qui ne peut être le cas « qu'en l'absence de toute autre mesure qui serait aussi appropriée tout en étant moins contraignante »[6]. Enfin, et à la supposer « appropriée » et « nécessaire » aux sens prédéfinis, la

---

européenne », in JACQUE, J.-P, BENOIT-ROHMER, F., GRIGORIOU, P., et MAROUDA, M.D. (dir.), *Liber amicorum Stelios Perrakis : écrits sur la communauté internationale : enjeux juridiques, politiques et diplomatiques*, Sideris, Athènes, 2017, pp. 251 à 289 ; S.U. COLELLA, *La restriction des droits fondamentaux dans l'Union européenne*, Bruxelles, Bruylant, 2019

2 CJUE, C-336/19, arrêt *Centraal Israëlitisch Consistorie van België e.a.*, 17 décembre 2020, ECLI:EU:C:2020:1031, pt. 64

3 Conclusions de l'avocat général Kokott du 31 mai 2016 dans l'affaire CJUE, *Achbita*, aff. C-157/15,, point 97.

4 Conclusions de l'avocat général Saugmandsgaardøe du 19 juillet 2016 dans l'affaire CJUE, *Tele2 Sverige AB*, aff. jtes C-203/15 et C-698/15, point 174.

5 *Ibid*, point 176.

6 *Ibid*, point 185.

mesure devra encore être « proportionnée », au sens strict, à la poursuite de l'objectif poursuivi, ce qui implique que « les inconvénients causés ne sont pas démesurés par rapport aux buts visés »[7].

Toujours selon les meilleurs manuels, chacune des trois exigences ainsi mise en lumière présente un contenu et une utilité propres dans le raisonnement, en sorte que nulle n'a vocation à s'éclipser derrière l'autre. Comme le souligne l'avocat général Saugmandsgaardøe,

> « À la différence des exigences relatives au caractère approprié et nécessaire de la mesure en cause, lesquelles évaluent son efficacité au regard de l'objectif poursuivi, l'exigence de proportionnalité *stricto sensu* consiste à mettre en balance, d'une part, les avantages résultant de cette mesure au regard de l'objectif légitime poursuivi avec, d'autre part, les inconvénients en découlant au regard des droits fondamentaux consacrés dans une société démocratique (...). Cette exigence ouvre ainsi un débat sur les valeurs devant prévaloir dans une société démocratique et, en définitive, sur le type de société dans lequel nous souhaitons vivre (...) »[8].

Ainsi décomposé, le principe de proportionnalité jouit à l'ordinaire d'un important capital de sympathie, comme s'il était l'allié naturel et indéfectible des droits et libertés face aux intérêts publics « froids », qu'au nom de la très décriée « marge nationale d'appréciation », l'Etat entendrait faire prévaloir. Cette approche manichéenne est, selon nous, de moins en moins pertinente. D'abord parce que, de plus en plus souvent, les conciliations et arbitrages aux fins desquels le principe de proportionnalité est convoqué doivent être opérés, non pas entre droits et « intérêts généraux » non autrement incarnés, mais bien entre les droits fondamentaux eux-mêmes. L'alliance, si tant est qu'elle existe, se heurte à une impasse quant à l'identification concrète de l'allié. Ensuite, et peut-être même surtout, parce qu'il faut bien constater que la proportionnalité est, en elle-même, axiologiquement neutre[9], et, de ce fait, n'opère pas nécessairement la promotion de tels types de « biens juridiques » au détriment de tels autres. Les exigences d'*appropriation* et de *nécessité*, précédemment identifiées, sont d'ordre purement instrumental, et se déploient dans le registre de l'efficacité et de l'efficience de l'action. Elles n'excluent pas de manière catégorique et *a priori* un quelconque acte : si tel moyen est apte à réaliser son objectif, et que nul autre que lui n'est envisageable pour y parvenir, les deux premières étapes du raisonnement proportionaliste seront réputées franchies,

---

[7] *Ibid*, point 247.

[8] Voir aussi l'exemple de la note 81 des conclusions de l'avocat général du 19 juillet 2016 dans l'affaire CJUE, *Tele2 Sverige AB*, aff. jtes C-203/15 et C-698/15.

[9] Voy. S. VAN DROOGHENBROECK, *La proportionnalité dans le droit de la Convention européenne des droits de l'Homme. Prendre l'idée simple au sérieux*, Bruxelles, Bruylant/FUSL, 2001, pp. 21-22, 75 et 405

quelqu'importantes soient les blessures infligées aux droits. Pour reprendre la métaphore bien connue, l'usage du marteau-pilon pour casser des noix[10] n'est pas en soi, et dans tous les mondes possibles, excessif : il ne l'est que parce qu'un casse-noix est susceptible d'atteindre le même résultat. La *proportionnalité au sens strict* est elle aussi, à y regarder de très près et très froidement, axiologiquement neutre : ce n'est en effet pas la balance elle-même qui détermine le poids de ce qui est placé dans chacun de ses plateaux, en sorte que cette troisième étape du raisonnement proportionnaliste, elle non plus, ne condamne rien, ni ne tolère rien, de manière absolue. Au fond, le raisonnement proportionnaliste peut se mettre au service de toutes les causes. C'est un outil qui, à l'instar du marteau, peut tout aussi bien être manié par le sculpteur que par l'assassin[11].

C'est dans ce constat de la « neutralité axiologique » de la proportionnalité que s'enracine le questionnement qui inaugure notre contribution : quelles autres exigences issues de l'article 52 de la Charte pourraient-elle alors fournir cet « encadrement axiologique » que la proportionnalité, à elle seule, est intrinsèquement incapable de tracer ? Deux candidates se présentent. Dans un premier temps, on examinera si, et dans quelle mesure, la condition de légalité visée par cette disposition charrie nécessairement l'exigence d'une délibération démocratique parlementaire, nationale ou européenne, laquelle œuvre normalement à la *légitimation formelle, ou encore procédurale*, des choix posés en matière de limitation des droits et libertés **(I).** Dans un deuxième temps, on se demandera si, et dans quelle mesure, l'exigence d'intangibilité de l'« essence » des droits et libertés ne participe pas de la *légitimation substantielle* de ces mêmes choix, en traçant une « limite des limites » que la proportionnalité, pour sa part, rend invisible **(II).**

I. L'exigence de légalité

Traditionnellement, la première exigence qui conditionne la licéité des restrictions faites aux droits humains est celle de la légalité. D'ordre procédural, l'exigence de légalité suppose plus largement que la réglementation des droits fondamentaux – y inclus la consécration, l'aménagement, la protection et, *a fortiori,* la limitation desdits droits – soit prévue « par la loi ». Dans les conceptions les plus classiques, l'exigence d'une *loi* suppose l'intervention d'un *pouvoir législatif.* Pour reprendre les termes de la déclaration finale du Congrès international des juristes, réuni à

---

[10] R.v Goldstein [1983] 1 WLR 151, 155, per Lord Diplock

[11] Voy. S. VAN DROOGHENBROECK, *La proportionnalité..., op. cit.,* p. 727

New Delhi en 1959 pour discuter du *Principe de légalité dans une société libre*[12], « il est indispensable que les pouvoirs du législatif soient fixés et définis par des règles fondamentales d'ordre constitutionnel qui (...) attribuent au Législatif (....) la compétence exclusive de légiférer sur tous les principes et règles d'ordre général (par opposition à la réglementation détaillée y relative) ». Il est encore précisé que « dans une société libre vivant sous régime de légalité, tout pouvoir législatif devrait tendre à donner plein effet aux principes énoncés dans la Déclaration Universelle des droits de l'Homme »[13] et que, quoiqu'elle ne soit pas inadmissible en son principe, la délégation d'un pouvoir normatif de niveau législatif au profit du pouvoir exécutif doit être définie « avec autant de précision que possible » en termes « d'étendue et d'objet », étant entendu que « la législation déléguée ne peut (en aucun cas) porter atteinte aux droits de l'Homme »[14].

Le positionnement procédural requérant l'intervention du pouvoir législatif pour restreindre les droits et libertés renvoie à deux impératifs distincts. D'une part, il est présumé contribuer à la légitimité de la restriction en la conditionnant à l'intervention d'un débat au sein d'une assemblée démocratiquement élue « dans le cadre d'un scrutin libre, secret, égal et périodique »[15]. D'autre part, il est supposé participer, en raison du débat qui le sous-tend, à la clarté et la prévisibilité de la norme – ou, en d'autres mots, à sa qualité – et, de ce fait, à la sécurité juridique[16]. L'exigence de légalité n'est donc pas, contrairement à celle de proportionnalité, « axiologiquement neutre », en ce sens qu'elle est considérée participer à l'idéal « démocratique » qui, à son tour, est considéré concrétiser les valeurs d'égalité et d'autonomie collective[17]. En raison des règles qui régissent son adoption, la loi est présumée garantir la représentation des diverses tendances philosophiques et

---

[12] Commission internationale des juristes, *Le Principe de la légalité dans une Société Libre. Rapport sur les travaux du Congrès international des juristes tenu à New Delhi (janvier 1959)*, Genève, 1959.

[13] *Ibid.*, p. 14.

[14] *Ibid.*, p. 16.

[15] Voy. H. DUMONT, « De la crise du principe de légalité à son redéploiement à l'aune d'un nouvel équilibre entre Etat de droit et démocratie », *La légalité, un principe de la démocratie belge en péril,* sous la dir. de L. DETROUX, M. EL BERHOUMI et B. LOMBAERT, Bruxelles, Larcier, 2019, p. 864

[16] Voy. F. BELLEFLAMME et E. MAES, « Origine et cheminement du principe de légalité en droit public belge : gouvernement par la loi ou Etat de droit ? », *La légalité, un principe de la démocratie belge en péril,* sous la dir. de L. DETROUX, M. EL BERHOUMI et B. LOMBAERT, Bruxelles, Larcier, 2019, p. 685

[17] Sur les relations entre l'impératif demcoratique et Etat de droit, voy. H. Dumont, « nDe la crise… », *op. cit.*, p. 864.

politiques, l'égalité des citoyens[18] ainsi que la prévisibilité, la clarté et l'accessibilité requises prévenant tout risque d'arbitraire[19].

Consacrée par la plupart des instruments internationaux de protection des droits fondamentaux, ainsi que dans de nombreuses traditions constitutionnelles, l'exigence de légalité est, nous l'avons vu, reprise à l'article 52, paragraphe 1er de la Charte des droits fondamentaux. L'énonciation explicite de cette condition de validité est une nouveauté par rapport à la jurisprudence classique de la Cour de justice qui ne faisait pas expressément référence à cette condition de forme[20], excepté les cas où elle appliquait directement la jurisprudence de la Cour européenne des droits de l'homme[21].

Doit-on apercevoir dans cette consécration une mise en œuvre de l'impératif démocratique exposé ci-avant à l'échelle de la Charte de l'Union européenne ? Nous trouverons en tout cas un appui à cette lecture dans son préambule qui rappelle, en écho à l'article 2 du Traité sur l'Union européenne, que cette dernière « repose sur le principe de la démocratie »[22].

La jurisprudence de la Cour de justice ne semble toutefois pas rendre justice de manière tout à fait orthodoxe à cette conception du principe de légalité, tant au niveau de l'action de l'Union européenne elle-même, qu'à celui de l'action des États membres dans le champ d'application de la Charte.

S'agissant des limitations aux droits et libertés décidées par les États membres – pour la commodité de l'exposé, nous les qualifierons de limitations *étatiques* –, la jurisprudence de la Cour de justice semble s'orienter vers une conception *matérielle* de la légalité qui, en d'autres termes, ne s'attache pas à l'auteur de la norme restrictive mais uniquement aux qualités qu'elle revêt (a). Si cette position nous semble pouvoir être justifiée par des raisons d'ordre pragmatique et tenant aux limites qui entourent l'action de l'Union européenne dans la sphère étatique, l'adoption d'une lecture matérielle de l'exigence de légalité des restrictions qui sont le fait d'institutions ou organes de l'Union – « *made in EU* » – semble davantage critiquable. A cet égard, force est d'observer qu'il demeure certaines ambiguïtés quant à la

---

[18] F. BELLEFLAMME et E. MAES, *op. cit.*, p. 685

[19] H. DUMONT et S. Van DROOGHENBROECK, « La loi », in M. TROPER et D. CHAGNOLLAUD, *Traité international de droit constitutionnel*, t. 2, distribution des pouvoirs, Paris, Dalloz, 2012, pp. 537 et 538.

[20] S. Peers et S. Prechal, « Article 52 », in S. Peers, T. Hervey, J. Kenner et A. Ward (eds), *The EU Charter of Fundamental Rights : a commentary*, München/Oxford/Baden-Baden, Beck, Hart, Nomos, 2014, p. 1470.

[21] CJUE, 6 mars 2001, *Connolly*, aff. C-274/99, ECLI:EU:C:2001:127, point 40.

[22] A. BAILLEUX, « Préambule », in F. PICOD, C. RIZCALLAH et S. VAN DROOGHENBROECK (dir.), *La Charte des droits fondamentaux. Commentaire article par article*, Bruxelles, Bruylant, 2e ed., 2019, pp. 19 à 40.

l'interprétation de l'exigence de légalité lorsqu'elle est appliquée aux institutions de l'Union (b). Si l'exigence de légalité ne traduit ainsi pas, en droit de l'Union, l'impératif démocratique, ce dernier pourrait à l'avenir trouver un nouveau point d'ancrage dans le principe de proportionnalité (c).

a) Le principe de légalité des restrictions « étatiques »

L'exigence de légalité consacrée à l'article 52, paragraphe 1er, de la Charte pour ce qui concerne les restrictions des droits et libertés qu'elle consacre s'impose aux États membres lorsqu'ils mettent en œuvre le droit de l'Union[23].

À l'instar de son homologue strasbourgeoise pour qui l'exigence de légalité est rencontrée pour autant qu'elle repose sur une base légale et qu'elle soit suffisamment claire et prévisible, indépendamment de l'auteur de la norme[24] - et donc de son caractère « démocratique » -, la Cour de justice semble s'orienter vers une lecture matérielle du principe de légalité consacré dans la Charte[25].

La Cour de justice a ainsi jugé dans l'arrêt *Léger*[26] qu'une contre-indication permanente au don de sang pour les homosexuels, restreignant le principe de non-discrimination contenu à l'article 21 de la Charte, pouvait valablement être imposée par un État membre par le biais d'un *arrêté ministériel*[27]. En référence à la jurisprudence de la Cour européenne des droits de l'homme, la Cour de justice a dans le même sens souligné, dans son arrêt *WebMindLicenses*[28], à propos du droit à la vie privée, que « l'exigence que toute limitation de l'exercice de ce droit doit être prévue par la loi implique que la base légale soit (...) suffisamment claire et précise et (qu'elle offre) une certaine protection contre d'éventuelles atteintes arbitraires de cette administration (voir, notamment, Cour EDH, Malone c. Royaume-Uni, 2 août 1984, série A n° 82, § 67, ainsi que Gillan et Quinton c. Royaume-Uni,

---

[23] Article 51 Charte. Voy., pour un cas d'application, CJUE, arrêt du 17 décembre 2020, *Centraal Israëlitish Consistorie van België*, aff. C-336/19, point 60.

[24] Cour eur. D.H., arrêt *Sanoma Uitgevers N.V. c. Pays-Bas* du 14 septembre 2010, req. n° 38224/03, § 83

[25] Plus d'ambiguités sont toutefois présentes dans des conclusions d'avocats généraux. Voy., par ex, Conclusions présentées par l'avocate générale Kokott le 2 juillet 2020, dans les affaires jointes C-245/19 et C-246/19, ECLI:EU:C:2020:516, point 124 dans C-245/19 et conclusions présentées le 6 novembre 2018 par l'avocat général Szpunar dans l'affaire C-492/18 *TC*, aff. C-492/18, ECLI:EU:C:2018:875, point 46.

[26] CJUE, *Léger*, 29 avril 2015, C-528/13, ECLI:EU:C:2015:288.

[27] *Ibid.*, point 53.

[28] CJUE, *WebMindLicenses*, 17 décembre 2015, C-419/14, ECLI:EU:C:2015:832, point 81.

12 janvier 2010, n° 4158/05, § 77, CEDH 2010) »[29]. Selon l'Avocat général Saugmandsgaardøe, il faut voir dans cette référence et la terminologie utilisée le ralliement à l'idée selon laquelle le droit de l'Union, à l'instar de celui du Conseil de l'Europe, se contentera lui aussi d'une norme nationale « non législative » pour limiter les droits et libertés[30].

L'exigence de légalité au sein de la Charte des droits fondamentaux apparait donc, pour ce qui concerne les restrictions « étatiques », se limiter à une conception « matérielle » plutôt que « formelle » de la loi. Peu importe donc la nature de la « base légale » des restrictions ou exceptions autorisées, et, par voie de conséquence, la dose plus ou moins importante de légitimité démocratique dont son auteur se trouve investi : seules semblent compter l'accessibilité aux justiciables de cette base légale et la prévisibilité de ses effets. La « légalité » est ici privée de toute dimension « politique », au profit d'une focalisation exclusive sur les garanties contre l'arbitraire.

L'adoption d'une telle conception souple, « non organique » de la légalité, nous semble justifiée par principalement deux raisons. D'abord, elle résulte sans doute d'un impératif d'ordre pragmatique : c'est également une lecture matérielle qui, nous l'avons rappelé, préside l'interprétation de l'exigence de légalité dans le système de restriction en droit de la Convention européenne des droits de l'homme. Or, comme le souligne l'avocat général Saugmandsgaardøe, « eu égard à la nature horizontale de cette exigence (de légalité), qui est susceptible de s'appliquer à de nombreux types d'ingérences tant dans le contexte de la Charte que dans celui de la CEDH (...), il serait inopportun de soumettre les États membres à des critères différents selon que l'ingérence est examinée au regard de l'un ou de l'autre de ces instruments »[31]. L'emprunt des standards conventionnels – qui ne s'imposait pas en soi, l'article 52, paragraphe 3 de la Charte permettant en toute hypothèse à l'Union d'offrir une protection *plus étendue* des droits fondamentaux[32] – évite

---

[29] *Ibid.*, point 81. Voy., également, CJUE, *Dzivev*, 17 janvier 2019, C-310/16, ECLI:EU:C:2019:30, point 40 et CJUE, arrêt du 6 octobre 2020 *Etat luxembourgeois c. B.*, aff. jointes C-245/19 et C-246/19, ECLI:EU:C:2020:516, point 76.

[30] Conclusions de l'Avocat Général Saugmandsgaardøe dans les aff. jointes *Tele2 Sverige*, C-203/15 et C-698/15, 19 juillet 2016, points 135 et s., ECLI:EU:C:2016:572, point 101. Il en irait différemment s'il apparaît que le droit de l'Union a délibérément opté, dans l'un ou l'autre cas particulier, pour une conception plus exigeante de la notion de « loi » que celle qui prévaut dans la jurisprudence de la Cour européenne des droits de l'Homme. Voy. en ce sens, à propos de la « légalité » d'une mesure de rétention, les conclusions de l'Avocat général Saugmandsgaardøe dans l'aff. *Al Chodor*, 10 novembre 2016, C-528/15, ECLI:EU:C:2016:865, points 59 et s.

[31] Voy. également, en ce sens, conclusions de l'Avocat Général Saugmandsgaardøe dans les aff. jointes *Tele2 Sverige*, 19 juillet 2016, C-203/15 et C-698/15, ECLI:EU:C:2016:572, points 137 et s.

[32] Voy. S. VAN DROOGHENBROECK, « Vérité à Luxembourg, erreur à Strasbourg. A propos de certaines plus-values discrètes de la Charte des droits fondamentaux de l'Union européenne », *Annuaire de droit de l'Union européenne*, 2021, à paraître.

néanmoins de placer les États dans l'inconfort de devoir être jugés, sur des actes identiques, à l'aune de standards distincts, à Strasbourg et à Luxembourg.

Cette manière de raisonner, *a priori* indifférente à l'identité de la « source formelle » de la norme limitative de liberté, est par ailleurs en phase avec l'article 4, paragraphe 2 du TUE, qui consacre le respect des structures politiques et constitutionnelles des États membres, ainsi qu'avec le principe d'autonomie procédurale qui permet à ces derniers de déterminer librement les modalités de mise en œuvre du droit de l'Union, pour autant que soient respectés les principes d'équivalence et d'effectivité[33]. Le préambule de la Charte rappelle, en ce sens, que l'Union respecte « l'organisation [des] pouvoirs publics aux niveaux national, régional et local » par les États membres.

b) Le principe de légalité des restrictions « européennes »

Le second cas de figure, nous l'avons évoqué, est celui où la limitation des droits et libertés *made in EU* est le fruit d'un organe ou d'une institution de l'Union elle-même. Faut-il, en pareille hypothèse, exiger un acte législatif – et, plus précisément, une intervention du Parlement européen – au titre de base légale ou peut-on, ici encore, se contenter de toute norme communautaire « quelconque », pourvu qu'elle soit accessible, claire et prévisible ? Ainsi qu'on a pu le montrer dans des écrits antérieurs[34], l'hésitation sur ce terrain est longtemps demeurée permise, et la doctrine fut largement divisée[35].

Adoptant une approche formelle de la légalité, la Cour de justice[36] a invalidé une décision adoptée par le Conseil[37] visant à compléter le Code frontières Schengen[38], notamment en raison du fait qu'en attribuant des

---

[33] J.-P Jacque, « Les limitations aux droits fondamentaux », *op. cit.*, p. 251.

[34] S. Van Drooghenbroeck et C. Rizcallah, *op. cit.*, pp. 1249 à 1286.

[35] Voy., notamment, K. Lenaerts, « La vie après l'avis : Exploring the principle of mutual (yet not blind) trust », *CML Rev.*, 2017, p. 811, J.-P Jacqué, *op. cit.*, p. 251, S. Peers et S. Prechal, « Article 52 », in S. Peers, Hervey, T., Kenner, J. et Ward, A. (eds), *The EU Charter of Fundamental Rights : a commentary*, München/Oxford/Baden-Baden, Beck, Hart, Nomos, 2014pp. 1472-1473.

[36] CJUE, *Parlement européen c. Conseil*, 15 septembre 2012, C-355/10, ECLI:EU:C:2016:84, point 51. Voy., dans le même sens, CJUE, *Parlement européen c. Conseil de l'Union européenne*, 10 septembre 2015, C-363/14, ECLI:EU:C:2015:579, point 53 et CJUE, *République tchèque c. Commission européenne*, 26 juillet 2017, C-696/15 P, ECLI:EU:C:2017:595, point 78.

[37] Décision 2010/252/UE du Conseil, du 26 avril 2010, visant à compléter le code frontières Schengen en ce qui concerne la surveillance des frontières extérieures maritimes dans le cadre de la coopération opérationnelle coordonnée par l'Agence européenne pour la gestion de la coopération opérationnelle aux frontières extérieures des États membres de l'Union européenne.

[38] Règlement (CE) n°562/2006 du Parlement et du Conseil du 15 mars 2006 établissant un code communautaire relatif au régime de franchissement des frontières.

prérogatives de puissance publique aux gardes-frontières, elle consacrait des ingérences dans les droits fondamentaux d'une importance telle que l'intervention du législateur de l'Union eut été nécessaire. À l'inverse, de nombreux arrêts[39] valident, en ce qu'elles doivent être considérées comme étant *prévues par la loi*, des mesures restrictives à l'encontre de personnes liées à des réseaux terroristes adoptées par le Conseil dans le domaine de la Politique étrangère et de sécurité commune, bien qu'il s'agisse d'une matière où l'intervention du Parlement est expressément exclue[40]. « Puisqu'elles sont énoncées dans des actes ayant notamment une portée générale et disposant d'une base juridique claire en droit de l'Union ainsi que d'une motivation suffisante », ces mesures restrictives doivent, aux yeux de la Cour, être considérées comme étant « prévues par la loi »[41].

Il semble que la Cour de justice, à la faveur de sa jurisprudence la plus récente, s'oriente davantage vers la conception souple de la « légalité »[42]. L'avis 1/15 (Accord PNR UE-Canada) du 26 juillet 2017 montre en tous cas des signes d'évolution en ce sens, encore qu'ils ne soient pas non plus dépourvus d'une petite ambiguïté. En l'espèce, tout en rappelant « les exigences figurant, d'une part, à l'article 52, paragraphe 1, de la Charte et, d'autre part, à l'article 8, paragraphe 2, de celle-ci », le Parlement estimait « qu'il convient (...) de se demander si l'accord envisagé constitue une "loi", au sens de ces dispositions, et s'il peut servir de fondement pour des limitations à l'exercice des droits garantis aux articles 7 et 8 de la Charte »[43]. « Or », poursuivait le Parlement, « alors que le terme "loi" coïncide avec la notion d' 'acte législatif" prévue par le traité FUE (lire : le traité sur le fonctionnement de l'Union européenne), un accord international ne constituerait pas un tel acte législatif, de sorte que la question se poserait de savoir s'il ne serait pas plus adapté d'adopter un acte interne, fondé sur l'article 16 TFUE, plutôt que de conclure un accord international, en vertu de l'article 218 TFUE, tel que l'accord envisagé »[44]. La réponse de la Cour fut clairement négative :

---

39 Voy., par exemple, CJUE, *Arbuzov c. Conseil,* 7 juillet 2017, T-221/15, ECLI:EU:T:2017:478, point 171 et CJUE, *Sberbank of Russia PAP c. Conseil,* 13 septembre 2018, T-732/14, ECLI:EU:T:2018 : 541, point 144.

40 Art. 24 TUE.

41 CJUE, *Sberbank of Russia PAP c. Conseil,* 13 septembre 2018, T-732/14, ECLI:EU:T:2018 : 541, point 144.

42 Voir les conclusions de l'avocat général Szpunar rendues le 6 novembre 2018 dans l'affaire C-492/18, *TC*, ECLI:EU:C:2018 : 875, point 39. Voir plus clairement encore les conclusions de l'avocat général Mengozzi, présentées le 8 septembre 2016, précédant l'avis 1/15, ECLI:EU:C:2016:656, points 190 et suiv.

43 CJUE, Avis 1/15, 26 juillet 2017, ECLI:EU:C:2017:592, point 37.

44 *Ibid.*

« À cet égard, il y a lieu de relever que l'argument du Parlement selon lequel l'accord envisagé ne relève pas de la notion de "loi", au sens de l'article 8, paragraphe 2, de la Charte, et, partant, de l'article 52, paragraphe 1, de celle-ci, puisqu'il ne constituerait pas un "acte législatif", ne saurait, en tout état de cause, prospérer »[45].

Cantonné à ce qui précède, l'avis 1/15 pouvait – à l'instar des conclusions de l'Avocat général intervenues en l'affaire – clairement faire figure d'indice de ralliement à une conception *matérielle* de la légalité requise des limitations européennes[46]. La Cour crut cependant – utile, nécessaire, indispensable ? : là est l'ambiguïté – de conforter sa conclusion par une mise en évidence de la légitimation parlementaire que permettait la procédure d'adoption de l'acte faisant litige : à défaut d'être un acte *législatif* au sens strict, celui-ci n'en requiert pas moins une approbation de la part du Parlement. Pour reprendre les termes de l'avis :

« En effet, d'une part, l'article 218, paragraphe 6, TFUE reflète, sur le plan extérieur, la répartition des pouvoirs entre les institutions applicable sur le plan intérieur et établit une symétrie entre la procédure d'adoption des mesures de l'Union sur le plan intérieur et la procédure d'adoption des accords internationaux, afin de garantir que, en rapport avec un domaine donné, le Parlement et le Conseil disposent des mêmes pouvoirs, dans le respect de l'équilibre institutionnel prévu par les traités (arrêt du 24 juin 2014, Parlement/Conseil, C-658/11, EU:C:2014:2025, point 56). Ainsi, la conclusion des accords internationaux couvrant des domaines auxquels, sur le plan intérieur, s'applique la procédure législative ordinaire, prévue à l'article 294 TFUE, nécessite, en vertu de l'article 218, paragraphe 6, sous a), v), TFUE, l'approbation du Parlement, de telle sorte que, comme l'a relevé M. l'avocat général au point 192 de ses conclusions, un tel accord peut être considéré comme étant, sur le plan extérieur, l'équivalent de ce qu'est un acte législatif sur le plan intérieur. D'autre part, il n'a nullement été soutenu dans la présente procédure que l'accord envisagé puisse ne pas satisfaire aux exigences d'accessibilité et de prévisibilité requises pour que les ingérences qu'il comporte puissent être considérées comme étant prévues par la loi au sens de l'article 8, paragraphe 2, et de l'article 52, paragraphe 1, de la Charte »[47].

On pourrait être tenté de ramener la cohérence dans tout ceci en affirmant que, hors ces hypothèses très précises où le traité (par exemple l'article 215 du TFUE) ou un accord international (par exemple l'accord PNR entre l'Union et le Canada, ou encore la Convention d'application de l'Accord de

---

[45] CJUE, Avis 1/15, 26 juillet 2017, ECLI:EU:C:2017:592, point 145.

[46] Se ralliant ainsi, implicitement, à son arrêt *Spasic*, dans lequel elle a considéré que la Convention d'application de l'accord de Schengen, telle qu'intégrée dans le droit de l'Union, devait être considéré comme une « loi » au sens de l'article 52, paragraphe 1er, voy. CJUE, *Spasic*, 27 mai 2014, C-129/14 PPU, ECLI:EU:2014 : 586, point 57.

47 CJUE, Avis 1/15, 26 juillet 2017, ECLI:EU:C:2017:592, point 146.

Schengen) autoriserait lui-même une restriction aux droits et libertés par les actes qu'il désigne, il faudrait malgré tout retenir, au titre d'un régime de « droit commun », l'exigence d'un « acte législatif » pour permettre – éventuellement par délégation[48] – à une institution ou un organe de l'Union de limiter les droits et libertés garantis par la Charte.

La doctrine n'offre cependant pas un soutien unanime à une telle reconstruction. Selon K. Lenaerts[49] et J.-P. Jacqué[50], seuls les actes législatifs répondraient à la condition de l'article 52 – peu importe, pour le surplus, qu'ils procèdent d'une procédure législative ordinaire ou d'une procédure législative spéciale. Selon S. Peers et S. Prechal par contre, un acte législatif au sens de l'article 289 TFUE ne serait pas nécessairement requis, sauf en cas d'ingérence grave[51]. Plus récemment, T. Lock, prenant appui sur des arrêts de la Cour européenne des droits de l'homme, souligne qu'une interprétation large de cette exigence est requise, comme comprenant l'ensemble du droit primaire et secondaire de l'Union, pour autant que la disposition soit suffisamment précise et accessible[52].

Si l'hésitation reste à ce stade permise, soulignons que l'exigence d'une intervention du Parlement européen pour restreindre les droits et libertés consacrés dans la Charte au niveau de l'action de l'Union européenne ne rencontre pas les mêmes obstacles qu'au niveau national : l'article 52§3 de la Charte prévoit en effet que l'Union a la faculté d'offrir une protection plus étendue que la Convention et la limite tenant au respect de l'identité nationale et de l'autonomie procédurale des États membres n'a bien sûr pas vocation à s'appliquer aux restrictions « *made in EU* ».

c) La procéduralisation du principe de proportionnalité : une opportunité de renaissance de l'idéal démocratique ?

À l'œuvre depuis quelques années du côté de la Cour européenne des droits de l'homme, le mouvement de « procéduralisation » des droits substantiels consiste à tirer d'entre les lignes des dispositions conventionnelles, une série d'impératifs procéduraux dont le respect conditionne la licéité des restrictions

---

48 Voy. CJUE, 9 novembre 2010, *Volker und Schecke*, aff. jtes C-92/09 et C-93/09, ECLI:EU:C:2010:662, point 66, où la Cour a admis comme fondement légal suffisant un règlement de la Commission adopté sur délégation du règlement (CE) n° 1290/2005.

49 K. LENAERTS, « La vie après l'avis… », *op. cit.*, p. 811.

50 J.-P. JACQUÉ, « Les limitations aux droits fondamentaux… », *op. cit.*, p. 251.

51 S. PEERS et S. PRECHAL, op. cit., pp. 1472 à 1473, Voy. en ce sens, Av. Gén. H. SAUGMANDSGAARDOE, concl. préc. CJUE, 21 décembre 2016, *Tele2 Sverige*, aff. jtes C-203/15 et C-698/15, ECLI:EU:C:2016:970, présentées le 19 juillet 2016, ECLI:EU:C:2016:572, point 101. Voy. encore S. Colella, *Les restrictions..., op. cit.*, p. 265

52 P. 2251

aux droits qu'elles consacrent ou des abstentions qui, sous leur visa, sont reprochées à l'État. Dans la perspective du mouvement procédural, c'est moins le fond des décisions qui importe, que la manière dont on a décidé, ou permis que la décision soit contestée *ex post.* L'une des multiples manifestations de ce mouvement de procéduralisation consiste en l'examen, par la Cour européenne des droits de l'Homme, de la qualité du processus parlementaire qui a conduit à l'adoption de telle ou telle législation qui, en son principe même ou dans son application concrète, se trouve querellée devant elle[53]. Le mouvement de *procéduralisation* des droits substantiels, et, singulièrement, de l'exigence de proportionnalité, peut ainsi revaloriser la décision parlementaire clôturant un processus décisionnel de qualité.

Des traces de procéduralisation du contrôle de la licéité des restrictions faites aux libertés publiques se retrouvent également dans la jurisprudence de la Cour de justice de l'Union européenne[54]. Est ainsi par exemple pris en compte par les juges du Kirchberg dans l'examen du respect du principe de proportionnalité, l'appui sur des études scientifiques[55] ou des rapports d'experts[56] par l'auteur de la norme restrictive des droits fondamentaux.

Force est néanmoins d'observer apparait à ce stade plus timide à Luxembourg qu'à Strasbourg. Dans le cadre de l'examen de la proportionnalité des restrictions, nulle importance n'est donnée, en tant que telle, à l'identité de la source formelle de la limitation, ni à l'éventuelle délibération qui a précédé son édiction. La « procéduralisation » du principe de proportionnalité en droit de l'Union n'a donc pas – du moins à l'heure actuelle – d'influence directe ou indirecte sur l'identité de l'auteur qui devrait être à la source de la restriction. Si un tel examen « organique » de la réglementation des droits et libertés peut éventuellement s'envisager dans la sphère des restrictions « *made in EU* » – les indices jurisprudentiels en ce sens gagneraient à être consolidés –, la jurisprudence actuelle de la Cour de justice est, pour ce qui concerne les restrictions *étatiques,* en phase avec le principe, ci-avant rappelé, de non-ingérence de l'Union dans l'identité nationale des

---

[53] Voy. p. ex. Cour eur. D.H., arrêt *Bayev et autres c. Russie,* 20 juin 2017, § 63 « la Cour rappelle que, pour déterminer la proportionnalité d'une mesure générale, elle doit commencer par étudier les choix législatifs à l'origine de cette mesure, en tenant compte de la qualité de l'examen parlementaire et judiciaire de la nécessité de cette mesure ainsi que du risque d'abus que peut emporter l'assouplissement d'une mesure générale ». Voy. aussi Cour eur. D.H., arrêt *A.-M V. c. Finlande,* 23 mars 2017, § 82 ; Cour eur. D.H., arrêt *Orlovskaya Iskra c. Russie,* 21 février 2017, § 126.

[54] Voy. À ce propos, S. VAN DROOGHENBROECK et C. RIZCALLAH, *op cit.*, p. 1249 ; et M. BEIJER « Procedural Fundamental Rights Review by the Court of Justice of the European Union », J. GERARDS and E. BREMS, *op. cit.*, pp. 177 -209.

[55] CJUE, *Schaible*, 17 octobre 2013, C-101/12, ECLI:EU:C:2013:661, point 57.

[56] CJUE, *Glatzel*, 22 mai 2014, C-356/12, ECLI:EU:C:2014:350, points 63 à 72.

États qui s'oppose, en règle, à ce qu'elle intervienne dans l'organisation constitutionnelle interne des États membres[57].

II. L'intangibilité de l'essence des droits et libertés

Une attention doctrinale très soutenue a récemment été consacrée au thème de l'intangibilité de l'essence des droits fondamentaux garantis par la Charte[58]. Affirmée par les uns ou investiguée par les autres, l'idée serait que ladite essence opérerait comme la « limite des limites » admissibles[59]. Le « contenu essentiel » de chaque droit devrait être respecté en toute hypothèse, quelles que soient les circonstances. Il y aurait donc des actes « injustifiables en soi », ou, pour reprendre les termes de P. Abravanel[60], des « sanctuaires » aux portes desquels s'arrête la proportionnalité.

Force est de constater, cependant, que la jurisprudence de la Cour de justice peine encore à valider de manière tout à fait concrète et cohérente les horizons ainsi tracés (b). L'heure est d'ailleurs, provisoirement, à un certain scepticisme. Clôturant une analyse de la jurisprudence Luxembourgeoise en 2019, T. Tridamas et G. Gentile[61] écrivent : « *The value of the concepts lies much more in offering a constitutional posture and a legitimizing device than a judicial tool that provides a firm dividing line* ». Deux années plus tard, l'écho de R. Tinière n'est pas beaucoup plus enthousiaste : « La recherche de la substance du contenu essentiel des droits fondamentaux garantis par la Charte s'apparente visiblement à la poursuite d'un mirage. À chaque fois que l'on pense parvenir à cerner, sinon précisément la notion, du moins une méthode permettant de l'approcher, on s'aperçoit qu'elle reste insaisissable »[62]. Pour S. Platon, « l'avenir (de la notion de "contenu essentiel") dépendra de la capacité de la Cour à lui donner une définition et des effets à la fois clairs et prévisibles. Si la Cour y parvient, la protection des droits fondamentaux s'en verra doter d'un outil supplémentaire. Si elle

---

57 Art.4.2. TUE

58 Voy. e. a., et outre les études citées plus ponctuellement ci-après, le dossier dirigé par M. Dawson, E. Muir, et O. Lynksey, O., « The Essence of Fundamental Rights », special issue, *German Law Journal*, volume 20, issue 6, 2019 ; T. Ojanen, « Making the Essence of Fundamental Rights Real : The Court of Justice of the European Union Clarifies the Structure of Fundamental Rights under the Charter », *EuConst*, 2016, p. 322.

59 K. Lenaerts, « Limits on Limitations : The Essence of Fundamental Rights in the EU », *German Law Journal*, 2019, pp. 779-793.

60 P. Abravanel, *La protection de l'ordre public dans l'État régi par le droit*, *op. cit.*, p. 89..

61 T. Tridimas et G. Gentile, « The Essence of rights : An Unreliable Boundary?", *The Essence of Fundamental Rights*, special issue, *German Law Journal*, volume 20, issue 6, 2019, pp. 815-816

62 R. Tinière, « Le contenu essentiel des droits fondamentaux dans la jurisprudence de la Cour de Justice de l'Union européenne », *C.D.E.*, 2020, p. 429

échoue, il y a fort à parier que le concept de "contenu essentiel" viendra rejoindre celui d'identité nationale dans le bric-à-brac des notions fortes, mais sémantiquement creuses et juridiquement plus encombrantes que fécondes »[63]. O. Scarcello, pour sa part, estime que la Cour de justice n'a pas encore établi – il écrit en 2020 – « *a full-fledged method to establish the essence of a right ; instead, it has relied on a intuitive understanding* »[64].

A notre estime, ces analyses quelque peu désenchantées se justifient largement. Il ne faut cependant pas voir dans cette situation le symptôme d'une défaillance typiquement luxembourgeoise. La Cour européenne des droits de l'Homme n'offre pas davantage de lignes claires, loin s'en faut[65] : les questions sont aujourd'hui relativement bien identifiées, mais les positionnements à leur sujet sont le terrain de controverses récurrentes, y compris dans les ordres juridiques qui, pourtant, ont une longue expérience dans le maniement discursif des concepts de « substance » ou encore, d'« essence » des droits fondamentaux (a)

a) Les questions qui se posent : cadastre simplifié au regard de la doctrine suisse

Qu'on la traduise sous les termes de « substance », de « contenu essentiel » ou de « noyau intangible » (*core, kerngehalt, wesengehalt*), l'affirmation théorique de l'existence de restrictions « injustifiables » n'est pas le propre de l'ordre juridique de l'Union. On retrouve en effet une consécration expresse[66] de cette notion, notamment dans la Loi fondamentale allemande[67] et dans la Constitution suisse. L'article 36 de cette dernière, étonnamment ressemblant à l'article 52 de la CDFUE, dispose en effet que :

> « 1 Toute restriction d'un droit fondamental doit être fondée sur une base légale. Les restrictions graves doivent être prévues par une loi. Les cas de danger sérieux, direct et imminent sont réservés.
> 2 Toute restriction d'un droit fondamental doit être justifiée par un intérêt public ou par la protection d'un droit fondamental d'autrui.

---

[63] S. PLATON, « La protection du "contenu essentiel" des droits garantis par la Charte des droits fondamentaux de l'Union européenne », in R.TINIÈRE ET C. VIAL, *Les dix ans de la Charte des droits fondamentaux de l'Union européenne. Bilan et perspectives*, Bruxelles, Larcier, 2020, p. 337,

[64] O. SCARCELLO, « Preserving the 'essence' of fundamental rights under Article 52(1) of the Charter : A Sisyphean Task ?", *European Constitutional Law Review,* 2020, 16, pp. 667-668

[65] Voy. S. VAN DROOGHENBROECK, C. RICZALLAH, « The ECHR and the Essence of Fundamental Rights: Searching for Sugar in Hot Milk? », *German Law Journal*, 2019, n° 20, pp. 904 à 923. Voy. ég. l'opinion concordante du Juge Pinto de Albuquerque sous Cour eur. dr. h., *Muhammad et Muhammad c. Roumanie*, 15 octobre 2020

[66] Voy. encore les autres exemples cités in M. BOROWSKY, « Title VII : Algemeine Bestimmungen über die Auslegung und Anwendung der Charta », *op. cit.*, p. 788.

[67] Article 19, § 2.

3 Toute restriction d'un droit fondamental doit être proportionnée au but visé.
4 L'essence des droits fondamentaux est inviolable. »

Dans la doctrine – suisse, notamment –, deux questions/controverses sont habituellement soulevées à propos de la concrétisation du principe d'intangibilité de l'essence des droits, ainsi affirmé. L'on se permettra d'être, à ce sujet, très schématique, voire caricatural[68]. La première question concerne porte sur *l'identification* – subjective ou institutionnelle – des prérogatives essentielles sanctuarisées. La deuxième controverse concerne *la portée de la* protection accordée : est-elle absolue ou relative et, singulièrement, quelle est l'articulation entre protection de l'essence des droits et exigence de proportionnalité des limitations qui leur sont apportées ?

Sur la première question, on peut distinguer deux approches. Dans une conception « institutionnelle », on considèrera qu'il est possible d'identifier l'essence des droits *a priori*, de manière décontextualisée et objective. Les auteurs évoquent une définition de l'essence des droits par rapport à « *an* objective *state of constitutional rights law* »[69] et à l'« institution » sociale qu'un droit incarne.[70] Il n'y aurait d'atteinte à l'essence d'un droit ou d'une liberté que lorsque l'institution elle-même est atteinte, c'est-à-dire, que « *when such a right loses its meaning for all or nearly all individuals and not just a particular individual or at least a few individuals* ».[71] Dans une conception « subjective » du noyau dur, par contre, l'essence des droits ne peut être identifiée que du point de vue subjectif du titulaire de ces droits, c'est-à-dire qu'il peut y avoir atteinte à la substance « en présence d'une limitation d'un droit fondamental, qui, laissant intacte l'institution qu'il incarne dans la société, vide cependant celui-ci de son contenu en tant que droit subjectif de tel ou tel individu ».[72]

En termes d'articulation entre le principe de proportionnalité et l'intangibilité de l'essence d'un droit, deux grandes conceptions s'affrontent. La « conception idéale » du noyau dur, ou « théorie absolue », postule d'une part qu'il est possible d'identifier le noyau dur et que, d'autre part, sa protection est absolue. Il existerait ainsi une « limite des limites », qui ne peut jamais être franchie[73], et doit être placée totalement hors d'atteinte de la

[68] Pour davantage de développements, voy. e.a. S. VAN DROOGHENBROECK, *La proportionnalité....*, *op. cit.*, pp 361 et suiv.

[69] R. ALEXY, *A Theory of Constitutional Rights*, OUP, 2002, p.192.

[70] S. VAN DROOGHENBROECK, *La proportionnalité..., op. cit*, p. 363.

[71] G. VAN DER SCHYFF, "Cutting to the core of conflicting rights: The question of inalienable cores in comparative perspective" In E. Brems (Ed.), *Conflicts Between Fundamental Rights*, Antwerp, Intersentia, 2008, p. 133.

[72] S. VAN DROOGHENBROECK, *La proportionnalité..., op. cit*, p.372.

[73] O. ROUZIERE-BEAULIEU, *La protection de la substance du droit par la Cour européenne des droits de l'homme*, Thèse, Université de Montpellier, 2017, pp. 19-103.

proportionnalité. Toute atteinte à cet « Ondergrens » serait injustifiable[74]. On peut distinguer deux variantes dans cette première conception absolue ou idéale. L'absolutisme pragmatique admet « un recouvrement partiel de l'intangibilité de la substance »[75] avec le principe de proportionnalité. On considère dans cette perspective que « toute atteinte à la substance d'un droit fondamental sera (...) nécessairement disproportionnée »[76], le noyau dur étant alors identifié comme la partie d'un droit ou d'une liberté qui est si fondamentale qu'« aucun intérêt public ne justifiera jamais que l'on y porte atteinte »[77]. Dans cette perspective, la mise en œuvre du principe de proportionnalité n'a pas nécessairement besoin d'être précédée du constat de l'absence d'atteinte à la substance du droit concerné. L'absolutisme radical quant à lui maintient l'utilité « de procéder, en pratique, à une identification *a priori* et indépendante de la substance des droits fondamentaux »[78]. Partant, et ne fut-ce que pour des raisons symboliques et de clarté du message, la vérification de l'absence d'atteinte à l'essence du droit concerné doit nécessairement précéder la mise en jeu du principe de proportionnalité. A *priori,* cette approche est la plus cohérente par rapport à la logique sous-jacente à l'intangibilité de la substance. Tout à l'opposé, la thèse relativiste affirme le recouvrement total des exigences respectives de proportionnalité et d'intangibilité de l'atteinte à la substance des droits concernés : toute atteinte à la substance d'un droit entraine un manquement au principe de proportionnalité, et toute atteinte au principe de proportionnalité entraine une atteinte à la substance d'un droit. L'intangibilité de l'essence est donc aussi relative que la proportionnalité et l'ériger en condition distincte ne sert à rien Dans cette perspective, il n'y a rien qui soit *a priori* injustifiable. Comme le note O. Scarcello[79]

> « *The relative theory (...) claims that every interference with a right can and shall ultimately be justified through proportionality, including limitations of the core* »

Les questions ici évoquées sont connues, répétons-le, parfois de très longue date au sein de certains ordres juridiques nationaux. Elles n'y reçoivent pas de réponse définitive, et, au demeurant, leur enjeux concrets sont parfois relativisés. J. Dubey écrit ainsi en 2018, à propos du droit constitutionnel

---

74 Le concept d'Ondergrens est emprunté à J. GERARD, EVRM *Algemene Beginselen*, Den Haag, Sdu Uitgevers, 2011, p. 167.

75 S. VAN DROOGHENBROECK, *La proportionnalité..., op. cit,* p. 362.

76 *Ibid.*, p. 362.

77 J.-F. AUBERT, cité dans S. VAN DROOGHENBROECK, *La proportionnalité..., op. cit,* p. 362-363.

78 S. VAN DROOGHENBROECK, *La proportionnalité..., op. cit,* p. 362.

79 O. SCARCELLO, « Preserving the 'essence' of fundamental rights under Article 52(1) of the Charter : A Sisyphean Task ? », *op. cit.*, p. 647

suisse, que la notion d'inviolabilité de l'essence des droits fondamentaux soulève « de graves difficultés théoriques », tout en n'ayant finalement que « de rares incidences pratiques »[80]

b) La pratique luxembourgeoise

Trouve-t-on, dans la jurisprudence de la Cour de justice, quelque positionnement clair, indubitable, constant et définitif quant aux questions évoquées ci-dessus ? Pour l'heure, la réponse est encore négative, même si une certaine évolution est à l'œuvre.

La notion de « contenu essentiel » des droits fondamentaux fut, dès l'origine, couramment utilisée aussi bien par les avocats généraux que par la Cour, mais le constat d'une atteinte qui y serait portée, est, pour sa part, demeuré exceptionnel. Si on a pu constater une certaine recrudescence de la mention explicite de l'examen du respect du « contenu essentiel » du droit en cause dans la jurisprudence de ces quatre dernières années[81] (voy. *infra*), la portée exacte de cette notion demeure encore fondamentalement obscure : rares, voire inexistants sont en effet les cas où le juge de Luxembourg assortit le maniement de cette notion d'une définition générale et abstraite, formulée positivement, de ce qu'elle est censée recouvrir.

Dans l'affaire *N.S.*, l'avocat général Trstenjak mobilisa la notion d'atteinte au « contenu essentiel » du droit à un recours effectif afin de condamner l'existence d'une présomption irréfragable de respect des droits fondamentaux par tous les États membres dans le cadre des transferts des demandeurs d'asile sur la base du système Dublin[82]. La Cour de justice rallia certes cette conclusion sur le fond, en considérant *in fine* que la présomption devait pouvoir être renversée, mais y parvint par un raisonnement distinct ne comportant pour sa part aucune mention de la notion de « contenu essentiel » du droit à un recours effectif[83].

---

[80] J. DUBEY, *Droits fondamentaux*, vol. 1, *Notion, garantie, restriction, juridiction*, Bâle, Helbing & Lichtenhän, 2018, pp. 221 et s.

[81] Voy., notamment, CJUE, 5 juillet 2017, *Fries*, C-190/16, ECLI:EU:C:2017:513, points 38 et 72 ; CJUE, 27 septembre 2017, *Puskar*, C-73/16, ECLI:EU:C:2017:725, point 64, CJUE, 8 février 2018, *Commission c. Allemagne*, C-380/16, ECLI:EU:C:2018:76, point 67 ; CJUE, 20 mars 2018, *Garlsson Real Estate SA*, C-537/16, ECLI:EU:C:2018:193, point 45.

[82] Av. Gén. V. TRSTENJAK, concl. préc. CJUE, 21 décembre 2011, *N.S.*, aff. C-411/10, ECLI:EU:C:2011:865, présentées le 22 septembre 2011, ECLI:EU:C:1974:51, point 162.

[83] CJUE, 21 décembre 2011, *N.S.*, aff. jtes C-411/10 et C-493/10, ECLI:EU:C:2011:865.

La Cour de justice y fit par contre elle-même référence[84] dans son arrêt *Digital Rights Ireland*[85], à l'occasion duquel elle contrôla la validité de la directive 2006/24/CE imposant, entre autres, la conservation de certaines données générées ou traitées par les fournisseurs de services de communication électroniques en vue de garantir leur disponibilité à des fins de prévention, de recherche, de détection et de poursuite d'infractions graves. Non sans avoir constaté qu'il s'agissait effectivement d'une ingérence « particulièrement grave » dans le droit à la vie privée, la Cour considéra qu'elle n'était toutefois pas de nature à porter atteinte au « contenu essentiel » de ce droit, et ce, dans la mesure où la directive « ne permet pas de prendre connaissance du contenu des communications électroniques en tant que tel »[86]. Il en était de même pour le contenu essentiel du droit à la protection des données personnelles, cette fois-ci en raison du fait que les fournisseurs de services de communications devaient respecter certains principes de protection et de sécurité des données afin d'éviter la destruction accidentelle ou illicite, la perte ou l'altération accidentelle des données[87]. Quoiqu'elle ne portait ainsi pas atteinte au « contenu essentiel » desdits droits, la directive fut malgré tout invalidée par la Cour en raison de la violation du principe de proportionnalité.

Quelques mois plus tard, la Cour de justice eut à nouveau l'occasion de se prononcer sur la notion de « contenu essentiel » des droits consacrés aux articles 7 et 8 de la Charte, dans son arrêt *Schrems*[88] portant sur le transfert généralisé des données personnelles de l'Union vers les États-Unis, tel qu'il était autorisé par la décision de la Commission 2000/520/CE. Dans cet arrêt, la Cour rappela, de manière générale, que « la protection du droit fondamental au respect de la vie privée au niveau de l'Union exige que les dérogations à la protection des données à caractère personnel et les limitations de celle-ci s'opèrent dans les limites du strict nécessaire »[89]. C'est dans le cadre des

[84] Voy. par exemple CJUE, 22 janvier 2013, *Sky Osterreich*, aff. C-283/11, ECLI:EU:C:2013:28, point 49 : « À cet égard, il y a lieu de constater que l'article 15, paragraphe 6, de la directive 2010/13 n'affecte pas le contenu essentiel de la liberté d'entreprise. En effet, cette disposition n'empêche pas l'exercice de l'activité entrepreneuriale en tant que telle du titulaire de droits exclusifs de radiodiffusion télévisuelle ».

[85] CJUE, 8 avril 2014, *Digital Rights Ireland Ltd*, aff. jtes C-293/12 et C-594/12, ECLI:EU:C:2014:238.

[86] *Ibid.*, point 39. Voy. aussi CJUE, 21 décembre 2016, *Tele2 Sverige*, aff. jtes C-203/15 et C-698/15, ECLI:EU:C:2016:970, point 101.

[87] *Ibid.*, point 40.

[88] CJUE, 6 octobre 2015, *Schrems*, aff. C-362/14, ECLI:EU:C:2015:650. Pour ce qui concerne l'arrêt « Schrems II » (CJUE, C-311/18, 16 juillet 2020) et l'utilisation implicite et explicite qui y en est faite de la notion de « contenu essentiel », voy. K. LENAERTS, « La Charte dans l'ordre juridique de l'Union européenne », *C.D.E.*, 2021, p. 29.

[89] *Ibid.*, point 92.

développements qu'il consacre à cette question de nécessité – et non à titre de préalable à ceux-ci –, que le même arrêt énonce qu'« une réglementation permettant aux autorités publiques d'accéder de manière généralisée au contenu de communications électroniques doit être considérée comme portant atteinte au contenu essentiel du droit fondamental au respect de la vie privée, tel que garanti par l'article 7 de la Charte »[90]. À notre estime, on touche ici, très précisément, à la difficulté ci-avant mise en lumière : le respect dû à l'intangibilité du contenu essentiel d'un droit n'apparaît en effet, dans un tel raisonnement, que comme un produit dérivé de l'exigence de proportionnalité[91]. Toujours dans le cadre de l'affaire *Schrems*, la Cour de justice examina le respect du contenu essentiel du droit fondamental à une protection juridictionnelle effective et considéra qu'« une réglementation ne prévoyant aucune possibilité pour le justiciable d'exercer des voies de droit afin d'avoir accès à des données à caractère personnel le concernant, ou d'obtenir la rectification ou la suppression de telles données, ne respecte pas le contenu essentiel de ce droit »[92]. À ce stade, il ne fut plus – ou en tout cas plus explicitement – question de proportionnalité de la limitation.

Statuant sur une question analogue portant sur la validité de l'accord entre l'Union européenne et le Canada relatif au transfert et au traitement des données des dossiers des passagers aériens[93] (données PNR), la Cour de justice livra une analyse tatillonne de pareilles ingérences généralisées dans les droits consacrés aux articles 7 et 8 de la Charte. Envisagé dans le cadre de la lutte contre le terrorisme et la lutte contre la criminalité transnationale grave, le projet d'accord prévoyait le transfert systématique des données PNR de l'ensemble des passagers empruntant la voie aérienne entre l'Union européenne et le Canada. Ces données comprennent, entre autres, les dates de réservation du billet d'avion, les noms, prénoms et dates de naissance des passagers ainsi que leurs coordonnées ainsi que l'itinéraire prévu. Au préalable à tout examen de proportionnalité, la Cour de justice s'assura que le

---

[90] *Ibid.*, point 94

[91] Comp. T. OJANEN, « Making the Essence of Fundamental Rights Real : The Court of Justice of the European Union Clarifies the Structure of Fundamental Rights under the Charter », *op. cit.*, p. 325. Voy. également CJUE, 13 avril 2000, *Karlsson e.a.*, aff. C-292/97, ECLI:EU:C:2000:202, point 58 : « Dans la mesure où la fixation des quotas laitiers notamment des nouveaux producteurs et des producteurs en croissance à un niveau inférieur à leur capacité de production constitue une restriction à l'exercice de leurs droits fondamentaux, il y a lieu de rappeler que, lorsqu'il apporte des restrictions à l'exercice des droits fondamentaux, *un État membre est tenu de respecter le principe de proportionnalité. Celui-ci exige qu'une telle restriction ne constitue pas, compte tenu du but poursuivi, une intervention démesurée et intolérable, qui porterait atteinte à la substance même des droits* » (nous soulignons).

[92] *Ibid.*, point 95

[93] CJUE, avis 1/15, 26 juillet 2017, ECLI:EU:C:2017:592.

« contenu essentiel » des droits en cause demeurait malgré tout indemne. Tel était bien le cas. S'agissant des droits consacrés par l'article 7, l'avis énonce que « même si les données PNR peuvent, le cas échéant, révéler des informations très précises sur la vie privée d'une personne, la nature de ces informations est limitée à certains aspects de cette vie privée, relatifs en particulier aux voyages aériens entre le Canada et l'Union ». Pour ce qui concerne le droit à la protection des données personnelles, la Cour jugea son contenu essentiel épargné par l'accord envisagé dans la mesure où il « circonscrit, à son article 3, les finalités du traitement des données PNR et prévoit, à son article 9, des règles destinées à assurer, notamment, la sécurité, la confidentialité et l'intégrité de ces données, ainsi qu'à les protéger contre les accès et les traitements illégaux »[94].

En matière de transfert d'entreprise, l'opposabilité des clauses de renvoi dynamiques aux conventions collectives négociées et adoptées postérieurement à la date du transfert prévue par une mesure nationale fut considérée par la Cour de justice comme portant atteinte à la substance de la liberté d'entreprendre[95], dans la mesure où le cessionnaire « n'a la faculté ni de faire valoir efficacement ses intérêts dans un processus contractuel ni de négocier les éléments déterminant l'évolution des conditions de travail de ses employés en vue de sa future activité économique »[96].

Par contre, la déchéance du droit de vote d'un condamné n'est pas, selon la Cour de justice, de nature à porter atteinte au contenu essentiel de l'article 39, paragraphe 2, de la Charte[97]. En effet, elle « ne remet pas en cause ce droit en tant que tel, puisqu'elle a pour effet d'exclure, dans des conditions spécifiques et en raison de leur comportement, certaines personnes du groupe des bénéficiaires du droit de vote aux élections au Parlement, pour autant que lesdites conditions soient remplies »[98]. La Cour conclut au surplus au respect du principe de proportionnalité, dès lors que la limitation querellée prenait en compte la nature et la gravité de l'infraction pénale commise ainsi que la durée de la peine[99]. Le raisonnement ici tenu par la Cour semble s'orienter vers une conception plus « institutionnelle/objective » que « subjective » de l'intangibilité de la substance d'un droit (voy. *supra*). Seule l'abrogation *erga omnes* de la garantie serait absolument interdite, tandis que sa suppression au détriment de certains serait quant à elle justifiable, sous condition de

[94] *Ibid.*, point 150
[95] Consacrée à l'article 16 de la Charte
[96] CJUE, 18 juillet 2013, *Mark Alemo-Herron*, aff. C-426/11, ECLI:EU:C:2013:521, point 34.
[97] Droit de vote des citoyens de l'Union aux élections au Parlement européen
[98] CJUE, 6 octobre 2015, *Delvigne*, aff. C-650/13, ECLI:EU:C:2015:648, point 38
[99] *Ibid.*, point 39

proportionnalité[100]. Les précédents évoqués ci-dessus (*Schrems, Avis 1/15, Léger,...*) ne démentent pas le ralliement de la Cour à cette approche « institutionnelle »[101], et d'autres arrêts, ultérieurs, tendraient à le confirmer, par la référence à la notion de « remise en cause du droit en tant que tel »[102]. Convenons cependant que ce ralliement réduit à très peu de chose l'utilité concrète de l'intangibilité affirmée, reléguant finalement celle-ci à une retraduction, dans le discours des droits fondamentaux, du principe de la hiérarchie des normes...

La contemplation de ces quelques précédents génère donc une certaine perplexité sur l'utilité, l'épaisseur et – non sans quelque paradoxe -, le contenu même de la notion de « contenu essentiel » des droits fondamentaux. Quelques décisions, rares, œuvrent cependant à une élucidation plus « positive » sur ce point. On signalera dans cette perspective que les risques d'ébranlement du respect de l'État de droit existant actuellement dans certains États membres ont poussé la Cour de justice, dans un registre grave et solennel, à se montrer plus précise quant à la notion de contenu essentiel du droit à un procès

---

[100] Voy., cependant, l'arrêt *Scarlet Extended*, où l'injonction faite à un fournisseur d'accès à internet de mettre en place un système de filtrage de *toutes* les communications électroniques transitant par ses services qui s'applique indistinctement à l'égard de *toute* sa clientèle, à titre préventif et sans limitation dans le temps fut invalidée par la CJUE non pas sur la base de l'atteinte au contenu essentiel du droit à la vie privée mais de la violation du principe de proportionnalité, CJUE, 24 novembre 2011, *Scarlet Extended*, aff. C-70/10, ECLI:EU:C:2011:771.

[101] Voy. également CJUE, 15 février 2016, *J.N.*, aff. C-601/15, ECLI:EU:C:2016:84, point 52 : « En outre, l'article 8, paragraphe 3, premier alinéa, sous e), de la directive 2013/33 n'affecte pas le contenu essentiel du droit à la liberté consacré à l'article 6 de la Charte. En effet, cette disposition ne remet pas en cause la garantie de ce droit (...) » ; CJUE, 27 septembre 2017, *Puskar*, aff. C-73/16, ECLI:EU:C:2017:725, point 64 : « En outre, cette obligation respecte le contenu essentiel du droit fondamental à une protection juridictionnelle effective, tel que consacré à l'article 47 de la Charte. En effet, ladite obligation ne remet pas en cause ce droit en tant que tel. Seule une étape procédurale supplémentaire est imposée afin d'exercer celui-ci ». Voy. également, CJUE, 14 septembre 2017, *K*, aff. C-18/16, ECLI:EU:2017:680, point 35 : « À cet égard, il convient de relever que la limitation de l'exercice du droit à la liberté résultant de l'article 8, paragraphe 3, premier alinéa, sous a) et b), de la directive 2013/33 est prévue par un acte législatif de l'Union et qu'elle n'affecte pas le contenu essentiel du droit à la liberté consacré à l'article 6 de la Charte. En effet, l'article 8, paragraphe 3, premier alinéa, sous a) et b), de cette directive ne remet pas en cause la garantie de ce droit et, ainsi qu'il ressort du libellé de cette disposition et du considérant 15 de ladite directive, ne confère aux États membres le pouvoir de placer un demandeur en rétention qu'en raison de son comportement individuel et dans les circonstances exceptionnelles visées à ladite disposition, ces circonstances étant par ailleurs encadrées par l'ensemble des conditions figurant aux articles 8 et 9 de la même directive (voir, par analogie, arrêt du 15 février 2016, *N.*, C-601/15 PPU, EU:C:2016:84, points 51 et 52) ».Voy. enfin CJUE, 20 mars 2018, *Garlsson Real Estate SA*, aff. C-537/16, ECLI:EU:C:2018:193, point 45 : « En outre, une réglementation nationale telle que celle en cause au principal respecte le contenu essentiel de l'article 50 de la Charte, dès lors qu'elle ne permet un tel cumul de poursuites et de sanctions qu'à des conditions limitativement fixées, assurant ainsi que le droit garanti à cet article 50 ne soit pas remis en cause en tant que tel ».

[102] Voy. CJUE, C-258/14, arrêt du 13 juin 2017, *Florescu,* ECLI:EU:C:2017:448, pt. 55 ; CJUE, C-190/16, 5 juillet 2017, *Fries,* ECLI:EU:C:2017:513, pt. 35

équitable, prévu à l'article 47 de la Charte. Ainsi a-t-elle considéré, à propos d'un mandat d'arrêt européen émis par la Pologne, que son exécution devait être refusée en présence « d'un risque réel de violation du droit fondamental de la personne concernée à un tribunal indépendant »[103] lequel « relève du contenu essentiel du droit fondamental à un procès équitable »[104]. La Vice-Présidente de la Cour de justice réitéra le propos dans son ordonnance exigeant la suspension immédiate et rétroactive des dispositions consacrant l'abaissement de l'âge de la retraite des juges de la Cour suprême polonaise en raison des risques qu'elles induisent pour l'indépendance du système judiciaire polonais[105]. La Cour de justice reprit à son compte le raisonnement dans son arrêt définitif rendu le 24 juin 2019[106].

L'on pointera encore, dans le sens d'une éventuelle évolution/clarification, deux arrêts récents qui procèdent à une mise en œuvre méthodologiquement « académique » de la conception « absolue » de l'intangibilité de l'essence des droits en cause.

Dans les affaires C-245/19 et C-246/19[107], la juridiction de renvoi demandait, en substance, si l'article 47 de la Charte, lu conjointement avec les articles 7 et 8 ainsi qu'avec l'article 52, paragraphe 1, de celle-ci, devait être interprété en ce sens qu'il s'oppose à ce que la législation d'un État membre exclue qu'une décision par laquelle l'autorité compétente de cet État membre oblige une personne détentrice d'informations à lui fournir ces informations, en vue de donner suite à une demande d'échange d'informations émanant de l'autorité compétente d'un autre État membre, puisse faire l'objet de recours formés, premièrement, par une telle personne, deuxièmement, par le contribuable qui est visé, dans cet autre État membre, par l'enquête à l'origine de ladite demande et, troisièmement, par des tierces personnes concernées par les informations en cause.

Distinguant les différents cas de figure, la Cour estima tout d'abord que la législation qui exclut la possibilité, pour *une personne détentrice*

---

[103] CJUE, 25 juillet 2018, *LM*, aff. C-216/18 P, ECLI:EU:C:2018:586, point 47. Voy., sur cet arrêt, C. Rizcallah, « Arrêt *L.M.* : L'existence d'un risque réel et individualisé de violation du droit fondamental à un tribunal indépendant s'oppose à l'exécution d'un mandat d'arrêt européen », *Journal de droit européen*, 2018, pp. 348-352

[104] *Ibid.*, point 48

[105] CJUE, ordonnance du 19 octobre 2018 la Vice-Présidente de la Cour de justice dans l'affaire C-619/18 R, ECLI:EU:C:2018:852, point 20

[106] CJUE, 24 juin 2019, *Commission c. Pologne*, aff. C-619/18, EU:C:2019:531. Voy., à propos de cette jurisprudence, C. Rizcallah et V. Davio, « L'article 19 du Traité sur l'Union européenne : sésame de l'Union de droit. Analyse de la jurisprudence récente de la Cour de justice de l'Union européenne relative à l'indépendance des juges nationaux », *RTDH, 2020, pp. 156 à 186.*

[107] CJUE, C-245/19 et C-246/19, arrêt du 6 octobre 2020, *Etat luxembourgeois*, ECLI:EU:C:2020:795.

d'informations à laquelle l'autorité nationale compétente adresse une décision d'injonction de communication de ces informations, de former un recours direct contre cette décision, « ne respecte pas le contenu essentiel du droit à un recours effectif garanti par l'article 47 de la Charte et, par conséquent, que l'article 52, paragraphe 1, de celle-ci s'oppose à une telle législation »[108]. Nul contrôle de proportionnalité ne compléta ce constat initial : la cause était entendue.

Autre fut par contre l'analyse de la Cour lorsqu'elle se pencha sur la position du *contribuable* qui, dans le système normatif mis en cause, a quant à lui bel et bien la possibilité de contester, à titre incident, la décision d'injonction de communication d'informations ainsi que les conditions d'obtention et l'utilisation des preuves recueillies grâce à celle-ci, et ce dans le cadre du recours qu'il peut former contre la décision de rectification ou de redressement fiscal qui s'ensuivrait. Selon la Cour, la disponibilité d'une telle contestation incidente préservait bel et bien le « contenu essentiel du droit à un recours effectif garanti au contribuable visé »[109]. Partant, pouvait être enclenchée la vérification du respect du principe de proportionnalité.

Tout autre domaine, même démarche : dans l'arrêt *Centraal Israëlitisch Consistorie van België e.a. c. Vlaamse Gewes*t du 17 décembre 2020[110] cité en introduction, la Cour s'assura, à titre préalable à toute entrée dans l'examen de proportionnalité, que le contenu essentiel du droit en cause (la liberté de religion) demeurait intact. Selon la Cour, tel était bien le cas :

> « une réglementation nationale qui impose l'obligation d'étourdissement préalable de l'animal lors de l'abattage rituel tout en prescrivant que cet étourdissement soit réversible et qu'il ne provoque pas la mort de l'animal respecte le contenu essentiel de l'article 10 de la Charte dès lors que, (...), l'ingérence résultant d'une telle réglementation se limite à un aspect de l'acte rituel spécifique que constitue ledit abattage, ce dernier n'étant en revanche pas prohibé en tant que tel »[111]

La prémisse de l'analyse de la Cour est que, pour les requérants, l'abattage rituel répond à des préceptes religieux spécifiques exigeant, en substance, que les croyants ne consomment que de la viande d'animaux abattus sans étourdissement préalable, « aux fins d'assurer qu'ils ne soient soumis à aucun procédé de nature à entraîner la mort avant l'abattage » et qu'ils se vident de leur sang[112].

---

[108] *Ibid.*, point 69

[109] *Ibid.*, point 83-84

[110] CJUE, C-336/19, arrêt *Centraal Israëlitisch Consistorie van België e.a.*, 17 décembre 2020, ECLI:EU:C:2020:1031

[111] *Ibid.*, point 61

[112] *Ibid.*, pt. 54

*

* *

Les principes de la légalité et l'intangibilité du « contenu essentiel » fournissent-ils un encadrement axiologique formel ou substantiel au « jeu » de la proportionnalité lorsqu'il s'agit de limitations des droits et libertés garantis par la CDFUE ? Telle était notre interrogation de départ. Au sortir des lignes qui précèdent, nous ne nous sentons pas autorisés à y apporter une réponse autre que normande. S'agissant à tout le moins des limitations aux droits et libertés qui résultent d'un acte de l'Union, les conceptions *formelles* et *matérielles* de la légalité continuent, à ce jour, à rivaliser, et le débat reste ouvert. Quant à la condition d'intangibilité du « contenu essentiel » des droits et libertés, elle demeure en attente d'éclaircissements supplémentaires quant à son contenu, et de consolidation quant à son utilité concrète dans le raisonnement et à sa « plus-value » vis-à-vis d'une logique proportionnaliste envahissante.

Le texte est à jour au 20 mars 2021

CHAPITRE 7.

CJUE, proportionnalité et droits fondamentaux : à propos de la protection des données personnelles et de la vie privée dans l'univers numérique

FABIEN TERPAN
Maître de Conférences HDR de droit public, Chaire Jean Monnet, Directeur adjoint du CESICE (Centre d'études de la sécurité internationale et des coopérations européennes), membre d'AMNECYS

Si l'univers numérique est une source considérable d'opportunités pour les citoyens, en termes de communication et d'accès à l'information, il fait aussi peser une lourde menace sur leur vie privée et leurs données personnelles[1]. De nombreuses organisations de la société civile dénoncent les usages abusifs de ces données, à des fins commerciales ou à des fins de sécurité nationale. Les pratiques des entreprises du numérique, en particulier les GAFA (Google, Amazon, Facebook, Apple), ainsi que celles des agences de renseignement, sont particulièrement visées. L'Union européenne ayant largement investi le champ de la protection des données à caractère personnel, la Cour de justice de l'Union européenne (CJUE) a été amenée à se prononcer sur ces questions à plusieurs reprises, et a rendu plusieurs arrêts marquants visant à encadrer les pratiques des GAFA et à protéger les citoyens contre la surveillance de masse mise en place par les autorités publiques au nom de la sécurité nationale. Le principe de proportionnalité est situé au cœur de cette jurisprudence.

La jurisprudence de la Cour de Luxembourg a suivi le développement des droits à la vie privée et à la protection des données personnelles au sein de

---

[1] Ch. MAUBERNARD, La protection des données à caractère personnel en droit européen : de la vie privée à la vie privée numérique », *Revue de l'Union européenne*, 2016, pp. 406 et s.

l'Union européenne[2], lequel s'est réalisé d'abord au niveau du droit dérivé, puis au niveau du droit primaire[3].

Le premier acte de droit dérivé adopté par les institutions de l'UE dans les années 1990, à savoir la directive 95/46/CE sur la protection des données, ne concerne pas encore les questions de sécurité. C'est sur la base de l'harmonisation des législations nationales (art. 100a du traité établissement la Communauté européenne) et du fonctionnement du marché (art. 189b du traité établissant la Communauté européenne) que la question des flux de données personnelles est d'abord appréhendée. En revanche, les questions de sécurité sont prises en compte dans les textes adoptés au lendemain du 11 septembre 2001 et des attentats de Madrid et Londres en 2004-05, qu'il s'agisse de la Directive 2002/58/CE dite directive « vie privée et communications électroniques »[4], qui adapte le contenu de la directive 95/46 au secteur des télécommunications, de la Directive 2006/24/CE relative à la conservation des données générées ou traitées en matière de communications électroniques[5], ou de la Décision-cadre 2008/977/JAI relative à la protection des données personnelles traitées dans le cadre de la coopération policière et judiciaire en matière pénale[6]. Depuis, la Directive 95/46/CE a été remplacée par le Règlement 2016/680 dit Règlement général sur la protection des données (RGPD)[7], tandis que la Décision-cadre 2008/977/JAI était abrogée et remplacée par une Directive 2016/680 du 27 avril 2016[8].

Parallèlement, les droits à la vie privée et à la protection des données personnelles ont été progressivement « constitutionnalisés » à partir de l'adoption, en 2001, de la Charte européenne des droits fondamentaux (Charte DF). L'article 7 de la Charte prévoit que « Toute personne a droit au respect de sa vie privée et familiale, de son domicile et de ses communications » tandis que l'article 8 ajoute « Toute personne a droit à la protection des données à caractère personnel la concernant ». Ces deux dispositions ont pleinement intégré le droit primaire de l'Union depuis que le traité de Lisbonne a conféré une valeur contraignante à la Charte.

---

[2] Ch. DOCKSZEY et H. HIJMANS, The court of justice as a key player in privacy and data protection: An overview of recent trends in case law at the start of a new era of data protection law. *European Data Protection Law Review*, 2019, vol.5, p.300.

[3] G. GONZALEZ FUSTER, *The Emergence of personal data protection as a fundamental right in the EU, Berlin*, Springer, 2014. C. CASTETS-RENARD (dir.), *Quelle protection des données personnelles en Europe ?*, Bruxelles, Larcier, 2015.

[4] JOCE, n° L 201 du 31 juillet 2002, p.37

[5] aujourd'hui abrogée JOCE, n° L 105 du 13 avril 2006, p.54.

[6] JOUE, n° L 350 du 30 décembre 2008, p.60.

[7] Règlement 2016/679 du 27 avril 2016, JOUE n° L 119 du 4 mai 2016, p.1.

[8] Directive 2016/680 du 27 avril 2016 « relative à la protection des personnes physiques à l'égard du traitement des données à caractère personnel par les autorités compétentes à des fins de prévention et de détection des infractions pénales, d'enquêtes et de poursuites en la matière ou d'exécution de sanctions pénales, et à la libre circulation de ces données », JOUE, n° L 119 du 4 mai 2016, p.89.

La protection des données à caractère personnel dispose, par ailleurs, d'une base juridique dans le traité sur le fonctionnement de l'Union européenne (TFUE), introduite là encore par le traité de Lisbonne. L'article 16 TFUE dans son premier paragraphe procède à la reconnaissance de ce droit dans des formes similaires à celle de l'article 8 de la Charte, et précise dans son second paragraphe que le Parlement et le Conseil, statuant conformément à la procédure législative ordinaire, « fixent les règles relatives à la protection des personnes physiques à l'égard du traitement des données à caractère personnel par les institutions, organes et organismes de l'Union, ainsi que par les États membres dans l'exercice d'activités qui relèvent du champ d'application du droit de l'Union, et à la libre circulation de ces données ». Dans l'UE comme dans les États membres, le « respect de ces règles est soumis au contrôle d'autorités indépendantes ».[9]

Toutefois, les droits à la vie privée et à la protection des données personnelles ne sont pas sans limites. L'article 52-1 de la Charte indique que, « dans le respect du principe de proportionnalité », des limitations peuvent être apportées aux droits reconnus par la Charte -y compris ceux issus des articles 7 et 8- mais uniquement « si elles sont nécessaires et répondent effectivement à des objectifs d'intérêt général reconnus par l'Union ou au besoin de protection des droits et libertés d'autrui ». Dans la même veine, le RGPD, en son quatrième considérant, rappelle que « Le traitement des données à caractère personnel devrait être conçu pour servir l'humanité. Le droit à la protection des données à caractère personnel n'est pas un droit absolu ; il doit être considéré par rapport à sa fonction dans la société et être mis en balance avec d'autres droits fondamentaux, conformément au principe de proportionnalité »[10].

Les dispositions du droit de l'Union européenne relatives à la protection des données et à la vie privée supposent donc la mise en œuvre du principe de proportionnalité dès lors qu'un équilibre doit être trouvé avec d'autres droits fondamentaux ou d'autres objectifs d'intérêt général. Ce principe exige que les actes des institutions de l'Union soient aptes à réaliser les objectifs légitimes poursuivis par la réglementation en cause et ne dépassent pas les limites de ce qui est approprié et nécessaire à la réalisation de ces objectifs. La CJUE a rendu plusieurs arrêts où elle fait usage du principe de proportionnalité aux fins d'exercer un contrôle sur les pratiques des acteurs du numérique. Le développement de cette jurisprudence s'explique par l'émergence constitutionnelle et législative des droits à la protection des données et à la vie privée. Il s'inscrit aussi de manière très nette dans un contexte hautement politisé lié à la révélation par Edouard Snowden, en 2013,

---

[9] Pour ce qui concerne la Politique étrangère et de sécurité commune, des règles spécifiques sont prévues à l'article 39 TUE. L'article 16 TFUE précise que les règles adoptées par le Parlement et le Conseil sur la base de l'article 16 sont « sans préjudice de l'article 39 TUE ».

[10] Règlement 2016/679 du 27 avril 2016, JOUE n° L 119 du 4 mai 2016, p.1.

des programmes de surveillance de la National Security Agency (NSA)[11]. La surveillance de masse organisée par l'administration américaine a rendu plus saillants encore les enjeux autour de la vie privée et des données personnelles.

Dans un contexte où des pratiques de plus en plus intrusives sont instaurées au nom de la sécurité nationale, la CJUE a été sommée de prendre position. Sa jurisprudence a-t-elle permis de garantir la protection des données et de la vie privée ?

L'analyse des arrêts et avis rendus par la Cour sur ces questions permet d'identifier un usage constant du principe de proportionnalité en vue de poser des limites aux pratiques de surveillance (1). Si l'on s'en tient à des considérations juridiques, ces arrêts confirment la puissance de la Cour sur ces questions, puissance qui tire sa source de la Cour elle-même mais aussi de l'environnement juridictionnel, institutionnel et politique dans lequel cette dernière évolue (2).

1. L'usage de la proportionnalité dans les arrêts relatifs à la protection des données personnelles et de la vie privée dans l'univers numérique

Jusqu'en 2014, l'usage du principe de proportionnalité par la CJUE n'est pas très affirmé dans les affaires portant sur les données personnelles et la vie privée dans l'univers numérique (1.1). À partir de 2014 et des révélations d'Edouard Snowden, le principe est au cœur d'une jurisprudence qui tend à encadrer les pratiques de surveillance sur le continent européen (1.2) et au-delà des frontières de l'UE lorsque les données sont transférées vers les États tiers (1.3).

1.1 L'émergence implicite de la proportionnalité dans la jurisprudence antérieure à 2014

Du début des années 2000, avec l'arrêt de 2003 *Österreichischer Rundfunk* (CJCE, 20 Mai 2003, *Österreichischer Rundfunk ea.*, C-465/00, C-138/01, C-139/01), jusqu'en 2014, avec l'arrêt *Google Spain* (CJCE, 13 mai 2014, *Google Spain c Mario Costeja Gonzalez*, C-131/12), la jurisprudence de la Cour de justice prend progressivement en compte la protection des données personnelles dans une logique de proportionnalité qui demeure peu explicite. La protection des données personnelles et de la vie privée est mise en balance avec la liberté d'expression, avec le principe de transparence, avec les intérêts économiques des entreprises du numérique. Cette mise en balance s'apparente à une logique de proportionnalité sans que le principe soit explicitement

[11] J.-Ph Foegle L'État de surveillance au régime sec : la CJUE renforce la prohibition de la surveillance "de masse", *La Revue des droits de l'homme, Actualités Droits-Libertés*, mis en ligne le 8 février 2017.

mentionné. Dans un arrêt *Satakunnan Markkinapörssi et Satamedia* (CJUE, 16 décembre 2008, C-73/07), la Cour parle de « pondération équilibrée » entre liberté d'expression et protection des données, et considère que « la protection du droit fondamental à la vie privée exige que les dérogations et limitations de la protection des données prévues aux chapitres susmentionnés de la directive doivent s'opérer dans les limites du strict nécessaire » (Para.56). Le même type de formulation est utilisé dans un arrêt *Volker* (CJUE, 9 novembre 2010, *Volker und Markus Schecke et Eifert*, C 92/09 et C 93/09, Para. 77)[12], où la Cour vérifie que le Conseil de l'Union européenne et la Commission ont effectué une pondération équilibrée entre l'intérêt de l'Union à garantir la transparence de ses actions et une utilisation optimale des fonds publics, d'une part, et l'atteinte à la vie privée et à la protection des données à caractère personnel d'autre part.

En 2014, la Cour rend son fameux arrêt *Google Spain*, qui ouvre la voie à une jurisprudence plus nettement favorable à la protection des données et de la vie privée[13]. Dans cet arrêt, la Cour consacre l'existence d'un droit au déréférencement, qui permet à tout individu de demander à l'exploitant d'un moteur de recherche « de supprimer de la liste des résultats, affichée à la suite d'une recherche effectuée à partir [de son nom], des liens vers des pages web, publiées par des tiers et contenant des informations relatives à cette personne »[14]. Toutefois, si le principe de proportionnalité est invoqué par Google, il n'est pas utilisé par la Cour. Cette dernière en reflète l'esprit lorsqu'elle recherche un juste équilibre entre les intérêts économiques de Google, le droit à l'information du public et le droit à la vie privée et à la protection des données personnelles, rend un arrêt qui proclame le droit au déréférencement. On observe avec intérêt que, dans un arrêt plus récent - *Google c. CNIL*[15]- portant lui-aussi sur le droit au déréférencement, la mention directe du principe de proportionnalité ne pose plus problème. Il est utilisé par la Cour dans un arrêt cette fois favorable à Google où et déclare que le droit au déréférencement ne s'applique que sur le territoire européen. Pour comprendre ce « déblocage » entre les deux arrêts relatifs au droit à l'oubli, il convient de se pencher sur la jurisprudence relative à la surveillance de masse, que la Cour développe à partir de 2014, et où elle fait un usage explicite du principe de proportionnalité pour assurer la pleine application du droit à la protection des données personnelles et à la vie privée.

---

[12] Voir aussi : CJUE, 29 Janvier 2008, Promusicae, C-275/06.

[13] Ch. KUNER, The Court of Justice of the EU Judgment on Data Protection and Internet Search Engines: Current Issues and Future Challenges, in: B. HESS and C. M. MARIOTTINI (Eds.), *Protecting Privacy in Private International and Procedural Law and by Data Protection*, Baden-Baden, Nomos, 2015, pp.19-55.

[14] CJCE, 13 mai 2014, *Google Spain c Mario Costeja Gonzalez*, C-131/12.

[15] CJUE, 24 septembre 2019, Google c CNIL, C-507/17

1.2 L'usage du principe dans les arrêts relatifs à la conservation des données en lien avec la recherche, la poursuite et la détection d'infractions graves

Dans des arrêts antérieurs à l'affaire Snowden, la Cour de Luxembourg avait admis, à l'instar de celle de Strasbourg[16], que la surveillance est possible dans un régime démocratique, dès lors qu'elle est justifiée par un objectif d'intérêt général tel que la lutte contre le terrorisme pour maintenir la sécurité internationale[17]. Mais c'est à partir de 2014 qu'elle va préciser les conditions en vertu desquelles de telles pratiques sont admises, dans le cadre d'affaires portant sur la Directive 2006/24 et l'harmonisation des règles nationales relatives à la conservation des données en lien avec la recherche, la poursuite et la détection d'infractions graves.

Dans l'affaire *Digital Rights Ireland*[18] (CJUE, 8 avril 2014, *Digital Rights Ireland Ltd & Michael Seitlinger e.a.*, C-293/12 & C-594/12), la Cour est amenée à se prononcer sur la validité de la Directive 2006/24 par la voie préjudicielle, sur renvoi d'une part de la High Court irlandaise (aff. C-293/12) et d'autre part de la Cour constitutionnelle autrichienne (aff. C-594/12). Les deux juridictions ont à connaître de litiges dirigés contre des mesures nationales de transposition de la Directive en question. Dans l'affaire irlandaise, c'est l'association de défense des droits fondamentaux Digital Rights Ireland qui a introduit le recours, tandis que l'affaire autrichienne est initiée par le Land de Carinthie, auquel s'associent plus de 11000 citoyens.

La directive constitue une dérogation au régime de protection des directives 95/46/CE et 2002/58/CE qui posent le principe de confidentialité des communications et données relatives au trafic, ainsi que l'obligation de les effacer ou de les rendre anonymes lorsqu'elles ne sont plus nécessaires à la transmission d'une communication. Elle constitue aussi une atteinte aux articles 7, 8 et 11 de la Charte. Cette atteinte peut éventuellement trouver une justification à l'article 52, § 1, de la Charte qui rappelle que les droits fondamentaux ne sont pas absolus. Toutefois, les limitations doivent répondre effectivement à des objectifs d'intérêt général reconnus par l'Union, être prévues par la loi, et respecter le principe de proportionnalité.

Dans le cas de la directive sur la conservation des données, la Cour considère que le législateur n'a pas su préserver l'équilibre entre la protection

---

[16] Cour EDH, 6 septembre 1978, Klass et autres c/ Allemagne, n° 5029/71

[17] CJUE, 3 Septembre 2008, Kadi et Al Barakaat International Foundation c. Conseil et Commission, C-402/05 P et C-415/05 para. 363, et CJUE C-539/10 P et C-550/10 P Al Aqsa c Conseil du 15 Novembre 2012, para. 130.

[18] M.-L. Basilien-Gainche. Une prohibition européenne claire de la surveillance électronique de masse, in *Revue des droits de l'homme*, 14 mai 2014. M.-P. Granger, K. Irion et al., The Court of Justice and the Data Retention Directive in Digital Rights Ireland: telling off the EU legislator and teaching a lesson in privacy and data protection, *European Law Review*, 2014, vol.39, n°6, p.835-850.

des données personnelles et la poursuite de l'objectif de lutte contre la criminalité organisée et le terrorisme, et en prononce l'invalidation. Pour ce faire, elle développe un raisonnement en deux temps : une fois établie l'ingérence dans la vie privée des individus, elle en vérifie la proportionnalité. La directive définissait une obligation pour les fournisseurs de services de télécommunications et les fournisseurs d'accès internet de conserver l'ensemble des informations relatives aux communications et connexions de tous les utilisateurs, pour une durée comprise en 6 et 24 mois. Pour la Cour, une telle collecte générale et indifférenciée des données personnelles, est disproportionnée, quelle que soit la légitimité du but poursuivi.

Plusieurs griefs permettent d'établir le caractère disproportionné. La conservation se fait à l'insu des individus. La directive ne définit pas de limites quant aux données conservées. La conservation est « aveugle » et non ciblée. Elle couvre de manière généralisée tous les abonnés et utilisateurs inscrits, tous les moyens de communication électroniques, au lieu de se faire en rapport avec des risques de troubles à l'ordre public bien identifiés et en fonction de l'objectif de lutte contre les infractions graves. La directive impose la conservation des données pendant une période entre six mois et vingt-quatre mois, sans distinction entre catégories de données, personnes concernées ou d'autres critères objectifs. Enfin, il n'existe pas de garanties procédurales d'utilisation par l'État. Aucun critère objectif n'est imposé aux États, ces derniers arrêtant leur procédure avec une marge de manœuvre totale. De sorte que les autorités nationales peuvent accéder aux données automatiquement, sans qu'il soit besoin d'une décision judiciaire ou d'une autorité administrative.

Dans l'affaire *Tele2 (*CJUE, 21 décembre 2016, *Tele2 Sverige AB et Secretary of State for the Home Department*, C- 203/15 et C- 698/15*)*, la CJUE rend un arrêt préjudiciel qui vient en complément de l'arrêt *Digital Rights Ireland*[19]. Les juridictions de renvoi, en Suède et au Royaume-Uni, s'interrogent sur la conformité des lois de transposition de la directive 2006/24 avec le droit de l'Union. Ces dernières offrent à la CJUE l'occasion de renforcer le régime de protection des données personnelles en précisant la portée des exigences posées par l'arrêt DRI. Celles-ci s'appliquent non seulement à la directive européenne, comme indiqué explicitement dans *Digital Rights Ireland*, mais aussi au droit interne des États membres.

La Cour indique quelles exigences peuvent rendre les législations nationales conformes au droit de l'Union européenne. Elles doivent « prévoir des règles claires et précises régissant la portée et l'application d'une telle mesure de conservation des données », des « garanties suffisantes permettant

[19] J.-Ph. FOEGLE, L'État de surveillance au régime sec : la CJUE renforce la prohibition de la surveillance "de masse", *La Revue des droits de l'homme*, *Actualités Droits-Libertés*, mis en ligne le 8 février 2017.

de protéger efficacement »[20] les personnes concernées contre des risques d'abus. Son ampleur doit également être précisément délimitée à ce qui est strictement nécessaire compte tenu de l'objectif poursuivi, s'agissant des données effectivement conservées mais aussi du public visé.

Deux arrêts du 6 octobre 2020[21] sont venus préciser encore les conditions dans lesquelles une réglementation nationale peut imposer aux fournisseurs de services la conservation des données et leur transmission aux autorités, aux fins de sauvegarde de la sécurité nationale ou de lutte contre la criminalité. Il s'agit de nouveau d'arrêt préjudiciels, sur saisine cette fois du Conseil d'État français (CJUE, 6 octobre 2020, *Quadrature du Net ea c Premier Minstre,* C-511/18, C-512/18 et C-520/18) et de l'Investigatory Powers Tribunal (Royaume-Uni) (CJUE, 6 octobre 2020, *Privacy International*, C-623/17), dans le cadre de litiges introduits par des associations de défense de la vie privée. Les questions adressées à la Cour portent sur la compatibilité entre les règlementations nationales, française dans le premier cas, britannique dans le second, avec la directive 2002/58/CE du 12 juillet 2002, dite « vie privée et communication électronique, lue à la lumière de la Charte de l'Union européenne.

La Cour, dans les deux cas, exerce un contrôle de proportionnalité des différents traitements prévus par les règlementations en cause. De manière générale, plus l'objectif d'intérêt public concerne une menace grave, plus l'ingérence dans la vie privée des personnes peut être forte[22]. Par exemple, la conservation généralisée et indifférenciée des adresses IP est conforme au droit de l'UE pour lutter contre la criminalité grave et prévenir les menaces graves contre la sécurité nationale, à condition que le traitement soit limité dans le temps et limité au strict nécessaire. En revanche, la conservation généralisée et indifférenciée des adresses IP n'est pas conforme au droit de l'UE si l'objectif poursuivi est la simple prévention, recherche, détection et poursuite d'infractions pénales.

---

[20] CJUE, 21 décembre 2016, *Tele2 Sverige AB et Secretary of State for the Home Department*, C-203/15 et C- 698/15.

[21] X. Tracol, The two judgments of the European Court of Justice in the four cases of Privacy International, La Quadrature du Net and Others, French Data Network and Others and Ordre des Barreaux francophones et germanophone and Others : The Grand Chamber is trying hard to square the circle of data retention, *Computer Law & Security Review*, 2021, vol. 41, p.105540.

[22] Pour une synthèse détaillée des traitements prévus par la réglementation française et de leur compatibilité avec le droit de l'Union européenne : Cécile Crichton, Conservation de données à des fins de sécurité nationale et de lutte contre la criminalité : la CJUE rend ses arrêts, *Dalloz actualités*, 13 octobre 2020, https://www.dalloz-actualite.fr/flash/conservation-de-donnees-des-fins-de-securite-nationale-et-de-lutte-contre-criminalite-cjue-ren#.YIbULxSA4-Q, consulté le 26 avril 2021.

1.3 L'usage du principe à propos du transfert de données hors de l'Union européenne

La CJUE a par ailleurs appliqué le principe de proportionnalité dans des circonstances mettant en cause le transfert de données de l'Europe vers des pays tiers, notamment vers l'Amérique du nord, et ce dans une logique extraterritoriale justifiée par la continuité du niveau de protection offert par le droit de l'Union. Ceci ne surprend guère, étant donné l'écart existant entre le degré de protection assuré dans l'UE, plutôt fort, et celui, plus faible, accordé par la réglementation américaine. Du reste, la mise à jour en 2013 des programmes de la NSA est venue confirmer l'existence de menaces importantes.

Dans l'arrêt *Schrems I* (CJUE, 6 octobre 2015, *Maximilian Schrems c. Data Protection Commissioner*, C-362/14), la Cour invalide la décision 2000/520/CE de la Commission qui rend possible le transfert international de données personnelles à destination des États-Unis, sous certaines conditions prévues par un arrangement entre l'UE et les autorités américaines (*Safe Harbour*). Par cette décision, et sur la base de l'article 25 de la directive 95/46/CE, la Commission considére le niveau de protection garanti par les États-Unis comme « adéquat », consacrant par-là-même la légalité des transferts vers ce pays. Pour la Cour, au contraire, le *Safe Harbour* n'offre pas suffisamment de garanties, notamment à l'égard des programmes de la NSA. Plus exactement, la Commission n'a pas fait état, dans la décision 2000/520, de ce que les États-Unis assurent effectivement un niveau de protection adéquat, se contentant des déclarations d'intention fournies par les autorités américaines (départements du commerce et de la justice) en annexe du *Safe Harbour*. Pour la Cour, la protection du droit fondamental au respect de la vie privée au niveau de l'Union exige que les dérogations à la protection des données à caractère personnel et les limitations de celle-ci s'opèrent dans les limites du strict nécessaire (Para. 92). Or, « n'est pas limitée au strict nécessaire une réglementation qui autorise de manière généralisée la conservation de l'intégralité des données à caractère personnel de toutes les personnes dont les données ont été transférées depuis l'Union vers les États-Unis sans qu'aucune différenciation, limitation ou exception soit opérée en fonction de l'objectif poursuivi et sans que soit prévu un critère objectif permettant de délimiter l'accès des autorités publiques aux données et leur utilisation ultérieure à des fins précises, strictement restreintes et susceptibles de justifier l'ingérence que comportent tant l'accès que l'utilisation de ces données » (Para. 93).

Pour que la décision d'adéquation soit valide, il aurait fallu que la Commission apporte la preuve que les États-Unis assurent effectivement, en raison de leur législation interne ou de leurs engagements internationaux, un niveau de protection des droits suffisants, ce qui n'est pas le cas (Para. 95).

L'arrêt *Schrems II* (CJUE, 16 juillet 2020, *Data Protection Commissioner/Maximillian Schrems et Facebook Ireland*, C-311/18) est venu confirmer, récemment, l'intransigeance de la CJUE sur la question des transferts de données vers les États-Unis[23]. La Cour se voit une nouvelle fois saisie d'une demande de décision préjudicielle adressée par la High Court irlandaise. Elle est amenée à se prononcer sur les clauses type de protection figurant dans la décision 2010/87 de la Commission. Ces clauses, qui permettent de fournir, dans un cadre contractuel, des garanties appropriées aux personnes faisant l'objet d'un traitement de données, sont validées par la Cour. En revanche, la nouvelle décision d'adéquation (2016/1250) de la Commission, qui a permis la mise en application du *Privacy Shield*, successeur du *Safe Harbour*, est invalidée. Les garanties nouvelles apportées par le gouvernement américain, telles que la nomination d'un Médiateur (*Ombudsman*), ne sont pas jugées suffisantes. La réglementation en vigueur - l'article 702 du FISA, l'E.O. 12333, lus en combinaison avec la PPD-28- « ne correspondent aux exigences minimales attachées, en droit de l'Union, au principe de proportionnalité, si bien qu'il n'est pas permis de considérer que les programmes de surveillance fondés sur ces dispositions sont limités au strict nécessaire » (Para. 184)[24].

Dans son avis 1/15 (CJUE, 26 juillet 2017, Avis 1/15)[25] relatif au projet d'accord PNR entre l'Union européenne et le Canada sur le transfert et le traitement de données des dossiers passagers (données dites « PNR » : Passenger Name Record), la Cour recherche un point d'équilibre entre protection des données et lutte contre le terrorisme et la criminalité, en faisant usage du principe de proportionnalité. La Cour déclare que l'accord entre le Canada et l'Union européenne sur le transfert et le traitement de données des dossiers passagers est incompatible avec les articles 7, 8 et 21 ainsi qu'avec l'article 52, par. 1, de la charte des droits fondamentaux.

Pour que le principe de proportionnalité soit respecté, il aurait fallu que « les dérogations à la protection des données à caractère personnel et les limitations de celle-ci s'opèrent dans les limites du strict nécessaire » (Para. 140). Plus encore, il fallait « prévoir des règles claires et précises régissant la

---

[23] X. TRACOL, "Schrems II" : The return of the Privacy Shield. *Computer Law & Security Review*, 2020, vol. 39, p.105484. R. A. COSTELLO, Schrems II: Everything is Illuminated?, *European Papers*, 2020, n°2, p.1045-1059. B. Bertrans, J.-F. Sirinelli, Schrems II: on prend les mêmes et on recommence, *Dalloz IP/IT*, 2020, n°11, p.640. T. CHRISTAKIS, After Schrems II : Uncertainties on the Legal Basis for Data Transfers and Constitutional Implications for Europe, *European Law Blog*, 21 Juillet 2020.

[24] Fabien TERPAN, EU-US Data Transfer from Safe Harbour to Privacy Shield: Back to the Square One?, *European Papers*, Vol. 3, n°3, 2018, pp.1045-1059. Elaine FAHEY, Fabien TERPAN, Torn between institutionalisation and judicialisation: the demise of the EU-US privacy shield, *Indiana Journal of Global Legal Studies*, forthcoming 2021.

[25] Ch. KUNER, Court of Justice International agreements, data protection, and EU fundamental rights on the international stage: Opinion 1/15, EU-Canada PNR, *Common Market Law Review*, 2018, 55(3).

portée et l'application de la mesure en cause et imposant des exigences minimales, de telle sorte que les personnes dont les données ont été transférées disposent de garanties suffisantes permettant de protéger efficacement leurs données à caractère personnel contre les risques d'abus ». L'accord UE-Canada aurait dû « indiquer en quelles circonstances et sous quelles conditions une mesure prévoyant le traitement de telles données peut être prise, garantissant ainsi que l'ingérence soit limitée au strict nécessaire ».

L'analyse des arrêts et avis rendus par la CJUE sur des questions touchant à la protection des données personnelle et de la vie privée a permis d'identifier l'usage constant, surtout depuis 2014, du principe de proportionnalité. Elle confirme par ailleurs la puissance de la Cour et de sa jurisprudence.

2. La puissance de la CJUE dans les affaires sur les données personnelles et la vie privée dans l'univers numérique

La puissance de la CJUE se traduit non seulement par l'usage qu'elle fait du principe de proportionnalité, mais encore par les modalités de contrôle qu'elle choisit, et par l'intensité du contrôle qu'elle exerce[26]. Elle est aussi liée, au-delà des considérations propres à la Cour elle-même, à des facteurs externes qui se rapportent aux systèmes juridictionnel, institutionnel et politique dans lesquels elle évolue.

2.1 L'intensité du contrôle de proportionnalité

Dans ses arrêts relatifs à la protection des données dans l'univers numérique, la CJUE exerce un contrôle de proportionnalité très approfondi, aboutissant à des solutions ayant un impact considérable. La Cour de justice cherche un point d'équilibre entre protection des données personnelles et politiques de sécurité, en appliquant le principe de proportionnalité. Le contrôle de proportionnalité prend place dans le cadre d'une mise en balance entre droits fondamentaux et objectifs d'intérêt général poursuivis par les institutions de l'UE et leurs États membres. La Cour précise les conditions juridiques susceptibles de rendre les mesures visant un objectif de sécurité conformes aux droits fondamentaux reconnus par le droit de l'Union. Pour ce faire, il lui faut déterminer si l'objectif de sécurité justifiant les limitations apportées aux droits à la protection des données personnelles et à la vie privée est légitime. Une fois ce point établi, elle applique le test de proportionnalité an faisant usage des trois éléments qui le compose : l'aptitude, la nécessité et

[26] Sur le principe de proportionnalité en droit de l'Union européenne, voir notamment : F. CLAUSEN, Le contrôle de proportionnalité par la Cour de justice de l'Union européenne, *AJDA*, 2021, p.800. D. SIMON, Le contrôle de proportionnalité exercé par la Cour de justice des Communautés européennes, *LPA*, 5 mars 2009. N. EMILIOU, *The Principle of Proportionality in European Law*, Londres, La Haye, Boston, Kluwer, 1996.

la proportionnalité *stricto sensu* de la mesure examinée. Cet usage n'est cependant pas systématique, dans les affaires relatives aux données personnelles comme dans d'autres affaires. La Cour ne passe pas nécessairement en revue les trois critères et se contente parfois de démontrer la non-satisfaction de l'un d'entre eux[27]. Du reste, les second (nécessité) et troisième (proportionnalité *stricto sensu*) critères ne sont pas nettement distingués. Quoi qu'il en soit, l'application du test permet à la Cour d'exercer un contrôle approfondi de la bonne application des principes issus des traités et de la Charte. Sans aller jusqu'à un contrôle d'opportunité, la Cour rend des arrêts précis et détaillés. L'intensité de son contrôle est très forte.

Ce contrôle devient même de plus en plus strict, comme sous l'effet d'un engrenage. En effet, si l'arrêt *Digital Rights Ireland* avait laissé quelques zones d'ombre, ces dernières sont éclaircies par l'arrêt *Tele2*, puis par les arrêts *Quadrature du net* et *Privacy International*. Les zones d'ombre qui demeuraient, après le rendu de l'arrêt *Digital Rights Ireland*, ont suscité de nouvelles requêtes, lesquelles ont permis à la Cour de préciser sa position. De même, l'arrêt *Schrems II* a poussé encore un peu plus loin l'analyse, contenue dans *Schrems I*, des conditions requises pour que la réglementation américaine puissent être considérée comme « adéquate », c'est-à-dire assurant un niveau de protection suffisant au regard du droit de l'Union.

L'intensité du contrôle de la Cour s'explique d'abord par le fait que le principe de constitutionnalité est présent dans la jurisprudence de la Cour depuis ses premiers arrêts (CJCE 29 nov. 1956, *Fédéchar*, 8/55). Cette dernière en a fait un principe général du droit communautaire dès les années 1970 (CJCE 17 déc. 1970, *Internationale* Handelsgesellschaft, 11/70 ; CJCE, 11 juillet 1989, *Schräder*, 265/87). Au moment où la Cour rend ses premiers arrêts marquants (*Digital Rights Ireland*, *Tele2*, *Schrems I*), le principe est donc bien installé en droit de l'UE, y compris dans des domaines liés à la sécurité, à la lutte contre le terrorisme ou le crime organisé (CJCE, 3 sept. 2008, Kadi, C-402/05, *Kadi* et CJUE, 23 nov. 2010, *Tsakouridis*, C-145/09).

L'intensité du contrôle de la Cour s'explique aussi par la constitutionnalisation de la Charte, et par l'usage que la Cour fait des articles 7 et 8, mais aussi de l'article 11. Dans l'arrêt Tele2, la Cour donne toute sa portée à l'article 8 (protection des données à caractère personnel) en l'émancipant de l'article 7, contrairement à sa jurisprudence antérieure qui tendait à faire de la protection des données un élément de la vie privée[28]. Elle mobilise, en complément, l'article 11 de la Charte : une législation autorisant

---

[27] F. CLAUSEN, op.cit., p.802.

[28] CJUE, 20 mai 2003, *Rechnungshof v Österreichischer Rundfunk and Others*, C-465/00, para. 70. CJUE, 29 Janvier 2008, *Productores de Música de Espana Promusicae vs. Telefónica de Espana*, C-275/06, para. 63. CJUE, 9 novembre 2010, *Volker and Markus Schecke GbR and Hartmut Eifert v. Land Hessen*, C-92/09 and C-93/09, para. 52.

la surveillance de masse est de nature à de générer dans l'esprit des personnes concernées le sentiment que leur vie privée fait l'objet d'une surveillance constante et, par conséquent, d'avoir un effet dissuasif sur l'usage par ceux-ci de leur liberté d'expression.

Si la Cour dispose de fondements solides dans les traités et dans la Charte, elle fait néanmoins preuve d'une certaine audace en rendant des arrêts dont la portée juridique est importante, audace parfois condamnée par la doctrine[29]. Le choix d'un contrôle strict permet à la Cour de confirmer l'opposabilité des garanties de l'article 8 aux entreprises du numérique (*Google Spain*), aux institutions de l'Union européenne (*Digital Rights Ireland*), aux Etats-membres (*Tele2*, *Quadrature du net*, *Privacy international*), et aux transferts de données vers l'étranger (*Schrems I et II*, *PNR*). Il se traduit par l'invalidation –au caractère historique- d'une directive (*Digital Rights Ireland*) et de deux décisions -liées à un arrangement international- sur la base desquelles étaient menées d'importantes activités matérielles transatlantiques (*Schrems I et II*). En conséquence de l'invalidité ainsi constatée de la directive de 2006, le droit de l'Union repose désormais sur la précédente directive 2002/58/CE[30]. L'article 15 de cette directive prévoyait déjà la possibilité pour les États de conserver les données à des fins sécuritaires mais « pour une durée limitée », et « dans le respect des principes généraux du droit communautaire, y compris ceux visés à l'article 6, § 1er et 2, du traité sur le fonctionnement de l'Union européenne » (TFUE), qui se réfèrent notamment à la Charte. En conséquence de l'invalidation du *Safe Harbour*, les institutions de l'Union se sont trouvé dans l'obligation de négocier avec les autorités américaines un nouveau cadre juridique, le *Privacy Shield*, dont le caractère renforcé par rapport à son prédécesseur était censé l'immuniser contre une invalidation future. Dans l'arrêt *Schrems II*, la Cour a estimé que ce renforcement n'était pas suffisant, a invalidé le *Privacy Shield*, ouvrant une nouvelle phase d'incertitude.

Face aux politiques mises en place pour lutter contre le terrorisme et le crime organisé, La CJUE aurait pu avoir une position de suivisme à l'égard des choix opérés par le pouvoir politique européen. Elle aurait pu choisir la prudence et se montrer moins exigeante en termes de ciblages de la surveillance. Les défenseurs des politiques de surveillance raisonnent parfois par analogie avec la vidéosurveillance : l'efficacité de la vidéosurveillance viendrait du fait que les caméras sont allumées constamment, et non au seul moment où une agression est susceptible d'avoir lieu. Cette analogie n'est pas admise par la Cour, qui a opté pour une plus restrictive. Ce faisant, elle fait preuve d'une certaine audace et donne à sa jurisprudence une portée non

---

[29] F. FONTANELLI, Filippo. The mythology of proportionality in judgments of the Court of Justice of the European Union on internet and fundamental rights, *Oxford Journal of Legal Studies*, 2016, vol.36, n°3, p.630-660.
[30] JOUE L105, p. 54

négligeable. Les arrêts précités confirment la puissance normative de l'Union et, dans une certaine mesure, la soumission des acteurs –internes et externes- à son droit. Ils contribuent à l'émergence de la CJUE en tant que juge des droits de l'homme[31].

2.2 Un contrôle à situer dans son contexte

L'effectivité des arrêts de la Cour ne dépend pas seulement de l'intensité du contrôle qu'elle exerce mais aussi d'éléments qui lui sont extérieurs et qui relèvent à la fois de la sphère juridictionnelle et de la sphère politique.

La cohérence juridictionnelle

Pour être effective, la jurisprudence de la Cour sur la protection des données personnelles et de la vie privée doit être en cohérence avec les juridictions nationales. Cette cohérence est favorisée par le système juridictionnel de l'UE, et notamment par le renvoi préjudiciel qui suppose une collaboration entre juge européen et juge national. La saisine de la Cour de justice par plusieurs juridictions en Irlande, Autriche, Espagne, Royaume-Uni, Suède, a permis l'émergence de la jurisprudence relative à la surveillance de masse. Quant aux juridictions nationales, elles ont emboité le pas de la CJUE à la suite de l'arrêt D*igital Rights Ireland* en invalidant les lois sur la surveillance électronique sur le fondement de la Charte des droits fondamentaux (Cour constitutionnelle allemande, 2 mars 2010 ; High Court du Royaume Uni, 17 juillet 2015, *David Davis and others v Secretary of State for the Home Department*). La jurisprudence de la CJUE a donc été conforté par un fort degré de cohérence avec les juridictions.

Mais l'effectivité de cette jurisprudence dépend aussi de la cohérence avec la Cour européenne des droits de l'homme, dès lors que les compositions des deux organisations se recoupent largement. La Charte et la Convention ne sont pas identiques : le contenu de l'article 8 CEDH est en quelque sorte réparti en trois différents articles dans la Charte DF : l'article 3 relatif à l'intégrité des personnes, l'article 7 à la vie privée et à la vie familiale, l'article 8 relative aux données à caractère personnel. Or, la charte DF est clairement devenue le point de référence pour le CJUE, tandis que les références à la jurisprudence de la CEDH ont diminué[32]. La CJUE s'est autonomisé par rapport à la Cour EDH,

---

[31] G. De Búrca. After the EU Charter of Fundamental Rights: The Court of Justice as a human rights adjudicator. *Maastricht Journal of European and Comparative Law*, vol. 20(2), 2013, pp.168-184. F. Fabbrini, The EU Charter of Fundamental Rights and the Rights to Data Privacy: the EU Court of Justice as a Human Rights Court, in S. de Vries, U. Bernitz et S. Weatherill (eds.), *The EU Charter of Fundamental Rights as a Binding Instrument – Five Years Old and Growing*, Oxford/Portland, Hart publishing, 2015, pp.261et s.

[32] G. De Búrca, After the EU Charter of Fundamental Rights: The Court of Justice as a human rights adjudicator, *Maastricht Journal of European and Comparative Law*, 2013, vol. 20 (2), pp. 168-184.

par exemple en appliquant l'article 8 de la Charte indépendamment de la vie privée.

Si le risque d'incohérence entre les deux cours est bien réel, il est cependant atténué par la Charte DF elle-même qui prévoit, en son l'article 52-3 que : « Dans la mesure où la présente Charte contient des droits correspondant à des droits garantis par la Convention européenne de sauvegarde des droits de l'Homme et des libertés fondamentales, leur sens et leur portée sont les mêmes que ceux que leur confère ladite convention. Cette disposition ne fait pas obstacle à ce que le droit de l'Union accorde une protection plus étendue. »

En outre, la Cour de Luxembourg a elle-même cherché à réduire le risque d'incohérence avec celle de Strasbourg, en indiquant que « le droit au respect de la vie privée à l'égard du traitement des données à caractère personnel, reconnu par les articles 7 et 8 de la Charte » doit être interprété conformément au droit de la Convention (CJUE, 9 novembre 2010, *Volker und Markus Schecke et Eifert*, C-92/09)[33]. Et il arrive encore que la CJUE se réfère à la jurisprudence de la Cour EDH. On peut d'ailleurs considérer que la manière d'appliquer le test de proportionnalité est inspiré de la Cour EDH[34]. À cet égard, l'arrêt *Digital Rights Ireland* est en droite ligne avec l'arrêt *S. et Marper* (Cour EDH, arrêt du 4 décembre 2008, *S. et Marper* n° 30562/04 et 30566/04), à la fois sur les modalités du test et sur le résultat : un constat de violation du droit à la vie privée du fait d'une conservation générale et indifférenciée des données personnelles sans rapport avec la nature ou la gravité d'une éventuelle infraction.

En retour, la Cour EDH, dans ses arrêts *Zakharov* (Cour EDH, 4 décembre 2015, *Roman Zakharov c. Russie*, n° 47143/06) et *Szabo* (Cour EDH, 12 janvier 2016, *Szabó and Vissy v. Hungary*, n°37138/14), a fait référence à la jurisprudence de la Cour de Luxembourg dans les sections évoquant les textes juridiques internationaux pertinents[35]. Elle a par ailleurs admis la prévalence de la CJUE lorsqu'il s'agit de droits fondamentaux relatifs à des règles nationales transposant des directives européennes, sous réserve que la Cour de Luxembourg assure un niveau de protection des droits fondamentaux équivalent à celui assuré par la Cour de Strasbourg (Cour EDH, 30 juin 2005, *Bosphore c Irlande*, n° 45036/98, para. 155)[36].

---

[33] Voir aussi : CJUE, 17 Décembre 2015, *WebMindLicenses Kft*, C-419/14, para. 70. CJUE, 5 Octobre 2010, *PPU J. McB. v L. E., C-400/10*, para. 53. CJUE, 15 November 2011, *Murat Dereci and Others v Bundesministerium für Inneres*, C-256/11, para. 70.

[34] Dans l'arrêt *Digital Rights Ireland*, en particulier, la CJUE se cale sur la jurisprudence strasbourgeoise qui adapte le degré de contrôle du juge en fonction du domaine concerné, de la nature du droit en cause, de la nature et de la gravité de l'ingérence (CEDH, 4 décembre 2008, *S. et Marper c/ Royaume-Uni*, n° 30562/04).

[35] Dans les arrêts *Zakharov* et *Szabó*, la Cour EDH cite les conclusions de l'arrêt *Digital Rights Ireland* dans la section sur les instruments européens et internationaux pertinents.

[36] Cour EDH, 30 juin 2005, *Bosphorus v Ireland*, n°45036/98, para. 155.

En pratique, on constate l'interpénétration croissance des ordres juridiques de la CEDH et du droit de l'Union européenne en matière de vie privée, voire même la circulation des solutions normatives entre les deux ordres. En dépit de différences réelles, les jurisprudences des deux Cours restent compatibles, et le niveau de cohérence reste assez fort.

La CJUE dans son environnement institutionnel et politique

L'effectivité de la jurisprudence de la CJUE dépend aussi de considérations politiques liées à l'environnement dans lequel elle intervient.

Les positions de la Cour doivent être acceptées par les institutions de l'Union et par les États membres. Dans le cas inverse, le pouvoir politique européen pourrait choisir de contrer la jurisprudence de la Cour en modifiant l'état du droit, au niveau du droit primaire ou du droit secondaire. D'une certaine manière, la Cour est immunisée contre d'éventuelles actions du législateur européen du fait que ses interprétations s'appuient sur les traités et la Charte. Au niveau « constitutionnel », la révision des traités est un processus lourd et incertain, et les États membres, en tant que maîtres des traités, n'ont de toutes façons que rarement cherché à contrer la jurisprudence de la Cour. Au contraire, le pouvoir constituant a constitutionnalisé plus que contrecarré la jurisprudence de la Cour[37].

Il existe sans doute un écart entre les positions de la Cour et celles des institutions composant le pouvoir politique européen (Commission, Conseil européen, Conseil, et dans une moindre mesure le Parlement). L'invalidation de la Directive de 2006, du Safe Harbor et du Privacy Shield, l'avis négatif rendu à propos de l'accord PNR UE-Canada, ont remis en cause les choix opérés par le pouvoir politique. Pour autant, la Cour n'est pas la seule à avoir pointu du doigt les insuffisances de la protection des données et de la vie privée. Le contenu de ses arrêts a souvent fait écho à des doutes exprimés préalablement par la Commission ou d'autres organes. Ainsi, bien avant que la Cour rende son arrêt Digital Rights Ireland, la Commission avait rendu public un rapport[38] où elle admettait que la proportionnalité dans le processus de stockage et conservation des données n'était pas garantie dans le cadre de la directive de 2006, suivant en cela l'avis du Contrôleur européen pour la protection des données personnelles[39]. S'agissant du transfert de données vers les Etats-Unis, la Commission, dans deux communications postérieures à sa

---

[37] L'article 52(1) de la Charte DF, en faisant référence au respect du « contenu essentiel » des droits et libertés, reprend la jurisprudence de la CJUE (CJCE, 13 juillet 1989, Hubert Wachauf, C-5/88; CJCE, 13 avril 2000, Karlson, C-292/97.

[38] Rapport d'évaluation de la Commission au Conseil et au Parlement européen du 18 avril 2011 concernant la directive sur la conservation des données (Directive n°2006/24/CE) (COM(2011) 225 final, 18 avril 2011).

[39]https://secure.edps.europa.eu/EDPSWEB/webdav/site/mySite/shared/Documents/Consultation/Opinions/2011/11-05-30_Evaluation_Report_DRD_EN.pdf.

décision d'adéquation sur le Safe Harbor[40], avait constaté que les autorités américaines pouvaient accéder aux données à caractère personnel transférées à partir des États membres vers les États-Unis et traiter celles-ci d'une manière incompatible, notamment, avec les finalités de leur transfert, et au-delà de ce que qui était strictement nécessaire et proportionné à la protection de la sécurité nationale. Le Parlement, quant à lui, a publié plusieurs résolutions et études soulignant les risques induits par la surveillance de masse[41].

Ainsi, les arrêts de la Cour sont une source importante de difficultés politiques pour le pouvoir politique européen, mais ce dernier ne peut que tirer les conséquences de la jurisprudence : parce que cette dernière découle de la constitutionnalisation de la vie privée et de la protection des données ; parce que la Cour dispose d'une forte légitimité dans le système de l'Union ; et parce que, comme on vient de le voir, le pouvoir politique lui-même a manifesté des doutes quant au respect des droits sus-mentionnés. Si l'on limite l'analyse au système institutionnel de l'Union, la portée des arrêts de la Cour est donc forte. Les institutions de l'UE tirent les conséquences des positions de la Cour et réagissent tant au niveau législatif (reprise du droit au déréférencement à l'article 17 du RGPD) qu'au niveau international (renégociation des termes du transfert de données vers les Etats-Unis après les arrêts Schrems)[42]. Du fait de la cohérence existant entre juge européen et juge national, la portée des arrêts de la Cour est forte au niveau juridictionnel, même si cela ne garantit pas une harmonisation totale des droits et surtout des pratiques de protection des données personnelles dans les États membres[43].

Si l'on déplace l'analyse au niveau international, la portée des arrêts est alors beaucoup plus limitée. Or, le niveau international est d'autant plus pertinent que l'environnement numérique favorise des traitements et échanges de données dépassant largement le cadre territorial de l'Union européenne. Dès lors, la volonté de la Cour de préserver l'autonomie du droit de l'Union européenne, et l'effectivité de son contrôle de proportionnalité, se heurtent aux réalités de la mondialisation. Tant qu'il n'existe pas, en droit international ou dans le droit d'un Etats tiers tel que les Etats-Unis, un niveau de protection essentiellement équivalent à celui assuré par le droit de l'UE, il sera difficile, en pratique, de garantir les droits des citoyens européens face aux pratiques

[40] Points 2 et 3.2 de la communication COM(2013) 846 final, et points 7.1, 7.2 et 8 de la communication COM(2013) 847 final.

[41] Par exemple : Résolution du 12 mars 2014 sur le programme de surveillance de la NSA, les organismes de surveillance dans divers États membres et les incidences sur les droits fondamentaux des citoyens européens et sur la coopération transatlantique en matière de justice et d'affaires intérieures du 2 mars 2014, https://www.europarl.europa.eu/doceo/document/TA-7-2014-0230_FR.html.

[42] T. CHRISTAKIS, Squaring the Circle? International Surveillance, Underwater Cables and EU-US Adequacy Negotiations (Part 1 et 2), *European Law Blog*, 12 et 13 avril 2021.

[43] B. CUSTERS *et al.* A comparison of data protection legislation and policies across the EU. *Computer Law & Security Review*, 2018, vol.34, n°2, p.234-243.

des GAFA et à celles de certains Etats-tiers. Et, d'une certaine manière, la jurisprudence de la Cour apparaîtra comme une fiction juridique, peu à même de garantir, dans les faits, la protection effective des droits des citoyens européens[44].

* *
*

La CJUE a contribué à la constitutionnalisation de la protection des données personnelles en veillant à la bonne application de la Charte DF, par les institutions de l'UE et les États membres, mais aussi par les tiers dans une certaine mesure (transferts de données, déréférencement). Sa jurisprudence est en résonance avec les demandes émanant de la société civile, qui requièrent des États plus de transparence et de garanties. Elle est même, dans une certaine mesure, actionnée par les ONG de défense des données personnelles et de la vie privée qui ont intégré les stratégies juridictionnelles à leur répertoire d'action.

La portée de cette jurisprudence est forte sur le plan strictement juridique, en raison de l'intensité du contrôle exercé, mais aussi parce que le système juridictionnel et institutionnel de l'Union européenne conforte la position de la Cour.

En fin de compte, les principales limites à l'effectivité des arrêts de la Cour dépassent le cadre du droit et des institutions de l'Union (et par là-même dépasse les limites du présent chapitre). Elles sont liées à la difficulté d'assurer le respect des droits à la vie privée et à la protection des données personnelles dans un univers numérique dématérialisé et dans une certaine mesure, déterritorialisé. Elles tiennent aussi à la nature transnationale de certains acteurs privés, tels que les GAFA, et à leur puissance économique. Elles sont liées, enfin, à l'écart existant entre le niveau -plutôt élevé- de protection assurée par le droit de l'Union européenne, et le niveau -plus faible- existant au niveau international, et en particulier aux Etats-Unis. *In fine*, comme l'arrêt Schrems II l'a confirmé, les efforts réalisés pour renforcer les garanties fournies par les Etats-Unis à l'égard des Européens sont vains, dès lors que cet écart n'est pas comblé. Le droit reste un outil dont l'usage produit des effets non négligeables, mais dont l'impact est forcément limité par des considérations politiques, économiques et techniques. La prise en compte de ces considérations est indispensable, si l'on veut que la protection garantie par la CJUE via le contrôle de proporitionnalité, ne soit pas une fiction juridique.

---

[44] Ch. KUNER, Reality and Illusion in EU Data Transfer Regulation Post Schrems. German Law Journal, 18(4), 2017, p.881-918. Ch. KUNER, The European Union and the search for an international data protection framework, *Groningen Journal of International Law*, 2014, vol. 2, n°2, p.55-71.

CHAPITRE 8.

European Union Citizenship: A Difference Machine. An Analysis of Transitional Measures concerning Free Movement of Workers from the New Member States

TERESA PULLANO
Assistant Professor, Institute for European Global Studies, University of Basel

The object of the present article are the EU legal and the political documents concerning the transitional arrangements for free mobility of workers that were put into place for EU citizens from the eastern countries during the enlargements of 2004 and 2007. The paper offers a reading of the transitional measures as legal techniques and operations, and it argues that one of their notable effects is the creation of a European citizenship that works as a 'difference machine', producing differential relations within the group of EU citizens. This is done through the attribution of differential rights, especially concerning the right to free movement and the right to work within the EU. European citizenship is thus working as a 'dispositif' or technique of differential government, and the transitional measures have relevant political effects on the hierarchy of political subjects and on the redefinition of EU statehood. European citizenship can thus be read as the result of a process of statehood restructuring, and as one of its main elements. This paper focuses on the way in which the right of European citizenship has relevant political and concrete effects, even though its justifications are formulated in economic or legal terms.

European Citizenship: a Difference Machine ?

A study of the effects of transitional measures concerning the free movement of workers in accession states

Negotiated between the European Union and the candidate accession states two years before the enlargements of 2004 and 2007, the transitional measures[1] put in place a differential regime for the movement of citizens of 'new' member-states. These measures suspended the right to free movement in the community for emigrants from the former Soviet bloc while they were in paid employment. A glaring inequality was thus created between individuals each of whom bore the same status as citizens – a status which after all aspired to be the fundamental status for émigré nationals - and the transitional character of the TM in no way reduced its scope. On the contrary, the instituting of geographical and temporal frontiers at the heart of EU citizenship bears witness to a stratification of the mechanisms that constitute it as a mark of differential government. Thus, to describe the operation of the right to work in the context of these measures exposes the tools which at the same time promote a fiction, that citizens are equal by virtue of sharing a common space in which to circulate, and brings about a distinction between these same citizens based on their differential access to free movement.

The remarks below are organised as follows: (I) the problem of EU citizenship is reformulated by reference to the workings of law. A summary is given of the corpus of legal texts as well as the methods and approaches used, together with a brief overview of the workings of the TM. (II) From there the discussion proceeds to a study of justifications given for TM and it will be shown that economic logic does not apply completely to this context. (III) The third section will document the way in which TM contribute to constructing a citizenship which functions as a 'difference machine'. (IV) In conclusion, the workings of EU citizenship will be viewed in the light of a 'continuity in discontinuity' between ways of pooling national citizenships and their implementation at the pan-European level.

I Controversies surrounding EU citizenship: literature survey

The dominant approaches in the study of EU citizenship focus on the relation between the latter and national citizenship. Space does not permit a full engagement with these debates, so the focus will devolve on arguments from post-national cosmopolitanism and multi-level citizenship.

---

[1] Hereafter 'TM'.

1. Paradigms of post-national cosmopolitanism and multi-level citizenship

Post-national cosmopolitanism endorses citizenship at supra-national level, and regards the EU as epitomising this paradigm. It defines citizenship as the equal right of all to enjoy liberty, and to pursue their ends without having to suffer illegitimate interference.[2] Only a post-national civic space permits the maintenance and development of advances in democratic and liberal citizenship. In fact, one needs to be in a position to benefit from the widest possible extension of equal autonomy for individuals and groups, above and beyond the bounds of a unitary political community, in order to guarantee the spread of democratic rights.[3] This is the trend that Habermas has described as 'constitutional patriotism'.[4] Moreover, because of the proliferation of levels at which political authority is exercised, national authorities no longer suffice to guarantee democratic control of political decisions.[5] As a consequence, the growth of transnational citizenship would allow the recapture of this power by citizens at different levels. The EU, as an embryonic form of this reflexive citizenship, can and should be the apotheosis of modern, national, democratic and liberal citizenship.

In interpretative studies, the multi-level citizenship approach takes its bearings from the perception that political authority in the EU is shared between several levels of government: sub-national, national, trans- and supra-national. In consequence, the European order is seen as partially autonomous but always dependent on its constituent states. EU citizenship is analysed as the reflex of fragmentary national citizenships, as complementary to the latter, and capable of doing duty for them in certain cases, which generates a conflict between different levels of membership. This argument, as voiced by Richard Bellamy, bases itself on a definition of citizenship founded on three values: the sentiment of belonging, the rights associated with this and the capacity to guarantee individuals' participation in government.[6] As regards the first, EU citizenship has as its initial objective to promote citizens' identification with the union. From this standpoint, the EU seems to have failed as a vehicle for creating a legitimate domain of belonging, but nonetheless sustains the role of upholding and undergirding national identities. In the national context, the status of citizen has served to guarantee

---

[2] D. HELD and H. PATOMÄKI, «Problems of Global Democracy: À Dialogue», *Culture, Theory and Society*, 23 (5), 2006, pp. 115-133, and D. ARCHIBUGI and D. HELD (eds.), *Cosmopolitan Democracy*, Polity Press, London, 1995.

[3] J. HABERMAS, *L'intégration républicaine : essais de théorie politique*, Fayard, Paris, 1998.

[4] J. LACROIX, «Pertinence du paradigme libéral pour penser l'intégration politique de l'Europe», *Politique européenne*, 2 (19), 2006, pp. 21-43, p. 39.

[5] A. LINKLATER, «Cosmopolitan Citizenship», *Citizenship Studies*, 2 (1), 1998, pp. 23-41.

[6] R. BELLAMY, «Evaluating Union Citizenship: belongings, rights and participation within the EU», *Citizenship Studies*, 12 (6), 2008, pp. 597-611.

the enjoyment of political, economic and social rights. In this context, the legitimacy of the EU lies solely in its capacity to grant the rights that national states are no longer able to uphold. Even there, however, the EU runs up against the different notions of rights in each member state, and it is not well fitted to confer rights satisfactory to all. The third value is that of right and the obligation to participate in the political community and in economic activity. From this perspective too European citizenship is called on to play the role of guarantor where participation remains at the national level: European citizenship must continue to complement national citizenship.

2 Continuity within discontinuity between national citizenships and European citizenship. Research problem and hypothesis.*

A critical literature has developed which departs from the approaches just discussed because of their inability to do justice to questions of power and to the asymmetrical and conflictual aspects of European citizenship politics. The question concerns the study of EU citizenship 'as a (politically contingent) institutional result of class conflicts; the content of citizenship reflects the balance of social relations and of power, a balance that varies considerably through time and space'.[7] From this redefinition of the research domain flows a notion of citizenship as an ensemble of practices that are irreducible to a unitary object. It is for this reason that Michael Saward and Engin Isin prefer to speak of 'acts of European citizenship'.[8] An act of European citizenship is one that defines or modifies its status, or which embodies claims of rights or considerations in terms of status or the ideals of European citizenship. The advantage of thinking of European citizenship through this paradigm is that it is possible to see acts in their singularity while also identifying dynamics that pass through these acts.

This article follows in the path cleared by these studies. At the same time, it modifies their approach by using the paradigm of Yan Thomas's *opérations du droit* or 'operations of law'.[9] Specifically, it involves reconstituting the methods by which acts of law forge agencies in the social world that have effects, whether intended or unintended, on the nature and practices of citizenship. In this way one can identify the acts through which legislators, judiciary and individuals who perform them fabricate European citizenship itself. The decision to analyse TM from the viewpoint of operations of law calls for justification. It so happens that these measures have been called forth by confrontations and controversies between national institutional actors,

---

[7] P. HANSEN and SANDY BRIAN HAGER, *The Politics of European Citizenship. Deepening Contradictions in Social Right and Migration Policy*, Berghahn Books, Oxford, 2010, p. 33.
[8] M. SAWARD, «The Dynamics of European Citizenship : Enactment, extension and assertion», *Comparative European Politics*, 11, 2013, pp. 49-69; E. ISIN, «Theorizing Acts of Citizenship», in E. ISIN and G. M. NIELSEN, (eds.), *Acts of Citizenship*, Zed Books, London, 2008.
[9] Y. THOMAS, *Les opérations du droit*, Gallimard/Seuil, Paris, series 'Hautes Études', 2011.

social partners and European institutional actors. They are therefore far from being purely technical measures. Even so, on the thesis proposed here, one of the ways of understanding how they contribute to forms of social and political closure on the (interconnected) national and European levels is by regarding them as operations of law, and to document the latter's effects on the right of citizenship in the EU. The object of law, thus defined, is not given in advance; it is the product neither of abstracting from concrete cases nor of universal norms, but on the contrary an a posteriori result of these operations and of the performativity specific to law itself.[10] Accordingly this paper interrogates the operations of European citizenship as an instrument that puts in place individuals' relation to one another as citizens, and engages with the process of producing a space for movement at the European level.

In the interests of clarity we should distinguish two different analytical concepts of European citizenship. On the one hand, there are the workings of EU citizenship law considered as a juridical tool. Here the concern is to document the manner and techniques by which EU citizenship functions as a tool for governing juridico-political space at a European level (C_1). On the other hand, the workings of EU citizenship can be analysed as the effects of division and differentiation produced by C_1 (C_2).

TM is treated here as a test case[11] for European citizenship because it allows one to shed light on the qualitative transformations of forms of division and kinds of differentiation as regards both national citizenships and the citizenship of the EU. Although the thesis of a rupture between national and post- or supra-national citizenship within the European context is not endorsed, it would be mistaken to represents the two statuses and dynamics as being continuous or identical. It is rather a question of 'continuity within discontinuity': the aim being to show how the operations of European citizenship ($C_1 + C_2$) produce and make manifest a reconfiguration of certain elements of national citizenship (seen as historically contingent) in a process which links the two statuses – national and European. Indeed, there is a single process of reconfiguration, and European citizenship results from recombining elements of national citizenships at the European level. The case of TM constitutes a test-case that spotlights the conflictual relation between national citizenships and European citizenship, while exposing the qualitative transformations of citizenship at the European level.

This study is grounded on research work conducted for my doctoral thesis,[12] and the body of material under study at the present time. Recent

---

[10] M. HERMITTE, «Le droit est un autre monde», *Enquête, Les objets du droit*, 1999, [online], uploaded 13 February 2009. URL : http://enquete.revues.org/document1553.html. Accessed 22 April 2021.

[11] L. BOLTANSKI and E. CHIAPELLO, *Le nouvel esprit du capitalisme*, Gallimard, Paris, 1999.

[12] T. PULLANO, «La question de la citoyenneté européenne et le droit de libre circulation des personnes : l'enjeu de l'intégration politique de l'Union européenne face au délitement des États-

developments have however been integrated into the field of study. This body of material comprises institutional legislative documents in which transitional measures are decided, evaluated and put into effect by European agencies, as well as by their national counterparts. The materials include the study of secondary sources such as newspaper articles, in order to reflect public debate about the transitional measures.

The documents consulted cover a period stretching from 2003 – more precisely, 16 April 2003 – to the current time (2012), given the fact that the transitional measures for Romanian and Bulgarian workers remain in force. The documents belong to two distinct types of legislative text: those of European law and of national bodies of law. It should be noted however that the primary reference material is constituted by the European Union's legal texts and communications. To this extent the documents analysed are heterogeneous in nature: treaties, directives, primary and secondary legislation, internal reports and communications documents between the different community agencies, be they documents produced by the press offices of European institutions, decisions by the court of justice of the European communities or reports of parliamentary debates, amounting to about a hundred documents in all. As I have underlined, a certain number of national legislative documents have also been taken into account: in particular, those which make reference to the application at national level of European measures, or again the application by each of the member-states of transitional measures. It may also concern communications texts between the member-states of the Commission, or again documents addressing the implementation of TM in the context of immigration policies at national level. In any case the number of documents involved is limited to around fifty. This body of primary materials is supplemented by secondary source documents reprising debates which sprung up around the TM, such as national press sources, or again public opinion surveys conducted by Eurobarometer. The online database Eur-lex, which deals with European law, covering primary and secondary legislation and communications documents, forms the principal source for the present article.[13] In addition, it draws on the *DG Emploi et affaires sociales de la Commission* portal.[14]

nations», doctoral thesis in political science, Institut d'Études politiques de Paris, Paris, 2009. See also T. PULLANO, *La citoyenneé européenne: un espace quasi-étatique*, Presses de Sciences Po, Paris, 2014.

[13] http://eur-lex.europa.eu/fr/index.htm.

[14] http://ec.europa.eu/social/home.jsp?langId=fr.

II. The functioning of the transitional arrangements

The transitional arrangements are contained in the Adhesion Treaties signed on 16 and 25 April 2003.[15] These texts establish the entry protocols for the following ten member-states of the European Union: the Czech Republic, the Republic of Estonia, the Republic of Latvia, the Republic of Lithuania, the Republic of Hungary, the Republic of Poland, the Republic of Slovenia, the Slovak Republic, Bulgaria and Romania, who joined the Union in 2005. These measures entail the suspension of the right to free mobility of salaried workers from the new member-states to extant EU member-states, for a period structured as 2 + 3 + 2 years.[16] The right to free mobility is maintained for individuals not employed in one of the member-states of the EU-15.

The right to free mobility is linked to EU citizenship since the inception of the Union with the Treaty of Maastricht (TUE) of 1992 (art. 8A TUE; currently art. 21 TFUE)[17]: 'Every citizen of the Union shall have the right to move and reside freely within the territory of the Member States'. This article should be read in association with articles 18 and 20 of TFUE which deal respectively with the principle of non-discrimination and Union citizenship. In particular, art. 18 establishes that 'In the domain of treaty application, and without prejudice to any specific arrangements they may envisage, all discrimination on grounds of nationality is prohibited'. Article 20 affirms that: 'Citizenship of the Union is hereby established. Every person holding the

[15] These arrangements are contained in the Act dealing with the adhesion conditions of the Czech Republic, Estonia, Cyprus, Latvia, Lithuania, Hungary, Malta, Poland, Slovenia and Slovakia, part IV, Title 1 and following. They figure in the annex to the Treaty of Adhesion and are spelt out for each country: JOURNAL OFFICIEL DES COMMUNAUTÉS EUROPÉENNES, Luxembourg, Office des publications officielles des Communautés Européennes : 23 septembre 2003, L236, available online at
http://eurlex.europa.eu/LexUriServ/LexUriServ.do?uri=OJ:L:2003:236:FULL:FR :PDF, accessed 16 April 2012. For
Bulgaria :
http://eur-lex.europa.eu/LexUriServ/LexUriServ.do?uri=OJ:L:2005:157:0104:0128:FR:PDF. For Romania :
http://eur-lex.europa.eu/LexUriServ/LexUriServ.do?uri=OJ:L:2005:157:0138:0188:FR:PDF

[16] EUROPEAN COMMISSION, «Report on the results of the negotiations on the accession of Cyprus, Malta,
Hungary, Poland, the Slovak Republic, Latvia, Estonia, Lithuania, the Czech Republic and Slovenia to the European Union»,
http://ec.europa.eu/enlargement/archives/pdf/enlargement_process/future_prospects/negotiations/eu
10_bulgaria_romania/negotiations_report_to_ep_en.pdf, accessed 6 June 2012.

[17] JOURNAL OFFICIEL DE L'UNION EUROPEENNE, «Version consolidée du Traité sur le fonctionnement de l'Union
européenne», C 83/47, 2010.
http://eurlex.europa.eu/LexUriServ/LexUriServ.do?uri=OJ:C:2010:083:0047:0200:FR:PDF

nationality of a member- state shall be a citizen of the Union. Citizenship of the Union supplements national citizenship and does not replace it.'

Initially the right to free mobility had an economic dimension (Single European Act 1986), and was linked to the implementation of the single European market. The inauguration of European citizenship adds to this a social and political dimension. According to the European Court of Justice, EU citizenship 'aspires to be the fundamental status of those originating from member-states', and should guarantee them the same juridical treatment irrespective of nationality.[18] Furthermore, citizens' capacity to cross the frontiers of member-states is indispensable to the exercise of the rights linked to this status.[19] However, until 2004, measures concerning the free mobility of citizens were dispersed in two sets of regulations and new directives adopted in 1968. Three directives were added in 1990, concerning students and economically inactive persons. Economic activity has always been strictly linked to the exercise of this right. Kochenov speaks in this connection of a multi-level right to free mobility, whose interpretation depends on the economic activity engaged in.[20] However, in general, European law limits the mobility of economically inactive persons rather than the contrary, as with the MT. When it came into force in 2004, directive 2004/38 provides a unitary legislative framework for rights to free circulation, which are thus vested in the status of Union citizenship. However, the weight of the past remains strong in this directive, which at root codifies the differentiation of rights to free mobility according to whether a person is a worker, student, or inactive.[21] One may identify the TM among the obstacles to the actual implementation of free circulation for citizens of the Union. These arrangements are subject to national agreements and to bilateral accords during their first phase; in the second phase their application has been overseen first by the European Commission, and subsequently by the European Council.[22] The timetable for the application of the TM is set out as follows:

For EU-8 countries (adhesion effective from 1 May 2004):
First phase: 1 May 2004 - 30 April 2006
Second phase : 1 May 2006 - 30 April 2009

[18] EUROPEAN COURT OF JUSTICE, Judgment C-184/99, Grzelczyk [2001] ECR I-6193, paragraph 31.

[19] S. CARRERA, «What does Free Movement Mean in Theory and in Practice in an Enlarged EU?», *European Law Journal* 11 (6), 2005, pp. 699-721.

[20] D. KOCHENOV, «*Ius Tractum* of many faces. European Citizenship and the Difficult Relationship between Status and Rights», *Col. J. Eur. L.*, 15, 2008, pp. 169-237.

[21] JOURNAL OFFICIEL DE L'UNION EUROPEENNE, L 158, 2004, «Directive 2004/38/CE du Parlement européen et
du Conseil du 29 avril 2004 relative au droit des citoyens de l'Union et des membres de leur famille de séjourner et de circuler librement sur le territoire des États membres».

[22] See for example articles 1-14 of Annexe V of the Adhesion Treaty regarding the Czech Republic, Estonia, Cyprus, Latvia, Lithuania, Hungary, Malta, Poland, Slovenia and Slovakia, op. cit., concerning transitional measures for the free mobility of persons.

Third phase: 1 May 2009 - 30 April 2011

For Bulgaria and Romania (adhesion from 1 January 2007):

First phase: 1 January 2007 - 31 December 2008

Second phase : 1 January 2009 - 31 December 2011

Third phase: 1 January 2012 - 31 December 2013

It should be noted that member-states may decide to open labour markets at any point during the seven-year transition period, and must do so by 30 April 2011 at the latest. This date marks the end of restrictions on the free mobility of workers originating from six of the eight new member- states, the exceptions being Bulgaria and Romania. France required that the TM be retained for Romania and Bulgaria until 31 December 2013. Workers originating from these countries were consequently required to be in possession of a work permit.[23] The United Kingdom also demanded the extension of the TM until the end of 2013. Ireland adopted the same position.[24] Belgium also called for the maintenance of the TM.[25] Following a request voiced by the Spanish authorities on 28 July 2011, the Commission authorised Spain to restrict the access of Romanian workers to its labour market until 31 December 2012, because of the serious problems that Spain was facing in this sector. Space precludes an in-depth treatment of the actions of each member-state: in order to gain an impression of the extreme diversity of responses, the reader is referred to the tables annexed to this article. In the following pages we shall focus on the discourse and role of the Commission with regard to the transitional arrangements. The justification for this is twofold: the Commission is the principal actor in the managing European policy on free circulation; for reasons of space, we take account of member-states' positioning in their contacts with the Commission. The specific positions of member-states would require separate treatment, as in part have already been done elsewhere.[26]

---

[23] http://www.immigration-professionnelle.gouv.fr/a-la-une/archives/le-maintien-des-mes ures-transitoires-pourles-salari% C3%A9s- roumains-et-bulgares-jusqu%E2%80%99au-31-d%C3%A9cembre? highlight=mesures%2Btransitoires, accessed 18 April 2012.

[24] http://www.djei.ie/labour/workpermits/bulgariaromania.htm, accessed 6 June 2012.

[25] http://www.homeoffice.gov.uk/media-centre/press-releases/extension-labour-market et http://www.ind.homeoffice.gov.uk/eucitizens/bulgaria-romania/, accessed 6 June 2012.

[26] For France, see M. BAILLIET, C.KLEIN, «L'ouverture du marché du travail français aux ressortissants des nouveaux États membres de l'Union européenne», *Economie & prévision* , 194 (3), 2010, pp. 111-118. In France, the transitional measures are linked with policies for dealing with the Roma in 2010; for further details see O. PARKER, «Roma and the Politics of EU Citizenship in France : Everyday Security and Resistance», *Journal of Common Market Studies*, 50 (3), 2012, pp. 475-491. The case of the United Kingdom has been analysed in the following studies: S. CURRIE, *Migration, Work and Citizenship in the Enlarged European Union*, Ashgate, Burlington, 2008; Z. CIUPJIUS, «Mobile Central Eastern Europeans in Britain: Successful European Union Citizens and Disadvantaged Labour Migrants ? », *Work, Employment & Society* 25, 540, 2011, pp. 540-550; C. WRIGHT, «The Regulation of European labour mobility: National policy responses to the free movement of labour transitional arrangements of recent EU enlargements», *SEER Journal for*

III. The economic imperative of citizenship as the product of differential government.

The TM has two distinct registers: economic and political. They concern the interrelated questions of the organisation of the labour market and the rights of workers in Europe, and managing the flow of citizen-workers. Consider, for example, the transitional measures contained in the annex to the adhesion treaty for Bulgaria: the rationale for these arrangements are economic in nature and concern 'the possibility of disturbances in the labour market [of one of the member-states] which could pose a serious threat to the standard of living or employment in a given region or profession'.[27] However, in analysing the justifications given for the Commission's general direction of accession policy as regards Romania and Bulgaria, an initial contradiction surfaces between the economic and political registers of discourse:

The key question addressed in this chapter [Chapter 2 of the *acquis communautaire*] concerns the free mobility of workers [...] The political and practical importance of this section of the *acquis* and the uncertain and controversial nature of the question of worker mobility led the EU to propose transitional measures. [...] Up-to-date research data indicate that the impact of the free mobility of workers on the labour market following adhesion should be limited. However, analysis suggests that the impact of the free mobility of workers on the European labour market after integration may be concentrated in specific member-states, with a negative effect on the labour market in those countries. Concerns regarding the impact of free mobility of workers rest upon such considerations as geographical proximity, income differentials, unemployment and propensity to migrate. In addition, the EU is concerned by the fact that this change could have a negative impact on public opinion and on collective support for enlargement.[28]

The ambiguity of the motivations that drove the Commission to introduce the TM become clear: the text acknowledges that the data available to the Commission fail to justify the de facto fear that labour markets of western Europe face an invasion. Consequently, two distinct argument may be put. On the one hand, there is (1) the reaction by public opinion in western European countries to eastward enlargement; and on the other, (2) the central and problematic role played by free mobility. In fact, the problem posed by the mobility of citizens as

---

Labour and Social Affairs in Eastern Europe, 2, 2010,pp. 157-179. For a comparative analysis of states' policies, see C. J. SCHNEIDER, *Conflict, Negotiation and European Union Enlargement,* Cambridge University Press, Cambridge, 2008; B. GALGÓCZI, J. LESCHKE and A. WATT (eds.), *EU Labour Migration since Enlargement. Trends, Impacts and Politics*, Ashgate, London, 2009.

[27] JOURNAL OFFICIEL DE L'UNION EUROPÉENNE, L 157/104, Annexe VI, «Liste visée à l'article 20 du protocole : mesures transitoires : Bulgarie», 21 June 2006.

[28] http://ec.europa.eu/enlargement/archives/enlargement_process/future_prospects/negotiations/eu10_bulgaria_romania/chapters/chap_2_en.htm, accessed 5 June 2012. The Directorate-General for Enlargement's homepage: http://ec.europa.eu/dgs/enlargement/index_fr.htm

members of the labour-force conforms perfectly to the neoliberal discourse concerning the mobility of goods. The concern is that the deregulated opening-up of the labour market between two very different macro-regions, without any complementary measures to secure social and territorial cohesion, will result in a levelling-down of the welfare state and social rights at both the national and European levels.[29] In fact, the situation of the eastern countries is asymmetrical and the TM arrangements follow an apparent logic of managing this gap.[30] The fears of European public opinion, like the principal economic actors, focus above all on social rights.[31] States applying the TM wished to allay public disquiet about an invasion of their societies and welfare provisions. Statistical studies and forecasts were brought into play: the Commission was well aware that the opinions of citizens in the EU-25, as reflected by Eurobarometer, did not tally with reality.[32] The Commission Council report of 8 February 2006 shows the substantial inefficacy of the transitional arrangements for reasons relating to the labour market and the management of the EU-15 economies.[33] Addressing social rights and their relation to TM, the report emphasises that:

The restrictions can only be applied to migrant workers, and not to any other categories of EU citizens. Further, the restrictions can only apply to obtaining access to the labour market, and can only limit eligibility for employment in a particular Member State. Once a worker has obtained access to the labour market of a particular Member State Community law on equal treatment as regards remuneration, other employment related matters, and as regards access to social and tax advantages applies.[34]

---

[29] See for further details T. KRINGS, «A Race to the Bottom ? Trade Unions, EU Enlargement and the Free Movement of Labour», *European Journal of Industrial Relations*, 15 (1), 2009, pp. 49-69, p. 53.

[30] J. KVIST, «Does EU enlargement start a race to the bottom ? Strategic interaction among EU member states in social policy», *European Journal of Social Theory*, 14 (3), 2004, pp. 301-318; J. Aidukaite, « Welfare Reforms and socio-economic trends in the 10 new EU member states of central and Eastern Europe», *Communist and Post-Communist Studies*, 44 (3), 2011, pp. 211-219; C. SCHNEIDER, «Enlargement processes and distributional conflicts: The politics of discriminatory membership in the European Union», *Public Choice*, 132, 1-2, 2007, pp. 85-102; J. B. May, «Trade and Migration in an Enlarged European Union: A Spatial Analysis», *Global Economy Journal*, 9 (4), 2009, pp. 1-38.

[31] See H. BRÜCKER, T. BAAS et al., «EU Eastern Enlargement : The Benefits from Integration and Free Labour Movement», 2008, under the auspices of the European Commission, online at : ec.europa.eu/social/BlobServlet?docId=2509&langId=en, accessed 6 June 2012.

[32] See M. BRYSKA and T. VENABLES, «The Unfinished enlargement : Report on free movement of people in EU-25», European Citizen Action Service, May 2004, http://edz.bib.uni-mannheim.de/daten/edz-k/gde/04/498.pdf. Accessed 6 June 2012.

[33] EUROPEAN COMMISSION, COM (2006) 48 final, «Rapport sur le fonctionnement des dispositions transitoires visées au Traité d'adhésion de 2003 (période du 1 mai 2004 au 30 avril 2006) », http://eurlex.
europa.eu/Result.do?T1=V5&T2=2006&T3=48&RechType=RECH_naturel&Submit=Recherch er. Accessed : 7 June 2012.

[34] *Ibidem*, §5, author's translation.

It can at once be noted that the phrase 'migrant workers' links the citizens of the EU-10 to non-community nationals. The transitional measures had been put in place with the aim of regulating access to the labour market in western Europe. However, the Commission report shows that there is no 'risk of mass immigration' by the labour-force of eastern Europe into western Europe. Nonetheless, the restrictions were confirmed for the period from 2005 and the United Kingdom decided to apply them to Romanian and Bulgarian nationals.[35]

Here it is particularly interesting to recall briefly the positions that social partners – especially trade unions – took in some member-states and the attempts that were made to respond at European level to the regulation of the free mobility of workers. The majority of trade unions in the member- states of the EU-15 favoured the expansion eastwards of the Union. However, the immediate opening up of national markets to the free mobility of workers originating from these countries triggered fierce controversy. In particular, in the countries closest geographically to the new member-states, i.e. Germany and Austria, the unions feared a detrimental impact from migration flows on conditions of work and national salary levels. As a result, the German Confederation of Trade Unions (DGB) as well as the Austrian Confederation of Trade Unions (ÖGB) were among the most vocal supporters of the TM.[36] One of the unions' main worries was the increase in 'posted workers'. A posted worker is employed in a member-state and afterwards sent by his employer with a limited-period contract to another member-state. It should be noted that the TM do not apply to posted workers. As the Commission report points out, these two cases are distinct.[37] Nonetheless, posted workers are also citizens of the EU. Indeed, the prolongation of contracts by self-employed workers for citizens of new member-states during the period when the TM operate,[38] and a significant number of posted workers, could indicate that these two pathways are in fact a vicarious entry route into the

---

[35] Voir EUROPEAN COMMISSION, COM (2008) 765 final, «Les répercussions de la librecirculation des travailleurs dans le contexte de l'élargissement de l'Union européenne», 18 November 2008, http://eurlex.europa.eu/LexUriServ/LexUriServ.do?uri=COM:2008:0765:FIN:FR :PDF, accessed 6 June 2012 ; and European Commission , COM (2011) 729, «Rapport de la Commission au Conseil sur le fonctionnement des dispositions transitoires sur la libre circulation des travailleurs en provenance de Bulgarie et de Roumanie», 11 November 2011, http://eurlex.europa.eu/Result.do?T1=V5&T2=2011&T3=729&RechType=RECH_naturel&Submit=REchercher; accessed 7 June 2012.

[36] Regarding the stance of German and Austrian trade unions, see also E. JILEVA, «Visa and free movement of labour: the uneven imposition of the EU *acquis* on the accession states», *Journal of Ethnic and Migration Studies*, 28 (4), 2002, pp. 683-700.

[37] EUROPEAN COMMISSION, 2010 (373) final «Réaffirmer la libre circulation des travailleurs : droits et principales avancées», accessed 13 March 2013,
http://eurlex. europa.eu/LexUriServ/LexUriServ.do?uri=COM:2010:0373:FIN:FR:PDF

[38] T. KRINGS, «A Race to the Bottom ? Trade Unions, EU Enlargement and the Free Movement of Labour», *op. cit.*, p. 57.

European labour market while the TM are in force.[39] It is thus possible that the TM have contributed to the creation of a clandestine labour market. Even if this has been taken account of by the ÖGB and DGB, they have continued to voice their support for the TM after its initial phase.[40] Great Britain, Ireland and Sweden have been the only member-states not to adopt the TM from their inception. British and Irish trade unions have supported their governments' stance. They adopted a principled position in favour of the free mobility of workers.[41] However, the trade unions in these two countries have called repeatedly for respecting conditions of work, and that nationals of new member-states be treated on the same terms as indigenous workers. This was notably the case in Ireland during the *Irish Ferries* dispute.[42] The *Irish Ferries* controversy arose with an attempt to replace Irish workers on the ferries with Lithuanian and Latvian workers. While this case does not directly concern the free mobility of workers, it gave rise to widespread mobilisation to ensure minimal working standards were met for all workers, whether native or foreign. In the four cases known as the Laval Quartet, i.e. the cases involving Viking, Laval, Rüffert and Luxembourg judged in Luxembourg which weakened the ability of trade unions to defend established workers' rights, the *Irish Ferries* case, which was not judged by the European Court of Justice, comprises an important and controversial set of cases concerning posted workers and the free circulation of services.[43]

The Swedish Confederation of Trade Unions (LO), together with the Swedish parliament, opposed the government's implementation of the TM, and proposed alternative measures to avoid deregulating the national labour market.[44] The European Confederation of Trade Unions expressed doubts about the efficacy of the TM and called for the development at national and European level of an 'appropriate framework of firm and fair rules to accompany the realisation of a

---

[39] J. E. DØLVIK and J. VISSER, «Free movement, equal treatment and workers' rights: can the European Union solve its trilemma of fundamental principles ? », *Industrial Relations Journal*, 40 (6), 2009, pp. 491-509, p. 498.

[40] Austria has witnessed a convergence between employers' organisations and trade unions as regards the implementing of the TM. See A. AFONSO, «Employers' strategies, cross-class coalitions and the free movement of labour in the enlarged European Union», *Socio-economic review* , 10, 2011, pp. 705-730.

[41] *Ibidem*, p. 58, author's translation.

[42] See C. WOOLFSON, «Labour Standards and Migration in the New Europe: Post-Communist Legacies and Perspectives», *European Journal of Industrial Relations*, 13 (2), 2007, pp. 199-218, esp. p. 210 et seq.; G. MEARDI, «Union Immobility ? Trade Unions and the Freedoms of Movement in the Enlarged EU», *British Journal of Industrial Relations*, 50 (1), 2012, pp. 99-120.

[43] EUROPEAN COURT OF JUSTICE, Judgement C-46/10 Viking Gas S/A [2011]; Judgement C-346/06 Dirk Rüffert [2008] ECR I-01989 ; Judgement C-319/06 *Commission des Communautés européennes contre Grand Duché du Luxembourg* [2008] ECR I-04323 ; Judgement C-341/05 Laval un Partneri Ltd [2007] ECR I-11767.

[44] See http://www.eurofound.europa.eu/eiro/2004/05/feature/se0405103f.htm; accessed 13 March 2013.

genuine internal market'.[45] Some national unions created trans-national union organisations, as with the European Migrant Workers Union (EMWU) created by the German union IG BAU to organise and provide services to migrant workers.[46] The evaluation made by the Commission belong essentially to the economic register of discourse:

Since enlargement, developments in the labour market in EU-8 countries have been positive and unemployment rates have fallen appreciably in nearly all of these countries. This prompts the thought that there is no reason to expect increasing pressure driving workers to leave EU-8 countries – still less so, given that prospects for economic growth remain buoyant and the structural funds and rural development credits, which have been increased significantly, have begun to bear fruit as reflected in economical growth and in job creation.[47]

The impact of intra-European migration flows on the labour market have remained positive even during the latter period which has been marked by a profound economic crisis in EU countries. Unemployment rates increased from 7.2% to 9.6% in the EU-27 countries between 2007 and 2010. During the same period, unemployment in Italy and Spain, the two principal destinations for workers originating from Romania and Bulgaria, unemployment rose from 6.1% to 8.4% in Italy, and from 8.3% to 20.1% in Spain.[48] However, even in these countries, the impact of migrant workers originating from the EU-2 has not affected national rates of unemployment.

Thus, the economic order of discourse – the justification of the 'cité marchand', to borrow the terminology of Botanski and Thévenot[49] – cannot explain why Ireland and the United Kingdom decided to apply the TM from 1 May 2006, when the impact of the free mobility of workers from the EU-8 countries had been positive, as is also witnessed by a UK government report of 2006.[50] Resort to justification and juridical and economic identifications in the construction of Union citizenship (C_2) makes of it a lifeless object, a depoliticised form, at least if one considers citizenship via classical categories such as that of participation. The TM and the grammar of citizenship co-ordinate with them

---

[45] EUROPEAN TRADE UNION CONFEDERATION, «Vers la libre circulation des travailleurs dans une Europe élargie», resolution adopted by the Executive Committee of the CES at a meeting held in Brussels on 5 and 6 December 2005 ; online at http://www.etuc.org/a/1888, accessed 13 March 2013.

[46] I. GREER, Z. CUPIJUS, and N. LILLIE, «The European Migrant Workers Union and the barriers to transnational industrial citizenship», 19 (1), 2013, pp. 5-20.

[47] EUROPEAN COMMISSION, COM (2006) 48 final, *op. cit.*, § 22, author's translation.

[48] Data cited by S. CARRERA and E. GUILD, «Labour Migration and Unemployment: What can we learn from EU rules on the free movement of workers ? », *CEPS Paper in Liberty and Security in Europe* n. 46 February 2012, online at www.ceps.eu.

[49] L. BOLTANSKI and L. THEVENOT, *De la justification. Les économies de la grandeur*, Gallimard, Paris, 1991.

[50] N. GILPIN, M. HENTY, and S. LEMOS, «The Impact of Free Movement of workers from Central and Eastern Europe on the UK labour market», United Kingdom, Department of Work and Pensions Working Paper n. 29, 2006.

correlate fully with three kinds of economic discourse which serve as proxies for political ones. The upshot is that the TM and citizenship are sub-political, or political in their consequences: they form hierarchies and modes of subjection specific to the European level of government, but which filter back via the recomposition of citizenship at national level.[51] The TM and the strategic deployment of law and the economic rationality which it forges show the quasi-political nature of European citizenship.[52] Distinctions that existed within national citizenships and between them in Europe are reconstituted by the workings of Union citizenship law. The TM constitute in this sense a test case for Union citizenship, because they create a situation in which actors question themselves about the political content of forms assumed to be apolitical or politically neutral. For the TM, this questioning is that of the citizens of eastern Europe. The interest of the TM lies precisely in the fact that they delineate a liminal space qualitatively different from the national and international levels.

IV. Citizenship as a difference machine

The political operation of the TM manifests itself via the workings of difference. The tables in the annex outline the phases in which the TM applies.[53] The latter compartmentalise European space, defined as the relation between the space of citizenship and geographical space, into a number of distinct zones. The Commission report acknowledges that the TM regime puts in place a differentiated juridical space:

The free mobility of persons is one of the most fundamental liberties guaranteed by community law [...] The adhesion treaty envisages that during the first two years of the transitional arrangements, the member-states of the EU-15 will apply national policies or those in line with bilateral accords to regulate the access of EU-8 nationals to their labour markets. The various national measures implemented during this first phase of the transitional arrangements have supervened on different juridical regimes as regards access to the labour markets of the EU-25.[54]

---

[51] This categorisation is indebted to D. LINHARDT and F. MUNIESA, «Tenir lieu de politique : Le paradoxe des "politiques d'économisation" », *Politix*, 95 (3), 2011, pp. 7-21

[52] For a detailed study of the transformation of the state in Europe, understood as a process of restructuring and reterritorialisation, see N. BRENNER «Global cities, glocal states: global city formation and state territorial restructuring in contemporary Europe», *Review of International Political Economy*, 5 (1), (998, pp. 1-37 and the same author's *New State Spaces. Urban Governance and the Rescaling of Statehood: Urban Governance and the Rescaling of Statehood*, Oxford University Press, Oxford, 2004.

[53] See COMMISSION DES COMMUNAUTES EUROPEENNES, COM (2008) 765 final et COM 2011 (729) final, *op. cit.*, and the Employment Directorate of the European Commission : http://ec.europa.eu/social/main.jsp?catId=508&langId=fr , accessed 28 May 2012.

[54] COMMISSION DES COMMUNAUTES EUROPEENNES, COM (2006) 48 final, *op. cit.*, § 6, in boldface in the original text, author's translation.

The TM have produced different juridical regimes, not – or not only – because of national peculiarities, but equally because these regimes stake out a common space which is at once both homogeneous and heterogeneous.[55] Yan Thomas has observed the workings of this dynamic in the city of Rome. In his essay on the institution of the city, he shows the extent to which the unity of the city of Rome is nominal, in the sense that it defines a process that is first and foremost one of partition and individualisation: the differences between individuals – natural differences – were reworked by civil law only to be reinstated in a discontinuous and distinct ensemble, where each individual occupies a position in virtue of a distance, a difference, which has now become a juridical artifice. Thus it is a division in which the natural order undergoes an inversion via the juridical order – but an inversion that reproduces a division.[56] Thus the workings of citizenship in the Union do not neutralise the singular and differentiated character of the nationalities from which it derives, but on the contrary reworks them while keeping them in place within the ensemble constituted by the relations between national citizenships and European citizenship. And after all EU citizenship is a 'label' that serves to unify its subjects.

On the one hand the TM construct a division between first- and second-class citizenship, while on the other hand they institute a genuinely differential citizenship.[57] This introduces frontiers within European political and juridical space, and these frontiers do not fully recapitulate those of national citizenship. While it may be true that it is the TM that directly produce a division between citizens of the Union, it is also the case that this division, in order to make sense, must be grasped in terms of the operations of Union citizenship. The conflict between nationalities and European citizenship is not the same as it might have been between different European nationalities before rights of Union citizenship were created, because the differences between nationalities gain their significance from the context of the right to free mobility in association with the right to Union citizenship (C_1). A space differentiated along geographical, juridical and political lines – instituting divisions – in relation to circulatory movements and the crossing of frontiers is the product of the working of European citizenship seen as the result of this reconfiguration (C_2). European citizenship can fruitfully be analysed as a difference machine, i.e. as a process that institutes differentiation as a central element in the forms of European political subjectivity. The differentiation is

[55] See N. BRENNER and S. ELDEN, «Henri Lefebvre on State, Space, Territory», *International Journal of. Political Sociology*, 3, 2009, pp. 353-377.

[56] Y. THOMAS, *Les opérations du droit*, *op. cit.*, p. 113.

[57] D. KOCHENOV, «European Integration and the Gift of Second Class Citizenship: The Absence of the Tools within the European Legal System to Combat Temporary Discrimination of European Citizens on the Basis of Nationality Institutionalized by the Acts of Accession», *Murdoch University Electronic Journal of Law* [online], 13 (1), 2006.

inscribed in the core of the practices of citizenship: it is constitutive of them. Citizenship as a difference machine reintroduces inequality in law and social capital within political membership.[58]

Citizenship (C_1) is used as a juridical instrument whose action produces a spatial division, understood as being at once a social and juridical space as well as a space for mobility, which goes hand-in-hand with a division internal to the community of citizens, thereby producing hierarchical forms of political subjectivity (C_2). This analysis implies the adoption of a relational perspective which envisions citizenship not as a static juridical attribute, given once and for all – according to which $C_1 = C_2$ – but as an ensemble of strategies that drive us to think in terms of binary groupings, functioning via an inside/outside dualism; the logic of alterity assumes positions and frontiers that lie across one another and are fluid, contingent, dynamic and reversible. From this standpoint, the framing of citizenship law in the context of the TM corresponds to techniques of alienation, while the more general application of the law of citizenship can be seen as an ensemble of agonistic strategies.[59] The latter are defined by the production of domination and forms of authorisation. This investigation of the process of displacing juridical and social boundaries allows us to interrogate the modes and forms of internal exclusion, while also calling into question the qualitative recomposition of forms of social and state division. Moreover, as a result of this, juridical and political spaces – their division and distribution – become elements in a process that one might describe as a 'difference machine' which controls the differential dynamics of inclusion in citizenship.[60]

Union citizenship progresses thanks to a series of plural positions which are also phased chronologically.[61] This temporal differentiation corresponds to the division of social and political space.[62] The power to rank statuses hierarchically is one of the characteristics of modern citizenship since it distributes and allocates political and social capital within a given community:

Member-states which maintain restrictions on access to the labour market are applying a range of national measures which are subject to different juridical regimes as regards labour market access. Some of them apply traditional systems of work permits while others have simplified their procedures or relaxed their conditions, for example in not requiring work

[58] E. RIGO, «Implications of EU Enlargement for Border Management and Citizenship in Europe», RSCAS Working Paper, Institut européen de Florence, 2005, http://www.eui.eu/RSCAS/WP-Texts/05_21.pdf; accessed 6 June 2012.

[59] E. ISIN, *Being Political. Genealogies of Citizenship* (Minneapolis : University of Minnesota Press, 2002), p.29.

[60] I take this expression from E. RIGO, *Europa di confine: Trasformazioni della cittadinanza nell'Europa allargata*, Meltemi, Roma, 2007, p.39 ; and E. ISIN, *Being Political: Genealogies of Citizenship* , *op. cit.*, p. 45.

[61] J. HEURTIN and D. TROM, «L'expérience du passé», *Politix* , 10 (39), 1997, pp. 7-16.

[62] E. RIGO, *Europa di confine*, *op. cit.*, p. 153, author's translation.

permits for professional workers in certain sectors or in not taking account of circumstances in the national labour market.[63]

The report of 2011 reiterates the language of 2006 regarding the EU-8 countries with respect to different juridical regimes. It should be noted that derogations from European rights to free mobility imply that when it comes to European workers from the EU-10 countries, national laws are applicable. This multiplies the exceptions to the right of free mobility for these workers and equally implies a restructuring of juridical spaces and national territories. National states thus make themselves promoters of the process of differentiating citizens and territories, which leads to a shifting of juridical borders and territories at numerous levels.

One may observe that the discourse of EU-8 countries talks of citizens, whereas that of the EU-15 speaks of migrants. In the Commission report of 2006, the word 'population' occurs twenty times, as against six occurrences of the word 'citizen'. In the Commission's discourse, the free mobility of workers from the EU-8 countries is perceived as a phenomenon to manage, limit and control, and also as an element essential to enlargement. This is confirmed by the fact that the Commission speaks of 'migration', and the scarcity of 'resources', without any differentiation as regards the discourse about third-country nationals. It should be noted that Poles, Romanians, Bulgarians, etc., were third-country migrants prior to enlargement. How does the journey from emigrant-immigrant to European citizen work ?

New member-states are also caught up in the ambiguity: while they lay claim to European citizenship, and therefore to the status of equality and parity, they nonetheless accept the arguments put by member-states of the EU-15 insofar as they seek to justify their inclusion in the regime of free mobility which characterises community life, via arguments of an economic and utilitarian kind.

V. Conclusion

In conclusion, territorial and geographical attributes have a very specific place as regards the TM, above all when taken in tandem with the liberal dimension of the Union citizenship policy that has developed.[64] The thesis that

---

63 COMMISSION DES COMMUNAUTES EUROPEENNES, COM 2011 (729) final, *op. cit.*, author's translation.

64 Territory and space are two essential dimensions in the process of reconfiguring citizenship as a state form as it occurs with the application of the TM. For an analysis of the socio-spatial dimension of enlargement eastwards, see J. CLARK and A. JONES, «The spatializing politics of European political practice : transacting "eastness" in the European Union», *Environment and Planning D: Society and Space*, 29 (2) 2011, pp. 291-308, and the same authors' *The Spatialities of Europeanization : Power, Governance and Territory in 'EU'rope*, Routledge, Abingdon, 2010. For a more general account of the notion of space in European institutional documents, see L. BIALASIEWICZ, S. ELDEN

this article has sought to prove is that the territorial and spatial dimension lies at the heart of the process of redefining citizenship, which bears a close relation to its sub-, anti- and quasi-political nature. The relation between economic justifications and geographical proximity, between the TM and enlargement, shows that territory and the spatial dimension constitute a repressed element in the European construction, and that they lie at the centre of a process of neutralising politics, in two senses: by contributing to this neutralisation (the technical dimension of territory) and contrariwise via resistance (the active and material dimension of territory).[65] Once it has been redefined, Union citizenship is used as an analytical device to gauge the ways in which state forms get reconstituted at the European level.[66] The notion of a state form as understood here is close to that of a state's disposition: '[...] the effects of the state are traceable, observable and assignable in their empirical moorings and their own spaces of mobility. [...] Such a perspective allows one to progress from an abstract notion of the constitution of the state towards the idea of its material constitution, not by invalidating general and principled claims (including those that derive from sociology) but also their embodiment in concrete arrangements, configurations and effects. It can be said that it is in this combination that a new form of state organisation emerges.[67] Thus citizenship (C_2) should be understood as a quasi-statist form of organisation. Indeed, only by reflecting on the material and historical preconditions on which forms of citizenship rest can one grasp their central role in every state system.

---

and J. PAINTER, «The Constitution of EU Territory», *Comparative European Politics*, 3 (3) 2005, pp. 333-363.

[65] On the notion of territory, see N. BRENNER and S. ELDEN, «Henri Lefebvre on State, Space, Territory», *International Journal of Political Sociology*, *op. cit.*; S. ELDEN, «Land, Terrain, Territory», *Progress in Human Geography*, 34 (6) 2010, pp. 799-817.

[66] I use the term *formes étatiques* to translate the English term *statehood* as defined by NEil Brenner and BOB JESSOP. By adopting a relational and processual approach to the state and its constituents, it is possible to construe the European Union as a process of reconfiguring the state. I am indebted for this point to B. JESSOP, «The European Union and Recent Transformations in Statehood», in S. PUNTSCHER-RIEKMANN, M. MOKRE and M. LATZER (eds.), *The State of Europe. Transformations of Statehood from a European Perspective*, Campus Verlag, Frankfurt, 2004.

[67] D. LINHARDT, «L'État et ses épreuves : Éléments d'une sociologie des agencements étatiques», Clio@Themis [online], 1, 2009.

Annex I. TM concerning the free mobility of EU-8 nationals

EU-15 countries (in order of adhesion) and EU-8 countries applying the TM	Phase I	Phase II	Phase III
France	TM*	FM in 2008	FM
Germany	TM	TM	TM
Italy	TM	FM in 2007	FM
Netherlands	TM	FM in 2007	FM
Belgium	TM	TM with relaxations	FM in 2009
Luxembourg	TM	FM in 2007	FM
Ireland	FM	FM	FM
United Kingdom	FM with exceptions	FM	FM
Denmark	TM with relaxations	TM with relaxations	FM in 2009
Greece	TM	FM in 2006	FM
Spain	TM	FM in 2006	FM
Portugal	TM	FM in 2006	FM
Finland	TM	FM in 2006	FM
Sweden	FM	FM	FM
Austria	TM	TM	FM
Hungary	TM	TM	FM
Poland	TM	FM	FM
Slovenia	TM	FM	FM

TM regarding the free mobility of EU-2 nationals

EU-15 countries (in order of adhesion) and EU-8 countries applying the TM	Phase I	Phase II	Phase III
France	TM with relaxations*	TM with relaxations	TM with relaxations
Germany	TM with relaxations	TM with relaxations	TM with relaxations
Italy	TM with relaxations	TM with relaxations	FM in 2012
Netherlands	TM	TM with relaxations	TM with relaxations
Belgium	TM	TM with relaxations	TM with relaxations
Luxembourg	TM	TM with relaxations	TM with relaxations
Ireland	FM	TM	TM
United Kingdom	FM with exceptions	TM	TM
Denmark	TM with relaxations	FM in 2009	FM
Greece	TM	FM in 2009	FM
Spain	TM	FM in 2009 TM for Romanian workers until 22 July 2011	FM
Portugal	TM	FM	FM
Finland	TM	FM	FM
Sweden	FM	FM	FM
Austria	TM	TM with relaxations	TM with relaxations

Hungary	TM	FM	FM
Poland	TM	FM	FM
Slovenia	TM	FM	FM
Czech Republic	FM	FM	FM
Estonia	FM	FM	FM
Cyprus	FM with exceptions	FM	FM
Latvia	FM	FM	FM
Lithuania	FM	FM	FM
Malta	TM	TM	TM
Slovakia	FM	FM	FM

PARTIE IV.

DROIT DE L'ENVIRONNEMENT ET DE LA BIODIVERSITÉ

CHAPITRE 9.

The advanced proportionality for the Nature justice: The ecological proportionality through the principle of in dubio Pro Natura[1]

SUSANA BORRÀS
Marie Skłodowska-Curie Fellow
Associate Professor in International Law and International Relations
Università degli Studi di Macerata (Italy)

The Nature justice

At these times of global ecosocial collapse, in which life is more compromised than never, with more than a million species at imminent risk of extinction (IPBES 2019), it is necessary to rethink in-depth to glimpse that there is still an iota of hope in the reconstruction of the relationship of the human being with Nature[2]. Indeed, the transition to a planetary and ecological civilization is necessary for overcome the pillars of a deeply rooted anthropocentrism as an essential reason for an illusory well-being based on the domination and subordination of the natural world.

Beyond the daily crises that monopolize our attention, there is a planetary crisis of civilization, which has marked an unprecedented historical change, brought about by the period of liquid modernity[3] characterized by the growth

---

[1] This chapter has been prepared under the Project Jean Monnet Chair on EU Environmental Law (619574-EPP-1-2020-ES-EPPJMO-CHAIR), University of Barcelona. This article reflects only the author's view and the REA is not responsible for any use that may be made of the information it contains (Email: susana.borras@urv.cat).

[2] In this article, the author uses the "Nature" with capital "N" to emphasize its uniqueness, its intrinsic value and following the United Nations Programme on Harmony with Nature. See http://www.harmonywithnatureun.org/ [Accessed 1 March 2021].

[3] Z. BAUMAN, *Vidas desperdiciadas. La modernidad y sus parias.* México: Paidós, 2015.

perennial population and economies, without addressing socio-environmental impacts.

Our civilization is operating beyond its capacity, pushing the limits planetary systems, which determine the operational safety space available to the humanity and yet the growth prospects are maintained and even exceed. In this sense, the relation between the humanity and Nature must be reversed. Nature should no longer be seen as humanity's environment, but rather natural resources that should be preserved unless there is a good reason to consume them.

In this context of ecosocial pathogeny, this article introduces the idea of a new principle of law, such as the principle of ecological proportionality: first, as a limitation of the human activities affecting Nature; second, as a guarantee of a reasonable balance; and third, to preserve the fundamental human right to life and of non-human individuals. The first section is focus on the transition from a traditional concept of proportionality to a new revision of this principle towards to the "ecoproportionality" principle[4], as a response to the increasing scarcity of the natural resources, which requires that people justify their interests in consuming or utilizing natural resources. This principle encompasses the idea of "natural justice"[5]. Although justice concerns interpersonal relationships, but the idea of doing justice requires making choices that best respond to all the valuable human interests at stake, both individual and collective, namely, all interests that deserve protection. However, Nature justice recalls to a global interest of protection. Consequently doing justice seems to involve two aspects, maximisation and balancing: a just choice should maximise the benefit resulting from the aggregation the choice's impacts on the relevant interests, taking into account the relative importance of these interests[6]. The need to protect Nature from the global ecosocial collapse requires maximizing the biocentric approach of law and its implementation. Therefore, the second section focuses on the concrete analysis of ecological proportionality as a tool for governing the human activities towards Nature, and for correcting a distortion of domination of Nature and therefore, to better protect the environment against the human intrusion.

The third and final stage of the analysis focuses on the maximization of proportionality to increase the protection of Nature and to reduce its situation of inequality and disadvantage before human impacts, through the recognition of the *in dubio pro Natura* principle. In particular, the focus will be on the

---

[4] G. WINTER, «Ecological proportionality: An emerging principle of law for nature?» In C. Voigt (Ed.), *Rule of Law for Nature: New Dimensions and Ideas in Environmental Law*. Cambridge : Cambridge University Press, 2013, pp. 111-129.

[5] K. BINMORE, *Natural justice*. Oxford University Press, Oxford, 2005.

[6] G. SARTOR, «Doing justice to rights and values: teleological reasoning and proportionality». *Artif Intell Law* 18, 2010, pp.175–215.

experience of many Latin American countries, in which the principle had a deeper development.

I. From the traditional proportionality principle to its expansion for the protection of the environment

The principle of proportionality has originated in the law of the police, during the nineteenth century in Germany, when the courts developed the doctrine that the exercise of police power must not interfere with individual rights beyond what is necessary to guarantee the public order. These involved two tests: first, the least invasive measure must be chosen; second, it cannot be disproportionate to the problem to be solved. Since the Bonn Basic Law of 1949, the Federal Constitutional Court developed the concept of proportionality with close reference to the Nature of fundamental rights and the rule of law. In essence, the principle of proportionality points to the interdiction of excessive actions or interventions by the public powers, and based on the jurisprudence of the Federal Constitutional Court. Thus, proportionality became a constitutional principle for the protection of fundamental rights. By virtue of it, it is prohibited that the actions of the public powers are excessive and they be contained within their own limits[7].

Gradually, the principle became more differentiated and developed, as a general verification of discretionary administrative action and even as a constitutional principle of control of the legislative power when a law intervenes in basic rights. The French administrative system had a similar development, although more linked to sectoral Administrative Law.

The establishment of proportionality in German and French legal systems facilitated its path to the European level. In this, the principle of proportionality could also be linked to the reasonability principle, which derives from customary English law as a standard to verify administrative discretion, although more procedural and less systematic than the proportionality test[8]. The Court of Justice of the European Union itself adopted the principle of proportionality in its jurisprudence on European fundamental rights as a means of restricting intrusions by European authorities[9].

In a second step, the principle was applied to restrict, in European control, intrusions on basic European freedoms also by Member States. Thus,

---

[7] G. HUSCROFT, B. W. MILLER, G. WEBBER (Eds.), *Proportionality and the rule of law: rights, justification, reasoning*. Cambridge University Press, 2014, pp. 1-20.

[8] A. BARAK, «Human rights and their limitations: the role of proportionality». In: *Annual lecture in law and society*. Foundation for Law, Justice and Society, 2009.

[9] G. DE BÚRCA, «The Principle of Proportionality and its Application in EC Law», 13 *Yearbook of European Law*, 1993, p. 105-126; J. JANS, «Proportionality Revisited», 27 *Legal Issues of Economic Integration*, 2000, pp. 239- 246.

proportionality has become a comprehensive principle of domestication of governmental powers when they interfere with individual rights or the domain of competence of lower level[10].

Currently, proportionality is a principle widely accepted. It has developed to structure the relationship between governmental power and citizens and designed to ensure that the public power, when intervening in the rights of citizens in pursuit of the public interest, do so under certain preconditions. In concrete, first, the objective pursued by the government must be justified (suitability). The measure adopted must be adequate, that is, capable of serving the public interest (relevance), and necessary, that is, irreplaceable by any alternative and equally effective measure, but less intrusive to individual rights (necessity) and, finally, proportional in the strict sense (weighted), that is, not excessively intrusive to individual rights in view of the importance of the interest public.

The constitutionally-related principles tested through proportionality are: one constitutional right limits another constitutional right, or public interest considerations limit a constitutional right[11]. In both cases, if the limitation is proportionate, after accomplish the proportionality test then it is justified, and vice versa. From the environmental point of view, the environment may work as a public interest, or it may be shaped as a constitutional right to a healthy environment. This is a result of the historical development of legal approaches to environmental concerns, that first started in the form of defending the environment as an important public interest but later on, the rights-based approach became engaged as well. Therefore, according to MÜLLEROVÁ[12], the principle of proportionality in the environmental protection is a tool to achieve a high level of protection of the human right to a healthy environment and as a tool to govern the human activities towards Nature. In this context, "proportionality methods can be applied in three types of collisions between the environment and another interest: the right to environment against another constitutional right; the right to environment against some public interest; and the public interest on environmental protection against a constitutional right"[13].

In the field of the environmental protection, as a part of the general interest, proportionality goes beyond in its classical mean, departing from the presumption that is necessary to preserve the environment to protect the constitutional right of which the limitation is tested for proportionality to see

---

[10] B. MILLER, «Justification and rights limitations». In: G. HUSCROFT (ed) *Expounding the constitutions: essays in constitutional theory*. Cambridge University Press, Cambridge, 2008, p. 93.

[11] G. HUSCROFT, B. W. MILLER, G. WEBBER (EDS.). *Proportionality and the rule of law: rights, justification, reasoning*. Cambridge University Press, 2014.

[12] H. MÜLLEROVÁ, «Right to environment, balancing of competing interests and proportionality». *The Lawyer Quarterly*, (2), 2018, pp. 129-141.

[13] *Ibidem*, p. 131.

if it is justified[14]. The measure tested is the human activity, which collides with the environmental interest and causes the violation to the natural resource or an element of the environment. In this sense, proportionality works as follows: the more valuable the natural resource, the more pressing the human need to justify its use[15].

The proportionality principle applied in the environmental field implies a double dimension, considering the rights of a certain society, on the one hand; and, rights of Nature by another. United under the same trajectory, in certain circumstances, they can collide, but at the same time may be complementary so that none of the subjects of rights involved (people and Nature) are harmed or left in a disadvantageous position[16].

Certainly, when the human and environmental interests collide, the sole definition or scope of both are not sufficient, therefore, answers must seek in other legal settings: such as the weighting between the legal assets to protect, the comprehensiveness of the norm, the better protected right, need and, of course, the proportionality principle[17].

The level of environmental degradation justifies the need to revise the traditional concept of proportionality towards a new perspective based on "natural justice" or "ecological justice". In this context, the principle of proportionality applies when there is a conflict between non-basic interests of the human being that are incompatible with the attitude of respect towards Nature or basic non-human interests.

From the ethics of responsibility, the principle of proportionality becomes "the principle of responsibility", to be imposed towards the natural environment, where responsibility is "the duty of care" before the representation of the damage that we have done to Nature. As Hans Jonas points out "The paradox of our situation is that the respect lost we have to regain it through the shudder"[18].

The paradigm of "Nature justice" recognizes the value of Nature itself, which allows the recognition of the legal personality to the elements of the natural environment: rivers, mountains, forests, or seas. In this sense, the so-called "ecological rights" include not only the human right to an adequate

---

[14] B. SCHUELER, «Methods of Application of the Proportionality Principle in Environmental Law», 35, *Legal Issues of Economic Integration*, Issue 3, 2008, pp. 231-240.

[15] F. MATHEWS. «From biodiversity-based conservation to an ethic of bio-proportionality». *Biological Conservation*, 200, 2016, pp. 140-148.

[16] M. BOSE, «The principle of proportionality and the protection of legal interests», *Eur. Crim. L. Rev.*, *1*, 2011, p. 35.

[17] S. BORRÀS, «*In dubio pro natura*: un principio transformador del derecho ambiental en América Latina». In J. MIRANDA, C. AMADO GOMES, S. BORRAS, *Diálogo Ambiental, Constitucional e Internacional*: Vol. 10. Río de Janeiro (Brasil): Lumen Juris, 2018, pp. 5-39. Available at: http://www.dialogoaci.com/wp-content/uploads/2018/04/Dia%CC%81logo-ambiental-constitucional-e-internacional-VOL-10_EB.pdf#page=27 [Accessed 27 April 2018].

[18] H. JONAS, *El principio de responsabilidad. Ensayo de una ética para la civilización tecnológica*, Herder, Barcelona, 2015, p.358.

environment, the socio-ecological social rights, such as the human right to drinking water, and the rights of access to information and participation and justice, but also the rights of Nature.

II. A new biocentric approach of the proportionality: the ecological proportionality principle

The increasing scarcity of natural resources available for modern society justifies the need to put limits in the anthropogenic activity on Nature, but also to restore Nature in terms of "Nature justice", although the anthropogenic perspective based on the so-called "environmental rights", has been one of the traditional ways of Nature protection. Therefore, the recognition of so-called "environmental duties" or "mandatory content of environmental rights" requires a proactive attitude to protect and respect Nature, even above the rights perspective, promoting a deeper biocentric or ecocentric vision of the fundamental rights, together with the recognition of a perspective based on "fundamental duties"[19]. In this sense, the ecological proportionality principle can be the perfect tool to reconcile both perspectives for mutual benefit of the environment and the human beings.

In such context, proportionality principle should not be applied only to government activities that interfere citizens 'rights, but also for those citizens' activities that affect Nature. There would be two areas of application with a common denominator, that is, the limitation to power. The first area is the state's power over society (or the collective over the individual) that has to be limited before intrusions of the governmental institutions in other to protect the basic rights of citizens (which is an anthropocentric perspective of the principle of proportionality). The second case would be a requirement to justify the use of natural resources by society in order to protect Nature in the face of society's intrusions, including government intrusions (this is a biocentric perspective of the principle of proportionality). Hence, the principle of proportionality enriches with a new ecological proportionality principle or ecoproportionality principle[20].

From this perspective, members of society are not only considered rights holders, but also bearers of obligations. The crucial point is that human society is obliged to justify its interests in relation to Nature. This leads to the "Nature justice" as a distributive model based on social justice, which tries to give human beings and Nature what corresponds to them for their effective development, based on their own value and dignity. Nature becomes the object

[19] F. MATHEWS, «Bioproportionality: a necessary norm for conservation?», *The Journal of Population and Sustainability*, Vol. 4, No. 1, 2019, pp. 43-53.
[20] G. WINTER, «Ecological proportionality: An emerging principle of law for nature?», *cit. supra*, pp. 111-129.

of justice, and its limits are determined by the effectiveness of the ecosystem itself according to its internal structure that is described in terms of durability, productivity and efficiency[21]. According to this ecocentric conception, as a new legal rationality, "Nature justice" or "Ecological justice" will have to condition the social, legal, political and economic order. Thus, the primacy of ethics, justice and ecology prevails, as the legal reason for the new social order based on the ecosystem.

The judiciary should follow two steps in cases, in which the fundamental right to the environment or Nature protection measures collide with other fundamental rights. First, the assessment of all the interests, values and private and public goods involved in the collision and second, the subsequent application of the proportionality principle, granting at first a bigger weight to the Nature to contribute to the "Nature justice".

According to professor WINTER, the structure of the ecological proportionality would follow that stablished for the principle of proportionality[22]. First, in order to ascertain whether an activity encroaches upon natural resources, the actor must pursue a justifiable societal objective (the suitability test). Second, the activity must not be replaces by an alternative that is less intrusive on natural resources (the necessity test). Third, it must not be excessively intrusive on natural resources in view of the importance of the societal objective (the proportionality *stricto sensu*).

According with this structure, WINTER proposes that the ecological proportionality would imply the following test. In case that an activity interferes with natural resources: (1) the actor must pursuing a justifiable social objective; (2) the activity must be prospectively adequate, that is, capable of serving the necessary objective; (3) that is not substitutable for any alternative measure less intrusive to natural resources; (4) proportionality in the strict sense (weighted); and that is, not overly intrusive to natural resources, in view of the importance of the social objective[23].

While in the context of the proportionality from an anthropocentric perspective, proportionality serves to the individual's freedom to pursue their goals, in the ecological proportionality, the pursuit of goals by individuals is subject to a duty to give reasons. If an objective is justified, the means adopted must be able to achieve it. For example, if a dam for hydroelectric power generation is built, it is necessary to prove that the river will supply that reservoir sufficiently. The practically most important element of ecological proportionality is the testing of alternative means. The alternative measure that

---

[21] L. H. GOULDER, I. W. PARRY, R. C. WILLIAMS III, D. BURTRAW. «The cost-effectiveness of alternative instruments for environmental protection in a second-best setting». *Journal of public Economics*, *72*(3), 1999, pp. 329-360.

[22] G. WINTER, «Substitution : from alternatives to ecological proportionality». In *Elgar Encyclopedia of Environmental Law*. Edward Elgar Publishing Limited, 2018, pp. 234-250.

[23] G. WINTER, *cit. supra,* 2013, pp. 111-129.

causes the least adverse effects on natural resources should be preferred. However, as not all alternative measures will achieve the objective in exactly the same way, some deviation from the full achievement of the objective can occur. Assuming that an objective is justified and the means to achieve it are adequate and necessary, these means should be rejected if their adverse effects on Nature are excessive, when weighed with the importance of the objective[24].

The balancing rule for the ecological proportionality may be formulated, according to WINTER, as follows: "the more serious the damage or risk of damage, the more weighty the benefit must be if the adverse effect is to be accepted"[25]. The concept of ecological proportionality reverses views compared to the classical proportionality: the departure point is from a presumption that it is necessary to preserve the environment and that not every human need or wish may justify its use or consumption. It means that the value of the environment plays the role of the protected constitutional right whose limitation is tested for proportionality to see if it is justified[26].

Some of the limitations of the ecological proportionality are that there is no legal commitment to implement it. Indeed, the classical proportionality takes place as an *ex post* instrument of judicial review in courts. However, in the case of ecological proportionality tests shall be situated as an *ex ante* tool of environmental protection. A possible room for the process of evaluating ecological proportionality is within the process of environmental impact assessment. Even if this is a possible situation, parties or litigants of the proportionality exercise and decision-making subjects are questionable. The need to overcome such limitations and the imbalance caused by the human being, and the conflict, the revisited ecological approach of the proportionality principle solves the conflict of interests in favor of Nature. This is the reason why in some Latin American countries adopted a new advanced proportionality for Nature protection, which is the *in dubio pro Natura* principle.

III. The advanced proportionality in favor of Nature: the *in dubio pro Natura* principle

The constitutional root of the principle *in dubio pro Natura* is found in the declaration of general interest to environmental protection and is parallel to the principle *in dubio pro operario*, in the field of Labor Law, since both the

---

24 B. SCHUELER, «Methods of Application of the Proportionality Principle in Environmental Law», 35, *Legal Issues of Economic Integration*, Issue 3, 2008, pp. 231-240.

25 G. WINTER, *cit. supra*, 2013, pp. 111-129.

26 I. CHEYNE, J. ALDER, «Environmental Ethics and Proportionality: Hunting for a Balance". *Environmental Law Review*, 9(3), 2007, pp. 171-189.

environment and the worker exhibit a vulnerability that has as a legal response a high protection.

The *in dubio pro Natura* principle means that in case of doubt or administrative or judicial uncertainty about which is the best option to be adopted, in case of conflict between fundamental rights, collision of principles or conflict of norms, is the decision that provides the greatest protection or conservation of the environment. This principle contextualizes in a prominent biocentric vision of the environmental protection. If the operational implication of this principle affirms the most favorable treat to Nature, its legal recognition, even in many legal systems as a constitutional norm, contributes to a transformative configuration of the traditional environmental law. This means, on the one hand, to develop a new right of Nature, consisting of public authorities and jurisdictional, must apply the rule in favor of Nature above of other personal rights and, on the other, in the reinforcement of the guarantee of the protection of the most fundamental human rights, conditioned by a necessary high degree of environmental protection.

In this sense, as proposed by the Ecuadorian Constitution of 2008, the idea of Nature as a subject of rights allows that the environmental variable is privileged before the other elements of sustainable development. From an anthropocentric conception of environmental protection, dominant in European and Latin American legal systems, in which the configuration of a human right to an adequate environment is privileged, the principle *in dubio pro Natura* is applied in accordance with the principle of sustainable development. Therefore, as a standard of behavior, the principle of proportionality reconciles the economic growth and social development, but giving priority to the environmental protection as a component of guarantee the human rights. In the words of BRYNER: "However, application of the principle is not dependent on such rights of Nature; the human right to a healthy environment also implies a legal principle for deference to environmental interests that impact the enjoyment of the right"[27].

In terms of the proportionality, when preserving the quality of the environment becomes proportional to the quality of life of people, the principle *in dubio pro Natura* emerges as a criterion of prioritization in favor of the environment, which directly affects the strengthening of the conditions necessary to achieve a sustainable development. Therefore, this principle, as an advanced redefinition of the traditional principle of proportionality, is a manifestation itself of the ecological proportionality.

---

[27] N. BRYNER, «Aplicación del principio "in dubio pro natura" para la aplicación y cumplimiento de la legislación ambiental». *Informe Estado de Derecho en Materia Ambiental: Tendencias en las Américas*, Congreso Interamericano sobre el Estado de Derecho en Materia Ambiental, Secretaria General Organización de los Estados Americano, 2015, p. 168.

Its development in several Latin American countries expresses a specific understanding closed to the precautionary principle[28]; its application gives the benefit of the doubt to the environment. Its reasonability is "When in doubt, in favor of Nature". Thus, in the face of any uncertainty it must be resolved in favor of greater protection and conservation of Nature. This principle has its potential in view of the possible conflict between norms; the legal operator must prioritize the most environmentally friendly standard. Therefore, the principle *in dubio pro Natura*, from a broad conception, constitutes an inspiring principle of interpretation. This means that, if an unambiguous interpretation is not possible, when in doubt, the choice must be the interpretation most favorable to environmental protection against the risk or threat of degradation to prevent the environmental harm[29].

In the Latin America context, although related to the precautionary principle, its practical application has led to an expansion of the proportionality principle, which makes the requirements of the precautionary principle more flexible. According to *pro Natura* principle, the lack of practical evidence on potential damage is not a valid reason not to establish the necessary standards to prevent the occurrence of harmful results. In fact, the core elements of the *pro Natura* principle are the same as the precautionary and prevention principle, that is: the risk of serious or irreversible damage; the scientific uncertainty; and the effectiveness or proportionality between the measure to be adopted and the damage to be avoided[30].

However, the *in dubio pro Natura* principle can and should be distinguished from the precautionary principle in the field of application, since it provides a guidance to resolve legal uncertainties instead of focusing on scientific uncertainties[31]. Moreover, the precautionary principle operates essentially in the face of risk of serious or irreversible damage to the environment, while the principle *in dubio pro Natura* operates in situations with a simple risk[32].

---

[28] Principle 15 of the 1992 Rio Declaration on Environment and Development states that "where there are threats of serious or irreversible damage, lack of full scientific certainty shall not be used as a reason for postponing cost-effective measures to prevent environmental degradation". See Declaration on Environment and Development, Report of the UN Conference on Environment and Development, New York, 1992, UN. Doc. A/CONF.151/26/Rev.1.

[29] E. F. DIAS, J. P. SIQUEIRA, M. C. ANDREJZWSKI, R. D. DO AMARAL, «O princípio *in dubio pro Natura* o princípio da precaução como elementos chave na busca da proteção do meio ambiente e da saúde humana». *Revista Juridica, 1*(63), 2021, pp. 412-438.

[30] J. RUSSO, R. O. RUSSO, «In dubio pro natura: un principio de precaución y prevención a favor de los recursos naturales». *Tierra Tropical, 5*(1), 2009, pp. 23-32.

[31] M. BJÖRK. *In dubio pro natura. On trade the precautionary principle and animals in the EU and the EEA* (Lagadeild, School of Law), 2010.

[32] See P. MORAGA, «Los principios del Derecho Ambiental según la Jurisprudencia Nacional», Dirección de Estudios de la Corte Suprema : Colecciones jurídicas, 2014, pp. 1-25. Available at : http://decs.pjud.cl/Documentos/Academicos/Jurisprudencia_Principios_Derecho_Ambiental_Pilar_Moraga.pdf [Accessed 1 March 2021].

Thus, *in dubio pro Natura* has begun to be configured as an autonomous principle of Environmental Law[33], incorporating at least the following features. First, as a guideline of action for the State Administration (and also for individuals), which in view of the risk that their activity may cause significant environmental damage, such conduct should be avoided, seeking alternative measures or actions that have less impact on this. Second, as a hermeneutical criterion for jurisdictional bodies, so that the rule should be interpreted in the most favorable way to the environment, as a global system in which we carry out our existence[34].

Consequently, *in dubio pro Natura* principle recognizes and promotes five essential principles:

a) Responsibility in an activity: it is essential that, when starting a new activity with some impact on Nature, the burden of test falls on the person in charge of this project. The developer has the responsibility to demonstrate that it is presenting the only path and the alternative more safe and effective to achieve the correct development of the project.

b) Prevention in an activity: In the same way as the previous one, people in charge of a project, which can have a potential environmental impact, must devise means and mechanisms to prevent serious and irreversible damage to the environment. At this point, it is preferable to protect Nature and the environment before to start a project and not control them during its implementation, and thus avoid modifications in the ecosystem and cause problems to people who live in these regions[35].

c) Respect for the ecosystem: in the same way as prevention, one must take preventive actions against risks that may affect the ecosystem, even if at the time to start a project impacting on Nature, There is no scientific certainty, but it is known that this will cause serious damage and irreversible in the environment (cause-effect).

d) The need to participate in power: there must be a democracy to make important decisions before an activity, that are about to start or have already started in Nature and the environment, emphasizing what is related to science and technology to be used.

e) The obligation to know and communicate: in any activity in Nature and the environment, there must have clear ideas about the risks involved. It should be investigated which are the possible risks that could occur once activity has started. Must be inform those who are exposed to these risks the

---

[33] See A. OLIVARES, J., LUCERO, «Contenido y desarrollo del principio in dubio pro natura. Hacia la protección integral del medio ambiente». *Ius et Praxis*, *24*(3), 2018, pp. 619-650.

[34] H. C. BUGGE, «Twelve fundamental challenges in environmental law: an introduction to the concept of rule of law for nature». In: C. Voigt, *Rule of law for nature: new dimensions and ideas in environmental law.* Cambridge : Cambridge University Press, 2013. p. 3-26.

[35] A. TROUWBORST, «Prevention, Precaution, Logic and Law-The Relationship between the Precautionary Principle and the Preventative Principle in International Law And Associated Questions». *Erasmus L. Rev.*, *2*, 2009, p. 105.

effects that can cause these actions. Finally, action must be taken on the possible impacts that may or have already occurred, because the lack of scientific certainty is no excuse for not taking preventive and precautionary measures.

The application of this principle does not necessarily result in an increase in environmental protection, but rather the creation of an artificial security system, in line with the principle of non-regression, where the author of the action on the environment bears the compensation costs.

As it has been said, the recognition of the principle *in dubio pro Natura* and its potential hermeneutical strength has been important for the litigation in environmental cases in different countries of Latin America[36]. Assuming that even after obtaining a specific concession or the respective environmental license to carry out certain activity, if the risk or the very existence of a threat endangers the environment, the judicial authority can request to review such authorization. Although it has gone through a judicial process, would be violating the legal protection of the environment, for which the law would be perfectly valid the application of the principle *in dubio pro Natura.*

Therefore, legislation and the jurisprudence should configure interesting lines of application in such a way as to clearly determine the scope of the rights of people in activities involving an affectation of the legal regime of Nature protection, so that in the practice do not contradict these rights but rather that there is a harmony and complementarity between both[37].

IV. The constitutional and legal recognition of the *in dubio pro Natura* principle

The consecration of the *in dubio pro Natura* standard of proportionality has been materialized in the Constitution of Ecuador[38]. In its article 395, number 4 establishes that in case of doubt about the scope of the legal provisions on environmental matters, these will be applied in the most

---

[36] See also IUCN World Declaration on the Environmental Rule of Law, https://www.iucn.org/sites/dev/files/content/documents/world_declaration_on_the_environmental_rule_of_law_final_2017-3-17.pdf [Accessed 10 March 2021]. According to the Principle 5 of this Declaration, "In Dubio Pro Natura" consists in that "In case of doubt, all processes before courts, administrative bodies and other policyholders decision-making should be resolved in such a way as to favor the protection and conservation of the environment, giving preference to less harmful alternatives. Will not be undertaken actions when their potential adverse effects are disproportionate or excessive in relation to the benefits derived from them".

[37] M. AHTEENSUU, «In dubio pro natura? A Philosophical Analysis of the Precautionary Principle in Environmental and Health Risk Governance». *Reports from the Department of Philosophy* (Vol. 20), 2008, pp. 53-55.

[38] Constitución de la República del Ecuador 2008. Decreto Legislativo 0, Registro Oficial 449, de 20-oct-2008.

favorable to the protection of Nature[39]. Even so, the Constitution of Ecuador not only recognizes Nature as rights holder, granting the benefit of the doubt, but rather it also enshrines the right to a healthy and ecologically sound environment balanced, which guarantees sustainability and good living, in favor of Ecuadorian population[40].

Both approaches, the biocentric and anthropocentric character of the norm to protect the environment, become more complex in their application, when there is a conflict between the *pro Natura* principle and the application of the principles of the human rights regime. In this last case, there is the principle *in dubio pro homine,* which predisposes that in case of doubts or conflicts between norms, these must be interpreted in the sense that most favorable to the protection of human beings. This would be the hypothetical and extreme case, for instance, when in the face of poverty and the situation that the indicators of human development, the Ecuadorian society demands Ecuadorian State an urgent response: to exploit the resources of the protected areas, which entails different rights and interests at stake. For on the one hand, the human rights to work, to economic development, etc. On the other hand, the rights of Nature with the right to maintain their life cycles. In this case, the conflict of application of the *pro homine* rule it would be in coalition with the *pro Natura* principle.

What seems to be clear is that due to its constitutional status, this principle must prevail over secondary regulations. Thus, in the case of existing any doubt or conflict between the laws, for example, between a law of exploitation of natural resources (oil, mining, biodiversity) and the Constitutional provisions and subsequent secondary laws on protection of Nature, public and judicial officials have to apply the norms that most favor Nature. In particular, when there is the case of presenting a collision in the application of the norm, in such a way that the rights of people and the rights of Nature are of real and full force.

In a more anthropocentric perspective, there is the case of Brazil. Its Federal Constitution of 1988, not only establishes fundamental rights and duties of environmental protection, but also ensures effective jurisdictional mechanisms, in order to punish conducts that are harmful to the environment, such as popular action, public civil action and control of constitutionality, among the most important[41]. In this parameter of constitutional protection, although no reference is made to the principle *in dubio pro Natura,* it has been

---

[39] S. SUAREZ, «Efectivización de los derechos de la naturaleza : evolución jurisprudencial». *Temas de Análisis, 27,* 2021, pp. 1-8.

[40] M. MORALES, «Derechos de la Naturaleza en la Constitución Ecuatoriana». *Justicia Ambiental,* 2013, p. 71.

[41] See J. R. MORATO LEITE, M. DEMARIA VENÂNCIO. «Environmental Protection in Brazil's High Court: safeguarding the environment through a Rule of Law for Nature». *Seqüência* (Florianópolis), n. 77, 2017, p. 29-50.

profusely developed in line with article 225, that is, linking it with the protection with the enjoyment of a right to a healthy environment[42].

The Constitution of the Republic of Uruguay of 1997[43], in its article 47, regulates that "The protection of the environment is of general interest and people must refrain from any act that causes predation, serious destruction or contamination of the environment". This duty extends to the State, in the sense that it has the fundamental duty to protect the environment, and if it is damaged, recover it or demand that it be recovered.

The article 2 of the State Constitution of Guerrero (México)[44] is interesting since it includes principles of human rights human rights and the rights of Nature. This article contains three fundamental aspects: the *pro Natura* principle, as the basis of economic development, the protection of life and the protection of the rights of the Nature in accordance with the respective law. From this constitutional provision, it follows that there is no conflict between the biocentric and anthropocentric perspective, on the contrary, they need and complement each other.

The recognition of the *pro Natura* principle, conceived in a broader way of defense of Nature, has occurred also at the legal level. In Guatemala, the Framework Law to Regulate Reduction of Vulnerability, Compulsory Adaptation to the Effects Climate Change and Greenhouse Gas Mitigation refers to, expressly that "When in doubt, favor Nature"[45]. In this sense, the principle implies that when there is doubt about an action or omission that may affect the environment, the decisions made must be oriented to its protection and is distinguished from the principle of precaution. In this sense: "Precautionary measures shall be taken to foresee, prevent or reduce the causes of climate change and mitigate its adverse effects. Where there is a threat of serious or irreversible harm, the lack of total scientific certainty as a reason for postponing such measures".

In the State of Guerrero (México), the change of name of the Environmental Law to the Protection Law of the Earth, represents a legal transition from an anthropocentric vision to a biocentric vision. The new Land

---

42 BRASIL. Constituição (1988). Constituição (da) República Federativa do Brasil. Brasília : Senado Federal, 1988. Article. 225 provides that: "All have the right to an ecologically balanced environment which is an asset of common use and essential to a healthy quality of life, and both the Government and the community shall have the duty to defend and preserve it of present and future generations".

43 Constitución de la República, Constitución 1967 con las modificaciones plebiscitadas el 26 de noviembre de 1989, el 26 de noviembre de 1994, el 8 de diciembre de 1996 y el 31 de octubre de 2004.

44 Constitución política del Estado libre y soberano de Guerrero. Última reforma publicada en el periódico oficial del gobierno del Estado edición no. 50, 30 de junio de 2020. Available at : http://congresogro.gob.mx/62/legislacion/ [Accessed 15 March 2021].

45 Decreto 7-2013, Ley Marco para Regular la Reducción de la Vulnerabilidad, la Adaptación Obligatoria ante los Efectos del Cambio Climático y la Mitigación de Gases de Efecto Invernadero. Available at : https://www.marn.gob.gt/Multimedios/2682.pdf [Accessed 15 March 2021].

Protection Law maintains the right to a healthy environment (anthropocentrism), but also recognizes the rights of Nature (biocentrism); vindicates the primordial value of life: living beings have the same right to exist, to develop and to express themselves with autonomy; they deserve respect for having the same value. Its article 395.4 establishes that "In case of doubt about the scope of the provisions environmental law, these will be applied in the most favorable sense to the protection of Nature". However, article 395.4 uses the expression "in case of doubt" as a condition for determining the scope of provisions on environmental matters in the most favorable sense to the protection of the Nature. If there are norms that recognize a right and one does so in a more favorable way than another, the former must be applied regardless of its hierarchy, in accordance with number 5 of article 11 of the Constitution. That is not a case of doubt. If a norm has different possible meanings and scopes, doubts about its implementation will be solve in the most favorable to the fundamental right. Although, this not only occurs in cases of doubt but always: if a rule can be given more than one meaning and scope that it clearly does not have, or is intended apply impertinent rules claiming the *pro Natura* principle.

The progressive recognition, at the constitutional and legislative level, undoubtedly denotes that regardless of the biocentric or anthropocentric perspective, there is the will to implement the *pro Natura* principle, as the basis of economic development, a balancing element between the environmental protection and human rights and a corrective element in the event of possible conflicts[46]. The final idea is to avoid the privatization interests of the resources to the detriment of the satisfaction of fundamental rights. Ecoproportionality principle, through *pro Natura*, works to balance correcting the historical and present prejudice produced to Nature and its elements.

Thus, the application of the principle *in dubio pro Natura* inspires a proaction, in particular it has been operated in the solution of different judicial cases in favor of environmental protection, as it will be analyzed in the following section.

V. *In dubio pro Natura at* courts

The application of the principle *in dubio pro Natura* at courts has been especially interesting in Latin America and has contributed to certain transformations in the judicial solution of socio-environmental conflicts. For example, encouraging the retroactive application of the rule most favorable to the environmental protection, reversal of the burden of proof, adoption of measures precautionary or suspension of activities harmful to the

[46] See H. MULLEROVA, *cit. Supra.*

environment, etc. All this resulting in favor of the legitimate environmental interest of the community versus private economic interests.

Judicial solutions to socio-environmental conflicts have been qualified as a kind of "judicial activism", through a hermeneutical interpretation favorable and evolutionary Nature protection[47]. However, the application of the principle *in dubio pro Natura* restricts precisely any possible jurisdictional discretion in the event of a possible regulatory conflict, demanding the prevalence of the most restrictive environmental protection. In case of gaps in the political-normative system, this principle allows the protection of the environment and fundamental environmental rights.

Unlike the principle *in dubio pro reo*, typical of criminal law, the *in dubio pro Natura* principle is not an operational norm, so the judge or the court may decide when there is a doubt. The principle *in dubio pro Natura* determines that the interpretation of the law must favor one of the parties. It is a true mechanism of repression and contingency for cases, in which several decisions would be legally possible, despite the fact that all are desirable in light of a given environmental policy. The principle remains, somehow a reflection of Principle 3 of the 1992 Rio Declaration, which determines that "the right to development must be exercised in such a way that respond equitably to the environmental and development needs of the present and future generations"[48].

The most remote judicial antecedent is in Argentina, with a historic ruling of the Supreme Court of Justice of Argentina CXVIII, 278 and XXXI, 23, Podestá, Santiago and others vs. Province of Buenos Aires (compensation for damages), of May 14, 1887. In this case, the Court empowers to apply the environmental norm to created situations, without violating the principle of retroactivity, based not strictly on the duty to protect the environment but more in the duty of protect public health, against which there are no acquired rights[49]. Therefore, in Argentina the principle is understood as uncertainty in the legal hermeneutics of the applicable norms, different from the scientific doubt proper to the precautionary principle.

In Costa Rica, the implementation of the *pro Natura* principle has allowed further development with the reversal of the burden of proof, such as one of the main contributions of the utmost importance. In 1995, the Constitutional Chamber made a first reference to *in dubio pro Natura*, in the following terms:

> "So, in the protection of our natural resources, there must be a preventive attitude, that is, if degradation and deterioration should be minimized, it is necessary that precaution and prevention are the dominant principles, which leads us to the need to raise the principle

---

[47] See S. BORRAS, *cit. Supra.*

[48] *Cit. Supra.*

[49] Código Civil, art. 2611. Leyes de la Provincia de Buenos Aires del 31 de mayo de 1822 y de 6 de septiembre de 1881. Ley 13, Título 32, Partida 3°.

'in dubio pro natura' that can be extracted, analogically, from other branches of law and that is, in a everything, according to nature"[50].

Therefore, the Costa Rica Constitutional Chamber made this first mention of the principle *in dubio pro Natura*, as a general protection clause, which incorporates the preventive and precautionary criteria, making a pro-environment interpretation of the Organic Law of the Environment, No. 7.554, of 1995, which mentions as the purpose of said rule, in art. 4, literal C: "promote efforts to prevent and minimize damage that may be caused to the environment." After this first jurisprudential reference, Law No. 7,788 on Biodiversity was enacted in 1998, which establishes, in article 11, four criteria for applying the law: preventive, precautionary or *in dubio pro Natura;* environmental and integration public interest. Regarding the precautionary criterion or *in dubio pro Natura*, article 11, no. 3 of the aforementioned standard, states that: "When there is danger or threat of serious or imminent damage to the elements of biodiversity and the knowledge associated with them, the absence of scientific certainty should not be used as a reason to postpone the adoption of effective measures of protection". This is another reference to *in dubio pro Natura* in Costa Rica with a legal nature, insofar as this principle is used as a criterion for the application of the Law. Thus, the legal operators, including the Administration bodies of the State, have a mandate to apply the Biodiversity Law with a precautionary criterion.

The use of the nomenclature precautionary principle or *in dubio pro Natura*, is consolidated by the jurisprudence of the Constitutional Chamber of Costa Rica, through innumerable judgments that use the notions precautionary and *in dubio pro Natura* interchangeably. However, further decisions showed a progressive tendency to refer to *in dubio pro Natura*, as an independent principle from the precautionary principle, when a specific pro-environment interpretation was carried out, which lowered standard required to the severity of the danger of damage to the environment[51]. For example, in the Judgments of the Constitutional Court of Costa Rica, no. 14421-06, as well as no. 18051-06, the Court states that the responsibility is to balance the protection of the environment, the economic development and the activities of individuals, justifying the intervention of the State. This balance is important considering that an excessive protection of the environment that nullifies all economic activity can make incur disproportionate and unnecessary costs to individuals, making some productive activities in ruin and generating poverty and unemployment, which would negatively affect people. Equally, an

[50] Voto 5893-95, Sala Constitucional de Costa Rica de 1995.

[51] See Judgment no. 05994, from file 13-008478-0007-CO, of April 26, 2017, where the Constitutional Chamber established that the *in dubio pro natura* principle is a criteria for action that obliges the State Administration to refrain from carrying out activities (deliver administrative authorizations, for example) when there is no certainty that the environmental impacts will be within the standards allowed by law.

uncontrolled and irresponsible economic activity can produce irreversible damage to the ecosystem, which is why the application of the principle *in dubio pro Natura* is imposed. Therefore, if there is doubt about whether or not an activity produces a damage to the environment, the priority is its protection and consequently, limit or prohibit such activity. However, the determination of this doubt cannot, nor should it be left to the discretion of the groups, whatever they may be, but must be attended to technical studies, since this will apply when there is a danger of serious or irreversible damage to the environment. This is how the Constitutional Court of Costa Rica pronounces the principle in its Sentences 17155-09 and 18855-10. In this last Judgment 18855-10, by virtue of the precautionary principle or *in dubio pro Natura* implies the need to take and assume all precautionary measures to avoid the possible impact on the environment or people's health. The Court orders the solution of the environmental pollution problem verified by the authorities appealed in the case of the Corrogres River channel, at the height of the "El Paseo", a shopping center, in Santa Ana, in order to avoid further damage to the environment in the place. The Court considers that the dumping of water into the Corrogres Rivers by the denounced companies should have been suspended, until the situation of contamination has been corrected[52].

The most paradigmatic case, which occurred in this country, was the "Crucitas Case" of 2008, of the Constitutional Chamber of the Supreme Court of Justice (File no.08-014068-0007-CO Amparo Edgardo Araya Sibaja, fact IV). The case examined an open pit-mining project by Industrias Infinito and its possible contradiction with Executive Decree DE-30477-MINAE, adopted on June 5, 2002, which established the indefinite moratorium on activity open pit mining. However, later, there was the suspension of this moratorium by Executive Decree number 34801-MINAET of the tree felling and infrastructure development. This case is particularly interesting because the principle *in dubio pro Natura* is used as a parameter of application of standards, prioritizing those of environmental protection against those that would be applicable by virtue of the principle *lex posterior derrogat lex anterior*. It highlights the particularity of the environmental protection regulations, retroactivity of the norm, in case of collision with a norm less protective of the environment. In this case, the precautionary principle (*in dubio pro Natura*) must be recognized and used in all administrative actions, but clearly in relation to the human right to a healthy environment (article 50 Constitution).

In Ecuador, one of the most relevant case law is the extraordinary protection action presented by the Chevron, before the Ecuadorian Constitutional Court, due to the judicial decision of November 12, 2012 adopted by the Civil and Commercial Chamber of the National Court of

52 Sentencia nº 08001, Sala Constitucional de la Corte Suprema de Justicia, de 21 de Julio de 2004.

Justice[53]. In this judicial decision, the Court uses the principle *in dubio pro Natura* as a hermeneutical guideline to determine which legal norm is applicable and even what is the temporal sphere in which it operates. The Court observes that in the present case, a complex situation is created, since by retroactively applying article 43 of the Environmental Management Law, it follows that a conflict between the right to legal certainty and the right to enjoy an environment healthy. Therefore, it invokes the principle *in dubio pro Natura*, which, as manifested by the Court, "helps the judge to choose the rule to be applied to the specific case, based on to this principle, the judges when applying environmental norms should preferably choose the interpretation or norm in favor of nature"[54]. Furthermore, the Court considers that in order to resolve the question of what right should prevail, if the right to legal security or the right to a healthy environment, the "degree of protection that a later law may give to the rights of nature" is crucial. Therefore, the Court resolves the question raised by stating

> "It is feasible the retroactive application of an environmental regulation as long as the later law provides a greater degree of protection to nature than the previous law, and whenever the judge has doubts regarding the rule to be applied, even if this means that the right to legal certainty may be affected"[55].

In Brasil, Courts used the *in dubio pro Natura* in two ways: as a hermeneutical criterion, which has allowed Brazilian courts to interpret the norms in the most favorable way for the environment, especially in matters related to the repair and restoration of environmental damage[56]. In other cases, Courts recognized as a criterion for the distribution of competences, referring to the protection of the environment, among federal, state and local bodies[57].

Most interesting for this analysis is the hermeneutical criterion. In the case State Public Prosecutor's Office of Minas Gerais v Pedro Paulo Pereira (2012), the High Court decreed that the laws related to the protection of vulnerable groups and diffuse interests, such as the environment, should be interpreted in the way that is most favorable to those groups and diffuse interests. The Court stipulated that the "environmental hermeneutics is governed by the principle *in dubio pro Natura*" (STJ, 2nd T., resp N° 1,114,893 / MG), which means that in cases in which there are doubts

---

[53] Corte Constitucional. Sentencia 230-18-SEP-CC, 27 de junio de 2018, p. 23.

[54] *Ibidem*, p. 107-108.

[55] *Ibidem*, p. 109.

[56] For example, see Supremo Federal de Brasil, ADI 3540-MC, 3 de febrero de 2006. See L. De Souza Lehfeld, L., R. M. F. de Oliveira, «Estado Socioambiental de Direito e o Constitucionalismo Garantista. O Princípio *In dubio pro Natura* como Mecanismo de Controle do Ativismo Judicial Contrário à Tutela dos Direitos Fundamentais Ambientais». *Conpedi Law Review*, *2*(2), 2016, pp. 237-256. See also I. S. Monteiro, In dubio pro natura: a tendência jurisprudencial como mecanismo de amadurecimento cultural da consciência de proteção da Amazônia». *Revista Reflexão e Crítica do Direito*, *8*(1), 2020, pp. 154-170.

[57] J. R. Morato Leite, M. Demaria Venâncio, M., 2017, *cit. supra*, pp. 29-50.

concerning the interpretation of a given legal command, the interpretation that is most beneficial to the environment shall prevail.

Likewise, the principle *in dubio pro Natura* was invoked to justify the existence of collective moral damage in cases of environmental damage (Resp 1,367,923 / RJ), establishing in turn that it would be a legal counter-sense the admission of compensation for personal injury or non-pecuniary damage, without giving the community the same treatment. In this sense, the principle *in dubio pro Natura* seems to dispense with the proof of this assumption, but it is precisely the recognition of the difference between the individual and the community, which allows the protection of the latter as something other than the mere sum of individuals. For the individual, the assumption of non-material damage is the protection of his/her subjectivity, a concept incompatible with the notion of collectivity (which is subjective cannot be collective). Similarly, in the case Brasilit v State Public Prosecutor's Office of Rio de Janeiro (2013)[58], the Court stated that environmental laws shall meet their intended social purposes and hence be interpreted according to the *in dubio pro Natura* hermeneutic principle.

In Colombia, Courts have also interpreted the principle *in dubio pro Natura* closely linked to the precautionary principle. Via Sentence C-339 of 2002, the Court related the precautionary principle to the maximum *in dubio pro ambiente*, to hold that, in case of doubt about the effects harmful that may be caused in the environment within the development of a activity, this will yield for the protection of the environment. In this case, the Court stated that

> "(...) in case of present a lack of absolute scientific certainty in the face of the exploration or mining exploitation of a specific area, the decision must be tilted necessarily towards the protection of the environment, because if mining activity shows latter to cause serious environmental damage, it would be impossible to reverse its consequences".

Furthermore, the Court considers that:

> "Regarding the public service of environmental sanitation, it has been determined that permissible levels of contamination should be established in advance and scientifically, according to the levels of resilience of the ecosystem, whose standards must be updated periodically, and following the guiding principles of prevention and precaution. The incidence of environmental damage makes the margin of what is tolerable to be reduced, fixing each time more rigorously, employing effective mechanisms in establishing whether contamination levels have been reduced, and forcing the use of friendly or cleaner technologies, under the application of the principle *in dubio pro ambiens*".

---

[58] Superior Tribunal de Justicia de Brasil. Recurso especial No. 1.198.727 - MG (2010/0111349-9). Decision of 9 May 2013. Available at : https://stj.jusbrasil.com.br/jurisprudencia/23530894/recurso-especial-resp-1198727-mg-2010-0111349-9- stj/inteiro-teor-23530895?ref=juris-tabs [Accessed 15 March 2021].

Subsequently, the Judgment of the Constitutional Court C-449/15 on the faculty of the Ministry of the environment to define the bases of depreciation of natural resources due to contamination, has contributed to the interpretative determination of the principle in question. Specifically, it is established that:

> "[...] The paradigm shift that has been operating with the passage of time has implied a re-dimensioning of the guiding principles of environmental protection, such as its strengthening and application more rigorous under the superior criteria of *in dubio pro ambiens* or *in dubio pro Natura*, consisting in that in the face of a tension between principles and rights in conflict, the authority must tend to the interpretation that results more in accordance with the guarantee and enjoy a healthy environment, with respect to that which suspends, limits or restricts it. In the face of environmental deterioration facing the planet, of which the human being is a part, it is necessary continue implementing objectives that seek to preserve nature, under regulations and public policies that are serious and stricter for its guarantee and protection, encouraging a real commitment and the participation of all in order to move towards a world that is respectful of others. Greater awareness, effectiveness and drastic in the environmental defense policy".

In Mexico, the principle was applied by the Second Collegiate Court in Administrative Matter of the Seventh Circuit, in Boca del Río Veracruz, trial 1697/2014, April 23, 2015. In 2011, the indigenous communities of Veracruz, Mexico, filed a complaint against the hydroelectric company Impulsa Generación Responsable (IGR) to stop building three hydroelectric plants along the Jalacingo River, a project that had been approved by local authorities. The Court considered that there was sufficient evidence to prevent the irreparable ecological damage to an unprotected sector, resulting in the prevailing need to establish actions that would avert an ecological and social catastrophe, derived from irreparable damage to springs of indigenous communities. In this sense, it was understood that the suspension measure could prevent the ecological environment of the communities from being affected, in particular to preserve the human right to water, avoiding the irreversible harm in the springs. In addition, the protection of Nature, represented by this principle *in dubio pro Natura*, is linked with the principle that "every person has the right of access, disposal and sanitation of water for personal and domestic consumption in a sufficient, healthy, acceptable and affordable way", and that the State is responsible for guaranteeing this right. Based on this argumentation, the Court granted a definitive suspension that "protects the ecological environment and the human right to water of indigenous communities and suspends the construction of mini hydroelectric plants".

Another case was the one known by the Seventh District Court of Los Mochis, Sinaloa, by means of which it prohibited the entry to Mexico of fresh potatoes from the United States (40/2016 - Federal Judicial Council). The Court understood that the Ministry of Agriculture, Livestock, Rural

Development, Fisheries and Food (Sagarpa) did not adopt adequate phytosanitary measures for their safe entry and declared unconstitutional the phytosanitary measures adopted SAGARPA, under the Risk Mitigation Agreement for the Importation of potato tuber from the United States of America (USA). In this case, the application of the principle made it possible to protect and reinforce other fundamental rights, like the right to food or food security, which inexorably depend on optimal environmental conditions for their satisfaction and enjoyment.

Although the diversity of jurisprudence regarding this principle, generally it helps to understand the implementation of the *in dubio pro Natura* principle. It works as a hermeneutical guideline that assist the judge to choose the norm to apply to the concrete case and the application of the most favorable norm, before the normative concurrence or in a collision of different interests, in which one is in a situation of vulnerability. Favorable proportionality applies, whether the doubt exists or not, in benefit of Nature, to correct the situation of degradation and its impact on the protection of human rights.

Conclusions

Environmental jurisdictional protection, based on the expansion of the proportionality principle has contributed to the recognition and effective guarantee, on the one hand, the right to a healthy environment and on the other, the defense of the Nature, as intended with constitutional regulation and/or legislative framework of environmental protection, either from a biocentric or anthropocentric perspective.

In particular, the paramount implementation of the ecological proportionality is the *in dubio pro Natura* principle, that has become a standard of the advanced proportionality of behavior, not only for all people, but also for the organs of the State. It operates in circumstances in which there is the possibility of choosing between several possible measures, actions or solutions, in a specific case. Then the option to choose is the one that has the least impact on the environment. It does not only operate in cases of serious impact on the Nature of a public or private activity, but as a general action criterion in a context of a new vision for society-environment relations.

The Latin American region has been recognized as a laboratory of innovative solutions for adaptation to the transformation of Law to face the challenges posed by the progressive degradation of its natural resources. In this sense, protective principles, such as *in dubio pro Natura*, oblige the legal operator, in case of a possible conflict normative or political-administrative, to apply the rules of the most favorable for the environment and the public interest, even beyond their rank or hierarchical level, being a norm of general or special character, or its promulgation in time. This represents an advanced implementation of the principle of proportionality in the context of environmental protection.

The regulation and recognition of the principle *in dubio pro Natura,* in the field constitutional law in many countries, mainly Costa Rica, Brazil, Argentina and Ecuador, has promoted a guarantee interpretation, with the establishment of clear rules, deeply ecological and openly participatory for the observance and compliance of both the State, individuals and companies. This helped to established new conceptual categories of direct application, such as subjective responsibility, reversal of the burden of proof, intangibility of protected natural areas, imprescriptibility of actions to sanction environmental damage, etc. Therefore, this principle becomes effective, when the State assumes it and incorporates it in an inherent to environmental practices and not as simple ecological aspirations.

Most importantly has been the implementation of this principle at Courts. This principle has become one of the guiding guarantees of a modern judicial enforceability of law and in an action for the achievement of environmental justice or "Nature justice".

Despite the fact that in the different jurisdictions did not implement the principle in a uniform way, in all of them the same aim converges: to protect Nature in case of interpretative doubt of the norms or of conflict in the application of norms, to grant greater environmental protection. In Ecuador, the Courts implement the principle based on the principle of favorability or prevalence for the choice of the application of the rule given the uncertainty of the interpretation of the rule more favorable to Nature. In Costa Rica, the interpretation and meaning of the principle has evolved over time: from identifying with the precautionary principle to becoming a principle of autonomous and independent environmental law, which does not require the existence of scientific doubts to opt for the most protective decisions of the environment, giving preference to less harmful or more beneficial alternatives for Nature. In Brazil, jurisprudence has used this principle as a hermeneutical criterion insofar as the Brazilian Courts interpret the norms in the most favorable sense to Nature. However, Courts also used it as a criterion for the distribution of competences in environmental matters among federal, state and local authorities.

Consequently, in the context of many Latin American countries, the principle is as a new transformative legal paradigm, breaking with the anthropocentric concept of the environmental law, situating it in a biocentric category of law. In this sense, it is pertinent to consider that the most important aspect of recognition and its practical application of the principle *in dubio pro Natura* is that it favors and contributes to the interpretation of progressive law. Actually, this function is derived from the function of progressivity and non-regression of environmental law.

In conclusion, the ecological proportionality, along with the *in dubio pro Natura* principle, are a new environmental paradigm, breaking with the individualist paradigm based on the anthropocentric perspective, generating new challenges, difficulties, but also interesting possibilities in the legal field, which transcend the trend to reverse environmental achievements to the benefit of private interests of the natural resources.

CHAPITRE 10.

Biodiversité et droit(s) : quelle proportionnalité à l'échelle des limites planétaires ?

ANNE-CHRISTINE FAVRE
Professeure de droit public à l'Université de Lausanne

1. Introduction

1.1 Biodiversité et interdépendance des êtres vivants

La relation entre l'homme et la biodiversité est probablement l'une des plus difficiles à appréhender parmi l'ensemble des questions environnementales. D'une part le concept est par définition insaisissable : qu'est-ce que la biodiversité, peut-on en approcher pleinement les mécanismes et les effets, peut-on la quantifier, dans sa substance ou ses dégradations ? D'autre part, il s'agit de s'interroger sur la pertinence d'envisager la biodiversité - qui cristallise la diversité du monde vivant autant que sa complexité - sous la forme d'une interrelation avec l'homme. Doit-on se limiter à une relation homme-nature, avec les composantes ambiguës qu'elle implique, par les impacts des activités de prélèvements[1] de l'homme sur le milieu naturel, étranger à nous-mêmes, qui s'opposent de plus en plus aux besoins de cette même nature comme lieu de ressource paysagère ou récréative ? Ou veut-on considérer que cette vision, faite de compromis, est dépassée, lorsqu'il est acquis que la biodiversité nous est aussi nécessaire que l'eau, l'air ou le sol, en tant que support de vie ? La relation devient alors interdépendance et cette perception change tout.

---

[1] LE TERME « PRELEVEMENT » EST PRIS ICI AU SENS LARGE ET IMPLIQUE TOUTE OPERATION DE MODIFICATION

1.2 Les fonctions de la biodiversité

C'est cette dernière perspective qui s'impose désormais dans le discours internationaliste : l'important rapport établi par le groupe de travail constitué à la demande des Nations Unies, sur l'évaluation des écosystèmes pour le millénaire (Millenium Ecosystem Assessment)[2], montre que la diversité biologique ne contribue pas uniquement au bien-être matériel et à la subsistance des êtres humains ; elle contribue également à la sécurité, à la résilience, aux relations sociales, à la santé et à la liberté de choix et d'action[3]. Toute personne dans le monde dépend entièrement des écosystèmes[4] de la planète et des services qu'ils procurent, tels que la nourriture, l'eau, le traitement des maladies, la régulation du climat, la plénitude spirituelle, et les plaisirs récréatifs[5].

Cette approche domine désormais aussi dans le discours des droits de l'homme. Dans son rapport au Conseil des droits de l'homme des Nations Unies, sur la question des obligations relatives aux droits de l'homme se rapportant aux moyens de bénéficier d'un environnement sûr, propre, sain et durable, le rapporteur spécial, John KNOX, fait état de cette interdépendance étroite, en indiquant que la pleine jouissance des droits de l'homme dépend d'un environnement sain et durable, en particulier d'écosystèmes sains[6]. L'Assemblée générale des Nations Unies a validé cette perspective, dans sa résolution du 30 mars 2021, en indiquant qu'un environnement sain et durable doit inclure les écosystèmes, et apparaît comme le fondement nécessaire et évident à l'exercice des droits de l'homme ; les dégradations de la biodiversité sont par ailleurs reconnues en tant que source de discriminations et de menaces à la vie pour tous ceux qui dépendent des produits de la nature[7].

Dans les études précitées, on consacre en même temps la notion de « service écosystémique »[8] pour expliciter la relation d'interdépendance entre

---

[2] R.T. Watson, A.H. Zakri (DIR.), *MILLENIUM ECOSYSTEMS ASSESSMENT, ECOSYSTEMS AND HUMAN WELL-BEING : BIODIVERSITY SYNTHESIS, BIODIVERSITY* : WORLD RESOURCES INSTITUTE WASHINGTON, D.C, ISLAND PRESS, WASHINGTON, 2005.

[3] MILLENIUM ECOSYSTEMS ASSESSMENT, OP. CIT., P. 5.

[4] DANS LE RAPPORT MILLENIUM ECOSYSTEMS ASSESSMENT, PREFACE, P. V, LE TERME « ÉCOSYSTÈME » S'ENTEND D'UN COMPLEXE DYNAMIQUE FORMÉ DE COMMUNAUTÉS DE PLANTES, D'ANIMAUX, DE MICRO-ORGANISMES ET DE L'ENVIRONNEMENT NON VIVANT QUI, PAR LEURS INTERACTIONS, FORMENT UNE UNITÉ FONCTIONNELLE.

[5] MILLENIUM ECOSYSTEMS ASSESSMENT, OP. CIT., P. 1 SS.

[6] AG NU, A/HRC/34/49, 19 JANVIER 2017, *RAPPORT DU RAPPORTEUR SPECIAL SUR LA QUESTION DES OBLIGATIONS RELATIVES AUX DROITS DE L'HOMME SE RAPPORTANT AUX MOYENS DE BENEFICIER D'UN ENVIRONNEMENT SUR, PROPRE, SAIN ET DURABLE*, P. 5 S. VOIR EGALEMENT AG NU, A/73/188, 19 juillet 2018, *HUMAN RIGHTS OBLIGATIONS RELATING TO THE ENJOYMENT OF ASAFE, CLEAN, HEALTHY AND SUSTAINABLE ENVIRONMENT*, *NOTE BY THE SECRETARY-GENERAL*, § 12 ss et 53 ss.

[7] AG NU, A/HRC/RES/46/7, 30 mars 2021, *PROMOTION AND PROTECTION OF ALL HUMAN RIGHTS, CIVIL,POLITICAL, ECONOMIC, SOCIAL AND CULTURAL RIGHTS,INCLUDING THE RIGHT TO DEVELOPMENT*, RESOLUTION ADOPTED BY THE HUMAN RIGHTS COUNCIL.

[8] AG NU, A/HRC/34/49, OP. CIT., P. 4 ; MILLENIUM ECOSYSTEMS ASSESSMENT, OP. CIT., P. 7 SS.

l'homme et la biodiversité. La perspective peut paraître utilitariste ; en réalité, elle n'exclut pas de prendre en considération la valeur intrinsèque des écosystèmes : il s'agit de considérer la valeur de la biodiversité, pour elle-même autant que pour les biens-faits qu'elle apporte à l'homme[9].

Mais l'élément le plus marquant dans cette évolution constitue sans doute celui de la démonstration scientifique des limites à compter desquelles le seuil d'irréversibilité est franchi, pour la biodiversité comme pour d'autres atteintes, mettant en danger la sécurité des êtres vivants ; ces limites planétaires, énoncées pour la première fois par un groupe de chercheurs en 2009[10], puis ajustées en 2015[11], entraînent de multiples conséquences pour l'ordre juridique.

1.3 Quelle proportionnalité face à des choix nécessaires ?

La biodiversité, malgré ses contours flous, devient un objet de régulation non seulement sur le plan local, mais également à l'échelle internationale ; elle devient également un élément conditionnant l'exercice des droits fondamentaux. Il s'agit dès lors de se demander quelles projections induit la notion de limite planétaire dans notre ordre juridique, dans le cadre de l'activité législative, comme dans celle de la mise en œuvre. Dès lors qu'il est question d'appréhender lesdites limites comme des restrictions des droits fondamentaux, le principe de proportionnalité s'impose en modérateur ; ce principe doit cependant faire face à de nombreuses difficultés eu égard à la complexité de la biodiversité : une mesure ne pourra pas toujours être ciblée quant à ses effets et la notion de causalité, en lien avec le critère de l'aptitude, pourra devoir être revue. Les critères de l'urgence face à un risque d'irréversibilité pourront également conduire à une adaptation de la grille de lecture des critères de l'aptitude ou de la nécessité, mais dans un discours de cohérence, exercice qui n'est pas toujours réussi selon les observateurs.

En fin de compte, il s'agira également de se demander si l'on peut concevoir un droit à la biodiversité. Notre propos se limitera ici à indiquer quelle solution de gouvernance et de contrôle pourrait le mieux s'imposer, selon le principe d'effectivité que doit poursuivre le législateur.

---

[9] MILLENIUM ECOSYSTEMS ASSESSMENT, OP. CIT., PREFACE, P. V.

[10] J. ROCKSTRÖM, W. STEFFEN, K. NOONE, Å. PERSSON, F. S. III CHAPIN, E. LAMBIN, T. M. LENTON, M. SCHEFFER, C. FOLKE, H. SCHELLNHUBER, B. NYKVIST N, C. A. DE WIT, T. HUGHES, S. VAN DER LEEUW, H. RODHE, S. SÖRLIN, P. K. SNYDER, R. COSTANZA, U. SVEDIN, M. FALKENMARK, L. KARLBERG, R. W. CORELL, V. J. FABRY, J. HANSEN, B. WALKER, D. LIVERMAN, K. RICHARDSON, P. CRUTZEN, and J. FOLEY, Planetary boundaries:exploring the safe operating space for humanity, 2009, *Ecology and Society* 14(2): 32.

[11] W. STEFFEN, K. RICHARDSON, J. ROCKSTRÖM, S. E. CORNELL, I. FETZER, E. M. BENNETT, R. BIGGS, S. R. CARPENTER, W. de VRIES, C. A. DE WIT, C. FOLKE, D. GERTEN, J. HEINKE, G. M. MACE, L. M. PERSSON, V. RAMANATHAN, B. REYERS, S. SÖRLIN, Planetary boundaries: Guiding human development on a changing planet, 2015, *Science*, v. 347, n°6223

2. Définition de la biodiversité et portée

2.1 Définition

Il existe de multiples définitions de la biodiversité, qui est un néologisme formé à compter des termes « biologie » et « diversité ». Le concept est apparu au milieu des années 1980[12] et a notamment été consacré par la Convention sur la diversité biologique, conclue à Rio de Janeiro le 5 juin 1992 (CDB)[13]. En son article 2 celle-ci définit la biodiversité comme « *la variabilité des organismes vivants de toute origine, y compris, entre autres, les écosystèmes terrestres, marins et autres écosystèmes aquatiques et les complexes écologiques dont ils font partie ; cela comprend la diversité au sein des espèces et entre espèces ainsi que celle des écosystèmes* ». Cette définition est reprise par de nombreux textes ou programmes, notamment l'article 1, chiffre 4 de la Loi française du 8 août 2016 pour la reconquête de la biodiversité, de la nature et des paysages, modifiant le chiffre I de la L. 110-1 du Code de l'environnement[14] ou la Stratégie Biodiversité Suisse[15] et son plan d'action[16].

Telle que définie, la notion de biodiversité se situe ainsi à cheval entre la notion de nature et de diversité génétique ; elle renvoie également à un processus, celui de « la variabilité », en constante mutation. Cette approche dynamique -au demeurant écocentrée - soulève inévitablement de nombreuses questions juridiques : tout d'abord, il s'agit pour le législateur de se demander quelles sont les obligations à l'égard de cette partie de l'environnement (favoriser l'évolution naturelle, même si elle ne présente pas la plus grande diversité ? Développer une autre, qui permet un plus grand échange entre les espèces ? Faire renaître une biodiversité disparue, comme celle liée aux marécages asséchés ?). Il s'agira ensuite, dans une analyse plus approfondie, de décider quel état initial considérer, lorsque l'objet évolue ; quel objectif fixer à une conservation ou une reconstitution ; comment mettre en œuvre les principes d'action environnementaux (précaution/prévention) face à des

---

[12] N. De Sadeleer, C.-H. Born, *Droit international et communautaire de la biodiversite*, Paris, Dalloz, 2004, p. 7 ; E.O. Wilson, E.M. Peter (dir.) *Biodiversity*, Washington DC, National Academy Press, 1988.

[13] RS 0.451.43.

[14] JORF, n° 0184 du 9 aout 2016, texte n° 2. Le texte de l'art. 4 ch. 4 de cette loi precise ce qui suit : on entend par biodiversite, ou diversite biologique, la variabilite des organismes vivants de toute origine, y compris les ecosystemes terrestres, marins et autres ecosystemes aquatiques, ainsi que les complexes ecologiques dont ils font partie. Elle comprend la diversite au sein des especes et entre especes, la diversite des ecosystemes ainsi que les interactions entre les organismes vivants.

[15] Office federal de l'environnement (OFEV) (dir.), Strategie Biodiversite Suisse, Berne 2012, p. 11.

[16] Office federal de l'environnement (OFEV) (dir.), Plan d'action, Strategie Biodiversite Suisse, Berne 2017, p. 1.

éléments et des interactions que l'on ne connaît pas entièrement ; et quelle échelle d'action prendre en considération du niveau local à l'échelon global, en présence de ces interrelations ? L'ensemble de ces options laisse une grande marge de manœuvre pour l'autorité, qui peut être un motif de blocage[17] et de tension avec la nécessité de protéger.

2.2 Portée

La définition de la biodiversité invite à distinguer trois niveaux fonctionnels : la diversité au sein des espèces ; la diversité entre les espèces et la diversité des écosystèmes[18].

Telle que proposée par la CDB, la définition de la biodiversité n'inclut pas la fonction de « service écosystémique »[19] à laquelle une bonne partie de la littérature fait désormais référence[20]. Il n'est cependant plus guère contesté que des écosystèmes diversifiés sont plus résilients face aux catastrophes et aux menaces à long terme, telles que les changements climatiques et donc plus protecteurs du cadre de vie[21]. À cela s'ajoutent des fonctions spécifiques liées

---

[17] R. JOLY, La mise en œuvre partagée du droit en Suisse, en Allemagne et dans l'Union européenne. Perspectives comparées, spécialement en matière de protection de la biodiversité, Thèse Bâle, 2020, p. 222 ss.

[18] La *diversité au sein des espèces* signifie la diversité génétique des espèces, autrement dit leur variabilité génotypique. Il s'agit ici d'œuvrer en faveur de la préservation durable des ressources génétiques, animaux de rente et plantes cultivées comprises. L'objectif pourra être celui de préserver certaines races d'animaux et de variétés de plantes et de maintenir un maximum de populations d'une même espèce (métapopulations). La *diversité entre espèces* représente le niveau de la biodiversité le plus connu. Elle désigne le nombre d'espèces différentes dans une unité géographique considérée. La *diversité des écosystèmes* fait quant à elle référence aux communautés de plantes ou d'animaux constituant une entité fonctionnelle interagissant entre elles et avec leur environnement. Il s'agit ici de distinguer les écosystèmes terrestres et les écosystèmes aquatiques, lesquels se divisent en de nombreux écosystèmes dynamiques qui peuvent être identifiés sous la notion de « biotopes ». Il existe ainsi autant de biotopes que d'écosystèmes diversifiés. Ce sont ces variations et caractéristiques génétiques spécifiques au sein des espèces (telles que les différentes variétés de plantes) et l'assemblage de ces espèces dans des écosystèmes, qui caractérisent les paysages agricoles ou d'autres paysages tels que les forêts, les zones humides, les herbages, les déserts, les lacs et les cours d'eau (Organisation mondiale de la Santé (OMS) et Secrétariat de la Convention sur la diversité biologique, *Connecting Global Priorities : Biodiversity and Human Health, a State of Knowledge Review,* Genève 2015, p. 28)

[19] SUR LA NOTION DE SERVICE ECOSYSTEMIQUE, P. KNOEPFEL, DROITS SUR LES ECOSERVICES DE RESSOURCES NATURELLES, REVUE *DROIT DE L'ENVIRONNEMENT DANS LA PRATIQUE* (DEP) 8/2011, P. 915-948.

[20] MILLENIUM ECOSYSTEMS ASSESSMENT, OP. CIT., P. 1 SS ; AG NU, A/HRC/34/49, OP. CIT., § 6 SS ; S. Diaz/M. Cabido, VIVRE LA DIFFERENCE : PLANT FUNCTIONNAL DIVERSITY MATTERS TO ECOSYSTEM PROCESSES, TRENDS IN ECOLOGY & EVOLUTION, 16(11)/2011, P. 646-656 ; G. De Buren, *LA GESTION DES SERVICES ENVIRONNEMENTAUX : ENTRE REGLES ET REGULATION NEGOCIEE*, THESE LAUSANNE 2014, P. 45, NOTE N° 36 ; J.-M. Salles, EVALUER LA BIODIVERSITE ET LES SERVICES ECOSYSTEMIQUES : POURQUOI, COMMENT ET AVEC QUELS RESULTATS, *NATURES SCIENCES SOCIETES* 2010/4 (VOL. 18), P. 414-423.

[21] *CONNECTING GLOBAL PRIORITIES*, OP. CIT., P. 18.

à la biodiversité comme la sécurité alimentaire, la production de médicaments ou la contribution à un meilleur système immunitaire des êtres humains et à la réduction des parasites[22]. Il s'agit certes d'une approche *a priori* anthropocentrée ; ce rôle utilitaire de la diversité est d'ailleurs parfois remis en cause, car trop réducteur et limité à un nombre restreint d'espèces fournissant des services[23]. Mais on peut objecter à cette vue que la protection des « fonctionnalités » de la biodiversité exerce des bénéfices qui vont au-delà du service considéré, en interagissant sur les écosystèmes[24]. Les stratégies en matière de biodiversité les plus récentes montrent d'ailleurs cette interrelation entre nos besoins liés à la biodiversité et la nécessité qui leur est corrélée de produire des efforts pour assurer la conservation de celle-ci[25].

En fin de compte, il apparaît que la préservation d'un capital durable de l'ensemble de ces fonctions (intrinsèques et de services) s'impose progressivement comme une nécessité, ce qui permet de dépasser le clivage de l'approche anthropocentrée ou écocentrée[26]. Les mesures de protection se doivent de considérer, au moins indirectement, la valeur intrinsèque du monde naturel non humain, indépendamment de tout coefficient d'utilité pour l'homme, en cohérence avec l'interdépendance entre l'ensemble des êtres vivants et leur milieu[27].

3. La biodiversité en tant que limite planétaire

3.1 La notion de limite planétaire

La diversité biologique constitue le fruit d'un état de développement continu au cours des époques. Elle ne concrétise jamais un état stabilisé ; le processus est en constante mutation, sans que l'on ne puisse prétendre connaître l'ensemble des espèces qui se sont développées – que ce soit quantitativement ou dans leur variété -, ni les processus de mutation pouvant donner lieu à une espèce[28]. Une bonne partie des organismes vivants nous est tout simplement inconnue. La biodiversité n'est par ailleurs pas répartie de manière homogène sur l'ensemble de la planète, de telle sorte que si l'on veut

---

[22] *Millenium Ecosystems Assessment*, op. cit., p. 4 ss ; AG NU, A/HRC/34/49, op. cit., § 18 ss.

[23] V. Maris, *Nature a vendre, Les limites des services ecosystemiques*, Versailles, Quae, 2014, p. 41.

[24] La protection des fonctions de pollinisation des insectes, par exemples, menage non seulement la production agricole, mais egalement toute une chaine alimentaire, qui maintient l'equilibre d'un ensemble d'ecosystemes.

[25] Stratégie Biodiversité Genève 2030 (SBG-2030), adoptée par le Conseil d'État le 21 février 2018, p. 12 ss.

[26] N. De Sadeleer, C.-H. Born, op. cit., p. 17.

[27] P. Baumann, *Le droit à un environnement sain et la Convention européenne des droits de l'homme*, LGDJ, Paris, 2021, p. 8.

[28] N. De Sadeleer, C.-H. Born, op. cit., p. 9.

l'approcher en tant que service, et, par extension, de droit, cet aspect doit être pris en compte. Cette disparité dans la répartition des écosystèmes est en outre accrue par les pressions croissantes sur les ressources naturelles, dans certains pays, depuis les années 1950, modifiant l'équilibre des écosystèmes de manière plus rapide et plus extensive que sur aucune autre période comparable de l'histoire de l'humanité[29]. Cette transformation au niveau de la planète a permis une amélioration du niveau du confort et du développement économique, mais au détriment de certaines régions du monde, qui en subissent des préjudices, et au péril de la survie des écosystèmes, qui menacent de s'effondrer[30]. Aggravées par les problèmes climatiques, les atteintes à la biodiversité se sont généralisées sur l'ensemble de la planète[31]. Ces pertes n'exercent pas seulement des conséquences importantes sur l'environnement et le bien-être humain, elles ont aussi des incidences sur les générations futures et un coût pour la société dans son ensemble, notamment pour les acteurs économiques des secteurs qui dépendent directement des services écosystémiques[32].

La dégradation de la biodiversité est désormais désignée comme l'un des neufs processus biophysiques en danger à l'échelle planétaire, qui menacent la survie de l'homme Le concept scientifique des neuf limites planétaires présenté en 2009 puis en 2015 définit les critères de développement sûrs et justes pour l'humanité fondés sur neuf processus biophysiques, qui, ensemble, régulent la stabilité de la planète[33].

Cette référence aux capacités de charge du milieu n'est pas nouvelle ; elle découle plus globalement du principe de durabilité et aussi, dans une certaine mesure, des études d'impact d'un projet. Le concept des limites planétaires a pour effet de mettre au-devant de la scène les critères scientifiques propres à déterminer les échelles de seuils correspondant aux biocapacités de la terre, selon les différents aspects de l'environnement concernés, à un niveau global. Au-delà de ces seuils, il existe soit une incertitude majeure quant à la viabilité du système terrestre, soit le risque certain de l'irréversibilité des atteintes ; c'est en tous les cas ainsi que se présentent les enjeux en matière de biodiversité ou climatique.

---

[29] A. D. Barnosky, N. Matzke, S. Tomiya et al., « *Has the Earth's sixth mass extinction already arrived ?* », Nature, vol. 471, n° 7336, p. 51-57 ,2011 : on parle du 6ème événement majeur d'extinction massive dans l'histoire de la vie sur Terre - le premier à être entraîné spécifiquement par les impacts des activités humaines ; *Millenium Ecosystems Assessment*, op. cit., p. 2 ss.

[30] E.S. Brondizio, J. Settele, S. Díaz et H.T. Ngo (dir.): *Global Assessment Report on Biodiversity and Ecosystem Services of the Intergovernmental Science-Policy Platform on Biodiversity and Ecosystem Services*, IPBES, Bonn, 2019, p. XXXII ss.

[31]. *Millenium Ecosystems Assessment*, op. cit., p. 68.

[32] Décision n° 1386/2013/UE du parlement européen et du conseil, du 20 novembre 2013, relative à un programme d'action général de l'Union pour l'environnement à l'horizon 2020 « Bien vivre, dans les limites de notre planète », JOCE n° L 354/171, Préambule, § 23.

[33] J. Rockström, W. Steffen et al., op. cit.; W. Steffen, K. Richardson, J. Rockström, et al., op. cit.

3.2 Droits fondamentaux et limites planétaires

D'un point de vue juridique, cette approche conduit à un renversement de paradigme. Elle détermine des limites auxquelles doivent être conditionnées les politiques publiques de chaque Etat, de telle manière que les activités humaines réduisent leur empreinte écologique, cela à l'échelle locale mais également dans une perspective de solidarité avec l'objectif global. L'interaction global/local devient une constante à intégrer dans les tâches de l'État[34].

Il est par ailleurs cohérent d'affirmer que si l'exercice des droits fondamentaux dépend du respect d'un environnement sain – celui-ci étant lui-même défini par l'état dans lequel les limites de la capacité de charge et de renouvellement des éléments de la biosphère sont respectées -, l'obligation d'observer ces seuils pourrait être assimilée à une norme supra-constitutionnelle impérative[35] ; ou, selon un autre auteur conduire à une inversion des valeurs, en érigeant les restrictions liées au limites planétaires au rang de valeurs fondamentales[36] qui s'imposent aux droits fondamentaux classiques ; nous donnerons ci-après[37] quelques exemples des orientations qui pourraient en résulter.

Une autre approche pourrait consister à soutenir que l'obligation de respecter la capacité de charge et de renouvellement des éléments de la nature correspond au noyau intangible d'un droit fondamental à un environnement sain et écologiquement soutenable. Toute transgression des limites planétaires pourrait alors représenter une ingérence que les États seraient chargés de limiter en fonction de leurs possibilités. En droit suisse, sans qu'un droit subjectif lui soit corrélé, l'article 73 de la Constitution fédérale, qui invite la Confédération et les cantons à œuvrer « à l'établissement d'un équilibre durable entre la nature, en particulier sa capacité de renouvellement, et son utilisation par l'être humain » peut être interprété dans ce sens[38] ; sa faible normativité et sa justiciabilité disputée n'ont pas permis de rendre cette interprétation effective[39].

---

34 B. DROBENKO, De *la capacité de charge des écosystèmes et du droit*, in : C.-H. BORN, F. JONGEN (dir.), D'urbanisme et d'environnement, Liber Amicorum Francis Haumont, Bruylant, Bruxelles, 2015, p. 588.

35 F. OST, Le droit constitutionnel de l'environnement : un changement de paradigme ? in : Marie-Anne COHENDET (dir.) *Droit constitutionnel de l'environnement*, Mare & Martin, Collection de l'Institut des sciences juridique et philosophique de la Sorbonne, 2021, p. 410.

36 P. BAUMANN, op. cit., p. 72 craint une telle évolution.

37 Cf. *infra*, ch. 5.2.

38 A.-C. FAVRE, La Constitution environnementale, in : O. DIGGELMANN, M. HERTIG RANDALL, B. SCHINDLER. (dir.) *Verfassungsrecht der Schweiz – Droit constitutionnel suisse*, Schulthess, 2020. p. 2135.

39 R. MAHAIM, Art. 73 in : V. MARTENET, J. DUBEY (dir.), *Commentaire romand de la Constitution fédérale*, Bâle, 2021, n°20 ss.

Dans la plupart des ordres juridiques nationaux, les gouvernements examinent comment intégrer ces limites et quelles seront leur portée à l'échelle individuelle[40]. Ces limites devraient inviter à de nouveaux modèles de régulation et notamment à mieux prendre en compte la notion de cycle, que ce soit dans l'économie circulaire[41] ou dans celle du cycle de vie des éléments de la nature (y compris en milieu urbanisé, où les fonctions écosystémiques du paysage naturel devront être mieux intégrées aux décisions).

4. La biodiversité saisie par le droit

4.1 Remarques introductives

En résumant les lignes qui précèdent, la dégradation de la biodiversité atteint un stade très critique, qui a déjà franchi le seuil de l'irréversibilité, pour nombre d'espèces ou de milieux. La diversité biologique représente une nécessité pour assurer la survie de l'homme et des êtres vivants ; au-delà des discours éthiques et philosophiques, ce sont désormais les réalités scientifiques qui s'imposent au législateur comme aux autorités d'exécution.

La notion d'interrelation de l'homme avec le vivant marque également un tournant dans l'approche des éléments de la diversité biologique qui ne sont plus à considérer seulement pour « eux-mêmes », mais également en lien avec les « services écosystémiques » liés à la survie des êtres vivants.

A compter de ce constat se greffent, en droit, diverses obligations découlant du droit international ou du droit interne, qui peuvent se traduire par des restrictions ou des contraintes à l'échelle collective ou individuelle, éventuellement également par des droits. Comme en matière climatique, l'échelle de l'action est à la fois locale, régionale et internationale, de telle sorte qu'elle requiert la coopération des États. Mais, d'une manière générale, le champ des mesures pour stabiliser la biodiversité dans un état « écologique durable ou soutenable » laisse une très grande marge de manœuvre aux États[42] et peut entrer en conflit avec les droits fondamentaux ou les droits d'usage des particuliers. Le principe de proportionnalité sera essentiel ici.

L'action devrait par ailleurs revêtir un certain niveau d'urgence. Cette situation contraint d'autant plus les collectivités publiques (Confédération, Cantons ou communes, en Suisse) à faire des choix et à les justifier dans la pesée des intérêts à entreprendre. Les critères de la proportionnalité des moyens à mettre en œuvre deviennent plus flous ici, en présence d'un risque

---

[40] Voir le rapport conjoint de l'Agence européenne pour l'environnement (AEE) et de l'Office fédéral suisse de l'environnement (OFEV) « Is Europe living within the limits of our planet? », ISSN 1977-8449, 2020.

[41] Conseil de l'Europe, The 8th Environment Action Programme - Turning the Trends Together - Council conclusions, Bruxelle, 4 octobre 2019.

[42] R. JOLY, op. cit., p. 214 ss.

(celui de l'épuisement de la biodiversité) non toujours bien connu et qui présente des éléments d'externalités importantes, chaque fois que la protection des espèces nécessite les efforts conjoints de plusieurs pays. Cela pourra avoir des conséquences sur le critère de l'aptitude, notamment[43].

4.2. Le contexte international

Face à l'érosion de la biodiversité, différentes conventions internationales de conservation de la nature ou des espèces, portant sur la biodiversité dans son ensemble ou des aspects spécifiques de celle-ci, ont vu le jour. Ces conventions relèvent le plus souvent du *soft law*, notamment la convention-cadre sur la diversité biologique de 1992, déjà évoquée. Mais elles orientent sur nouvelles échelles de valeur et les obligations de coopération entre États.

Les articles 7 à 11 de la Convention sur la biodiversité fixent les principales obligations auxquelles les parties s'engagent ; ces mesures sont à exécuter « dans la mesure du possible ». L'article 6 b) de ladite Convention invite ainsi les Etats à intégrer « dans toute la mesure possible et comme il convient, la conservation et l'utilisation durable de la diversité biologique dans ces plans, programmes et politiques sectoriels ou intersectoriels pertinents ». Les accords portent en principe sur la réalisation d'objectifs à réaliser (objectifs d'Aichi, de Kiev). La Suisse est par ailleurs engagée dans les discussions menées au sein du Conseil de l'Europe et soutient diverses initiatives et programmes[44].

Les obligations en matière de biodiversité relèvent à la fois de celles de la gestion interne, propre à chaque pays, dans les limites de leur juridiction, et à la fois d'obligations de prévention des dommages externes, pouvant se produire sur d'autres États ou dans des régions ne relevant d'aucune juridiction nationale (art. 3 CDB). Il s'agit notamment d'éviter des pertes économiques pour les pays tiers, lorsqu'un pays s'accapare l'exploitation d'une ressource ; mais il existe d'autres formes d'externalités, selon que les Etats admettent ou non de faire des efforts pour réserver des espaces naturels liés à la préservation des espèces migratrices ou des surfaces partagées entre plusieurs États. Le cadre légal en matière de biodiversité consacre une obligation de « préoccupation commune »[45], qui va inviter à des efforts de coopération entre les États.

La biodiversité implique donc des actes de coopération et de solidarité, ce qu'expriment diverses conventions depuis les années 1970, qui tendent à dépasser le principe de la souveraineté absolue des États sur leurs ressources. Ainsi, des conventions spécifiques, visant le plus souvent la préservation d'espèces, comme la Convention de Ramsar, du 2 février 1971, relative aux

---

[43] Cf. *infra*, ch.

[44] OFEV, STRATEGIE BIODIVERSITE SUISSE, OP. CIT., p. 22.

[45] Convention sur la diversité biologique, préambule.

zones humides d'importance internationale[46], la Convention de l'UNESCO concernant la protection du patrimoine mondial, culturel et naturel, du 16 novembre 1972, la Convention sur la conservation des espèces migratrices appartenant à la faune sauvage, conclue à Bonn, le 23 juin 1979[47], ou la Convention de Berne du 19 septembre 1979, relative à la conservation de la vie sauvage et du milieu naturel de l'Europe, consacrent progressivement l'idée que certains éléments du patrimoine naturel doivent être conservés par les États, pour le bien de l'humanité[48].

4.3 La régulation de conservation et d'utilisation durable

D'une manière générale, les causes de l'érosion de la biodiversité sont bien identifiées. En milieu terrestre, ce sont principalement l'extension des zones urbaines et des infrastructures de transport, l'essor des activités de tourisme et de loisir dans des régions jusque-là épargnées, le développement des énergies renouvelables, l'intensification de l'exploitation agricole, le morcellement des milieux naturels, les répercussions directes et indirectes du changement climatique et la propagation d'espèces exotiques envahissantes[49].

Les mesures en lien avec la biodiversité visent globalement deux objectifs : celui de la conservation et celui de l'usage durable des éléments de la biodiversité.

4.3.1 Les mesures de conservation

La notion de conservation peut prendre différents contours[50] et aller de la délimitation de biotopes, à l'établissement de réseaux écologiques, à la suppression des infrastructures de drainage dans les marais ou à diverses mesures proactives pour favoriser les services écosystémiques dans l'agriculture ou pour maintenir des éléments structurants dans les zones rurales et celles urbanisées (végétations relais, etc.). Le but est de stabiliser ou réparer le mitage des surfaces favorables à la biodiversité, compromis par l'urbanisation. On parle aussi de gestion intégrée en augmentant la qualité de l'environnement naturel dans les espaces verts, que ce soit en milieux urbains ou agricoles, pour développer la multifonctionnalité des espaces boisés, ruraux et aquatiques, permettant d'éviter un clivage des activités[51].

On le voit, il s'agit de mesures qui impliquent très fortement l'ensemble des acteurs, de la collectivité publique aux propriétaires fonciers, aux exploitants ou autres usagers. En clair, il s'agit d'abord pour l'État de mettre

---

[46] RS 0451.45.

[47] RS 0451.46.

[48] N. De Sadeleer, C.-H. Born, P. 36 SS

[49] OFEV, PLAN D'ACTION, STRATÉGIE BIODIVERSITÉ SUISSE, OP. CIT., P. 7.

[50] N. De Sadeleer, C.-H. Born, OP. CIT., P. 17.

[51] Stratégie Biodiversité Genève 2030, op. cit., p. 10.

en place des législations ou des instruments de mise en œuvre (tels que plans d'actions, stratégies, etc.) ; comme dans d'autres domaines du droit de l'environnement, il s'agit par ailleurs de se référer à des valeurs seuils (de disparition des espèces, de pressions sur les écosystèmes, etc.) et de fixer des objectifs à atteindre pour permettre d'assurer une stabilisation de la dégradation.

Le principe de proportionnalité exerce ses pleins effets ici ; il invite notamment à relativiser les objectifs, en fonction de ce qui est nécessaire. Par exemple, dans les pays industrialisés tels l'Europe, les écosystèmes naturels ont été profondément modifiés par l'activité humaine, de telle sorte qu'il est très rare de rencontrer des zones à l'état « vierge ». Le droit international n'exige cependant pas que les écosystèmes demeurent vierges de toute intervention humaine[52]. Par ailleurs, des mécanismes de compensation pourront devoir être mis en place pour ceux qui devront consentir un sacrifice (par exemple lors de la conversion de zones agricoles en espaces naturels).

4.3.2 Les mesures d'utilisation

Les mesures d'utilisation sont toutes celles qui permettent à des degrés divers de faire un usage direct des ressources liées à la biodiversité, qu'il s'agisse de l'exploitation des forêts, des ressources génétiques ou de prélèvements d'eau, par exemple. Ces activités sont désormais fortement encadrées par le principe de durabilité, qui commande de ne pas exploiter les ressources au-delà de leur capacité de renouvellement, de manière à maintenir le « capital »[53].

Mais plus généralement, il faut inclure dans les usages nécessitant des mesures, tous ceux qui sont de nature à modifier l'état initial d'un élément naturel, comme les pollutions et atteintes diverses liées aux activités humaines (l'urbanisation, l'atrophisation des sols en culture intensive, etc.). L'approche holistique à laquelle conduit l'étude des liens entre l'homme et la diversité biologique de son milieu permet à cet égard de décloisonner divers aspects des politiques publiques environnementales ; ainsi, les pollutions atmosphériques, traditionnellement essentiellement canalisées sur la protection de l'homme, deviennent des indicateurs de la santé des écosystèmes, par l'effet indirect des pluies acides ou des concentrations élevées d'ozone.

---

52 AG NU, A/HRC/34/49, OP. CIT., P. 4 S : Le développement économique et social dépend de l'utilisation des écosystèmes et notamment, le cas échéant, de la conversion d'écosystèmes naturels, tels que des forêts anciennes, en écosystèmes gérés par les hommes, tels que les pâturages et les terres cultivées. Il s'agit toutefois de maintenir un développement durable, ce qui suppose notamment de « [p]réserver et restaurer les écosystèmes terrestres, en veillant à les exploiter de façon durable, gérer durablement les forêts, lutter contre la désertification, enrayer et inverser le processus de dégradation des terres et mettre fin à l'appauvrissement de la biodiversité ».

53 En droit suisse, voir l'art. 73 Cst.

5. Principe de proportionnalité et biodiversité

5.1 Le principe de proportionnalité en droit suisse

Figure de droit prétorien, avant d'être consacré par la nouvelle Constitution fédérale de 1999[54] (Cst.), le principe de proportionnalité est un principe général de l'État de droit, qui vise l'ensemble des organes étatiques (législatif, exécutif, judiciaire) et toutes les mesures de restrictions, qu'elles s'analysent ou non comme des atteintes à des droits fondamentaux, auquel cas, l'article 36 al. 3 Cst. s'applique alors à titre de norme spéciale[55]. Emprunté au droit allemand[56], ce principe renvoie à trois critères de contrôle qui sont le rapport d'aptitude (le moyen doit être apte à produire le résultat déterminé par l'intérêt public en cause), de nécessité (parmi l'ensemble des mesures qui s'offrent, il convient d'imposer celle qui est la moins incisive par rapport aux sacrifices demandés) et d'adéquation (ou de proportionnalité au sens étroit ; au final, il s'agit de mettre en balance les différentes options et de les comparer dans leurs avantages ou inconvénients). À ce titre, le principe de proportionnalité constitue également un instrument de la balance des intérêts[57].

5.2 Le principe de proportionnalité et les obligations de moyens ou de résultat

Lorsque l'on évoque la prévention d'un risque environnemental, qui plus est, à l'échelle globale, la question des moyens à mettre en œuvre est capitale, dans l'échelle temps (agir avant que le dommage ne se produise), comme dans celle des ressources matérielles à disposition. Le principe de précaution vient ici appuyer le principe de proportionnalité et invite l'autorité à une obligation d'agir, même en situation d'incertitude quant au risque, cela notamment en raison de l'impuissance des individus face à certains dangers.

En matière de biodiversité on évoque désormais clairement des obligations de résultat, à tout le moins en droit européen[58] ; en droit suisse, on se réfère

[54] Constitution fédérale de la Confédération suisse du 18 avril 1999 (RS 101).

[55] J. DUBEY, Art. 5 in : V. MARTENET, J. DUBEY (dir.), *Commentaire romand de la Constitution fédérale*, Bâle, 2021, n°91 ss.

[56] J. DUBEY, op. cit., n° 97 ; B. RÜTSCHE, Verhältnismässigkeitsprinzip, in : O. DIGGELMANN, M. HERTIG RANDALL, B. SCHINDLER. (dir.) *Verfassungsrecht der Schweiz – Droit constitutionnel suisse*, Schulthess, 2020. p. 1050 ss, n° 4 ; pour un rappel des conditions de ce principe par la Cour constitutionnelle allemande, T. HOCHMANN, *AJDA* 2021, p. 805 ss.

[57] B. RÜTSCHE, op. cit., n° 19.

[58] De Sadeleer, C.-H. Born, OP. CIT., P. 486 S ; R. JOLY, op. cit., p. 234 ss ; en droit européen, on peut évoquer les obligations de résultat de l'art. 2 de la directive « Oiseaux » (Directive 2009/147/CE du Parlement européen et du Conseil du 30 novembre 2009 concernant la conservation des oiseaux sauvages, JOUE, n° L 20/7 du 26 janvier 2010) qui précise ce qui suit : « Les États membres prennent toutes les mesures nécessaires pour maintenir ou adapter la population de toutes les espèces d'oiseaux visées à l'article 1er à un niveau qui corresponde notamment aux exigences écologiques, scientifiques et culturelles, compte tenu des exigences économiques et

soit à des objectifs (qui peuvent être quantifiés), soit à une protection directe, découlant de la loi[59], voire de la Constitution fédérale pour les marais et les sites marécageux d'une beauté particulière qui présentent un intérêt national (art. 78 al. 5 Cst.).

Il en découle que le choix à opérer par rapport au but à atteindre n'est pas toujours libre. Les intérêts écologiques peuvent prendre le pas sur les exigences économiques ; ce qui n'évitera cependant pas une zone d'interprétation, lorsque des dérogations à la priorité de la protection sont possibles, ni une balance des intérêts[60]. La législation sur la protection des intérêts de la nature a déjà pris le pas de cette tendance en indiquant que dans toute la mesure du possible, les atteintes d'ordre techniques aux biotopes dignes de protection doivent être évitées ; à défaut, l'auteur de l'atteinte doit veiller à prendre des mesures particulières pour en assurer la meilleure protection possible, la reconstitution ou, à défaut, le remplacement adéquat[61]

L'étude de la jurisprudence, en droit suisse, confirme que le conflit entre la protection d'éléments de la nature et l'exercice des droits fondamentaux se solde désormais de plus en plus souvent en faveur des intérêts de l'environnement, même lorsque le sacrifice d'une liberté demandée est important. Le principe de durabilité éclaire ici l'orientation à donner au principe de proportionnalité et invite à une gestion précautionneuse et parcimonieuse des ressources[62]. On en donne quelques exemples :

– Lors de l'extraction de ressources non renouvelables, comme les roches dures, il convient d'examiner toutes les alternatives, y compris les perspectives de matériaux de substitution[63] et de procéder à une analyse judicieuse du degré d'épuisement de la ressource ; cela peut impliquer que la gestion de la ressource soit décidée ou planifiée à un échelon national plutôt que local[64].

---

récréationnelles ». Cette disposition invite à garantir les mesures nécessaires pour éviter qu'une espèce disparaisse lorsqu'elle est menacée ou subit des régressions et pour « maintenir » les niveaux de populations.

59 JOLY, op. cit., p. 235.

60 Voir notamment les affaires concernant le conflit entre la surélévation du barrage du Grimsel et la protection d'un site marécageux d'importance nationale (ATF 143 II 241 et arrêt du TF 1C_356/2019 du 4 novembre 2020).

61 Art. 18 al. 1ter de la Loi fédérale sur la protection de la nature et du paysage, du 1er juillet 1966 (LPN ; RS 451) ; dans le même sens, voir § 15 de la Bundesnaturschutzgesetz, du 29 juillet 2007 (BNatSchG ; BGBl. I S. 2542).

62 ATF 114 Ib 224 c. 10 dd, p. 236.

63 Arrêt du TF 1A.115/2003 du 23 février 2004 c. 3.2 : pesée des intérêts nécessaire pour la prolongation de l'exploitation d'une gravière durant les 50 prochaines années, au regard des matériaux de substitution envisageables.

64 Arrêt du TF 1A.25/2006 du 13 mars 2007 c. 5.6 : un projet d'extension d'une carrière (de compétence cantonale) a été bloqué, tant qu'une planification de l'exploitation des roches dures ne pouvait être établie au niveau national.

– Dans les conflits entre concession hydraulique et intérêts de préservation de la nature, le Tribunal fédéral a précisé que les exploitants au bénéfice de droits de prélèvements d'eau peuvent se voir signifier une obligation d'assainir leurs installations pendant la durée de la concession, de manière à les rendre conformes aux règles en matière de débits résiduels découlant la législation sur la protection des eaux ; l'argument repose ici sur le fait que lorsque les mesures sont « économiquement supportables », elles ne portent pas atteinte aux droits acquis[65]. L'arrêt est remarquable par le fait que le critère de la mesure « économiquement supportable », applicable à d'autres types d'atteintes environnementales, telles les pollutions de l'air et le bruit, a été transposé au domaine de la protection des eaux ; il constitue à cet égard l'une des déclinaisons du principe de proportionnalité[66]. Cette jurisprudence est surtout édifiante par le fait que le Tribunal fédéral a établi une échelle standardisée des sacrifices exigibles de l'exploitant, en fonction du rendement de l'exploitation.

– Dans une autre affaire, le Tribunal fédéral a refusé d'autoriser un captage sur un torrent encore intact et participant à la beauté paysagère des lieux, cela en raison de sa rareté, quand bien-même était évoquée une nécessité économique d'exerce un prélèvement sur ce cours d'eau, en sus de celui déjà exploité ; face à une telle situation, l'argumentation de la Cour a été d'exiger une adaptation des besoins de l'exploitant en fonction des intérêts de la nature à préserver, ce d'autant que l'installation était subventionnée et devait se montrer exemplaire[67].

– Lors d'un projet de construction d'un barrage, il a été tenu compte du fait que plusieurs espèces d'oiseaux – nichant le long d'un cours d'eau qui aurait été dégradé – étaient inscrites à l'annexe II de la Convention de Berne, pour procéder à la pesée des intérêts concurrents[68].

– Mentionnons encore plusieurs causes récentes qui montrent que même en milieu urbain, la notion de biotope digne de protection peut l'emporter sur un projet en zone à bâtir (en invitant à redimensionner le projet de manière à respecter le biotope, par exemple)[69].

Alors que le principe de proportionnalité a été construit autour des restrictions portées aux droits fondamentaux, s'est posée la question de son application à l'administration de prestations ou de gestion aux fins d'évaluer l'ampleur des moyens financiers à engager par la collectivité publique. La jurisprudence admet désormais que le principe de proportionnalité détermine

---

65 ATF 139 II 28 c. 2.7.1 à 2.7.4 p. 33 ss ; T. Largey, L'assainissement des cours d'eau dans l'application de l'art. 80 LEaux, Les enseignements de l'arrêt Misoxer Kraftwerke, *Droit de l'environnement dans la pratique* (DEP) 2013, p. 92 ss.

66 J. Dubey, op. cit., n° 96.

67 ATF 140 II 262 c 8.4.2–8.4.4 p. 282–285.

68 ATF 109 Ib 214 c. 6 c p. 221.

69 Arrêt du TF 1C_126/2020 du 15 février 2021.

aussi l'importance des ressources à mettre en œuvre par la collectivité publique par rapport aux buts fixés par la loi (efficience des moyens) [70] et cela indépendamment du fait que des droits fondamentaux soient directement en jeu.

Ces questions sont intervenues surtout dans le domaine des prestations sociales mais se posent de la même manière dans celui de l'administration de gestion liée à la protection de l'environnement : ainsi l'aménagement d'une paroi antibruit ou les coûts de construction d'un couloir de faune au-dessus d'une autoroute devront aussi être appréciés sur la base du principe de proportionnalité, qui se traduit le plus souvent pas un rapport coût-utilité[71].

Nonobstant d'éventuelles obligations de résultat, les moyens à mettre en œuvre laissent une très grande marge de manœuvre à l'autorité, de telle sorte que, dans ce contexte, le principe de proportionnalité permet surtout de mieux cibler les choix à faire (entre deux intérêts publics ou des intérêts publics et privés divergents), dans le cadre de la maxime de la nécessité et de l'adéquation. Il permet aussi de légitimer l'engagement de ressources financières à charge de l'État, dans le cadre de mesures de compensation (liées à des projets publics portant atteinte aux milieux naturels) ou des mesures proactives, visant à favoriser la biodiversité.

5.3 Proportionnalité et menace d'irréversibilité des atteintes à la biodiversité

C'est face à la menace d'irréversibilité des dégradations multipliées de la biodiversité que le principe de proportionnalité est appelé à jouer son meilleur rôle. Dans la dynamique tracée par la jurisprudence actuelle, les critères de l'aptitude et de la nécessité seront essentiels, de même que le principe de précaution, face à des effets parfois mal connus des mesures à adopter. Les restrictions aux droits fondamentaux (garantie de la propriété, liberté économique, liberté personnelle, notamment) pourront se renforcer. Ce point est d'ailleurs parfois dénoncé, en tant que la tendance des juridictions pourrait être de céder le pas en matière de protection des droits de l'homme face à la gravité d'une atteinte à l'environnement[72].

---

[70] P. MOOR, A. FLÜCKIGER, V. MARTENET, *Droit administratif*, Vol. 1, Les fondements, 3. éd. Staempfli, Berne, 2012, p. 826 s et la jurisprudence citée ; B. RÜTSCHE, op. cit., n° 20 et 28 et les références citées

[71] A.-C. FAVRE, Cent ans de droit administratif : de la gestion des biens de police à celle des risques environnementaux, *RSJ* 2011 II, p. 302.

[72] P. BAUMANN, op. cit., p. 82 concernant l'affaire Cour EDH, *Hamer c. Belgique*, 27 novembre 2007, n° 21861/03 ; dans cette affaire, la requérante s'est vue notifier un ordre de démolition d'une maison édifiée dans une zone de forêt non constructible, après une tolérance de plusieurs années de la part des autorités ; selon M. BAUMANN, dans la mesure où les autorités ont contribué à pérenniser une situation illégale, les juges de Strasbourg auraient dû en tenir compte dans leur décision. À vrai dire, il nous paraît que la solution adoptée est conforme à la règle, en droit public, selon laquelle

Mais au final, il s'agit de mesurer le poids de la préservation des supports de vie, et donc du droit à la vie, face à des enjeux économiques (étatiques ou individuels) pouvant engendrer une destruction massive. La balance des intérêts pourra se jouer entre plusieurs droits fondamentaux plutôt qu'entre un intérêt public bien compris et des droits fondamentaux[73] ; il pourrait en résulter une prééminence de certains droits humains fondamentaux sur d'autres[74]. Le discours qui se greffe désormais autour des limites planétaires ne dit pas autre chose ; il indique que les activités qui conduisent à surexploitation des milieux naturels, portent atteinte à l'exercice de l'ensemble des droits fondamentaux, y compris, au final, de la liberté économique.

D'aucuns plaident une nouvelle lecture des rapports de droit en cohérence avec les conditions posées par la nature en affirmant l'émergence d'un principe d'« éco-responsabilité »[75], qui conditionne l'ensemble des activités humaines, ce à quoi la législation concourt déjà en partie[76].

Ces approches impliquent un changement de paradigme, conduisant à remodeler les droits fondamentaux et l'ensemble des politiques publiques en fonction du milieu naturel et sa capacité de renouvellement. Un exemple qui nous paraîtrait pouvoir illustrer cette orientation, est celui du principe de l'égalité des charges, issu du droit prétorien, en matière de pollution de l'air. Pratiquement l'ensemble des grands centres urbains et périurbains sont touchés par un excès d'immissions qu'il s'agit de réduire de manière à respecter les valeurs limites. Ces mesures, qui doivent être coordonnées dans un plan de mesures (l'équivalent du plan d'action en droit européen), sont aussi longues à adopter que coûteuses. Néanmoins, de nouvelles installations polluantes restent autorisées, au nom du principe d'égalité des charges, tiré du principe de l'égalité de traitement, au motif que les installations nouvelles ne doivent pas être interdites et pâtir ainsi du retard à assainir les installations existantes ; l'idée est que les mesures à adopter doivent être décidées à une échelle globale, pour l'ensemble des installations[77]. Une approche écocentrée, fondée sur les limites planétaires, devrait, à notre sens, conduire à refuser de nouvelles activités perturbatrices, tant que les seuils limites en matière de pollution ne sont pas respectés.

---

celui qui fait peser une menace sur l'environnement ou des personnes ne peut jamais se prévaloir d'une situation acquise, dût-elle avoir été autorisée, sous réserve du principe de la bonne foi.

[73] Cette tendance est déjà amorcée dans la jurisprudence de la CJCE, notamment lorsque les intérêts environnementaux mobilisent d'autres droits fondamentaux comme le droit de manifestation (voir les exemples évoqués par R. BENTIROU MATHLOUTHI, *Le droit à un environnement sain en droit européen. Dynamique normative et mise en œuvre jurisprudentielle*, L'Harmattan, Paris, 2020, p. 352 ss.)

[74] Dans ce sens également F. OST, op. cit., p. 415, et les références citées.

[75] G. WINTER, Ecological proportionality. An emerging principle of law for nature? In : C. VOIGT (dir.) : *Rule of Law for Natur. New Dimensions and Ideas in Environmental Law*, Cambridge University Press, Cambridge, 2016, p. 146 ss ; F. OST, op. cit., p. 414 s.

[76] Pour le droit européen, voir les exemples cités par G. WINTER, op. cit., p. 121 ss.

[77] ATF 127 II 238 c. 8b p. 261; ATF 124 II 272 c. 4a p. 279 et les arrêts cités-

Les limites planétaires conduisent immanquablement à l'instauration de quotas d'utilisation ; ceux-ci existent déjà en maintes matières s'agissant des atteintes à l'environnement (valeurs seuils, objectifs qualitatifs ou quantitatifs, contingents, etc.). La difficulté est de les transcrire à l'échelle individuelle. Le principe de proportionnalité sera également appelé à jouer un rôle décisif, dans ce contexte, en invitant l'État à réduire autant que possible les discriminations potentielles dans les sacrifices subi par les uns, lorsque les ressources ne permettront pas à tous d'accéder aux mêmes services écosystémiques. Il s'agira d'imaginer des mesures de substitution (favoriser une autre activité, une autre technique ou autre produit)[78] ou de compensation (indemniser, etc.), par exemple.

5.4 Causalité diffuse et critère de l'« aptitude »

Un aspect important qui pourra poser problème, en lien avec le critère de l'aptitude des mesures, est celui du lien de causalité. La dilution des effets sur l'environnement liés aux comportements de chacun et la globalisation des dégradations (pollutions, gaz à effets de serre) ne permettent plus de raisonner en termes de lien de causalité. Or, il sera difficile de faire admettre des mesures, parfois incisives, auprès des particuliers, si l'effet escompté n'est pas immédiat ou visible. Une grande partie de la résistance aux mesures en matière de lutte contre le réchauffement climatique repose sur cette argumentation.

Il nous paraît ici qu'il conviendra également de trouver de nouveaux critères d'évaluation. On pourrait imaginer une construction reposant sur le modèle de la contribution ; en matière fiscale, chacun est tenu à une participation financière, si minime soit-elle, pour alimenter les fonds de l'Etat et il n'est pas imaginable qu'un contribuable puisse soutenir qu'il n'y est plus tenu lorsque sa part est trop peu importante. Transposée à la protection des biens communs, comme la biodiversité ou la protection du climat, cette obligation permettrait d'évaluer la part de l'effort (en termes de restrictions ou de compensations diverses) à fournir par chacun, à l'aune du principe de proportionnalité. Le Tribunal fédéral n'a pas procédé différemment lorsqu'il a évalué la part du sacrifice pouvant être demandée à chaque concessionnaire d'une centrale hydroélectrique, selon son chiffre d'affaires, pour permettre soit une augmentation des débits résiduels, soit le financement de mesures de compensation en faveur de la faune piscicole (échelles à poissons, etc.)[79].

---

[78] Dans ce sens également F. OST, op. cit., p. 414.
[79] ATF 139 II 28 c. 2.7.1 à 2.7.4 (*Misoxer*).

6. Un droit à la biodiversité ?

Alors que généralement le droit de la protection de la nature est perçu comme un droit protecteur de purs intérêts généraux, la prise en considération de l'interdépendance de l'homme avec son milieu pourrait changer la perspective du point de vue des droits subjectifs. Sans doute, par des entrées étroites, dans un premier temps, car cette interdépendance n'est généralement reconnue que lorsqu'il existe une atteinte directe à un droit. La jurisprudence de la CourEDH se fait l'illustration de cette approche timide, en restant très réservée lorsque le dommage environnemental est complexe, notamment en situation de pollutions diffuses[80], ou lorsqu'il s'agit de reconnaître une interdépendance entre des atteintes au milieu naturel et l'homme[81]. L'évolution la plus marquante de cette jurisprudence est celle de l'admission d'un risque de vulnérabilité, sur une base probabiliste, lorsqu'il est démontré statistiquement que des pollutions excessives peuvent porter atteinte à la santé[82]. Il est permis d'augurer quelques perspectives de développement encore, sur la base de cette approche, de telle sorte qu'il n'est pas exclu qu'un

---

[80] Cour EDH, *Fadeïeva c. Russie*, 9 juin 2005, n° 55723/00, § 69.

[81] Cour EDH, *Kyrtatos c. Grèce*, 22 mai 2003, n° 41666/98, § 52 : aucune disposition de la Convention ne garantit une protection générale de l'environnement en tant que tel ; Cour EDH, *Tatar c. Roumanie*, 27 janvier 2009, n° 67021/01, § 122 ; dans cette affaire, où il est question d'un grave dommage écologique, la Cour rappelle que seules les atteintes directes à la santé peuvent entraîner une violation de l'art. 8 CEDH mais admet néanmoins qu'une catastrophe écologique peut générer une situation d'angoisse et d'incertitude, ce d'autant lorsque les informations nécessaires ne sont pas données aux citoyens : « *Étant donné les conséquences sanitaires et environnementales de l'accident écologique, telles que constatées par des études et rapports internationaux, la Cour estime que la population de la ville de Baia Mare, y inclus les requérants, a dû vivre dans un état d'angoisse et d'incertitude accentuées par la passivité des autorités nationales, qui avaient le devoir de fournir des informations suffisantes et détaillées quant aux conséquences passées, présentes et futures de l'accident écologique sur leur santé et l'environnement et aux mesures de prévention et recommandations pour la prise en charge de populations qui seraient soumises à des événements comparables à l'avenir. À cela s'ajoute la crainte due à la continuation de l'activité et à la possible reproduction, dans le futur, du même accident* ». Sur la question des atteintes invisibles, nées d'une longue exposition ou d'une situation non connue, on se réfèrera utilement à l'opinion partiellement dissidente des juges Zupancic et Gyulumyan dans cette même affaire.

[82] Cour EDH, *Cordella c. Italie*, 24 janvier 2019, n° 54414/13 et 54264/15, § 162-166 ; la seule dégradation de l'environnement n'est pas suffisante pour établir une atteinte, mais bien l'existence d'un effet néfaste sur la sphère privée ou familiale d'une personne (§ 101), qui peut rendre plus vulnérables à certaines maladies les personnes exposées dans un périmètre proche (§ 104-105) ; l'impossibilité d'établir la causalité exacte entre une pollution industrielle importante et chaque personne touchée est par ailleurs expressément reconnue au § 160 : « *Enfin, il est souvent impossible de quantifier les effets d'une pollution industrielle importante dans chaque situation individuelle et de distinguer l'influence d'autres facteurs, tels que, par exemple, l'âge et la profession. Il en va de même chose s'agissant de la dégradation de la qualité de vie résultant de la pollution industrielle. La « qualité de vie » est un concept très subjectif qui ne se prête pas à une définition précise. Partant, en vue de l'établissement des circonstances factuelles des affaires qui lui sont soumises, la Cour n'a pas d'autre choix que celui de se baser avant tout, bien que non exclusivement, sur les conclusions des juridictions et des autres autorités internes compétentes* ».

lien entre dégradation de la biodiversité et atteintes aux droits de l'homme puisse être fait, par exemple lorsque certaines activités anthropiques sont à l'origine d'un risque pour la sécurité alimentaire ou la santé.

La notion de biodiversité, telle que définie à l'article 2 CDB, se rapporte à la valeur intrinsèque des échanges qui se déroulent au sein des espèces ou des écosystèmes et constitue le pivot de toute protection des « services » écosystémiques. Et il n'est possible de préserver cette substance, ou subsistance des écosystèmes qu'en limitant l'empreinte des activités humaines sur la biodiversité[83]. En découlent incontestablement des obligations positives à charge des États, pour protéger le droit à la vie ou celui au cadre de vie. En droit international, comme en droit communautaire, c'est le principe d'intégration qui cristallise ces obligations. La justiciabilité de ce principe est cependant très faible, pour ne pas dire inexistante[84] ; ce principe nécessite d'être concrétisé par le législateur et, comme le principe de durabilité, c'est essentiellement d'une manière sectorielle et pointilliste, au gré des projets d'exécution, par exemple dans le cadre d'études d'impact, que le citoyen ou des ONG peuvent éventuellement manifester des oppositions lorsque la biodiversité n'est pas suffisamment prise en considération.

Assurément, la reconnaissance des limites planétaires, en particulier celles liées à la biodiversité, pourront conduire à une plus grande effectivité de la protection des droits fondamentaux classiques, soit que, comme nous l'indiquions plus haut[85], les restrictions liées à ces limites prennent le rang d'obligations fondamentales auxquels les droits fondamentaux sont conditionnés, soit que la protection des droits fondamentaux ne puisse s'envisager qu'en reconnaissant un noyau intangible aux services écosystémiques de la biodiversité nécessaires à éviter de mettre en péril la vie humaine comme celle des autres êtres vivants[86]. Plusieurs juridictions ont amorcé cette étape en matière climatique, en reconnaissant un lien entre l'action insuffisante des États et les menaces sur le droit à la vie ou la protection des générations futures[87]. Cette perspective impliquerait des développements qu'il n'est pas possible d'entreprendre dans ces lignes.

Cela étant, il nous paraît que le droit positif peut également adopter des solutions plus pertinentes encore, *sui generis*. Tel est le cas de la Convention de Berne, du 19 septembre 1979, relative à la conservation de la vie sauvage

---

83 De Sadeleer, C.-H. Born, OP. CIT., P. 722.

84 M.-A. HERMITTE, La fondation juridique d'une société des sciences et des techniques par les crises et les risques, in : *Pour un droit commun de l'environnement, Mélanges en l'honneur de Michel Prieur*, Dalloz, Paris, 2007, p. 160.

85 Cf. *supra*, ch. 3.2.

86 Cf. *supra*, ch. 1.1.

87 Cour suprême des Pays-Bas, *Pays-Bas c. Urgenda*, 20 décembre 2019 ; Cour constitutionnelle allemande, *G. crts c. République fédérale d'Allemagne*, 24 mars 2021, 1 BvR 2656/18, 1 BvR 78/20, 1 BvR 96/20, 1 BvR 288/20.

et du milieu naturel de l'Europe[88]. En effet les procédures de contrôle auxquelles invite cette convention comptent parmi les plus élaborées à l'échelon international. Le Comité permanent institué par cette commission reçoit des pouvoirs étendus quant à la mise en œuvre (art. 14 de la Convention de Berne) ; une procédure de plainte par une partie contractante, une personne privée, une ONG ou un groupe de particulier permet de dénoncer la non-observation de la convention à ce comité, qui instruit et, le cas échéant, peut faire des recommandations aux Etats, quant aux mesures à prendre. Un tel mécanisme constitue en fin de compte le meilleur moyen de donner une certaine effectivité à l'application des obligations parfois complexes en matière de biodiversité ; il incorpore à la fois une gouvernance adaptée et un processus de contrôle de tous, indépendamment d'une atteinte à un droit subjectif. S'il était complété d'un système juridictionnel, il serait parfait ![89]

En conclusion, lorsqu'il s'agit de contrôle de la mise en œuvre de normes poursuivant un intérêt général, des procédures de contrôles spécifiques peuvent s'imposer par rapport au contrôle judiciaire traditionnel, lorsqu'elles sont aptes, nécessaires et adéquates, au sens du principe de proportionnalité, pour assurer l'effectivité du droit.

7. Synthèse

La relation de l'homme avec la biodiversité fait apparaître une interdépendance que le droit peine encore à intégrer pleinement. Même si travaux de l'ONU invitent à considérer que la protection des droits de l'homme doit inclure celle des écosystèmes et leur capacité à se maintenir en équilibre, ces aspects ne sont pas encore incorporés au concept de « droit à un environnement sain » dans la jurisprudence de la Cour EDH.

L'ampleur de la dégradation de la biodiversité à l'échelle planétaire implique une priorité de l'intérêt environnemental et une urgence dans l'action, qui est par ailleurs complexe (par la coordination nécessaire à l'échelle internationale, ou locale, sur un même territoire ; par la gestion des incertitudes quant à une évolution des milieux naturels, etc.) ; le principe de proportionnalité est appelé à orienter les choix dans la pesée des intérêts à entreprendre. La jurisprudence montre une tendance à la priorisation de l'intérêt environnemental, à la défaveur d'intérêts économiques, cela en Suisse comme ailleurs[90] ; mais sans que la question des relations entre la dégradation

[88] RS 0.455.

[89] S. MALJEAN-DUBOIS, S. MABILE, Actions et interactions normatives pour la protection de l'environnement, in : *Pour un droit commun de l'environnement, Mélanges en l'honneur de Michel Prieur*, Dalloz, Paris, 2007, p. 794 s.

[90] De Sadeleer, C.-H. Born, OP. CIT., P. 487 ET 495.

des milieux naturels et les atteintes au droit à la vie ou au cadre de vie aient été tranchées.

Le principe de proportionnalité aura un rôle de plus en plus essentiel à jouer en présence de menaces d'irréversibilité. Les limites planétaires pourraient être conçues en tant que normes supra-constitutionnelles ou « restrictions fondamentales » ; dans ce contexte, il s'agira de répartir les sacrifices à entreprendre, parfois de les compenser, dans une échelle de valeurs inversées. Il pourra aussi s'agir de répartir des quotas d'usage en repensant les principes d'égalité et de proportionnalité.

Un autre point qui pourrait être bousculé est celui de l'appréciation du critère de l'aptitude, en présence de mesures, qui, considérées à elles-seules, ne peuvent résoudre un problème plus global. C'est ici la question de la causalité éclatée ou diffuse que l'on retrouve également en matière climatique. De notre point de vue, il s'agit désormais de raisonner en termes de contribution à un objectif et non de causalité ; c'est la capacité (économique, ou liée à la maîtrise juridique, etc.) qui détermine l'ampleur des obligations à entreprendre dans la perspective de respecter un objectif global.

Enfin, on pourrait à notre sens envisager un droit à la biodiversité, dans la même mesure que certaines juridictions ont reconnu un droit à exiger des mesures de l'État en matière climatique, lorsque le droit à la vie ou celui de la protection des générations futures sont menacés. Mais, plus idéalement, nous sommes d'avis qu'un contrôle du citoyen ou des ONG se conçoit mieux lorsqu'il permet d'approcher pleinement l'évaluation d'une politique. Nous avons donné un exemple d'une figure permettant un tel contrôle ; cela implique une forme de gouvernance spécifique (une instance indépendante chargée d'évaluer les plaintes et de prescrire des recommandations), qui puisse ensuite être complétée d'un contrôle juridictionnel.

PARTIE V.

DROITS NATIONAUX / JUGES NATIONAUX

CHAPITRE 11.

Necessity Principle Versus The Proportionality One Regarging Freedom of Expression In Spain When The Judges Prioritize Need

MAR AGUILERA VAQUÉS
Professor of Constitutional Law, University of Barcelona

1. Principles and rules

The law includes "principles", which are not rules, and that principles are an essential part of the law[1]. Starting from these contentious premises hereunder some thoughts will be offered around two principles of interpretation: the necessity principle and the proportionality one regarding fundamental rights in the Spanish courts taking into account the EU Charter of Fundamental Rights and the European Convention of Human Rights[2].

Specifically, the following pages pretend to evidence that in some circumstances proportionality interpreted in a broad way is not enough and bare necessity principle should be implemented due the impact of the regulation. Basically the text will refer to regulations that make differences

---

[1] R. ALEXY, *Theory of constitutional rights*, Oxford, Oxford University Press, 2002, p. 93. R. ALEXY, *Tres Escritos Sobre los DerechosFundamentales y la Teoría* de los Principios, Universidad *Externado de Colombia*. N. 28 Serie de Teoría Jurídica y Filosofia del Derecho. Bogotá, 2003. R. ALEXY, Formal principles: some replies to critics, *Int J Constit Law*, 12(3), 2014, p. 511; and R. DWORKIN, The Model of Rules, *University of Chicago Law Review*: Vol. 35, 1967.

[2] This chapter takes as the starting point the main ideas set in: N. EMILIOU, *The Principle of Proportionality in European Law*, London, La Haye, Boston, Kluwer, 1996. N. EMILIOU, *The Principle of Proportionality in European Law*, Londres, La Hague, Boston, Kluwer International, 1996. J.GARCIA ROCA and P. SANTOLAYA (coord.), *Europe of Rights: A compendium on the European Convention of Human Rights,* Leiden-Boston, Martinus Nijhoff Publishers, 2011.

based on ethnicity which should never be applied, are suspicious on its face and if needed strict scrutiny have to be imposed. Therefore, the one passing the law, rule or policy that talks about communities and culture linked to ethnicity is the one that has the burden of proof. A proof that has to be stated in a strict manner. Which in the American Constitutionalism doctrine is broadly known as strict scrutiny[3]. Therefore, only when really necessary such rule can be applied. For instance, when interpreted in a positive way affirmative action plans to promote real equality.

On the same note, here it will be explained that such necessity principle requirements should apply to freedom of expression. Taking into account that necessity is part of the principle of proportionality but here, taken alone, it amounts to a principle that goes further from the proportionality and reverses the burden of proof and tackles necessity. These lines will focus on the Spanish cases on freedom of expression. Underling that strict scrutiny should apply too when freedom of expression is limited.

This text starts also from the assumption that the proportionality principle is part of the constitutional fundamental rights interpretation system[4] that applies the proportionality test in a way similarly to the test applied in German administrative law and in the way that has been developed by the European Courts[5] which split it into three levels or phases of justifiability: suitability, necessity and proportionality *strictu sensu*. And all together tackles law interpretation regarding limits by public powers upon such fundamental rights.

Thus, proportionality test first level takes into account the relationship between means and goals within the context of natural and juridical causality, the adequacy of the instruments devised by the legislator or the public power to reach the public-interest objectives. Accordingly, only a reasonable connection is needed between the means and the end. Therefore, it will not be proportional only if there is a "manifest unsuitability" of the chosen instruments. When implementing the proportionality principle, once the suitability test has been successfully concluded, the necessity test, the second

---

[3] L. H. TRIBE, *Constitutional Choices*, Cambridge, Harvard University Press, 1985. L. H. TRIBE, *The Invisible Constitution*, Cambridge, Oxford Univ. Press, 2008.

[4] J. BARNES, El principio de proporcionalidad. Estudio preliminar, 5 *Cuadernos de Derecho Público*, septiembre-diciembre, 1998, p. 15. A. BARAK, *Proportionality. Constitutional Rights and their Limitations*, Cambridge, 2012. R.H. Fallon, *Implementing the Constitution*, in 111 *Harvard Law Review* (1997), 56 seq. M. GONZÁLEZ BEILFUSS, *El principio de proporcionalidad en la jurisprudencia del Tribunal Constitucional*, Navarra, Thomson–Aranzadi, 2003. K. MÖLLER, *Proportionality and Rights Inflation*, in G. HUSCROFT - B.W. MILLER - G. WEBBER, *Introduction*, in *Proportionality and the Rule of Law. Rights, Justification, Reasoning*, Cambridge, Cambridge University Press, 2014, p.15.

[5] Vid also: G. SCACCIA, Proportionality and the Balancing of Rights in the Case-law of European Courts, Rivista di Diritto Pubblico Italiano,comparato,europeo, n.4/2019. T.-I. HARBO, *The Function of the Proportionality Principle in EU Law*, in *European Law Journal* 2010, 158, pp. 166-168.

test, applies. The aim is to ascertain whether the legislative action is the mildest among those theoretically fit to achieve the same goal, so as to minimise the limitations upon individual rights without affecting the public interest. Finally, in the third level, the proportionality test in the strict sense is solved in a comparative assessment of the goods and constitutional interests sacrificed in the legislative deliberation. Nonetheless, this phase cannot be confused with a mere balancing of interests.

By and large, the second test, the necessity test, is the more frequently applied. A second test that it can be linked with the necessity principle as it will be detailed below.

Actually, the implementation of the first test is improbable. Normally it is rare that measures adopted by the legislator reveal to be entirely inadequate, on a practical and theoretical level, to the aim they are intended for as required by this first test.

Still, frequently the instruments chosen by the legislator may not be the least invasive of individual liberties, and therefore may cause a disproportion, an "excessive action" in the attempt of protecting goods or public interest which is the second test.

At the end, proportionality in the strict sense, the third test, is often residual[6]. It only applies when, in the presence of discussions are equivalent in terms of suitability, efficacy, and invasiveness, the observance of the public interest can only be followed by an action that it is not the lightest among those applicable. In such case, public goals and liberties have to be weighted and public benefits must prove most relevant or damage to rights caused by the ruling minimised. Which is, at the end, the same as balancing all the interests at stake.

Ultimately, the proportionality principle three tests leave wide room for judiciary discretion. Hence, for example, when examining which is the lightest decision that should be chosen – one that doesn't needlessly limits rights and liberties – it should still ensure a public interest satisfactory outcome. Therefore, this measurement is gradualist and can definitively entangle errors.

2. Proportionality test as the guideline for the general appraisal of any measure that poses limitations on rights

Nonetheless, the proportionality test is still today the guideline for the general appraisal of any measure that poses limitations on rights. And, when applying this principle together with the three tests that embraces the principle,

[6] M. PURCHASE and M. CHAMBERS, *Proportionality: what does it mean and when does it need to be applied?* London, Thomson Reuters, 2021, p.23.

necessity test, the second test, is capital[7]. Still, it is interpreted in a proportionality context. However, can this concept "necessity", have its own interpretation autonomy? And if yes, how should it work?

There are mainly two views concerning the relationship between constitutional rights and proportionality principle. For many, there is an essential connection between constitutional rights and proportionality; for others, to decide whether constitutional rights and proportionality are connected depends on what a Constitution enshrines, that is, on positive law. One has to do with the necessity thesis, the second with the contingency thesis. If we take into account the necessity thesis, the legitimacy of proportionality approach has to do with the nature of constitutional rights, whereas if we approach it from the contingency thesis, it will depend on the interpretation.

In essence, proportionality requires that advantages due to limiting the right are not outweighed by the disadvantages to exercise the right. Which is, any limitation on a right must be justified. Hence, safeguards accompanying some limitations can support such rights limitations. This, in our opinion and as it will be explained here could not be enough even if the measure is adequate to achieve a legitimate objective.

Without wishing to delve into the debate on rules, principles, proportionality and necessity; here we start from the following notions and assumptions regarding necessity. Necessity is a fundamental principle when assessing the restriction of fundamental rights. Whereas proportionality focusses on the the advantages due to limiting the right are not outweighed by the disadvantages to exercise the right[8] (), necessity is more strict. It focusses on the need. Or in the idea that in some contexts, when limiting a right this could only be done if this is strictly necessary.

The principle of necessity that is defended here and that has been followed by the Spanish Constitutional Court and the European Court of Justice[9] includes strict scrutiny which also means that the burden of proof is reversed. Meaning that the one that wants to pass the norm or implement it is the one that is responsible for the test load.

Generally, necessity is part of the proportionality test meaning that necessity has to be justified on the basis of objective evidence and is the first step before assessing the proportionality of the limitation.

The principle of proportionality embodies an elementary idea of material justice: the outlawing of all sacrifices of freedom useless, unnecessary or disproportionate. It is, therefore, a general principle that, although not written,

---

[7] A. STONE SWEET and J. Mathews, *Proportionality Balancing and Global Constitutionalism*, in 47 Columbia Journal Transnational Law (2008), p. 72 ss.

[8] M. PURCHASE and M. CHAMBERS, op. cit.

[9] F. CLAUSEN, Le contrôle de proportionnalité par la Cour de justice de l'Union européenne, *AJDA*, 2021, p.800 and D. SIMON, Le contrôle de proportionnalité exercé par la Cour de justice des Communautés européennes, *LPA*, 5 mars 2009.

is re-known at the highest level, and therefore binds all public authorities. In Spain, the Spanish Constitutional Court has made a number of pronouncements which, being traceable to a systematic and unitary conception of the action of the State and the dignity of the person to whom it is addressed, resolve to state that the principle of proportionality is inherent in the rule of law and the value of justice proclaimed in art. 1.1 of the Spanish Constitucion (Barnes, 1998). Hence, the principle of proportionality is enshrined in the rule of law as stated in article 1.1. of the Spanish Constitution (hereinafter "SC"). Since the beginning, Spanish Constitutional Court Judgements 65/1986, 160/1987, 50/1995, 173/1995, hereinafter "STC" have hold that "the principle of proportionality is inherent in the value of justice".

Therefore, when a limitation on a right does not maintain the reasonable relation of proportionality (proportionality in the strict sense), the norm injures the fundamental value of the justice proper to a rule of law and of a public activity that is not arbitrary and respectful of dignity. of the person (SSTC 66/1985, 65/1986, 160/1987, 111/1993, and 50/1995).

Moreover, Spanish Constitutional Court, also from the very start, has concluded (STC 55/1996) that when the rule is disproportionate because it establishes an unnecessary restriction, it becomes "arbitrary" and infringes on "the basic principles of justice inherent in the dignity of the person and the rule of law."

3. The necessity principle and freedom of expression in Spain

However, in this text it will be pointed that eventually the proportionality test understood in the way that it was just described is not enough. The necessity principle, *strictu sensu*, and understood in connexion with the burden of proof, which will be reversed, applies. And this operates in some contexts and rights mostly regarding freedom of expression and the right to do not be discriminated against when the distinction is based on ethnicity. Although the reasoning that is explained here could be translated to any other open society, here we focus on Spanish cases. Starting with freedom of expression the context is that last years during the soccer finals The government has reacted angrily to deafening jeers that King Felipe VI had to endure during the national anthem at Spain's soccer finals as it happened in Barcelona matches in 2015 and previously. This brought to the banning of Catalan independentist flags in 2017 by the Spanish authorities in Madrid during *La Copa del Rey* final. This decision was challenged by a group of lawyers claiming freedom of expression in front a Spanish ordinary Court through a preferential and summarized procedure since it tackled fundamental right.

Here, the first instance judge from Madrid, although it took into account the fact that independentitst flags in a soccer final by Barça in Madrid might create a lot of tension should not be banned. The reasoning was, among other factors, that freedom of expression, stated the Madrid judge implementing the European Court of Human Rights doctrine, is the spine of democracy and it should only be limited when there is a real need (Administrative Court Number 11, *Sentencia Juzgado Contencioso-Administrativo Número* 11 de Madrid 253/2017).

On the same note, in the European Court of Human Rights case Delfi AS v. Estonia (application no. 64569/09) ECHR 205 (2015) 16.06.2015 case, the Grand Chamber of the European Court of Human Rights considered that a fine of 400 euros on an internet commercially-run internet news portal owner for offensive online comments of its readers was proportional and therefore there was no violation of article 10 of the European Convention of Human Rights. Whereas in Eon v. France case, no, it was neither proportional, neither needed. Not even a fine of 30 euros (Eon v France, no. 26118/10, 14 March 2013). In Eon the applicant, Hervé Eon, was a French national, a socialist and anti-GM activist living Laval (France). The case concerned his conviction for insulting President Sarkozy. France was rebuked for conviction of man who held up sign criticising Sarkozy, by then the President of France, even though it was for a very small sum of money and although Hervé Eon was convicted and fined for holding up a cardboard sign that read 'Casse-toi pov'con' – or « Get lost, you prat ». No fine, even small, was feasible. Such small sum could had been considered proportional taking into account the small amount and many other elements. However, there was no "need".

Since its famous Handyside decision in 1976, the European Court of Human Rights (ECtHR) has stressed on numerous occasions that freedom of expression constitutes "one of the essential foundations of [a democratic] society", and that "it is applicable not only to 'information' or 'ideas' that are favorably received or regarded as inoffensive or as a matter of indifference, but also to those that offend, shock or disturb the State or any sector of the population". Yet, like freedom to manifest religion or belief, freedom of expression is not without limits. These limits, as stated by the ECtHR, may vary from State to State.

As enshrined in article 10 of the ECHR everyone has the right to freedom of expression [10]. Actually, the ECtHR has underlined in numerous decisions regarding freedom of expression and its limits that such limits usually include:

[10] Article 10 of the ECHR: "1. Everyone has the right to freedom of expression. This right shall include freedom to hold opinions and to receive and impart information and ideas without interference by public authority and regardless of frontiers. This article shall not prevent States from requiring the licensing of broadcasting, television or cinema enterprises. 2. The exercise of these freedoms, since it carries with it duties and responsibilities, may be subject to such formalities, conditions, restrictions or penalties as are prescribed by law and are necessary in a democratic society, in the interests of national security, territorial integrity or public safety, for the prevention of disorder or crime, for the protection of health or morals, for the protection of the reputation or rights of others, for preventing the disclosure of information received in confidence, or for maintaining the authority and impartiality of the judiciary".

defamation, incitement to hatred, to violence and to discrimination against a person, a group or a community.

Moreover, the Court has stated that in the ECHR system, these limits must be prescribed by a judge, according to the law, have a legitimate goal (protection of public order, safety, reputation, etc.) and be necessary in a democratic society. Does this mean that the proportionality test could not be strict enough when tackling freedom of expression limitations? Should freedom of expression be at the centre of the fundamental rights interpretation? Could we talk of a hierarchy of rights? Can article 19 of the The United Nations Universal Declaration of Human Rights have an impact on its interpretation too? Article 19 UDHR also states that everyone has the right to freedom of opinion and expression and that such right includes "freedom to hold opinions without interference and to seek, receive and impart information and ideas through any media and regardless of frontiers"[11]. Overall, freedom of expression, as underlined by the United Nations "makes electoral democracy meaningful and builds public trust in administration".

Considering all this elements, would the proportionality principle be enough? The same applies to access to information: "Access to information strengthens mechanisms to hold governments accountable for their promises, obligations and actions. It not only increases the knowledge base and participation within a society but can also secure external checks on state accountability, and thus prevent corruption that thrives on secrecy and closed environments". And also to UN statement on the extent of freedom of speech under international law" and to freedom of expression regarding blasphemy, Laws restricting blasphemy are, indeed, incompatible with Universal human rights standards (General Comment No. 34). UN Comment 34 comes down strongly against religious limitations on speech: "It does so not only by asserting that the right to free speech is foundational to a free and democratic society as well as to the protection and promotion of other rights. It also appeals explicitly to the values of freedom of

---

[11] Article 19 UDHR also states that: "Everyone has the right to freedom of opinion and expression; this right includes freedom to hold opinions without interference and to seek, receive and impart information and ideas through any media and regardless of frontiers"; and article 19 ICCPR states that "1. Everyone shall have the right to hold opinions without interference. 2. Everyone shall have the right to freedom of expression; this right shall include freedom to seek, receive and impart information and ideas of all kinds, regardless of frontiers, either orally, in writing or in print, in the form of art, or through any other media of his choice. 3. The exercise of the rights provided for in paragraph 2 of this article carries with it special duties and responsibilities. It may therefore be subject to certain restrictions, but these shall only be such as are provided by law and are necessary: (a) For respect of the rights or reputations of others; (b) For the protection of national security or of public order (ordre public), or of public health or morals". In this context, United Nations in relation to freedom of expression has insisted on the fact that freedom of expression has to be considered the cornerstone right - one that enables other rights to be protected and exercised. It has even talked in numerous decisions and comments about "the full enjoyment of the right to freedom of expression" as the "central to achieving individual freedoms and developing democracy and plays a critical role in tackling the underlying causes of poverty".

conscience and equality before the law". Moreover, according to paragraph 48, "Prohibitions of displays of lack of respect for a religion or other belief system, including blasphemy laws, are incompatible with the Covenant, except in the specific circumstances envisaged in article 20, paragraph 2, of the Covenant (ICCPR)." And insists on the fact that the only expressions that should be limited by all means in the context of Article 20 (ICCPR), paragraph 2 calls on states to prohibit "advocacy of national, racial, or religious hatred that constitutes incitement to discrimination, hostility, or violence." (UN Comment 34).

In a like manner the American Court of Human Rights decided on the same topic (Corte Interamericana de Derechos Humanos. Caso "La Última Tentación de Cristo" (Olmedo Bustos y otros v. Chile) Sentencia de 5 de febrero de 2001)[12]. Only when "needed" expression could be limited.

Back to Spain[13], an ordinary court in the south of Spain fined a young man for uploading a photomontage of Christ to Instagram. Even though this was his private, small Instagram account he faced a fine of up to 2,400 euros for a a crime against religious feelings, pursuant to article 525 Criminal Code (refurbished in 2015)[14]. He ended paying almost 1000 euros which was more than his monthly salary. In 2011 the European Court of Human Rights condemned Spain in the Arnaldo Otegi Mondragon v. Spain, case of March 15th, 2011 because it considered that the improsinment of Otegi, MP, for insulting the king of Spain, the head of Spanish army, was against article 10 of the ECHR.

Here the ECtHR took into account that: Otegi as an MP and spokesperson at the Parliament. That the expressions, which were very offensive and insulting towards the king of Spain, were part of the public debate and of public interst. There was a lively political debate. It also considered that the king was a public person, the head of the army and that the insults were not regarding his private life but about him as the head of the State. It also took into account that ETA terrorist actions had ended after it declared the cease of the violent campaing the 20 October. Finally, in this decision the ECtHR expressed that freedom of expression can only be limited "if there is a real need" and reminded that freedom of expression: is crucial for democracy.

The same was declared in the Judgment of the European Court of Human Rights Stern Taulats and Roura Capellera v. Spain, 13 March 2018. In Roura Capellera two activists burned an image of the king of Spain and here, again the ECtHR insisted on the previously stated in the Otegi case and on the concept of "real need"[15].

---

[12] http://www.corteidh.or.cr/cf/Jurisprudencia2/ficha_tecnica.cfm?nId_Ficha=263&lang=e

[13] For a more comprehensive explanation on the tòpic vid.: M. AGUILERA VAQUÉS and R. SERRA CRISTOBAL, *Rights and Freedoms in the Spanish Constitution*, Valencia, Tirant lo Blanch, 2015.

[14] M. AGUILERA VAQUÉS, *Blasphemy, Religion, Freedom Of Expression And The Law. A Juridical Perspective In Europe*, Barcelona, RISECI, Blanquerna, 2014.

[15] Vid.: M. AGUILERA VAQUÉS, *Rights and Freedoms. Cases*, Barcelona, Edicions UB, 2021.

How important is this concept "real need" and when it should be applied? When facing distinctions that might be discriminatory, specially the United States doctrine, makes a difference between differentiations[16]. Then, if a distinction is based on age or place of residence if it is reasonable will be constitutional. Therefore, the one challenging the norm or the public decision/limitation, is the one that has the burden of proof. It is the one that will have to show that there was discrimination, most probably indirect discrimination as it might occur in Gerrymandering cases. For these differentiations the scrutiny will be low.

Next, when a differentiation is based on gender, the scrutiny upon the difference will be medium. The ones taking the measure or passing the norm will be the ones that have to justify it and also the ones challenging the measure. Therefore, here, medium scrutiny applies[17].

Finally, any difference based on the ethnicity should be considered discriminatory on its face. The one passing the law or taking the measure, imposing the limitation, is the one that should prove that the measure is not discriminatory. There is a reverse burden of proof. There has to be a need. Strict scrutiny applies. Only if there is a real need the norm will be acceptable. Which is constitutional, according to the ECHR or the UNDHR.

In our opinion this goes further than the proportionality principle. Other elements must be taken into consideration such as human dignity ex art. 10 SC.

In 1992 Spain was condemned by the UN Human Rights Committee because the distinction based on the ethnicity was considered discriminatory and against human dignity even though the Spanish Constitutional Court stated that this was proportional: "Identify yourself, you're black". This is what the Spanish police told Ms Williams when she exited the train in Valladolid in 1992. The police claimed that this was proportional because she was the only African American on that train. And therefore, the distinction based on the ethnicity was proportional. UN granted Ms Rosalind Williams the right to do not be discriminated against after her documentation was required by the Spanish police only because of her ethnicity. Ms Rosalind Williams of Spanish nationality was born in New Orleans and was a woman whose family personally suffered racial segregation. The UN considered that there was no need to make such distinction. That other solutions could had been applied (Communication no. 1493/2006 : Human Rights Committee, 96th session, 13-31 July 2009).

[16] L. H. TRIBE, *Constitutional Law*, New York, Foundation Press, 2000. L. H. TRIBE, *The Invisible Constitution*, Cambridge, Oxford Univ. Press, 2008.

[17] L. H. TRIBE and J. MATZ, *An Ephemeral Moment: Minimalism, Equality, and Federalism in the Struggle for Same-Sex Marriage Rights*, 37 N.Y.U Rev. L. & Soc. Change 199, 2013.

4. Conclusions

In 1992 the Spanish Constitutional Court in Judgment 128/1992, which is known as Sortu case, the Cour that Sortu, which is a basque coalition of political parties that have as part of its aims the independency of the Basque country, should not be banned even though for some it was a continuation of Batasuna. Batasuna, was a political party that was banned because the Spaish Supreme Court considered that it was proved that there was a link between the terrorist group ETA and Batasuna. This Supreme Court decision was ratified by the Spanish Constitutional Court and by the European Court of Human Rights.

Whereas in Sortu, eventhough Sortu was banned by the Spanish Supreme Court, this decision was reversed by the Constitutional Court. In such judgment it was decided that Sortu should not be banned because the right to associate, freedom of expression and the right to vote should prevail and also because there was no evidence that Sortu was a continuation of Batasuna. The fact that Sortu seeks the independence of the Basque country, although contrary to the Spanish Constitution, was not illegal; therefore, was and it is not enough to declare Sortu banned. In the same way that a Republican party such *Podemos* or *Esquerra Republicana de Catalunya* can not be forbidden either although Spain is a monarchy. As long as the means are legal the party will be in the constitutional frames too. The political rights must prevail as a fundamental part of any democracy.

In Eon, even though the President of France, by then Sarkozy, received despicable insults, a simple fine was considered contrary to art. 10 ECHR by the ECtHR.

In both cases, the analysis of the limitations on freedom of expression was even more strict than mere proportionality. The scrutiny was strict and the ones imposing the limitations, as it happened in the UN Rosalind Williams case, could not prove that such limitations were “needed”. Neither in the soccer final Barça case. The Spanish authorities could not prove to the ordinary judge that there was a need to ban such independentist flags.

All this leads to think that when analyzing freedom of expression strict scrutiny should be applied and that if the proportionality principle is implemented the second test should be capital or directly the principle of necessity meaning that the burden of proof should be upon the one implementing the restriction.

CHAPITRE 12.

The prevention of torture as an international obligation: the role of national preventive mechanisms

JAUME SAURA
Professor of International Law, University of Barcelona

The international prohibition of torture and other ill-treatment

It is widely recognized among jurists and activists that the prohibition of torture, as well as other forms of mistreatment, constitutes an absolute and non-derogable obligation, without limits or exceptions, for sovereign States and their agents. This has not always been the case, nor is this radical prohibition an impediment for torture, and other lesser forms of physical and mental abuse, to continue to be widely practiced everywhere, but at the very least we can firmly affirm that international law, and in general, national legal systems, seamlessly prohibit its practice.

Among the international treaties in force on the matter, art. 2.2 of the 1984 Convention against Torture establishes the absolute and imperative nature of the prohibition of torture and indicates that States parties may not invoke any type of circumstance, however exceptional, to try to justify ill-treatment in any territory under its jurisdiction.

In this sense, the Committee against Torture (the body that monitors the said treaty) has expressed concern, and has absolutely condemned, "the efforts made by States to justify torture and ill-treatment as a means to protect public security or avoid emergencies in these or any other situation" and has also rejected "any justification based on religion or tradition for the violation of this absolute prohibition."[1]

---

[1] General Comment No. 2, "Application of Article 2 by States Parties", UN Doc. CAT / C / GC / 2, of January 24, 2008, para. 5.

Unfortunately, even in "civilized" countries, beyond the occasional, opportunistic and opaque practice of torture, an understanding is being shaped by which certain groups (be them terrorists, anti-establishment movements or migrants, to name a few), as "dangerous or harmful entities" for society may be susceptible to pejorative treatment on a legal scale; for being who they are, not for doing what they do.[2] Some call it "criminal law of the enemy" and it leads these groups to suffer ordinarily an institutional mistreatment that the rest of the citizenship does not (usually) suffer. In the case of terrorists, this legal framework has even had doctrinal support from authors of undoubted prestige such as Michael Walzer or Alan Dershowitz who have advocated, in extreme situations, the use of torture (or « coercive interrogation methods »).[3]

Such theses, however, do not have any legal grounds in international law, within which framework, based on the absolute prohibition that we have mentioned above, a series of international obligations are established, including:[4]

i) Obligation of the State to respect, through its agents, the prohibition of torture and inhuman treatment. It is important for these purposes to remember that art. 2.3 to the Convention does not admit due obedience as a justification for torture.

ii) Obligation to protect every person under its jurisdiction or effective control from acts of torture and inhuman treatment.

iii) Obligation to refrain from extraditing or returning any individual to a country where there are well-founded reasons to believe that he may be subjected to torture (principle of non-refoulement).

iv) Obligation to establish an independent and effective apparatus to eradicate, prevent and repress torture. To this end, it is necessary to arrest the persons responsible for this crime or "take other measures to ensure their presence" in order to allow the initiation of a criminal process with all the guarantees.[5]

iv) Obligation to establish its own criminal jurisdiction over the perpetrators of crimes, with a universal character.

v) Obligation to fully and effectively repair all damage caused to victims by acts of torture and inhuman treatment.

These measures can never be suspended, "nor due to exceptional circumstances such as a state of war or threat of war, internal political instability or any other public emergency" (art. 2.2).

---

[2] I. MENDIOLA, *Habitar lo inhabitable. La práctica político-punitiva de la tortura*, Edicions Bellaterra, Barcelona, 2014, p. 169-175.

[3] ÁLVAREZ RODRÍGUEZ mentions WALZER's "dirty hands doctrine" and DERSHOWITZ's utilitarian approach in *Sobre la prevención de la tortura*, Servicio de Publicaciones Facultad de Derecho, Universidad Complutense, Madrid, 2020, p. 103-104.

[4] F. MARIÑO MENÉNDEZ, "La erradicación de la tortura como objetivo jurídico: Luces y sombras de la contribución del derecho internacional", *Eunomía. Revista en Cultura de la Legalidad* n. 1, September 2011 – February 2012, p. 101-102.

[5] I. RIVERA BEIRAS, "El derecho internacional de los derechos humanos. Las obligaciones contraídas por los Estados, en especial el español", *Privación de libertad y derechos humanos. La tortura y otras formas de violencia institucional*, Icaria editorial, Barcelona, 2008, p. 51.

As can be seen, most of these obligations have a "protective" dimension; that is, they are reactive to violations that have already occurred of the right not to suffer torture or ill-treatment. Although some of them must be established *ex ante* in order to punish acts of torture (i.e. define the crime and establish the jurisdiction), the rationale of most State duties is *ex post facto*.

However, a legal obligation also exists to prevent torture from actually occurring, as "the fight against torture has to be carried out in all settings, although perhaps one of the most relevant is the area of prevention, awareness and education".[6]

The obligation to prevent torture

Article 2.1 of the Convention against Torture establishes that "Every State Party shall take effective legislative, administrative, judicial or other measures to prevent acts of torture in any territory under its jurisdiction." Therefore, for the Committee against Torture, "States parties are obliged to eliminate all legal and other obstacles that prevent the eradication of torture and ill-treatment, and to adopt effective measures to effectively prevent such conduct and its repetition."[7] Also, the Human Rights Committee has stated that "In order to deter any violation of article 7 [of the International Covenant on Civil and Political Rights], it is important that the Law prohibits the use or admissibility in judicial proceedings of statements or confessions obtained through torture or other treatment prohibited".[8]

Such preventive obligations have little correlation with the supervisory mechanisms of these treaties and rather respond to the logic of denunciation and processing of cases; documentation ; public denunciation; pressure from public opinion; and condemnation of those responsible of these acts and to the States in a public international process.[9] An approach also present in the European Court of Human Rights, which as a court of justice can only adjudicate violations that have already occurred of rights contained in the Rome Convention.[10]

---

[6] S. Ribotta, "Reflexiones sobre la tortura", *Papeles El Tiempo de los Derechos*, n. 5, 2011, p. 2.

[7] General Comment No. 2 of the Committee against Torture, Para. 4.

[8] General Comment No. 20 of the Human Rights Committee, Para. 12.

[9] N. Boeglin, "Problemas y desafíos en la implementación del Protocolo Facultativo a la Convención contra la Tortura de las Naciones Unidas: de una idea a un protocolo onusiano", F. Mariño Menéndez – A. Cebada Romero, *La creación del mecanismo español de prevención de la tortura*, Iustel, Madrid, 2009, p. 26.

[10] Notwithstanding, the Courts' jurisprudence has developed the doctrine of positive obligations of the States; Obligations that include in a very prominent way the duty to effectively prevent the violation of the Convention. In this respect, the judgment in *Republic of Ireland versus The United Kingdom* (1978) established for the first time that according to articles 1 and 14 of the European Convention, the States parties must not limit themselves to respecting the rights and freedoms that it establishes, but must "prevent or punish violation at lower levels" (para. 239).

In any case, despite the fact that the legal obligation to "prevent" torture is fully enforceable in international law, the perspective of international instruments continues to be reactive: if this obligation to prevent is violated, the international responsibility of the State is produced and there will be a duty to restore the *ex-ante* situation, repair the damage caused, give guarantees of non-repetition, etc. This corresponds to a form of indirect prevention approach that "takes place once there have already been cases of torture or ill-treatment and tries to prevent such cases from occurring again, by investigating the cases, reporting, litigating, the prosecution and punishment of the guilty, as well as reparation to the victims".[11] But as the Subcommittee on Prevention of Torture (SPT), to which we will refer later, has pointed out, complying with the legal commitments made in international instruments that have a preventive effect is rarely sufficient to effectively prevent torture.[12]

There is however another approach, direct prevention, which "tries to prevent torture from taking place by reducing risk factors and eliminating possible causes, through staff training, education and regular visits to places of deprivation of freedom; direct prevention looks to the future and, in the long term, seeks to create an environment in which there are no conditions that facilitate ill-treatment and torture."[13]

This approach requires not only complying with the obligations relating to the prohibition of torture, but also "paying attention to all other factors related to the experience and treatment of persons deprived of their liberty and which, by their nature, may be specific to each context".[14] It is about focusing less on acts of torture and more on the conditions that may trigger them.[15] In short, it means assuming that torture and ill-treatment occur because there is a social environment that tolerates it.

As with any other criminal phenomenon, torture is a social problem, not only of the bodies in charge of enforcing the Law: "civil society is ultimately responsible for the actions of its own public officials, for acting or omitting actions to prevent torture, punishing those responsible, socially condemning the conduct of mistreatment or judges who are negligent with the protection

---

[11] E. PINO GAMERO, "El sistema de prevención de la tortura del protocolo facultativo a la convención contra la tortura", *Universitas. Revista de Filosofía, Derecho y Política*, nº 18, julio 2013, p. 10-11.
[12] SPT : "The approach to the concept of prevention of torture and other cruel, inhuman or degrading treatment or punishment by the Subcommittee for the Prevention of Torture within the framework of the Convention against Torture and Other Cruel, Inhuman or Degrading Treatment", Doc. CAT / OP / 12 & 6, of December 30, 2010, para. 3.
[13] Ibidem.
[14] Ibidem.
[15] I. RENZULLI, "A critical reflection on the conceptual and legal foundations of the duty to prevent torture", *The International Journal of Human Rights*, vol. 20, n. 8, 2016, https://gala.gre.ac.uk/id/eprint/16022/1/16022%20RENZULLI_Duty_to_Prevent_Torture_2016.pdf (last visited: 1 March 2021), p. 6.

of the victims, etc.";[16] in short, it is society which ultimately admits or not impunity for these behaviors. If in the first approach (indirect prevention) the goal is deterrence (convincing the perpetrators that torture is punishable), the second one (direct prevention) aims to mitigate the risk factors and causes of torture.[17]

The Optional Protocol to the Convention against Torture of 2002, and its European antecedent, the European Convention for the Prevention of Torture (1987) respond to this direct prevention approach, with a pragmatic and multidisciplinary perspective, and without entering into the dynamics of repression and sanctioning of a State or a perpetrator for the effective commission of acts of torture. An approach, however, that can generate misgivings among States, as prevention "is based on indicators that violations may be committed in the future, without proof that these acts have already been committed" with the consequent cost to the reputation of the State.[18] Besides, it presupposes "sustained action over time, it is a long and costly process" without tangible results in the short term; and, finally, "to be effective it must be diffuse in space and requires the collection and treatment of a considerable set of data as a prerequisite".[19]

These misgivings may explain the lukewarm reception and difficulties in the deployment of the Optional Protocol beyond the European region, where the powerful benchmark of the European Committee for the Prevention of Torture already existed.

Optional Protocol to the Convention against Torture

After the failure of the adoption of an additional protocol to the Convention against Torture during its negotiation in the early 1980s, talks were resumed a decade later thanks to the momentum of the Vienna World Conference on Human Rights (1993). Its final declaration pointed out that "efforts to eradicate torture should focus above all on prevention" and requested that "an optional protocol to the Convention be adopted as soon as possible (...) aimed at establishing a preventive system of periodic visits to places of detention".[20]

---

[16] L. ZÚÑIGA RODRÍGUEZ, "Instrumentos jurídicos para prevenir la tortura y los tratos inhumanos y degradantes", Ararteko, *La prevención y erradicación de la tortura y malos tratos en los sistemas democráticos*, XXII Cursos de Verano en San Sebastián, UPV/EHU 2003, p. 129-130. As the same author points out later on, "the most important form of prevention of torture is not in the laws, but in the minds of people, in their way of relating to those who think differently, in tolerance, that it is the material basis of democratic coexistence" (ibid., p. 132).

[17] M. FERNÁNDEZ SALDAÑA, "El delito de tortura en el Siglo XXI", *Diario La Ley*, Nº 9726, Sección Tribuna, 29 de Octubre de 2020, p. 3.

[18] ÁLVAREZ RODRÍGUEZ, *Sobre la prevención de la tortura*, cit., p. 22-23.

[19] Ibidem.

[20] World Conference on Human Rights, Declaration and Action Plan, Vienna, July 12th 1993, Doc. A/CONF/157/23, para. 61.

Negotiations on the Protocol, not without difficulties and obstacles, were carried out within the UN Commission on Human Rights, through an open-ended Working Group.[21] Despite these difficulties, the negotiations resulted in the adoption of the Optional Protocol to the 2002 Convention against Torture, largely thanks to Mexico's proposal to incorporate national mechanisms for the prevention of torture; mechanisms that did not appear in the original project and whose idea was contributed by the Mexican delegation in 2001 in order to overcome the deadlock reached in the negotiations two years earlier.[22]

The Protocol entered into force four years after its adoption (2006) and by the end of 2020 it had 90 States parties. Europe[23] and Latin America[24] are the regions in which the Protocol has had the greatest standing. By contrast, in Asia only five states (Kazakhstan, Afghanistan, Mongolia, Cambodia and the Philippines) have ratified it. In Africa there are 23 Party States, most of them belonging to the West African area.[25]

The purpose of the Protocol is defined in its article 1 in the following terms:

> "The objective of the present Protocol is to establish a system of regular visits undertaken by independent international and national bodies to places where people are deprived of their liberty, in order to prevent torture and other cruel, inhuman or degrading treatment or punishment"

Two ideas are worth highlighting at this very moment. First, the objective of establishing "regular visits (...) in order to prevent torture"; in other words, the methodology (visits) is put forward on the ultimate goal (preventing torture). Certainly, the important thing is to prevent torture, but this wording highlights that although Mechanisms can perform multiple tasks to accomplish such goal (including advice and cooperation), the hard core of the mandate lies in visiting places of detention.

The second, truly innovative idea is that this task is entrusted to two types of bodies: one of a properly international nature, the Subcommittee for the

---

[21] N. BOEGLIN, "El Protocolo Facultativo a la Convención contra la Tortura de las Naciones Unidas desde una perspectiva histórica", at Instituto Interamericano de Derechos Humanos: *El Protocolo Facultativo a la Convención de las Naciones Unidas contra la Tortura y Otros Tratos o Penas Crueles, Inhumanos o Degradantes: Un manual para la prevención*, IIDH-APT, 2004, p. 59-63.

[22] Ibid. p. 58.

[23] With important exceptions such as the Russian Federation, Belgium, Ireland and Belarus, as well as some European micro-states (such as Andorra and San Marino).

[24] In this case, the absences of Colombia and Venezuela stand out.

[25] See *13th Annual Report of the Subcommittee for the Prevention of Torture and Other Cruel, Inhuman or Degrading Treatment or Punishment*, Doc. CAT / C / 69/3, of March 16, 2020, para. 2. The last States to accede to the Convention have been Iceland (February 20, 2019) and South Africa (June 20, 2019). Information on States parties and signatories can be found on the UN website (where there are no new States parties in 2020).

Prevention of Torture and other Cruel, Inhuman or Degrading Treatment or Punishment (art 2.1);[26] and another (or others) of national character:

> "Each State Party shall set up, designate or maintain at the domestic level one or several visiting bodies for the prevention of torture and other cruel, inhuman or degrading treatment or punishment (hereinafter referred to as the national preventive mechanism)" (art. 3)

This figure is undoubtedly the most notable difference between the system established in the OPCAT and the European system for the prevention of torture and has encountered, from its very origins, fervent defenders[27] and tough opponents.[28] Fifteen years after its entry into force, it can be seen that, despite institutional designs that are not always in line with the provisions of the OPCAT, the tasks carried out by the existing NMPTs have contributed significantly to reducing situations conducive to institutional mistreatment.

National mechanisms for the prevention of torture

In this section we analyze the provisions that the Optional Protocol dedicates to the configuration and functions of national mechanisms, based on the obligation assumed by the States parties to have such an instrument at the domestic level.

1. Article 3.1 of the Protocol obliges States parties to establish, designate or maintain at the national level one or more visiting bodies for the prevention of torture. Article 17 develops and specifies this first provision in the following terms:

> "Each State Party shall maintain, designate or establish, at the latest one year after the entry into force of the present Protocol or of its ratification or accession, one or several independent national preventive mechanisms for the prevention of torture at the domestic level. Mechanisms established by decentralized units may be designated as national preventive mechanisms for the purposes of the present Protocol if they are in conformity with its provisions".

Several things may be derived from this provision:

a) It is mandatory for a State party to have a national mechanism for the prevention of torture. As we have pointed out, the Protocol establishes a monitoring system with two pillars and the national pillar is as necessary and mandatory as the international one. As we will see, although the vast majority has done so, not all States parties have yet complied with this essential obligation of the Protocol.

---

[26] All the information on the SPT can be searched a its webpage: https://www.ohchr.org/en/hrbodies/opcat/pages/brief.aspx (last seen 1 March 2021).

[27] APT : *Sí, la prevención de la tortura funciona. Conclusiones principales de un estudio mundial sobre 30 años de prevención de la tortura*, September 2016.

[28] N. BOEGLIN, "Problemas y desafíos...", cit., esp. p. 44-49.

b) The NMPT does not have to be a newly created body. It can be created, but it can also be "maintained" or "designated," which means that pre-existing bodies that were already (or not) fulfilling torture prevention functions can continue to perform those functions under the Protocol.

This issue has been controversial from the beginning, with (in general) States advocating to take advantage of pre-existing structures for practical reasons and to avoid duplication and institutional inflation, and non-governmental organizations demanding newly created instruments, in the understanding that pre-existing institutions had neither a mandate fully adapted to the preventive function imposed by the Protocol nor were they sufficiently plural.[29] Arguments that hardly attempt to hide an endemic distrust towards public institutions for the promotion and protection of human rights, which are often hardly effective in their mandate when not directly aligned with the constituted powers.

c) The MNPT must be available within one year of the Protocol's entry into force for the State party. However, art. 24 allows for a more flexible implementation of this duty. On the one hand, unilaterally, the State can make a declaration "to postpone the fulfillment of its obligations (...) for a maximum period of three years." After this period, if the State continues to have difficulties in creating, designating, or maintaining a national mechanism, it can present the case to the Committee against Torture, which, once the Subcommittee has been consulted, "may extend this period for another two years."

Currently, the Protocol has 90 States parties. All of them have been parties for more than a year. However, 21 among them have yet to comply with the obligation to create, maintain or designate a national mechanism for the prevention of torture. Some of them are still within one of the extensions provided for in the Protocol, but at least 14 are manifestly breaching its art. 17.[30] The SPT's annual reports reflect the Subcommittee's concern about unjustified breaches of this obligation "in particular because it appears that some of these States Parties continue to do little, or even nothing, to fulfill their obligations."[31]

d) The national mechanism can be "one or more". And this multiplication of mechanisms may be based on the decentralized nature of the State, since "there is no doubt that prevention is achieved more effectively if the mechanism operates in a reduced territorial area and with which it is totally familiar,

[29] In the Spanish case, the Network for the Prevention of Torture demanded "that the MNPT be a newly created mechanism, without ties to any of the institutions or organizations existing until now." Vid. DEL CURA, J. : "El proceso de puesta en funcionamiento del OPCAT y los Mecanismos Nacionales de Prevención de la Tortura", at *La creación del Mecanismo español...*, cit., p. 250. On this discussion, see also C. JIMÉNEZ CORTÉS, M. PI LLORENS, "¿Qué Mecanismo Nacional de Prevención sería el apropiado en España?", op. cit., p. 147-149.

[30] It is the case of Belize, Benin, Bosnia-Herzegovina; Burkina Faso; Burundi; D.R. Congo; Gabon; Liberia; Mongolia; Nauru; Niger; Nigeria; Philippines, and South Sudan. See at https://www.ohchr.org/EN/HRBodies/OPCAT/Pages/Article17.aspx (last visited: 1 March 2021).

[31] SPT: "13th Annual Report ...", cit., para. 27.

especially if there is a large number of places that are covered by article 4".[32] There may also be "several" specialized mechanisms in institutions of deprivation of liberty (typically, prisons and police stations, although there could also be specialized bodies in juvenile justice, psychiatric hospitals, etc.).

2. On the legal and institutional configuration of national mechanisms, art. 18 establishes a triple commitment for the States parties.

First, they must guarantee the functional independence of the mechanisms and the independence of their staff; In other words, the mechanisms must "be capable of acting independently and without interference from the State authorities."[33] As the High Commissioner for Human Rights has pointed out, the mechanisms "should not be placed under the institutional control of any of the executive branches of the government such as a ministry, cabinet or executive council, or president or prime minister. The law must explicitly provide that the executive branch does not interfere with the mandate and operations of NPMs (for example, by giving instructions to their staff, changing their mandate, etc.)".[34]

The Protocol does not provide any hint on the normative instruments of creation or designation of the mechanism, although the SPT recommends that its statute is included in a norm of the highest level, constitutional or legislative, as a formúla to ensure its independence:[35] These "texts must express their mandate, their powers, the selection process, the term of the positions, the financing and the responsibility structure", in addition to the powers of the NMPT.[36] On the other hand, "if the existence of the NMP were contemplated in a government decree, it would deprive it of the necessary independence, since its mandate could be easily modified or limited."[37]

Linked to the foregoing, secondly, the States must provide the necessary resources for the functioning of the mechanisms. If the first obligation has a legal perspective (to avoid hierarchies or dependencies established by law), this requirement has to do with material independence: the mechanisms must have sufficient human and budgetary resources to be able to independently carry out their function. Although the adequacy of resources is primarily a responsibility of the State party, nothing prevents the mechanisms from seeking external

---

[32] C. JIMÉNEZ CORTÉS, M. PI LLORENS: "¿Qué Mecanismo Nacional de Prevención sería el apropiado...", cit., p. 130.

[33] D. LONG, "El mandato y los métodos de trabajo de los mecanismos preventivos establecidos por el Protocolo Facultativo a la Convención contra la Tortura de las Naciones Unidas", at IIDH-APT: *El Protocolo Facultativo a la Convención...*, cit., p. 123.

[34] OHCHR: *Prevención de la Tortura. El papel de los Mecanismos Nacionales de Prevención, Guía Práctica,* Serie de Capacitación n. 21, HR/P/PT/21 Geneva, 2018.

[35] Although the Protocol does not require a specific normative level, it can be interpreted that such requirement derives from the reference to the Paris Principles, to which we will refer immediately.

[36] OHCHR: *Prevención de la Tortura...,* cit. p. 15

[37] E. PINO GAMERO, "El sistema de prevención...", cit., p. 21.

financing, including private or foreign,[38] as long as those sources of funding do not jeopardize the independent fulfillment of their mandate.

Third, the composition of the mechanism must "ensure that the experts of the national mechanism have the required professional skills and knowledge" and also take into account "gender balance and adequate representation of ethnic and minority groups in the country." In this sense, it is innovative with respect to the precedent of the European Committee, that the Protocol requires that the mechanisms be integrated not only by experts from different disciplines and that they take into account gender balance, but also that they include an adequate representation of the ethnic and minority groups in the country.

This requirement is complemented by the admonition to the States, in the last paragraph of this provision, to take due account of "the Principles relating to the status of national institutions for the promotion and protection of human rights". The reference to the "Paris Principles"[39] is not at all trivial as it allows filling in the possible gaps that may exist in these configuration aspects in the Protocol: not so much with respect to the functions of the mechanisms, which are naturally much more circumscribed than for NHRI, but especially in terms of their composition, guarantees of independence and pluralism, and modes of operation. The "risk", however, is that this reference makes it easier for States to fall into the temptation to automatically designate their national human rights institutions as a national preventive mechanism, to the extent that they could assume that, by complying with the Paris Principles, the requirements of the Protocol are already being met.

3. The functions and competences of the national mechanisms, as well as the obligations that derive from it for the States parties, are described in articles 19 to 23 of the Protocol.

National preventive mechanisms have the main power to "periodically examine the treatment of persons deprived of their liberty in places of detention, as defined in article 4". Given that this article refers interchangeably to the SPT and national mechanisms, it must be understood that the scope of the visits is identical for both pillars of the Protocol.

Based on these visits, the NMPT will be able to make recommendations to improve the treatment and conditions of persons deprived of liberty, as well as proposals and observations about current legislation or bills on the matter (article 19.c). These recommendations should be the basis for a frank dialogue between the mechanism and the state authorities, which have the obligation to publish and disseminate the annual reports of the national preventive mechanisms (arts. 23 and 24).

---

[38] OHCHR: *Prevención de la Tortura...*, cit. p. 17.

[39] Defined at the first International Workshop on National Institutions for the Promotion and Protection of Human Rights in Paris from October 7th to 9th, 1991, adopted by the Commission on Human Rights through Resolution 1992/54 and by General Assembly Resolution 48 / 134 (1993).

In parallel with the above, States must give their national mechanisms access to the same type of information and establishments that are accessible to the SPT, namely:

a) Information on the number and location of places of detention, as well as the number of persons deprived of liberty in them, together with the treatment given to those persons and the conditions of their detention.

b) Access to all places of detention and their facilities and services, as well as freedom to select the places they wish to visit and the people they wish to interview. It must be understood that this access must be able to take place at any time, without the need for prior communication and that, in addition to planned visits it is also possible for these bodies to "react to any special event and carry out *ad hoc* visits".[40]

c) "Access" to people includes the possibility of interviewing them, without witnesses, in person or with the assistance of an interpreter if necessary; be them persons deprived of liberty or any other person that the national preventive mechanism considers that can provide relevant information.

This unrestricted access to places and persons deprived of liberty is complemented by the prohibition of taking any retaliation against any individual or organization that has provided information to the mechanism, even if it is revealed to be false (art. 21). Although the prohibition falls on the State party, the High Commissioner for Human Rights recommends that the national mechanisms develop strategies to prevent them, such as, for example, policies for the collection of information through group interviews or, if confidential information is obtained during private interviews, that several additional private interviews be conducted to maintain the anonymity of the information sources.[41]

Finally, consistent with its obligations with respect to the Subcommittee for the Prevention of Torture (art. 11), the State must refrain from putting any obstacle to the national mechanism in its contacts with the SPT.

The National Mechanism in Spain and Catalonia

Spain deposited the instrument of ratification of the Optional Protocol on April 4, 2006, thus contributing to its entry into force in June of that same year. However, the designation of the national mechanism for the prevention of torture was delayed beyond the provisions of article 17. Indeed, three years later, the Organic Law 1/2009, of November 3 added a single final provision to the Organic Law of the Defensor del Pueblo (National Ombudsman) of 1981 that literally reads:[42]

---

[40] D. LONG, "El mandato y los métodos de trabajo...", cit., p. 171.
[41] OHCHR: *Prevención de la Tortura..., cit.* p. 23.
[42] Official State Gazette 626 of November 4, 2009

"First. The Ombudsman shall exercise the functions of the National Mechanism for the Prevention of Torture in accordance with the Constitution, this Law and the Optional Protocol to the Convention against torture or other cruel, inhuman or degrading treatment or punishment.
Second. An Advisory Council is created as a body for technical and legal cooperation in the exercise of the functions of the National Prevention Mechanism, which will be chaired by the Deputy to whom the Ombudsman delegates the functions provided for in this provision. The Regulation will determine its structure, composition and operation."

On February 4, 2010, the Permanent Representation of Spain to the United Nations Office and International Organizations based in Geneva informed the High Commissioner for Human Rights of the designation of the Ombudsman as the national mechanism for the prevention of torture in the terms of article 17 of the Optional Protocol.[43]

For its part, and as announced in the new final provision of the Ombudsman's Law, the Institution's Organization and Functioning Regulations were modified in 2012 to introduce a section V (articles 19 to 23) related to the structure, composition and operation of the Advisory Council of the National Mechanism.[44]

Since then, the National Mechanism has been conducting around a hundred annual visits throughout the national geography to all types of establishments where people deprived of liberty are found.[45] It has, within the Ombudsman's institution, a technical team exclusively dedicated to this function, as well as external specialists from different disciplines.

For its part, the autonomous Parliament of Catalonia, on the occasion of the profound reform carried out on the Law of the Síndic de Greuges (Catalan Ombudsman) in 2009, introduced a Title VIII of said legislation by which the Síndic was designated as *Catalan Authority for the Prevention of Torture*, in the terms and with the functions of the Optional Protocol to the Convention against Torture.[46] The Law establishes for the Catalan Ombudsman to be provided with an advisory council chosen by Parliament, with gender balance and representation of experts, non-governmental human rights organizations, universities and professional associations in the legal and health fields (art 77.3). Likewise, a Task Force is established to carry out the visits, which will be made up of the Catalan Ombudsman or person delegated by him, two members of the advisory council at the proposal of that same council and two

---

[43] https://www.defensordelpueblo.es/wp-content/uploads/2019/10/Spain_04_02_10_Acc.pdf (last visited: 1 March 2021).
[44] https://www.boe.es/buscar/pdf/1983/BOE-A-1983-10613-consolidado.pdf (last visited: 1 March 2021).
[45] See, for instance, its annual report of 2019 (106 visits) at https://www.defensordelpueblo.es/wp-content/uploads/2020/06/Informe_2019_MNP-1.pdf (last visited: 1 March 2021).
[46] Act 24/2009, of December 23, of the Síndic de Greuges (Official Gazette of the Generalitat de Catalunya, no. 5536, of December 30, 2009).

professionals appointed by the Catalan Ombudsman, who may be persons at the service of the institution (art. 76.2).

The Spanish Ombudsman filed an unconstitutionality appeal against Title VIII of the Catalan Ombudsman's Law and the Constitutional Court declared some of its provisions to be unconstitutional. The Court's approach is that only the State has the competence to designate a national mechanism for the prevention of torture and to decide whether there should be one or more such mechanisms, since this forms an integral part of the essential core of exclusive competence in matters of international relations referred to in article 149.1.3 of the Spanish Constitution.[47]

However, the Court does not annul title VIII in its entirety. In fact, the Court makes it explicit that the only thing that is questioned as contrary to the Constitution is the attribution to the Catalan Ombudsman of the "Authority" function based on OPCAT, but not the preventative functions attributed to it in this matter as Síndic, nor the composition and functions of the bodies that are part of it -the Task Force and the Advisory Council-. For this reason, the Síndic de Greuges, within its institutional autonomy, adopted Resolution of April 9, 2015[48] establishing the *Catalan Mechanism for the Prevention of Torture* (CMPT), in the same terms expressed in Law 24/2009.

The Constitutional Court, thus, recognizes the Catalan Ombudsman's functions in the prevention of torture and encourages the institution to exercise them, in addition to indicating that he can establish a collaboration agreement with the National Ombudsman. As a matter of fact, the Catalan Ombudsman did send the National Ombudsman a proposal for a collaboration agreement between both institutions, but the latter replied that he had no intention of signing any agreement since he considered the allocation of functions and powers in both institutions was already correct.[49]

For international purposes, the Ombudsman is the only national mechanism in Spain, although hypothetically nothing would prevent the Spanish government from recognizing the Catalan Ombudsman also as a Catalan Mechanism before the United Nations, with the necessary

---

[47] On the Constitutional Court's Judgement of 5 March 2015, see J. SAURA ESTAPÀ, "Hacia la impunidad de la tortura", Agenda Pública (19 March 2015) at http://agendapublica.elpais.com/hacia-la-impunidad-de-la-tortura/ and X. PONS RÀFOLS: "Entre l'efectivitat i l'aparença: la inconstitucionalitat de la dimensió internacional del Síndic de Greuges com a autoritat catalana per a la prevenció de la tortura", Blog de la Revista Catalana de Dret Públic, 15 April 2015 at https://eapc-rcdp.blog.gencat.cat/2015/04/15/entre-lefectivitat-i-laparenca-la-inconstitucionalitat-de-la-dimensio-internacional-del-sindic-de-greuges-com-a-autoritat-catalana-per-a-la-prevencio-de-la-tortura-xavier-pons-raf/ (last visited: 1 March 2021).

[48] Official Gazette of the Generalitat de Catalunya, of April 15, 2015.

[49] *Report of the Catalan Mechanism for the Prevention of Torture*. January 2016, p. 27-28. However, it is necessary to underline the collaboration that exists between the National and the Catalan Mechanisms, so that it is not uncommon for the former to invite members of the latter to participate in visits to centers of deprivation of liberty located in Catalonia. This fruitful experience of collaboration confirms the need to normalize the cooperative relations between both institutions.

coordination with its national counterpart. In fact, other decentralized states, from Argentina to the United Kingdom, recognize the existence of different territorially based mechanisms, although only one of them, of national scope, is attributed international representation.

Meanwhile, the Catalan Mechanism performs some 40-50 visits a year to all types of detention centers that are under the (exclusive) competence of the *Generalitat de Catalunya* (Catalan government): regional and local police stations; penitentiary and juvenile centers; psychiatric hospitals; geriatric and social health centers, etc. After ten years of operation, each and every one of the police stations of the Catalan police force has been visited at least once (the most important ones, on several occasions); all local police officers with custody areas for detained persons have been visited; all penitentiary and juvenile justice centers on multiple occasions (every two years maximum), etc.[50] In contrast to the almost weekly visits of the Catalan Mechanism, the National Mechanism only visits Catalonia an average of four times a year, according to its annual reports.

In its last report, the Catalan Mechanism evaluates its 10 years of existence and points out both the progress achieved and the tasks still to be accomplished.[51] Among the first, the closure of numerous local police stations unfit to hold detainees; the deployment of more cameras for video surveillance in prison and juvenile facilities; the acceptance of a wider interpretation on which documents must police provide lawyers on the reasons for detention; the establishment of stricter rules to hold someone in solitary confinement; or the wide dissemination of the Protocol of Istanbul among physicians of the penitentiary system. As for the challenges ahead, "the experience of these first 10 years allows us to conclude that there are areas of incarceration such as some local police stations or older prisons that continue to have significant structural shortcomings that make them conducive to treatment that could at least be described as degrading for inmates. There are also operating protocols, such as in the field of mechanical restraints, which need urgent updating".[52]

It is in this context that the CMPT pursues its mission, with the understanding that the prevention of torture does not only refer to physical or mental violence, but can also involve non-normative practices and procedures,

---

[50] Some establishments of deprivation of liberty are excluded from the scope of action of the Catalan Mechanism as they are agencies dependent on the General State Administration (notably the Barcelona Center for the Internment of Foreigners) and can only be visited by the National Mechanism.

[51] Síndic de Greuges de Catalunya, *Report of the Catalan Mechanism for the Prevention of Torture. December 2020*,
https://www.sindic.cat/site/unitFiles/7493/Informe%20MCPT%202020_eng_def.pdf
(last visited, 1 March 2021).

[52] Ibid. p. 58.

or the internal operation of closed spaces, which, due to their persistence, intensity or characteristics, can seriously violate prisoners' dignity.

Conclusions

The absolute and strict prohibition of torture and other forms of institutional ill-treatment in international law generates the obligation for all States of international society to take active measures to prevent this scourge and avoid its occurrence. This duty of prevention has been concretized through the OPCAT in a monitoring system with a double pillar, national and international, which is original in the framework of the architecture of instruments with which the international community has equipped itself for the guarantee of internationally recognized human rights.

The purpose is to achieve direct prevention, that is, preventing torture before it occurs, reducing the risk factors and eliminating its possible causes; in short, focusing not so much on the acts of torture themselves, but on the conditions that may generate them.

At the national level, this function is carried out through expert, independent and pluralistic bodies, inspired by the Paris Principles, which have full access to all places of detention of the State and to all persons held in them.

However, after fifteen years of the Optional Protocol, only 90 States are party to it and fewer than 70 have actually put in place their national mechanisms for the prevention of torture. [53] Although it is necessary to be critical of some institutional designs, the provision of insufficient human and economic resources, or the effective performance of their functions, overall the existence and results obtained can be positively assessed.

As for Spain, it has chosen to designate a pre-existing institution that meets the characteristics required by the Protocol in terms of functional independence and financial autonomy. As a one-person institution, the *Defensor del Pueblo* has been complemented with the figure of the advisory council and the functional separation of the area, although the predominance of the Defender, institution and person, is absolute. That criticism, in any case, is *mutatis mutandis* also applicable to the Mechanism model practiced in Catalonia. Notwithstanding, both institutions do practice thorough supervision of all sorts of facilities of deprivation of liberty thus fulfilling the OPCAT's mandate and reasonably contributing to the elimination of torture and other forms of ill-treatment in our country.

---

[53] Information on NMP can be found at https://www.ohchr.org/EN/HRBodies/OPCAT/Pages/NationalPreventiveMechanisms.aspx (last visited: 1 March 2021)

CHAPITRE 13.

Le juge tunisien face aux droits humains en Tunisie : un *Janus* judiciaire[1] !

WAHID FERCHICHI
Professeur de droit public, Université de Carthage Tunisie.
Directeur de département du droit public à la Faculté des sciences juridiques, politiques et sociales de Tunis. Co-fondateur de l'association tunisienne de défense des libertés individuelles

« *La proportion est un milieu ;*
et le juste est toujours proportionnel »
Aristote[2]

D'après l'article 49 de la Constitution tunisienne : « *Sans porter atteinte à leur substance, la loi fixe les restrictions relatives aux droits et libertés garantis par la Constitution et à leur exercice.*

Ces restrictions ne peuvent être établies que pour répondre aux exigences d'un État civil et démocratique, et en vue de sauvegarder les droits d'autrui ou les impératifs de la sûreté publique, de la défense nationale, de la santé publique ou de la moralité publique tout en respectant la proportionnalité entre ces restrictions et leurs justifications.

Les instances juridictionnelles assurent la protection des droits et libertés contre toute atteinte.

---

[1] Il s'agit là d'une recherche exploratoire basée sur une vingtaine de décisions rendues par les tribunaux judiciaires tunisiens et notamment la Cour de Cassation, la Cour d'Appel de Tunis et quelques décisions des tribunaux de première instance de Tunis, Ben Arous, el Kef, Sfax, Sousse, Kairouan...

[2] ARISTOTE, *La Grande Morale «Êthika megala»*, FB Editions, 1998.

Aucune révision ne peut porter atteinte aux acquis en matière de droits de l'Homme et de libertés garantis par la présente Constitution »[3].

Ainsi, la Constitution précise les limites formelles et substantielles qu'il est loisible au législateur d'apporter aux droits et aux libertés reconnus par le texte fondamental.

Le choix de consacrer un article spécifique (clause générale) aux limites et restrictions susceptibles d'encadrer l'exercice des droits et libertés vient rompre expressément avec la conception constitutionnelle antérieure ; mais ne saurait occulter l'existence d'autres articles constitutionnels établissant des limites spécifiques à certains droits.

Tout d'abord, en instituant une clause générale relative aux restrictions, l'article 49 de la Constitution du 27 janvier 2014 traduit un choix délibéré de l'Assemblée nationale constituante de mettre terme à la conception antérieure[4]. En effet, sous l'empire de la Constitution du 1er juin 1959 l'article 7 disposait ce qui suit : « *Les citoyens exercent la plénitude de leurs droits dans les formes et conditions prévues par la loi. L'exercice de ces droits ne peut être limité que par une loi prise pour la protection des droits d'autrui, le respect de l'ordre public, la défense nationale, le développement de l'économie et le progrès social* ». Cette clause, qui semblait générale, a conféré de très larges pouvoirs au législateur, compte tenu du caractère flou des notions utilisées[5]. Ainsi, de nombreuses lois promulguées entre 1959 et 2011 étaient « liberticides »[6] et le souvenir de cette période autoritaire et restrictive des droits et libertés était sous-jacent lors de l'adoption de la nouvelle Constitution et de son article 49, lequel consacre désormais les principes fondamentaux à suivre en matière de réglementation des droits et libertés, dont il constitue aujourd'hui la « *pierre angulaire* »[7].

---

[3] Article 49 de la Constitution tunisienne du 27 janvier 2014, entrée en vigueur le 10 février 2014. Version française (JORT, numéro spécial du 20 avril 2015).

[4] Pour l'historique de l'article 49 de la Constitution, consulter : S. LAGHMANI, *Ecrits politiques et constitutionnels depuis la Révolution* (partie en langue arabe), Nirvana, Tunis, 2020, pp. 104-105.

[5] Kh. MEJRI, *Les limites aux droits et aux libertés, commentaire de l'article 49 de la Constitution tunisienne*, IDEA, Tunis, 2017, p. 16. (Ouvrage en langue arabe).

[6] La période précitée s'est achevée précisément le 23 mars 2011, date de la promulgation du décret-loi n°2011-14 portant organisation des pouvoirs publics, qui a suspendu l'application de la Constitution du 1er juin 1959. Pendant ce temps, de nombreuses lois qui ont remis complètement en cause les droits et les libertés qu'elles étaient censées protéger et réglementer, comme par exemple : la loi n°59-88 du 7 novembre 1959 relative aux associations, abrogée et remplacée par le décret-loi n°2011-88 du 24 septembre 2011 ; la loi n°69-4 du 24 janvier 1969 réglementant les réunions publiques, cortèges, défilés, manifestations et attroupements (toujours en vigueur) ; le Code de la presse ; tel que promulgué par la loi n°75-32 du 28 avril 1975, abrogée et remplacée par le décret-loi n°2011-115 du 2 novembre 2011 relatif à la liberté de la presse, de l'impression et de la publication ; la loi n°88-32 du 3 mai 1988, organisant les partis politiques, abrogée et remplacée par le décret-loi n°2011-87 du 24 septembre 2011 ;

[7] S. HAMROUNI, « A propos de l'article 49 » Introduction à Ch. GHEZALA, *Guide du pouvoir exécutif dans l'application de l'article 49*, IDEA, Tunis, 2020, p. 9. (Ouvrage en langue arabe).

Ensuite, l'adoption de l'article 49 en tant que clause générale, n'a pas empêché l'Assemblée nationale constituante d'assortir certains droits de restrictions ou de conditions d'application spécifiques. Il en est ainsi du droit à la vie (article 22)[8], des libertés de pensée, d'expression, d'information et de publication (article 31)[9], du droit syndical (article 36)[10] ou encore du droit de propriété (article 41)[11].

En établissant une double approche de la réglementation des droits et libertés, la Constitution de 2014 a pour ambition de rationaliser l'intervention du législateur et de permettre aux différentes autorités d'exercer un contrôle du travail normatif (qu'il soit législatif ou réglementaire).

Si l'article 49 s'adresse ouvertement au pouvoir législatif en lui indiquant le « mode opératoire » pour apporter une quelconque restriction aux droits et libertés, il s'applique aussi à d'autres intervenants publics dotés d'une compétence normative, qu'il s'agisse de la création ou de la fabrication de la norme ou de son contrôle et du suivi de son application.

Ainsi, le législateur est directement concerné et visé par l'article 49 et donc par l'exigence de proportionnalité. À ce niveau, l'article 49 tout en reconnaissant au législateur « le droit » d'établir des restrictions aux droits et libertés, lui impose des conditions ayant pour objectif de rationaliser la fonction législative et de l'inscrire dans une dimension « civile et démocratique », afin de rompre avec l'arbitraire et l'autoritarisme susceptibles de résulter d'une dérive de cette fonction. De même, l'administration (au sens large) est dotée à la fois d'un pouvoir réglementaire général (exercé principalement par le Chef du Gouvernement par la voie des décrets)[12] et d'une prérogative de proposition de projets de lois qu'il partage avec le Président de la République. D'ailleurs les projets de lois présentés par le Chef du Gouvernement et/ou par le Chef de l'État bénéficient d'une priorité d'examen par l'Assemblée des représentants du peuple (ARP)[13]. De ce fait, pour immuniser ses actes normatifs contre une éventuelle annulation, l'administration est tenue de se soumettre aux exigences de l'article 49.

Sur un autre plan, les instances constitutionnelles sont compétentes pour examiner les projets de lois et de décrets qui leur sont transmis et doivent ainsi veiller au respect des exigences de l'article 49. En effet, quatre des cinq instances créées par le Chapitre VI de la Constitution « *sont impérativement*

---

[8] « *Le droit à la vie est sacré... sauf dans des cas extrêmes fixés par la loi* ».

[9] « *Ces libertés ne sauraient être soumises à un contrôle préalable* ».

[10] « *Ce droit ne s'applique par à l'armée nationale. Le droit de grève ne s'applique pas aux forces de sécurité intérieures et à la douane* ».

[11] « Le droit à la propriété est garanti ; il ne peut y être porté atteinte que dans les cas et avec les garanties prévues par la loi ».

[12] Article 94 de la Constitution.

[13] Article 62 de la Constitution.

consultées » sur les projets de lois relevant de leur champ d'attribution[14]. Il convient d'ailleurs de rappeler à ce sujet que deux d'entre elles détiennent un pouvoir réglementaire dans leur domaine de compétence.[15] Ainsi, lors de le l'élaboration de leurs décisions à caractère réglementaire, ces instances doivent appliquer les clauses de l'article 49. Au risque de voir leurs actes contrôlés et sanctionnés par la justice, étant donné que les juridictions « *se chargent de la protection des droits et libertés contre toute violation* »[16].

En effet, cette disposition de l'article 49 a été reconduite et confirmée par le Chapitre V de la Constitution consacré au « *Pouvoir Juridictionnel* », qui s'applique à la fois à la justice judiciaire, administrative et financière[17] et à la justice constitutionnelle[18]. Dans ce cadre, l'article 102 de la Constitution dispose clairement ce qui suit : « *le pouvoir juridictionnel... garantit... la primauté de la Constitution, la souveraineté de la loi et la protection des droits et libertés* ».

Cette disposition fait de la justice au sens large la garante des droits et libertés, sur le fondement de l'article 49 et des conditions prévues pour son application[19].

Lors du contrôle des textes juridiques et des actes de l'administration, les juges sont donc tenus de vérifier le respect des exigences de l'article 49, notamment celui du principe de proportionnalité.

Définie comme étant un rapport entre un objectif qui correspond à une valeur juridiquement protégée et une mesure censée le réaliser ; la proportionnalité est un raisonnement complexe qui exige que « *l'atteinte au droit doit être nécessaire à la réalisation de l'objectif légitime : il ne doit pas exister de moyens attentatoires (intrusifs ; restrictifs) de réaliser l'objectif*

---

[14] Il s'agit des instances suivantes : L'instance de la communication audiovisuelle (article 127 de la Constitution) ; L'instance des droits de l'Homme (article 128 de la Constitution) ; L'instance du développement durable et des droits des générations futures (article 129 de la Constitution) ; L'instance de la bonne gouvernance et de la lutte contre la corruption (article 130 de la Constitution).

[15] Il s'agit de l'Instance des élections (article 126 de la Constitution) et de l'Instance de la communication audiovisuelle (article 127 de la Constitution).

[16] Article 49 alinéa 2 de la Constitution.

[17] Titre I : La justice judiciaire, administrative et financière (articles 106 à 117 de la Constitution).

[18] Titre II : La Cour constitutionnelle (articles 118 à 124 de la Constitution).

[19] La question s'est notamment posée au sujet du rôle de l'Instance provisoire de contrôle de constitutionnalité des projets de loi (IPCCPL) en matière de contrôle de proportionnalité. Cette instance créée par l'article 148 (7) de la Constitution de 2014 et organisée par la loi organique n°2014-14 du 28 avril 2014 a eu l'occasion de se prononcer sur la constitutionnalité de 58 projets de loi et à l'occasion de sa décision n°2017-4 du 8 août 2017 relative au projet de loi organique n° 2016-30 portant dispositions communes aux instances constitutionnelles, certains auteurs ont considéré qu'elle avait opéré un contrôle de proportionnalité, alors qu'elle devait exercer un contrôle de constitutionnalité. Voir S. LAGHMANI, *Ecrits politiques et constitutionnels depuis la Révolution*, (partie en langue française), Nirvana, Tunis, 2020, pp. 117-183.

déclaré. C'est le critère de l'atteinte minimale »[20]. Ainsi, l'examen de la proportionnalité fait presque naturellement l'objet du travail du juge. Ce dernier n'a pas nécessairement besoin d'un texte pour exercer son contrôle, dans *« la mesure où plutôt qu'une norme matérielle ; le contrôle de la proportionnalité consiste en un raisonnement* »[21].

D'ailleurs, les juges judiciaires et administratifs se référaient à la proportionnalité avant même la promulgation de la Constitution du 27 janvier 2014.

Ainsi, le juge judiciaire s'est toujours fondé sur des dispositions civiles et pénales consacrant la proportionnalité, notamment celles de l'article 538 du Code des obligations et des contrats (COC) selon lesquelles : « *Ce que la loi défend pour un motif déterminé cesse d'être défendu lorsque ce motif n'existe plus* », ou encore celles de l'article 556 aux termes desquelles : « *Entre deux inconvénients, il faut choisir le moindre* »[22].

Quant au juge pénal, la logique même de la branche de droit qu'il est chargé d'appliquer repose sur la proportionnalité[23] : la classification des infractions se fait en fonction de la gravité des actes (contraventions, délits et crimes) et la sévérité des sanctions correspond à la gravité des infractions (peine capitale, emprisonnement, amende, travail d'intérêt général), sachant que le juge peut faire varier l'intensité des peines et tenir compte de circonstances aggravantes ou atténuantes[24].

Quant au juge administratif, il a fait du contrôle de proportionnalité un principe général de droit. En effet, d'après une jurisprudence constante, le Tribunal administratif tunisien se réfère à la proportionnalité pour l'examen des actes et activités de l'administration[25].

---

[20] L-B. TREMBLAY, « Le principe de proportionnalité dans une société démocratique, égalitaire, pluraliste et multiculturelle, *Revue de droit de McGill*, n° 2012, lien : https://www.erudit.org/fr/revues/mlj/2012-v57-n3-mlj086/1009064ar/

[21] S. LAGHMANI, *Ecrits politiques et constitutionnels depuis la Révolution*, (partie en langue française), Nirvana, Tunis, 2020, p. 174.

[22] Le COC a été promulgué par le décret beylical du 15 décembre 1906 (Journal officiel supplémentaire, n°100 du 15 décembre 1906), tel que modifié et complété par les textes subséquents.

[23] Concernant le juge pénal et le principe de proportionnalité ; consulter :
M-Ch. SORDINO, « De la proportionnalité en droit pénal », in *Mélanges en l'honneur du professeur Jacques-Henri Robert*, Paris, Lexis Nexis, 2012, p. 711 ; J. PRADEL, « Du principe de proportionnalité en droit pénal », *Les Cahiers de Droit*, vol. 60 n°4, décembre 2019, pp. 1129-1149 ; M. GHAZOUANI, *Guide du juge judiciaire dans l'application de l'article 49 de la constitution*, Tunis, IDEA, 2021, 139 p.

[24] Le Code pénal a été promulgué par le décret beylical du 9 juillet 1913 (JO n° 79 du 1er octobre 1913), tel que modifié et complété par les textes subséquents.

[25] En s'inspirant de l'arrêt Benjamin (CE, 19 mai 1933), le Tribunal administratif a appliqué la proportionnalité d'une manière constante, et ce, dès les premières années de son fonctionnement et jusqu'à récemment. En témoignent les décisions suivantes :
TA. Excès de pouvoir, décision n°451 du 15 février 1982, Chambre syndicale des sociétés de publicité ; Recueil des décisions du TA des années 1981 à 1984, p. 11 ; TA. Excès de pouvoir,

Par ailleurs, depuis la promulgation de la Constitution de 2014, les juristes et chercheurs manifestent un grand intérêt pour l'article 49 et le principe de proportionnalité[26]. Cet intérêt concerne surtout l'œuvre législative[27], mais peu de travaux ont été consacrés à l'œuvre jurisprudentielle[28]. D'ailleurs, même lorsque l'on s'intéresse au juge et à la proportionnalité ; c'est le juge administratif qui occupe une place de choix dans les travaux de recherche[29]. Peu d'écrits traitent de la proportionnalité, telle qu'elle est abordée par le juge judiciaire.

En fait, depuis la promulgation de la Constitution du 27 janvier 2014, le juge judiciaire ne se réfère que timidement à l'article 49 et les rares décisions que l'on a pu recenser ont été adoptées par le tribunal de première instance de Tunis[30]. La Cour de cassation ne s'est pas encore référée à l'article 49 mais s'appuie expressément sur le principe et l'idée de proportionnalité[31].

Ainsi, nous proposons un examen exploratoire de la jurisprudence judicaire (civile et pénale) disponible à la lumière de l'examen de proportionnalité. Ceci nous a permis de constater une certaine disharmonie dans l'attitude du juge judiciaire à l'égard des libertés, notamment individuelles. En effet, une certaine jurisprudence semble avoir une lecture très conservatrice des finalités recherchées par le Droit (**I**) ; tandis que d'autres décisions témoignent d'une ouverture surprenante (**II**).

---

décision n°3879 du 14 mars 1995, Sté KRICHEN et Fils ; Recueil des décisions du TA de 1995, p. 128 ; TA. 1ère instance, affaire n°150168 du 02 juillet 2018 ; inédit ; TA. 1ère instance, affaire n°20181015 du 16 mars 2018 ; inédit ; TA. 1ère instance, affaire n°133204 du 21 février 2019 ; inédit.

[26] De nombreux articles et surtout études ont été publiés (notamment en langue arabe) :
W. FERCHICHI, « Avon-nous lu l'article 49 » (en langue arabe), *Magazine Legal-Agenda*, Beyrouth, 23 novembre 2015 ; Kh. MEJRI, *Les limites aux droits et aux libertés, commentaire de l'article 49 de la constitution tunisienne*, IDEA, Tunis, 2017, p. 16. (Etude en langue arabe) ; S. LAGHMANI, *Ecrits politiques et constitutionnels depuis la Révolution*, (partie en langue française), Nirvana, Tunis, 2020, pp. 171 -183. ; Ch. GHEZALA, *Guide du pouvoir exécutif dans l'application de l'article 49*, IDEA, Tunis, 2021, p. 9. (Etude en langue arabe) ; 141 p.

[27] H. CHEKIR et W. FERCHICHI, *Le travail législatif à l'épreuve de la constitution tunisienne et des conventions internationales octobre 2014-octobre 2015*, FIDH, Tunis, 2015.

[28] M. GHAZOUANI, *Guide du juge judiciaire dans l'application de l'article 49 de la Constitution*, Tunis, IDEA, 2021.

[29] Consulter à ce niveau :
F. LOUKIL, *Juge de l'excès de pouvoir et libertés individuelles*, Edition Faculté de Droit de Sfax, 2018,215 p. ; L. TARCHOUNA, « Le Tribunal administratif et la protection de la constitution », *in* Mélanges en l'honneur du professeur M. FILALI, CPU, Tunis, 2010, p. 369; I. SAOULI, « Justice administrative en Tunisie et libertés publiques, dans La justice administrative dans les pays du Maghreb et la réception du modèle européen, Annales de l'Université de Sciences sociales de Toulouse, Tome XLIX, 2007, p. 195.

[30] Il s'agit des décisions suivantes :
TPI. Tunis (référé), affaire n°55929 du 13 octobre 2015 ; inédit. ; TPI Tunis (référé), affaire n°67577 du 11 octobre 2016 ; inédit ; TPI Tunis (référé), affaire n°72041 du 22 novembre 2016 ; inédit.

[31] Cass. Civil. 67114 du 4 décembre 2019 ; cité par M. GHAZOUANI, *op.cit*. p. 14.

I. D'une proportionnalité aux finalités conservatrices...

Censé être le protecteur et le garant des droits et libertés constitutionnels (article 49 et 102 de la Constitution) ; le juge judicaire manifeste parfois une attitude restrictive à l'égard de ces droits, et ce, aussi bien en matière civile (**A**) que pénale (**B**).

L'attitude des juges vis-à-vis des limites susceptibles d'être apportées aux droits et libertés est grave et très dangereuse.

En effet, ajouter des limites et des restrictions non prévues par la Constitution et par la loi est complètement illégal et inadmissible. Illégale, voire anticonstitutionnelle ; cette démarche constitue un excès de pouvoir et quelquefois une usurpation des prérogatives des autres autorités, notamment le pouvoir constituant et le législateur. En effet, l'article 49 de la Constitution est clair : seule la loi peut apporter des restrictions à l'exercice des droits et libertés. De plus, de par cet article et l'article 102 de la Constitution, le juge est le garant et le protecteur des libertés et il est donc inadmissible qu'il se transforme en censeur pour les limiter, voire les écarter. Ajouter des restrictions contredit ouvertement les dispositions constitutionnelles et constitue un cas d'école d'usurpation de pouvoir ! Cette démarche qui semble marquer la jurisprudence judiciaire tunisienne en matière de libertés ne doit pas cacher l'existence d'une tendance moins conservatrice, voire libérale, en la matière.

A. L'ajout de limites non prévues par les textes juridiques

Le juge censé appliqué le Droit dans un sens large et global n'a pas à ajouter des limites et des restrictions aux droits et aux libertés telles que garantis par la constitution. Toutefois, des décisions rendues avant et après la promulgation de la constitution de 2014, témoignent d'une approche très restrictive des droits et libertés en se basant sur une conviction que se fait certains juges de la suprématie de l'ordre public religieux (**1**) d'un côté et de l'ordre public social-patriarcal d'un autre côté (**2**)

1. La suprématie de l'ordre public religieux : les inégalités successorales

La lecture des décisions rendues par les tribunaux tunisiens est très révélatrice d'un conservatisme inquiétant. À ce niveau, et même s'il nous semble qu'une évolution incertaine et hésitante a eu lieu, nous remarquons que dans toutes les décisions de la Cour de cassation, (à l'exception d'une seule) l'élément religieux était omniprésent.

Dans un premier temps, de 1966[32] à 2004, la Cour de cassation refusait catégoriquement la succession d'un musulman par un.e non-musulman.e. À partir de la décision de la Cour de cassation du 31 janvier 1966, un nombre important de décisions refusèrent d'admettre un parent non-musulman à la succession d'un parent musulman, voyant ainsi dans le droit musulman une source du droit tunisien et considérant que l'article 88 du CSP intégrait implicitement la disparité de culte parmi les empêchements successoraux. Tel est, par exemple, le cas de l'arrêt Louise Charlotte du 13 février 1985[33].

Les juges du fond, comme la Cour de cassation réitérèrent cette position dans plusieurs décisions ultérieures.[34]. Deux décisions rendues le 12 janvier 1998 par la Cour d'appel de Tunis et le 6 juillet 1999 par la Cour de cassation dans l'affaire Jemal[35] réitérèrent ces solutions traditionnalistes. Cette longue période donne l'impression d'une jurisprudence constante mais traditionaliste. Toutefois et à partir de 2004 une période d'hésitation et de revirement a commencé.

Dans un deuxième temps, la valse jurisprudentielle commence. Dans une décision de la Cour de cassation en date du 20 décembre 2004[36], la cour refusait de voir dans la disparité de culte un empêchement successoral. Elle revint à sa jurisprudence antérieure le 8 juin 2006 (affaire n° 9658), et dix jours après elle opta pour une lecture sécularisée des empêchements successoraux (affaire n° 4105 du 19 juin 2006), reconnaissant ainsi le droit d'une prétendue non-musulmane à hériter de son père « musulman ». Mais rien n'est définitif, le 16 janvier 2007 dans l'arrêt Georges-Jaber la Cour de cassation adopta de nouveau une interprétation traditionnelle des textes.

---

[32] Affaire Houria, Cour de cassation du 31 janvier 1966 ;

[33] C'est ce qui ressort notamment de deux arrêts rendus en date du 14 juillet 1993 par la Cour d'appel de Tunis et en date du 2 janvier 1995 par la Cour de cassation dans l'affaire Rosaria-Kalthoum Ben Jbira. Dans l'affaire Louise Charlotte, la Cour de Cassation a refusé d'admettre un parent non-musulman (Louise Charlotte) à la succession d'un parent musulman (son mari). Voyant dans le droit musulman une source du droit tunisien et considérant que l'article 88 (CSP) intégrait implicitement la disparité de culte parmi les empêchements successoraux. Cass. N°10160, février 1985. Deux décisions rendues le 12 janvier 1998 par la Cour d'appel de Tunis et le 6 juillet 1999 par la Cour de cassation dans l'affaire Jemal Cass. n°98-68443 du 6 juillet 1999. ; réitérèrent ces solutions traditionnalistes.

[34] Dans cette affaire, la Cour d'appel de Tunis a refusé d'admettre un parent non-musulman (Rosaria-Kalthoum Ben Jbira) à la succession d'un parent musulman (son mari). Voyant dans le droit musulman une source du droit tunisien et considérant que l'article 88 (CSP) intégrait implicitement la disparité de culte parmi les empêchements successoraux. C.A. Tunis 8488 du 14 juillet 1993.

[35] Dans l'affaire, Jamel, la Cour d'appel de Tunis a refusé d'admettre un parent non-musulman à la succession d'un parent musulman. Voyant dans le droit musulman une source du droit tunisien et considérant que l'article 88 (CSP) intégrait implicitement la disparité de culte parmi les empêchements successoraux. Cass. n°98-68443 du 6 juillet 1999.

[36] Cité par S. BEN ACHOUR, *Les libertés individuelles des étrangers et des étrangères en Tunisie*, ADLI, Tunis, 2018, p. 89.

Selon Souhayma BEN ACHOUR « *l'hésitation de la Cour de cassation est très gênante. Elle jette le/la justiciable souvent non-tunisien.ne dans une grande insécurité juridique* »[37], et nous laisse en tant qu'observateur-chercheur tout à fait désorienté.

Y-a-il une explication à cela ? La réponse ne pourrait être que nuancée et approximative : des raisons certes socioculturelles, puisque la jurisprudence comme la législation reflète la dualité culturelle dans laquelle évolue la Tunisie et la dichotomie de la réalité sociologique[38] ; ou encore une possible dissidence au sein de la cour de cassation entre les juges[39]. Mais ceci n'explique que partiellement cette attitude déconcertante de la Cour surtout lorsque la même chambre avec la même composition adopte une position et son contraire dans deux arrêts espacés seulement de 10 jours[40].

Dans un troisième temps, on constate une lecture sécularisée du droit tunisien. Le 5 février 2009 la Cour de cassation décide *que « la disparité de culte ne constitue pas un empêchement successoral »*[41]. Cette décision, qui a été remise en cause quelques mois plus tard par la même Cour de cassation[42] a finalement été reprise des années plus tard dans un ensemble de décisions de la Cour de cassation[43] qui ont été suivis par les juridictions du fond[44].

L'importance de ces décisions réside dans leur motivation. En effet, la Cour s'est basée sur la Constitution et les conventions internationales ratifiées par la Tunisie pour retenir que le « *principe d'égalité, énoncé dans la constitution, le pacte international des droits civils et politiques et la convention relative à l'élimination de toutes les formes de discrimination à l'égard des femmes, nécessite de ne pas distinguer entre les citoyens selon les considérations religieuses et par conséquent de ne pas conditionner le droit à la succession par la foi de l'héritier* ». Nous ne sommes cependant pas sûrs qu'il s'agisse là d'une position définitive de la Cour de cassation.

2. La suprématie de l'ordre public social : l'unité de la famille au détriment des droits de la femme

L'adoption de la loi n° 2017-58 du 11 août 2017, relative à l'élimination de la violence à l'égard de la femme, a introduit une nouvelle approche dans la lutte contre les violences conjugales et familiales faites à la femme : rien ne

---

[37] S. BEN ACHOUR, Les libertés individuelles des étrangers et des étrangères en Tunisie, *op.cit.* p. 89.

[38] S. BOSTANJI, Turbulences dans l'application judiciaire du code tunisien du statut personnel, le conflit du référentiel dans l'œuvre prétorienne, *RIDC*, 2009, n°1, p. 25.

[39] S. BEN ACHOUR, *op. cit.* p. 90.

[40] Cass. 8 juin 2006 affaire n°9658 lecture traditionnaliste de l'article 88 CSP ; Cass 19 juin 2006 affaire n°4105 ; elle opte pour une lecture sécularisée des empêchements successoraux.

[41] Cité par S. BEN ACHOUR ; *ibid.* p. 89.

[42] Cour de cassation n°26905 du 30 juin 2009.

[43] Il en est ainsi de Cour de cassation, n°4266 du 30 juin 2014, affaire Madeleine Rousseau.

[44] Cour d'appel de Tunis, n°91659 du 1er novembre 2016.

justifie la violence et rien ne justifie l'impunité y compris l'idée traditionnelle de « l'intérêt de la famille et son unité ».

Cette logique a entrainé la modification des dispositions pénales qui ont pendant longtemps justifié les violences et les discriminations faites aux femmes et aux filles. Il en était ainsi :

De l'ancien article 227 bis du code pénal qui prévoyait que « *le mariage du coupable avec la victime dans les deux cas prévus*[45] *arrête les poursuites ou les effets de la condamnation* ».

Du recours par le juge aux circonstances atténuantes, prévues par l'article 53 du code pénal, pour alléger les sanctions que devraient subir un homme agressant une femme et notamment dans le cadre des violences conjugales et familiale d'une manière plus large. Cette démarche a été complètement inversée dans le cadre de la loi du 11 août 2017, pour faire du rapport de parenté ou de famille ou même de la connaissance intime de la victime par l'agresseur (fiancé ou ex-fiancé, ex-mari...), une circonstance aggravante et que l'agresseur ne peut plus bénéficier des circonstances atténuantes de l'article 53[46].

En effet, tous les articles (208, 218, 219, 222, 223, 226, 227, 227 bis et 228 nouveaux) du code pénal qui ont été modifiés par la loi n° 2017-58 du 11 août 2017, ont fait des de nombreuses circonstances des circonstances qui aggravent la peine[47].

Toutefois, l'examen de décisions rendues sur la base de la loi 2017-58 révèle une application étonnante et quelques fois choquante des dispositions susmentionnées. En effet, les tribunaux continuent à faire valoir le droit de l'agresseur aux circonstances atténuantes et aux concours d'infractions :

---

[45] Cas d'acte sexuel avec usage de la violence ou sans violence commis sur une personne de plus de 15 ans et de moins de 20 ans.

[46] L'article 53 du CP dispose : « *lorsque les circonstances du fait paraissent de nature à justifier l'atténuation de la peine et que la loi de s'y oppose pas ; le tribunal peut en les spécifiant dans son jugement... abaisser la peine au-dessous du minimum légal...* ».

[47] « *- la victime est un enfant,*
- l'auteur est un ascendant ou descendant de la victime, quel qu'en soit le degré,
- l'auteur a une autorité sur la victime ou abuse de l'autorité que lui confèrent ses fonctions,
- l'auteur est l'un des conjoints, ex-conjoints, fiancés ou ex-fiancés,
- la victime est en situation de fragilité liée à l'âge jeune ou avancé, la maladie grave, la grossesse, ou la carence mentale ou physique affectant sa capacité de résister à l'auteur des faits.
- la victime est un témoin, une personne lésée ou une partie civile, et ce, soit pour l'empêcher de faire sa déposition, de dénoncer l'infraction ou de porter plainte, soit en raison de sa dénonciation, de sa plainte ou de sa déposition,
- il y'a préméditation de coups et blessures,
- l'agression est précédée ou commise avec usage ou menace d'usage d'arme,
- l'infraction a été commise par un groupe de personnes agissant en qualité d'auteurs principaux ou de complices,
- l'agression est accompagnée d'un ordre ou assortie d'une condition. »
Ainsi, dans tous ces cas la sanction est portée au double et atteint l'emprisonnement à vie en cas de violence qui ayant entrainé la mort de la victime.

– ***La pratique des circonstances atténuantes l'emporte sur les dispositions de la loi.***

Prévues par l'article 53 du CP, ces circonstances continuent à être prises en considération par le juge dans les affaires de violences familiales et surtout conjugales pour éviter de prononcer la peine privative de liberté, même dans les cas où les circonstances aggravantes devraient s'imposer.

Pour procéder au recours à ces circonstances atténuantes le juge est tenu de vérifier s'il n'existe pas d'interdiction claire par le texte d'en faire usage et de motiver sa décision. Dans le cas de la loi 2017-58, l'interdiction de recourir aux circonstances atténuantes n'est toutefois pas clairement stipulée.

Dans les jugements consultés, le tribunal procède par prendre en considération la gravité des violences et leurs effets sur la victime, les antécédents, le casier judiciaire de l'agresseur, les circonstances mêmes de l'acte de violence, le retrait de la plainte par la victime, la réconciliation du couple... (faisant fi de toutes les analyses relatives au cycle de violence)[48].

Toutes ces circonstances donnent au juge le droit d'éviter autant que possible la peine privative de liberté, soit en la remplaçant par une amende, soit, en cas d'impossibilité de la remplacer, en retenant une peine de prison allégée et ordonnant le sursis à exécution.

Les exemples à ce niveau sont très nombreux :

– Dans le cas d'un viol sur mineure de 16 ans et où le violeur avait promis de se marier avec sa victime, le juge, bien qu'obligé d'appliquer le nouvel article 227 bis qui n'arrête plus les poursuites en cas de mariage, a pris cette promesse en considération et n'a retenu contre le violeur qu'une peine de 6 mois de prison, alors qu'il pouvait aller selon l'article 227 bis jusqu'à 5 ans[49].

– Dans le cas de violences grave à l'égard de l'épouse et de menaces, parce que le mari a présenté ses excuses et que l'épouse a retiré sa plainte, face à la

---

[48] Dans une relation conjugale marquée par la violence, le cycle se répète plus ou moins régulièrement et s'accélère avec le temps. En voici le processus, inspiré du schéma du Regroupement provincial des maisons d'hébergement et de transition pour femmes victimes de violence conjugale « La violence conjugale... c'est quoi au juste ? – brochure 1er trimestre 2006 » :
PHASE 1 : L'ESCALADE : Mise en place du système d'emprise : L'agresseur exerce des pressions psychologiques, contrôle, isole la victime. La victime se sent inquiète, tente d'améliorer le climat, fait attention à ses propres gestes et paroles.
PHASE 2 : L'EXPLOSION : Épisode de violences (quelle que soit la forme) ; L'agresseur donne l'impression de perdre le contrôle de lui-même mais prend en fait le contrôle de la situation. La victime ne comprend pas et tente de calmer la situation.
PHASE 3 : LE TRANSFERT : Minimisation de la violence. L'agresseur porte la responsabilité des violences sur sa partenaire. La victime se sent responsable de la situation.
PHASE 4 : LA « LUNE DE MIEL » : Moyen utilisé par l'auteur pour reconquérir la victime. L'agresseur promet un changement. La victime lui donne une chance, lui apporte son aide, constate ses efforts, change ses propres habitudes.
Voir : https://solidaritefemmes-la.fr/home-besoin-daide/3-le-cycle-de-la-violence-conjugale/ Consulté le 9 février 2021 à 9h50

[49] Tribunal de première instance de Tunis, jugement n°2111 du 08 mai 2018, inédit.

réconciliation du couple et dans une volonté de protection de l'unité de la famille, le juge a prononcé une peine de 6 mois pour violences graves et trois mois pour menace, avec sursis à exécution[50].

– Pour violences physiques contre son épouse, un agresseur n'a été condamné qu'à deux mois avec sursis, suite à la réconciliation du couple et au retrait de la plainte par l'épouse[51].

Rappelons que tous ces cas devraient requérir des peines plus lourdes puisqu'il s'agit de circonstances aggravantes. Les raisons invoquées par les tribunaux, pour justifier leurs décisions reflètent clairement une culture sociale basées sur les rôles sociaux et sur cette présumée supériorité masculine qui banalise la violence et la justifie.

– La pratique du concours d'infractions : de la clémence envers l'agresseur

Prévues par les articles 54 et 55 du CP, les cas de concours formel ou matériel d'infraction ont été appliqués en matière de violences faites aux femmes pour alléger les peines décidées contre l'agresseur.

En effet, dans des jugements rendus par le TPI de Tunis, nous avons remarqué que le juge fait bénéficier les agresseurs de cette technique de concours d'infraction et se limite à prononcer une seule peine correspondant à la peine la plus élevée de toutes les infractions commises. Dans les cas d'espèces, l'agresseur a commis des violences physiques, des menaces de violence, des actes portant atteinte à la pudeur de la victime... pourtant la peine prononcée de 6 mois d'emprisonnement ne concernait que les violences physiques[52].

B. Tolérance pénale zéro à l'égard des personnes homosexuelles

Le traitement pénal des affaires jugées ces dernières années, et auxquelles nous avons pu accéder[53], reflète un jugement moral des faits plus qu'un

[50] Tribunal de première instance de Tunis, affaire n°32664 du 20 août 2018, inédit.

[51] Tribunal de première instance de Tunis, affaire n°22800 du 23 mai 2018, inédit.

[52] Tribunal de première instance de Tunis, jugement n°20718 du 09 mai 2018, inédit et Tribunal de première instance de Tunis, jugement n°25746 du 13juin 2018, inédit

[53] Ci-joint la liste des jugements examinés :
Cour d'appel de Sousse, jugement n°6693 du 03 mars 2016, inédit ; Tribunal de première instance de Kairouan, chambre pénale, jugement n°6782 du 10 décembre 2015, inédit ; Tribunal de première instance de Sousse, chambre pénale, jugement n°7717 du 24 janvier 2017, inédit ; Tribunal de première instance de Sousse, chambre pénale, jugement n°10617 du 10 mars 2017, inédit ; Tribunal de première instance de Ben Arous, chambre pénale, jugement n°593 du 11 mai 2017, inédit ; Tribunal de première instance de Tunis, chambre pénale, jugement n°33714 du 10 aout 2017, inédit ; Tribunal de première instance de Tunis, chambre pénale, jugement n°37582 du 11 octobre 2017, inédit ; Tribunal de première instance de Sousse, chambre pénale, jugement n°4292 du 27 avril 2018, inédit ; Tribunal de première instance de Monastir, chambre pénale, jugement n°19412 du 27 mars 2019, inédit.

jugement légal. Ceci est d'autant plus grave qu'en matière pénale les principes juridiques sont plus stricts et leur interprétation est minimale. Le terme « sodomie » est vague et fait l'objet de plusieurs interprétations. Quel est le sens de la sodomie : un acte purement sexuel, c'est-à-dire un rapport sexuel par voie anale, ou s'agit-il d'un acte à connotation sexuelle, comme peuvent être les rapports sexuels par voie buccale, attouchements, baisers ? Cette imprécision entraine que l'acte de sodomie est défini selon un critère subjectif qui dépend du référentiel de chaque acteur responsable de l'application de la loi. Les décisions judiciaires en la matière le prouvent : les tribunaux ne jugent pas les faits, mais la moralité des accusés : « *les accusés... sont venus à cette ville pour y répandre cette obscénité, ayant clairement une intention de répandre leur vice et d'y convertir d'autres personnes, et de se retourner contre les enseignements et les fondements de la société, et contre son identité* »[54].

Le flou entourant la qualification de l'acte de sodomie et tous autres actes qui se rapportent à la sodomie, laisse au juge l'indispensable pouvoir discrétionnaire pour ordonner par n'importe quel moyen la preuve de cet acte, même si ce moyen est illégal : il s'agit notamment du test anal et de l'utilisation de présomptions contre la personne, des moyens très dangereux en matière pénale.

Les Tribunaux continuent de se fonder sur des indices et des présomptions de culpabilité qui violent le droit au respect de la vie privée, ainsi que l'interdiction de la torture et des pratiques inhumaines et dégradantes[55].

A titre d'exemple, même en l'absence de tout rapport sexuel entre personnes de même sexe, la police peut se baser sur d'autres indices en fouillant par exemple le téléphone ou l'ordinateur du soupçonné. Des conversations intimes ont été lues par la police et citées dans le texte d'un jugement rendu par un tribunal national[56].

Dès lors, le juge s'éloigne des principes de neutralité, d'impartialité et d'égalité devant la justice, et met en œuvre des concepts préétablis, dictés par la culture dominante et devient le garant des « bonnes mœurs » au lieu d'être le garant principal des droits et libertés comme énoncé par les articles 49 et 102 de la Constitution.

Cette démarche a entrainé des jugements très sévères contre des jeunes qui ont été jugés non pas pour leurs actes mais pour ce qu'ils sont. Il est notable que tous les jugements en premier ressort contiennent des sanctions allant d'un

---

[54]Jugement Tribunal de Première Instance de Kairouan n°6782 du 10 décembre 2015.
« *Parce que les accusés se livraient à des pratiques sexuelles en groupe ; ils sont venus à la ville pour propager cette pratique obscène en essayant d'impliquer d'autres personnes à l'encontre des principes de la société et son identité* ». (C'est nous qui traduisons).

[55] Voir *infra*.

[56] « *En examinant les échanges des SMS dans le téléphone de l'inculpé Walid avec Najem* » (c'est nous qui traduisons

à trois ans de prison accompagnée par des peines complémentaires injustifiées. Par exemple, dans l'affaire des six garçons condamnés pour homosexualité par le Tribunal de Kairouan, le juge a ajouté à la peine principale, de trois ans d'emprisonnement, une peine complémentaire de trois ans d'éloignement de Kairouan, après l'exécution de la peine d'emprisonnement[57].

Nous avons la conviction, après l'examen des décisions rendues sur la base de l'article 230, que ce soit avant[58] ou après 2014[59], que les magistrats reflètent dans leurs jugements une attitude sociale plus qu'une démarche juridique. En effet, malgré l'ambiguïté de l'article 230 et le danger qu'il présente pour les droits et les libertés, les tribunaux continuent à l'appliquer et à justifier son application en utilisant tous les moyens de preuves en contradictions totales avec les principes du droit pénal[60]. Ceci confirme notre hypothèse de départ : les tribunaux jugent l'identité et non pas les actes.

L'attitude des juges envers les limites aux droits et libertés est grave et très dangereuse.

En effet, ajouter des limites et des restrictions non prévues par la constitution et par la loi est complètement illégal et inadmissible. Illégale voire anticonstitutionnelle ; cette démarche constitue un excès de pouvoir et quelques fois une usurpation des pouvoirs des autres pouvoirs et notamment le constituent et le législateur. En effet, l'article 49 de la constitution est clair : seule la loi peut mettre les restrictions à l'exercice des droits et libertés. De plus ; de par cet article et l'article 102 de la constitution ; le juge est le garant et protecteurs des libertés ; il est donc inadmissible qu'il se transforme en un moyen pour les limiter voire les écarter. Ajouter des restrictions se contredit ouvertement avec les dispositions de la constitution et constitue un cas d'école d'usurpation de pouvoir ! Cette démarche qui semble marquée la jurisprudence judiciaire tunisienne en matière de libertés ne doit pas cacher l'existence d'une tendance moins conservatrice voire libérale en la matière.

---

[57] Tribunal de première instance de Kairouan, chambre pénale, jugement n°6782 du 10 décembre 2015, inédit.

[58] W. FERCHICHI et N. SAGHIEH, Homosexual Relations in the Penal Codes : General Study Regarding the Laws in the Arab Countries with a Report on Lebanon and Tunisia, Publications de la Ford Foundation, Beyrouth, décembre 2009, disponible sur le lien suivant :
http://adlitn.org/sites/default/files/files/documents/2._etude_homoxecualite_dans_les_legislations_arabes_eng.pdf consulté le 21 janvier 2021 à 14h55.

[59] W. FERCHICHI, « L'homosexualité en droit Tunisien, ou de l'homophobie de la règle juridique », in, Etre homosexuel au Maghreb, (dir.) M. LACHEB, IRMC-Khartala, Paris, 2016, pp.171-195.

[60] Dans certains jugements nous observons un acharnement sur le/les accusés. Souvent le test anal est négatif et le suspect nie totalement toute accusation ; et pourtant le juge retient la culpabilité en se basant sur une séquence vidéo homosexuelle trouvée dans le téléphone ou l'ordinateur de l'accusé ou des vêtements féminins saisis chez lui ! Voir, Tribunal de première instance de Sousse, chambre pénale, jugement n°10617 du 10 mars 2017, inédit.

II. …À une proportionnalité à dimension libérale

Contrairement au volet pénal, nous avons remarqué que le juge civil, notamment celui chargé du contentieux associatif, semblait plus ouvert quant à la question de la liberté d'association pour les associations défendant la cause LGBTI. L'examen des décisions rendues dans l'affaire opposant l'association Shams au Chef du contentieux de l'État révèle une démarche rationnelle qui s'inscrit dans le respect des dispositions constitutionnelles et des engagements internationaux de la Tunisie.

Le 21 février 2020, la Cour de cassation a rendu un arrêt que nous considérons très important en matière de liberté associative certes, mais surtout pour les droits des personnes LGBTI. Il s'agit de l'arrêt de cassation n° 78864[61] confirmant le jugement de la Cour d'appel de Tunis du 17 mai 2019[62], qui reconnaît la légalité d'une association de défense de la dignité humaine des personnes homosexuelles, des minorités sexuelles et de leurs droits, en particulier de leur droit à la non-discrimination fondée sur l'orientation sexuelle.

Cette décision a été rendue en appel dans l'affaire opposant le Chef du contentieux de l'État à l'association Shams, visant à suspendre les activités de cette dernière au motif qu'elle aurait dévié des objectifs fixés dans ses statuts et pour avoir commis plusieurs violations, dont la plus grave aurait consisté à encourager « l'adoption d'attitudes homosexuelles ». En 2019, le Chef du contentieux de l'État a interjeté appel du jugement du tribunal de première instance de Tunis rendu le 23 février 2016[63] ; un jugement qui avait annulé la requête du Chef du contentieux de l'État ayant pour objet de suspendre les activités de l'association Shams[64]. Les activités de l'association Shams n'ayant été suspendues que pendant 30 jours pour violation des dispositions du décret-loi n° 2011-88 relatif aux associations. La procédure d'appel s'est achevée par la confirmation du jugement de première instance et le non-lieu de l'appel contre celui-ci.

---

[61] Cour de cassation, arrêt n°78864 du 21 février 2020, Chef du contentieux de l'Etat/ Association Shams, inédit.

[62] Cour d'appel de Tunis, jugement n° 3744, du 17 mai 2019, Chef du contentieux de l'Etat/ Association Shams, inédit.

[63] Tribunal de première instance de Tunis, jugement n°60753du 23 février 2016, Association Shams/ Chef du contentieux de l'État, inédit.

[64] Le Chef du Contentieux de l'État a demandé le 29 décembre 2015 la suspension de l'activité de l'association Shams le temps de statuer sur sa légalité. La juge de référé du Tribunal de première instance de Tunis a accepté sa requête et ordonné la suspension de l'association pour un mois. Voir, W. FERCHICHI, « Tunisian Court Defends Advocacy of Homosexual Rights » Commentaire de la décision de la Cour d'appel de Tunis en date du 17 mai 2019 ; publié en langue anglaise le 22 août 2019 au *Magazine Legal-Agenda* ; disponible sur le lien suivant : https://english.legal-agenda.com/tunisian-court-defends-advocacy-of-homosexual-rights/

Cette décision qui témoigne de l'évolution du rôle du juge dans la protection des droits et libertés, nous intéresse à plusieurs niveaux : le recours à des fondements internationaux pour définir et reconnaître les minorités sexuelles (**A**) et la reconnaissance d'un statut propre à ces groupes sociaux (**B**).

A. Des fondements pour reconnaitre les minorités sexuelles

Dans sa démarche ; la cour a défini les minorités sexuelles (**1**) en se référant à des fondements internationaux y compris ceux non ratifiés par la Tunisie (**2**).

1. La définition des minorités sexuelles

Conformément aux statuts de l'association *Shams*, qui vise notamment à défendre les « minorités sexuelles », le Chef du contentieux de l'État a estimé que l'Association s'était écartée de ses objectifs et s'était tournée vers la défense des personnes homosexuelles. À son tour, l'Association Shams a répondu que les minorités sexuelles incluaient nécessairement les personnes homosexuelles et la Cour d'appel s'est trouvée dans l'obligation de rechercher la définition des minorités sexuelles, en l'absence d'une définition légale.

À cette fin, la Cour a eu recours aux Principes de Yogyakarta[65] et à la Déclaration de Montréal[66] sur les droits de l'Homme des minorités sexuelles, qui complètent les principaux instruments internationaux, notamment la Déclaration universelle des droits de l'Homme, le Pacte international relatif aux droits civils et politiques, le Pacte international relatif aux droits économiques, sociaux et culturels et la Convention européenne des droits de l'Homme. Lors de l'examen de ces textes, la Cour a conclu que les « minorités sexuelles » étaient définies comme *englobant « toute affinité sexuelle entre deux individus qui sort du cadre du (sexe féminin et sexe masculin) »*, bien que le mot « normal » se voulait la traduction du terme « groupe dominant ».

Cette définition est large car elle englobe toutes les identités, orientations et pratiques sexuelles non-hétéro normatives, en élargissant ainsi le cercle des minorités sexuelles pour inclure toutes personnes ayant une orientation sexuelle non-hétéronormative et les personnes ayant une identité de genre non-hétéronormative (personnes trans et intersexe).

2. Le recours aux sources internationales, y compris celles non ratifiées par la Tunisie

La Cour s'est appuyée sur un large éventail de sources directes et indirectes pour mettre l'accent sur la notion de minorités sexuelles. Cette approche est

---

[65] http://yogyakartaprinciples.org/wp-content/uploads/2016/08/principles_fr.pdf
[66] http://www.declarationofmontreal.org/DeclarationdeMontrealFR.pdf

conforme à l'article 20 de la Constitution, qui confère aux conventions internationales une valeur juridique supérieure aux lois, permettant ainsi de renforcer le système des droits humains, de le compléter et de modifier ce qui n'est plus compatible avec ces conventions.

Dans ce contexte, il est également noté que la Cour s'est, non seulement référée au droit international des droits de l'Homme formé par les instruments ratifiés par la Tunisie, mais également à plusieurs autres textes, notamment la Convention européenne des droits de l'Homme (qui n'a pas été ratifiée par la Tunisie), les Principes de Yogyakarta et la Déclaration de Montréal. Bien que la Cour n'ait pas justifié l'invocation de cette convention, nous pouvons constater qu'elle a été considérée comme allant de soi dans le contexte de la définition des minorités sexuelles et pour démontrer que cette définition était fondée sur une série de documents internationaux et régionaux, y compris des déclarations universelles telles que les Principes de Yogyakarta, publiés en 2006 par un groupe d'experts des droits humains sur l'application du droit international des droits de l'Homme à l'orientation sexuelle et à l'identité de genre, ainsi que la Déclaration de Montréal de 2006 sur les droits des personnes ayant une orientation et une identité sexuelles non-hétéronormatives, publiée par des organisations non-gouvernementales, dont la plus importante est l'association internationale des personnes LGBTI (ILGA).

Cette affirmation de sources multiples sur la reconnaissance des minorités sexuelles reflète la volonté de la Cour de montrer que le système international des droits humains gouvernemental[67] et non gouvernemental[68] a reconnu l'existence des minorités sexuelles dans leurs diverses composantes et la jouissance de leurs droits fondamentaux, principalement le principe de non-discrimination.

B. La reconnaissance d'un statut juridique propre aux minorités sexuelles

Bien que la Cour ne soit pas allée jusqu'à la reconnaissance d'un système complet de droits des minorités sexuelles, elle y a fait allusion indirectement, en mettant l'accent sur certains aspects de ces droits. En effet, nous notons que le recours de la Cour à la Déclaration de Montréal et aux Principes de Yogyakarta visait non seulement à définir la notion de « minorités sexuelles », mais également à renforcer la tendance internationale à la reconnaissance de la jouissance, par les minorités sexuelles de tous les droits humains sans discrimination. Les Principes de Yogyakarta et la Déclaration de Montréal ont

---

[67] Il s'agit des organisations représentant les États ou les gouvernements ; dont les différents mécanismes onusiens ou régionaux interaméricains ; africains ; européens...

[68] Il s'agit de mécanismes internationaux qui ne représentent pas les États ou les gouvernements et qui jouent le rôle d'une société civile internationale.

pour objet de mettre en place un régime juridique complet pour ces individus n'appartenant pas à des groupes majoritaires ou dominants. Toutefois, pour se conformer à ce qui lui a été présenté, la Cour a pris note de certains aspects de ces droits, dont le plus important est de les défendre, de les orienter, de les prendre en charge, d'éliminer la discrimination à leur égard et de défendre leur dignité.

Cette démarche a entrainé des implications de la légitimité de la défense des personnes homosexuelles. En effet ; Le Chef du contentieux de l'État a déclaré que la défense des droits des personnes homosexuels (clairement affichée par l'association *Shams*) était contraire à l'article 230 du Code pénal incriminant les relations homosexuelles, aux valeurs sociales et à l'islam, et encourageait l'adoption d'attitudes homosexuelles. En réponse à cette allégation, la Cour a jugé ce qui suit : *« la défense des homosexuels est un objectif clair et direct de l'Association tel que défini dans ses statuts et l'abrogation de l'article 230 du Code pénal (l'article qui punit l'homosexualité de trois ans d'emprisonnement) relève de son objet, comme l'exige son règlement intérieur »* ; elle a toutefois considéré que rien ne prouvait que l'association *« se livrait à une activité qui encourageait des pratiques sexuelles "douteuses" et ne suggérait aucune preuve directe ou indirecte de son adoption de concepts sexuels suspects cherchant à être propagés d'une manière ou d'une autre dans l'espace public »*. Par conséquent, la Cour a conclu que l'association visait, par le biais de ses activités sur les minorités sexuelles, à *« préserver la dignité humaine et à empêcher de lui porter atteinte sur la base de l'orientation sexuelle »* et qu'elle *« ne violait pas les lois internes, en particulier les principes fondamentaux énoncés dans la Constitution tunisienne, comme indiqué dans l'article 3 du décret-loi sur les associations »*.

Bien que cette tendance soit particulièrement importante en ce qui concerne la liberté d'association et d'expression, l'examen minutieux des dispositions de l'arrêt soulève des questionnements quant à l'intention de la Cour de reconnaître indirectement l'inconstitutionnalité de la criminalisation de l'homosexualité. Bien entendu, la Cour d'appel ne l'a pas explicitement déclaré, puisque la Constitution lui interdit de contrôler la constitutionnalité des lois (article 148) et qu'elle s'est bien positionnée pour rejeter la requête en distinguant la demande de réformer la loi (en appelant à abroger l'article 230) et l'encouragement de sa violation. Toutefois, le fait qu'elle ait considéré l'abrogation de l'article 230 comme allant dans le sens de la *« préservation de la dignité humaine et [de l'] interdiction d'y porter atteinte sur la base de l'orientation sexuelle »* témoigne, a contrario, du fait que l'article 230 représente une violation de la dignité humaine et une atteinte injustifiée à cette valeur inhérente à la qualité d'être humain. Quel qu'en soit les raisons ; le juge a présenté une lecture de la proportionnalité qui coupe avec la tendance conservatrice et quelque fois choquante[69] et ce en se basant sur le texte même de l'article 49 et son esprit mais aussi sur les conventions internationales dument ratifiées par la Tunisie et qui ont une valeur supérieure à la loi[70].

Conclusion

L'article 49 de la Constitution tunisienne doit avoir un sens utile pour les juges, car tout en faisant des juridictions (article 49 de la constitution) et des magistrat.e.s (article 102 de la Constitution) les garants des « droits et libertés », la Constitution tunisienne de 2014 a introduit un nouvel ordre dans les rapports du juge aux droits humains.

Ainsi, le rôle du juge est désormais de garantir et de protéger les droits humains. Cette mission constitutionnelle vient rompre avec l'approche fonctionnelle et restreinte du rôle du juge : appliquer la loi et respecter la volonté du législateur. Approche trouvant sa source dans la Constitution du 1er juin 1959 et longtemps défendue sous l'empire du Régime antérieur à 2011. Le précédent texte fondamental octroyait en effet au législateur de larges prérogatives pour créer la norme juridique (article 6 de la Constitution de 1959), disposant que « *les magistrats ne sont soumis dans l'exercice de leurs fonctions qu'à l'autorité de loi* ». Une loi qui pouvait être liberticide et injuste [71] et qui continue à être appliquée par les magistrats en se basant sur l'idée selon laquelle « *tant que la loi existe, il faut qu'elle soit appliquée* ». Application qui donne lieu jusqu'à ce jour au prononcé de jugements surprenants, voire choquants[72].

L'article 49 introduit une nouvelle logique (voire une philosophie nouvelle) : le législateur est désormais soumis à des conditions de forme, certes, mais surtout à des restrictions de fond : il ne saurait limiter les droits et libertés que lorsqu'il s'agit d'une « *nécessité exigée par un État civil et démocratique* » ayant pour finalité de « *sauvegarder les droits d'autrui ou les*

[69] Le 20 janvier 2021, un jugement en matière de consommation de cannabis a choqué l'opinion publique tunisienne et internationale : Jugement de première instance du Tribunal du Kef (ville du Nord-Ouest à 170 km de Tunis) en date du 20 janvier 2021, condamnant deux jeunes ayant consommé du cannabis dans les vestiaires d'un stade public à 30 ans de prison. Consulter : https://www.jeuneafrique.com/1116209/politique/cannabis-en-tunisie-nul-ne-veut-remonter-les-filieres-de-la-drogue-on-se-contente-du-menu-fretin/

[70] Article 20 de la constitution. Pour les liens juge et droit international ; consulter :
M-R. JENAYAH (dir.), *Le juge et le traité : l'application des traités internationaux par le juge dans les pays du Maghreb*, Tunis, Faculté de Droit de Sousse, 2009, 259 p.

[71] Les exemples de lois en contradiction totale avec l'approche droits-humains sont très nombreux. Voir *supra.*

[72] Tous les jugements cités *supra* dans divers domaines : intrusion dans la vie privée en pénalisant les rapports sexuels (prouvés ou présumés) entre adultes de même sexe ; privation de personnes de leur droit à l'héritage en se basant sur leur confession ou leur condition de naissance... :

impératifs de la sûreté publique, de la défense nationale, de la santé publique ou de la moralité publique tout en respectant la proportionnalité entre ces restrictions et leurs justifications ».

Cette nouvelle démarche qui s'applique au premier chef au législateur concerne aussi le travail du juge, notamment en application des lois en vigueur avant la promulgation de la Constitution de 2014. Ainsi, en inscrivant les limites dans le cadre d'un État civil et démocratique, il n'est plus admissible de ne considérer les libertés que dans un sens unique. Les exigences de l'État démocratique et civil font que la diversité demeure la norme.

Il est désormais inadmissible de lire la moralité publique sous un angle unique : une moralité reflétant une seule dimension conservatrice !

De même, il n'est pas admis dans un État civil et démocratique de prendre en considération la dimension religieuse et d'édicter des normes discriminatoires à l'égard des citoyens ou des personnes sur le territoire de l'État...

Les exigences d'un État civil et démocratique font du juge le garant de la diversité et de la singularité des individus. Un État capable d'accepter les idées ou informations « *accueillies avec faveur ou considérées comme inoffensives ou indifférentes, mais aussi (...) celles qui heurtent, choquent ou inquiètent l'État ou une fraction quelconque de la population. Ainsi, le veulent le pluralisme, la tolérance et l'esprit d'ouverture sans lesquels il n'est pas de ¨société démocratique* »[73].

Un État où « *la conception de la morale découle de nombreuses traditions sociales, philosophiques et religieuses... (et où) les restrictions à apporter pour protéger la morale doivent être fondées sur des principes qui ne procèdent pas d'une tradition unique* »[74].

Cette nouvelle donne nécessite que les juridictions intériorisent ce raisonnement et l'appliquent à toutes les situations exigeant une lecture multiple de la moralité, des droits d'autrui, de la sûreté publique, de la défense nationale et de la santé publique. Une lecture qui permet à la liberté de demeurer le principe et conserve le caractère exceptionnel des restrictions[75].

---

[73] Cour européenne des droits de l'Homme, Handyside c. Royaume-Uni, 7 décembre 1976, parag. 49.

[74] Comité des Nations Unies des droits de l'Homme, Observation générale n°22 : Le droit à la liberté de pensée, de conscience et de religion (art. 18), 30 juillet 1993, parag. 8.

[75] Tribunal Administratif, REP, jugement n°3879 du 14 mars 1995, Sté Krichen et fils c. Municipalité de Kasserine, Recueil du T.A. de 1995, p. 128.

Propos-conclusifs

MICHEL TROPER
Professeur émérite à l'Université de Paris-Nanterre

Il arrive qu'un colloque dépasse les objectifs qu'il s'était fixés. Nous étions réunis pour examiner ensemble le rôle du principe de proportionnalité dans le raisonnement juridique et le traitement par les juges des problèmes les plus divers, depuis les droits fondamentaux jusqu'à la protection de la nature ou au commerce international. La plupart des participants se fondaient sur une définition largement acceptée de ce principe, telle qu'elle est notamment formulée par Robert Alexy dans le cadre d'une théorie normative très influente : le principe de proportionnalité au sens large comprend trois sous-principes, le principe d'adéquation d'une mesure à l'objectif recherché, le principe de nécessité de cette mesure, c'est-à-dire le fait qu'il n'existe pas d'autre mesure moins coûteuse permettant d'atteindre le même objectif et enfin, le principe de proportionnalité au sens étroit, dit aussi, principe de mise en balance ou encore de pondération[1]. Les contributions montrent que le rôle du principe est en effet considérable et qu'on trouve dans la pratique, notamment celle des cours un usage fréquent ou tout au moins de nombreuses références et l'imposent aux autorités, notamment législatives.

Le principe de proportionnalité, comme son corollaire le principe de proportionnalité au sens strict ou principe de la mise en balance (ou pondération), n'est pas une pure construction théorique, mais se présente comme un produit de la dogmatique juridique, c'est-à-dire comme une

[1] Par exemple dans ALEXY Robert, « Constitutional Rights, Balancing and Rationality ». *Ratio Juris* 16, n° 2 (2003) : 131-40. La bibliographie est immense et je me borne à renvoyer à un très petit nombre de travaux : LA TORRE, Massimo. (2020). La custodia della costituzione. Di giudici, diritti e princìpi, in DI CARLO, Leonardo, éd. *Bilanciamento e sistema delle fonti*. Torino: G. Giappichelli Editore, 2020 ; JAKAB, Andras, Concept and Function of Principles. A Critique of Robert Alexy (August 28, 2009). On The Nature Of Legal Principles (ARSP BEIHEFT No. 119), pp. 145-159, Martin Borowski, ed., Stuttgart: Steiner, 2009, Available at SSRN: https://ssrn.com/abstract=1918421; SIECKMANN, Jan-Reinard. *Proportionality, Balancing, and Rights: Robert Alexy's Theory of Constitutional Rights*. Springer, 2021.

formalisation des pratiques jurisprudentielles. Cependant, il arrive que les cours utilisent à leur tour les systématisations dogmatiques pour justifier leurs décisions et affirment qu'elles appliquent le principe de proportionnalité, qu'elles énoncent alors à l'aide du vocabulaire de la doctrine.

Le principe de proportionnalité n'est donc pas seulement un principe juridique. L'usage qu'on en fait est lui-même un fait empirique qui doit être analysé empiriquement ; indépendamment de l'appréciation de sa valeur propre ou de son efficacité rhétorique. Or, si le succès est assez facilement explicable, on peut rester sceptique quant à sa rationalité et constater qu'il ne remplit qu'imparfaitement sa fonction de justification.

Le fait empirique : le succès du principe de proportionnalité

Le succès s'explique aisément. C'est une vérité bien connue que la meilleure manière, en tout cas la plus efficace, de justifier une décision, c'est de la présenter comme une non-décision, comme la simple application de règles objectives ou de lois scientifiques, c'est-à-dire comme l'aboutissement logique d'un raisonnement, dont les prémisses sont données ou bien comme l'aboutissement d'une procédure rigoureuse qui ne fait aucune place aux préférences personnelles de son auteur et en garantit la neutralité.

Tel était est et tel est encore dans une certaine mesure, le rôle du syllogisme pratique, dont le syllogisme judiciaire est un exemple parfait, dans lequel la majeure est une règle générale, la mineure est un fait, de sorte que la décision en découle nécessairement. Le syllogisme ne jouerait cependant ce rôle que si les prémisses échappaient réellement au juge, ce qui, on le sait, est tout simplement faux. D'une part, un même fait peut souvent être subsumé sous plusieurs règles entre lesquelles on doit choisir ; d'autre part chacune de ces règles est énoncée dans un ou plusieurs textes, qui doivent être interprétés, et l'interprétation est un acte de volonté ; quant à la prémisse mineure, le fait, ce n'est pas non plus une donnée objective que tous pourraient également observer et décrire. Il doit être juridiquement constaté, puis qualifié, ce que le juge peut faire librement.

L'invocation du principe de proportionnalité est plus modeste. Il est censé permettre d'échapper au scepticisme auquel se heurte la théorie du syllogisme. On ne prétend plus que la décision est nécessaire, qu'elle découle logiquement de prémisses qui seraient pour le juge un donné. On se borne à soutenir qu'elle n'est pas pour autant irrationnelle, car elle est n'est pas le produit de l'arbitraire, et peut être justifiée de manière raisonnable.

Cependant, « raisonnable » signifie seulement ici qu'on a présenté des arguments compréhensibles et susceptibles de persuader. Dans ces conditions, le raisonnable peut parfaitement être irrationnel.

L'irrationalité du principe

Plusieurs auteurs ont montré de façon très convaincante que, en dépit de la précision analytique des meilleurs défenseurs du principe de proportionnalité, la décision est tout-à fait irrationnelle, en ce sens qu'elle résulte avant tout des préférences des juges.

Il faut rappeler avant tout que le principe repose sur une distinction théorique relativement récente entre règles et principes, une distinction développée par Dworkin et reprise par Robert Alexy dans des termes légèrement différents. Les règles seraient des normes qui prescrivent de se conduire d'une certaine manière Elles ne sont pas susceptibles de degés dans dans l'application. Elles s'appliquent ou pas. Si une règle prescrit de limiter sa vitesse à 100 km/h, sous peine d'amende, la sanction doit être imposée dès qu'un véhicule circule à 101 km/h et si une règle ordonne de payer 1000, on ne s'y conforme pas en payant 999. De plus, si deux règles se contredisent, par exemple parce que l'une interdit un comportement tandis qu'une autre l'autorise ou l'ordonne, elles ne peuvent être valides toutes les deux, si bien que l'une d'elles doit être écartée au moyen d'une règle de conflit, comme *lex superior, lex specialis,oulex posterior.*

Au contraire, les principes seraient des exigences d'optimisation. Ils définiraient des objectifs qui doivent être poursuivis le mieux possible. Ils sont donc susceptibles d'être appliqués à des degrés divers ets'ils entrent en conflit, ils peuvent rester simultanément valides, mais doivent être mis en balance pour pouvoir être appliqués dans un cas concret.

À cette distinction, on a pu faire une première objection : certaines règles peuvent être comprises elles aussi comme fixant des exigences d'optimisation. Ainsi, celle qui prescrit au juge des affaires familiales de décider en prenant en compte l'intérêt de l'enfant ou celle qui prescrit au maire de « maintenir le bon ordre dans les endroits où il se fait de grands rassemblements d'hommes ». Dans ces conditions, il est évident que de telles règles peuvent entrer en conflit avec d'autres règles de niveau équivalent, sans qu'il soit possible d'appliquer l'une des règles de conflit, si bien que, pour les règles aussi, on ne peut éviter de recourir au principe de proportionnalité et à la pondération.

Pour ses défenseurs cependant, la théorie du principe de proportionnalité ne se borne pas à l'affirmation qu'il permet de résoudre les conflits de normes. Elle consiste aussi dans l'idée que la décision à laquelle il conduit n'est pas irrationnelle, en ce sens qu'elle ne laisse pas de place aux préférences et à la subjectivité du juge. C'est cette prétention qui apparaît hautement contestable, comme on peut le voir à propos de chacun des sous-principes (aptitude ou adéquation, nécessité et proportionnalité au sens étroit).

Les deux premiers portent en apparence sur des questions de fait. Il faut tout d'abord que la mesure adoptée constitue un moyen adéquat d'atteindre le but poursuivi et d'autre part que ce moyen soit nécessaire en d'autres termes, qu'il n'y en ait pas un autre moins contraignant ou qui porte à une liberté ou à un intérêt public une atteinte moins sévère. Mais, pour trancher ces questions de fait, le juge ne peut pas se reposer entièrement sur des données scientifiques objectives, car il peut toujours choisir de se référer ou non à la science et surtout choisir les données scientifiques sur lesquelles il se fondera.

En ce qui concerne d'abord le premier des sous-principes, celui de l'adéquation, il s'agit en effet d'affirmer l'existence d'une relation causale entre moyens et fins, qu'il n'est possible de formuler qu'à l'aide de lois générales. Or, les défenseurs du principe de proportionnalité soulignent qu'il est appliqué *in concreto.* Et si, dans de nombreuses matières, on ne peut pas établir de loi générale sur les causes du chômage, du changement climatique ou de la propagation d'une épidémie, ou bien parce que la science les ignore, parce qu'il existe des controverses ou encore parce que les facteurs sont multiples, on peut encore moins affirmer l'existence d'une relation de causalité entre telle mesure concrète et tel objectif désiré. Comme pour les évènements historiques, on ne peut les expliquer véritablement, mais seulement les raconter et bien évidemment après qu'ils se soient réalisés. C'est pourquoi les juges doivent à défaut de pouvoir affirmer qu'une mesure est adéquate ou qu'elle ne l'est pas, se contenter de dire qu'elle n'est pas manifestement inadéquate.[2]

En tout état de cause, lorsque le juge est compétent en dernier ressort, rien ne l'empêche de choisir librement entre des thèses scientifiques contraires en fonction de ses convictions politiques. Dans l'affaire Lochner[3], l'une des décisions les plus célèbres de la Cour suprême des États-Unis, la majorité des juges a estimé qu'une loi, qui limitait la durée de travail des ouvriers boulangers à 60 heures par semaine, ne poursuivait pas un objectif de santé publique, dès lors que la qualité du pain ne dépendait pas de la durée du travail des ouvriers et que ce métier ne présentait pas de risque particulier pour les ouvriers eux-mêmes, si bien que cette loi portait à la liberté de contracter une atteinte injustifiée. C'était donc le souci de protéger la liberté de contracter, qui avait conduit la cour à adopter une thèse sur les risques sanitaires encourus par les boulangers, une thèse dont la vérité était contestée même à cette époque, mais qui était, elle, parfaitement adéquate à l'idéologie politique et économique des juges.

Il en va de même du sous-principe de la nécessité : c'est au juge qu'il appartiendra de rechercher si une autre mesure que celle qui a été adoptée pourrait permettre d'obtenir un résultat analogue ; la gamme des mesures alternatives possibles est évidemment très large, ce qui laisse une grande place à l'imagination.

---

2 Pour un exemple récent, v. Conseil constitutionnel, Décision n° 2021-824 DC du 5 août 2021, Loi relative à la gestion de la crise sanitaire.

3 US Supreme Court, *Lochner v. People of New York*, 1905 (198 US.45)

En d'autres termes, on retrouve ici cette vérité que, en droit, il n'y a pas de fait, mais seulement des faits constatés et qualifiés par une autorité compétente. Comme l'écrivait Kelsen, « la constatation d'un fait-condition par un tribunal est donc constitutive »[4] .

La marge d'appréciation est tout aussi grande dans l'usage du principe de proportionnalité au sens strict, c'est-à-dire la mise en balance ou la pondération. Celle-ci consiste en effet à établir entre deux principes en conflit mais de même niveau – ils sont tous deux de niveau constitutionnel - une hiérarchie axiologique, c'est-à-dire à rechercher si l'un d'eux a une valeur ou un « poids » supérieur à l'autre. Or, il ne s'agit pas là de qualités objectives et observables. Alexy soutient qu'on peut malgré tout affirmer que telle mesure porte une atteinte plus ou moins grande à une liberté, et qu'elle satisfait plus ou moins un autre principe. Il donne l'exemple d'une loi imposant aux fabricants de tabac d'avertir les consommateurs des risques pour leur santé et affirme que cette limite à la liberté du commerce est plus légère qu'une interdiction totale du tabac, tandis que le risque encouru par les fumeurs est élevé, de sorte que les raisons d'une limitation de la liberté du commerce l'emportent.

Mais, en réalité, on ne pourrait comparer que des évaluations faites à l'aide d'une échelle commune, ce qui est impossible pour des objets aussi différents que la santé et la liberté du commerce, d'autant plus que le juge a dû d'abord décider de se limiter à mettre en balance la liberté du commerce et la santé, mais il aurait pu aussi prendre en compte bien d'autres éléments, comme risque psychologique pour les fumeurs qui liront l'avertissement, l'accusation de paternalisme et, s'il avait envisagé des mesures alternatives comme une taxation élevée, le coût économique pour les fumeurs, l'équilibre social si ce coût est relativement plus élevé pour les pauvres, ou encore la situation de l'emploi si les ventes de cigarettes s'effondrent et les usines ferment.

Les deux principes envisagés ici ne peuvent d'ailleurs pas être appréciés de la même manière et surtout du même point de vue. Pour qui l'atteinte à la liberté du commerce est-elle grave ? Pour le fabricant de cigarettes ? Pour le désir du consommateur ? pour un système général de valeurs ? pour la théorie économique et laquelle ? Selon le cas, cette atteinte pourra être jugée légère ou insupportable. Il en va de même de la santé. Le danger du tabac se mesure-il au risque pour un fumeur de mourir d'un cancer ou d'une maladie cardio-vasculaire ou au coût économique pour le système de santé ?

La pondération est donc inévitablement la mise en œuvre de choix discrétionnaires et permet au juge d'agir en législateur. On ne saurait objecter à cette dernière proposition que, puisque la pondération n'est opérée que pour un cas concret, la hiérarchie axiologique ainsi créée est mobile et que le juge pourra parfaitement faire prévaloir dans un autre cas, la liberté du commerce

---

[4] KELSEN Hans. *Théorie pure du droit*. Traduit par Charles Eisenmann. Paris: Dalloz, 1962.

sur les impératifs de santé. C'est en effet une possibilité, mais elle ne signifie pas que le juge n'est pas législateur, parce que celui peut toujours abroger ou modifier une loi antérieure si les circonstances le justifient ou si le Parlement comporte une majorité animée d'une idéologie différente. D'une part, dans le cas concret, la décision n'est pas nécessairement une norme individuelle. Elle ne vaut certes pas pour d'autres cas, mais elle est néanmoins générale - elle vise tous les fabricants de cigarettes – et, comme pour le législateur parlementaire, le fait que la pondération peut être différente dans un autre cas, peut parfaitement être lié à la configuration particulière de cet autre cas, mais il peut aussi être dû à un changement des préférences des juges.

On ne peut donc pas dire que le processus est rationnel et que s'il observe les différentes étapes exigées par le principe de proportionnalité, le juge se sera borné à appliquer le droit. La principale fonction du principe est bien de dissimuler l'exercice d'un pouvoir discrétionnaire bien réel.

Encore cette fonction de justification est-elle imparfaitement remplie.

La fonction de justification

Si elle est imparfaitement remplie, ce n'est pas seulement que la théorie ne permet pas de dissimuler le pouvoir discrétionnaire des juges. C'est que les textes qui énoncent le principe de proportionnalité et les juges qui l'emploient s'y réfèrent comme à un méta-principe ou ne font que feindre de l'employer.

Considérons la formulation du Traité sur l'Union européenne. Plutôt que d'écrire que « le contenu et la forme de l'action de l'Union n'excèdent pas ce qui est nécessaire pour atteindre les objectifs des traités », ce qui aurait été une formulation suffisante du principe de proportionnalité, les rédacteurs précisent à l'article 5 alinéa 4 « ***En vertu du principe de proportionnalité****, le contenu et la forme de l'action de l'Union n'excèdent pas ce qui est nécessaire pour atteindre les objectifs des traités* ».

Ainsi, si le traité ordonne aux institutions de l'Union de limiter leur action à ce qui est nécessaire, c'est en vertu ou en application du principe de proportionnalité, qui devient ainsi un métaprincipe, sans lequel la simple prescription de rechercher l'adéquation, la nécessité et la pondération ne serait pas suffisamment justifiée car elle apparaîtrait comme la manifestation de la seule volonté des auteurs du traité. En invoquant un métaprincipe, ils affirment au contraire qu'ils se conforment eux-mêmes à un principe objectivement raisonnable et juste.

Au surplus, il ne requière lui-même aucune justification et joue ainsi le rôle d'un principe de droit naturel « tenu pour évident » comme le proclame la Déclaration d'Indépendance américaine.

On observe d'ailleurs d'autres usages de cette même technique. Dans le même article 5 du traité sur l'Union européenne pour le principe d'attribution et le principe de subsidiarité (

« En vertu du principe d'attribution, l'Union n'agit que dans les limites des compétences que les États membres lui ont attribuées dans les traités pour atteindre les objectifs que ces traités établissent... En vertu du principe de subsidiarité, dans les domaines qui ne relèvent pas de sa compétence exclusive, l'Union intervient seulement si, et dans la mesure où.... »

Mais on le trouve aussi à l'article 5 de la Charte de l'environnement.

*« Lorsque la réalisation d'un dommage, bien qu'incertaine en l'état des connaissances scientifiques, pourrait affecter de manière grave et irréversible l'environnement, les autorités publiques veillent, **par application du principe de précaution** et dans leurs domaines d'attributions, à la mise en œuvre de procédures d'évaluation des risques et à l'adoption de mesures provisoires et proportionnées afin de parer à la réalisation du dommage ».*

L'élévation du principe de proportionnalité au rang de métaprincipe dispense ainsi de toute justification ultérieure. Mais la seule affirmation par les juges qu'ils appliquent le principe de proportionnalité remplit la même fonction. Il arrive fréquemment que le juge, en particulier le juge français, s'abstienne d'expliquer pourquoi il considère une mesure comme proportionnée ou disproportionnée. Plutôt que d'expliciter les éléments du raisonnement, il se borne à affirmer qu'il a effectivement opéré une pondération. D'où le recours à la formule que la mesure « n'est pas manifestement disproportionnée », ce qui n'est pas autre chose que le recours à l'argument de l'évidence.

Conclusion

Le principe de proportionnalité est-il un principe valide ? Bien sûr, si l'on admet que la validité d'une norme n'est rien d'autre que son appartenance à un système normatif Mais à quelle condition peut-on considérer qu'une norme appartient au système ? Selon la Théorie pure du droit, si elle est conforme à une norme supérieure., mais cette conception conduit ou bien à affirmer la nécessité de présupposer une norme fondamentale, ou bien à soutenir, comme Ricardo Guastini, que la constitution est à la fois valide et non valide, valide parce que si elle n'était pas valide, elle ne pourrait pas servir de fondement, mais non valide parce qu'il n'existe pas de norme positive qui lui soit supérieure[5].

---

[5] GUASTINI, Riccardo. *Leçons de théorie constitutionnelle*. Traduit par Véronique Champeil-Desplats. Rivages du droit. Paris: Dalloz, 2010 ; TROPER, Michel. « Une théorie réaliste de la validité ». *Analisi e diritto*, 2014, 149-64.

Au contraire, d'un point de vue réaliste, il faut considérer qu'une norme appartient au système, qu'elle est valide si elle est traitée et appliquée comme valide par une autorité habilitée, c'est-à-dire si elle sert effectivement à fonder la validité d'une autre norme. Il importe peu que cette justification ne soit pas parfaitement rationnelle.

On peut d'ailleurs remarquer que c'est cette conception de la validité qui est implicitement présupposée par la doctrine la plus classique lorsqu'elle admet que le préambule de la constitution et la Déclaration des droits de l'Homme sont des normes valides. La validité d'un principe est tout-à-fait indépendante de la cohérence, de la rigueur logique du raisonnement qu'il prescrit ou de la vérité des faits qu'il présuppose : un principe qui prescrit au législateur de respecter les droits naturels de l'homme peut être traité comme un principe valide, sans qu'il soit utile de se préoccuper de savoir si les droits naturels ont une forme d'existence ou si la Déclaration est conforme à un quelconque idéal de justice.

Ainsi bien que le principe de proportionnalité ne permette pas d'aboutir à une décision rationnelle, ni à une justification cohérente, il est un principe valide parce que, comme les contributions à ce volume, l'ont montré, il fait partie du système et du langage du droit.

Structures éditoriales du groupe L'Harmattan

L'Harmattan Italie
Via degli Artisti, 15
10124 Torino
harmattan.italia@gmail.com

L'Harmattan Hongrie
Kossuth l. u. 14-16.
1053 Budapest
harmattan@harmattan.hu

L'Harmattan Sénégal
10 VDN en face Mermoz
BP 45034 Dakar-Fann
senharmattan@gmail.com

L'Harmattan Cameroun
TSINGA/FECAFOOT
BP 11486 Yaoundé
inkoukam@gmail.com

L'Harmattan Burkina Faso
Achille Somé – tengnule@hotmail.fr

L'Harmattan Guinée
Almamya, rue KA 028 OKB Agency
BP 3470 Conakry
harmattanguinee@yahoo.fr

L'Harmattan RDC
185, avenue Nyangwe
Commune de Lingwala – Kinshasa
matangilamusadila@yahoo.fr

L'Harmattan Congo
219, avenue Nelson Mandela
BP 2874 Brazzaville
harmattan.congo@yahoo.fr

L'Harmattan Mali
ACI 2000 - Immeuble Mgr Jean Marie Cisse
Bureau 10
BP 145 Bamako-Mali
mali@harmattan.fr

L'Harmattan Togo
Djidjole – Lomé
Maison Amela
face EPP BATOME
ddamela@aol.com

L'Harmattan Côte d'Ivoire
Résidence Karl – Cité des Arts
Abidjan-Cocody
03 BP 1588 Abidjan
espace_harmattan.ci@hotmail.fr

Nos librairies en France

Librairie internationale
16, rue des Écoles
75005 Paris
librairie.internationale@harmattan.fr
01 40 46 79 11
www.librairieharmattan.com

Librairie des savoirs
21, rue des Écoles
75005 Paris
librairie.sh@harmattan.fr
01 46 34 13 71
www.librairieharmattansh.com

Librairie Le Lucernaire
53, rue Notre-Dame-des-Champs
75006 Paris
librairie@lucernaire.fr
01 42 22 67 13

www.ingramcontent.com/pod-product-compliance
Lightning Source LLC
LaVergne TN
LVHW011442061026
849535LV00004BA/922
9782140302558